职业教育国家在线精品课程配套教材

液压与气动技术

YEYA YU QIDONG JISHU

主　编　韩志引

副主编　李东艳　张云秀　李艳芳

新形态
教材

中国教育出版传媒集团

高等教育出版社·北京

内容提要

本书是职业教育国家在线精品课程"液压与气压传动技术"配套教材。

本书以培养和提高工程技术类相关专业岗位人才的专业技能为出发点,突出实用性和针对性。在教学内容重构中,注重揭示液压与气动技术基础理论及技术的科学原理,引导学习者通过工作领域、工作任务理解液压与气动技术相关知识,掌握液压与气动典型应用,领略液压与气动技术之美。全书内容简洁、层次清晰、通俗易懂。

全书共 10 个工作领域,主要内容包括液压与气动技术原理及应用特点,液压泵(液压马达)的选型与装调,液压缸的选用及设计,方向控制阀的选用及方向控制回路的组建与分析,压力控制阀的选用及压力控制回路的组建与调试,流量控制阀的选用及速度控制回路的组建与分析,其他典型回路的组建与分析,液压辅助元件的选用、装调与维护,典型液压系统分析、调试与维护,以及气动技术分析。

为方便教与学,本书配套有职业教育国家在线精品课程,涵盖了视频、仿真、动画、互动练习等教学资源,部分资源以二维码形式在书中呈现,其他资源可通过封底的联系方式获取。

本书可作为高等职业院校工程技术类相关专业的教材,也可作为企业有关人员的培训和自学用书。

图书在版编目(CIP)数据

液压与气动技术 / 韩志引主编. -- 北京 : 高等教育出版社, 2024. 12. -- ISBN 978-7-04-062895-1

Ⅰ. TH137;TH138

中国国家版本馆 CIP 数据核字第 202482NJ40 号

策划编辑 班天允　　**责任编辑** 程福平　班天允　　**封面设计** 张文豪　　**责任印制** 高忠富

出版发行	高等教育出版社	网　址	http://www.hep.edu.cn
社　址	北京市西城区德外大街 4 号		http://www.hep.com.cn
邮政编码	100120	网上订购	http://www.hepmall.com.cn
印　刷	上海叶大印务发展有限公司		http://www.hepmall.com
开　本	787mm×1092mm　1/16		http://www.hepmall.cn
印　张	23.25		
字　数	534 千字	版　次	2024 年 12 月第 1 版
购书热线	010-58581118	印　次	2024 年 12 月第 1 次印刷
咨询电话	400-810-0598	定　价	52.00 元

本书如有缺页、倒页、脱页等质量问题,请到所购图书销售部门联系调换

配套学习资源及教学服务指南

🎯 二维码链接资源

本书配套视频、动画、拓展阅读等学习资源，在书中以二维码链接形式呈现。使用手机扫描书中的二维码即可查看，随时随地获取学习内容，享受学习新体验。

打开书中附有二维码的页面　　　　**扫描二维码**　　　　**查看相应资源**

🎯 在线自测

本书提供在线交互自测，在书中以二维码链接形式呈现。使用手机扫描书中对应的二维码即可进行自测，根据提示选填答案，完成自测确认提交后即可获得参考答案。自测可重复进行。

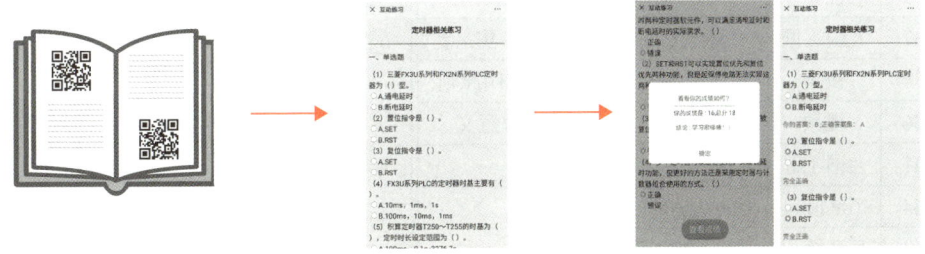

打开书中附有二维码的页面　　　**扫描二维码开始答题**　　　**提交后查看自测结果**

🎯 教师教学资源索取

本书配有与课程相关的教学资源，例如，教学课件、参考答案等。选用教材的教师，可扫描以下二维码，关注微信公众号"高职智能制造教学研究"，点击"教学服务"中的"资源下载"，或在电脑端访问网址（101.35.126.6），注册认证后下载相关资源。

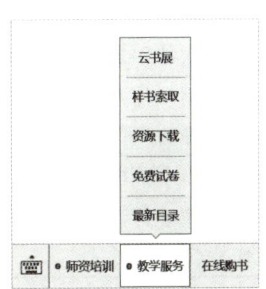

★如您有任何问题，可加入工科类教学研究中心QQ群：240616551。

本书二维码资源列表

页码	类型	说明	页码	类型	说明
128	互动练习	互动练习 D-1-1	157	视频	压力继电器控制的顺序动作回路
129	视频	单向阀的结构原理及应用	157	仿真	压力继电器控制顺序动作回路
129	动画	液控单向阀拆装动画	158	视频	行程元件实现的顺序动作回路
130	视频	液控单向阀讲解	159	仿真	行程开关控制顺序动作回路
130	视频	中位机能实现的锁紧回路	167	互动练习	互动练习 E-3-1
130	视频	肘杆式液压机锁紧动作的实现与工作特性分析	172	大国工匠	液压专家——刘昕辉
131	仿真	液控单向阀锁紧回路	184	大国工匠	液压专家——杨华勇
138	互动练习	互动练习 D-2-1	205	视频	节流阀结构原理及应用
140	视频	液压系统的"保护卫士"——直动型溢流阀	205	动画	节流阀拆装动画
141	动画	直动式溢流阀拆装动画	206	视频	节流阀进油路节流调速回路工作特性分析
141	仿真	单级调压回路	207	仿真	单向节流阀进油节流调速回路
142	仿真	二级调压回路	208	仿真	单向节流阀回油路节流调速回路
142	拓展阅读	情境 E-1-1	210	视频	节流阀旁油路节流调速回路工作特性分析
143	互动练习	互动练习 E-1-1	210	仿真	单向节流阀旁油路节流调速回路
143	视频	先导型溢流阀的结构原理及应用	220	动画	调速阀拆装动画
145	动画	先导式溢流阀拆装动画	221	视频	调速阀节流调速回路工作特性分析
145	仿真	二级调压回路（一）	221	仿真	调速阀双向进油节流调速回路
146	仿真	二级调压回路（二）	226	拓展阅读	情境 F-1-2
146	视频	多级调压回路工作特性分析	227	互动练习	互动练习 F-1-2
146	拓展阅读	情境 E-1-2	229	视频	机动换向阀实现的快慢速换接回路的设计与分析
147	互动练习	互动练习 E-1-2	236	互动练习	互动练习 F-2-1
149	动画	减压阀拆装动画	237	视频	两个调速阀串联的两种慢速控制的速度换接回路
149	视频	减压阀的结构及工作原理	238	仿真	两个调速阀串联的慢速换接回路
150	视频	减压回路的分析	238	视频	两个调速阀并联的两种慢速控制的速度换接回路
150	仿真	直动式减压阀减压回路实验	238	仿真	两个调速阀并联的速度换接回路
151	拓展阅读	情境 E-2-1	248	视频	液压电梯之容积调速回路
152	互动练习	互动练习 E-2-1	251	视频	限压式变量泵和调速阀的容积节流调速回路
154	视频	环保型垃圾处理车的关键液压件——顺序阀	252	互动练习	互动练习 F-3-1
155	视频	顺序阀的结构及工作原理分析			
155	动画	顺序阀拆装动画			
156	视频	液压挤压送料机顺序动作回路的分析			
157	仿真	顺序阀控制顺序动作回路			

页码	类型	说明	页码	类型	说明
255	视频	换向阀中位机能实现的卸荷回路	321	互动练习	互动练习 J-1-1
256	仿真	二位三通换向阀卸荷回路	321	视频	无杆气缸讲解
256	仿真	电磁溢流阀实现的卸荷回路	322	视频	单作用气缸讲解
262	互动练习	互动练习 G-1-1	322	视频	回转气缸讲解
264	仿真	采用单向顺序阀的平衡回路	322	视频	气动手指讲解
265	仿真	采用液控单向阀和单向节流阀的平衡回路	323	视频	双作用气缸讲解
265	视频	采用液控单向阀和单向节流阀的平衡回路	323	视频	气动马达讲解
270	互动练习	互动练习 G-2-1	324	互动练习	互动练习 J-2-1
271	视频	双泵供油快速回路	325	仿真	或逻辑控制功能的控制回路
272	视频	差动连接实现的快速运动回路	325	仿真	快速排气阀应用回路
273	视频	蓄能器实现的快速运动回路	326	视频	单气控二位三通电磁换向阀讲解
273	视频	魔法舞台——液压同步运动回路	326	视频	单电控二位三通电磁换向阀讲解
273	视频	多缸快慢速互不干扰回路	327	仿真	三态运动控制回路
274	仿真	差动连接回路	327	仿真	单作用气缸换向回路
279	互动练习	互动练习 G-3-1	327	仿真	双作用气缸三态运动控制回路
282	视频	汽车舒适性的关键液压元件蓄能器——其结构原理及应用	328	仿真	换向回路
285	视频	吸油过滤器讲解	332	互动练习	互动练习 J-3-1
285	视频	压油过滤器讲解	335	仿真	高低压切换回路
289	视频	液压管讲解	335	仿真	二次压力控制回路
289	视频	液压管接头讲解	338	互动练习	互动练习 J-4-1
291	视频	油温加热器讲解	339	仿真	单作用气缸的速度控制回路
292	互动练习	互动练习 H-1-1	340	仿真	节流调速回路
294	视频	液压系统的分析方法和分析步骤	341	仿真	双作用气缸的双向调速回路
294	视频	组合机床动力滑台液压系统的分析	341	仿真	速度换接回路
300	大国工匠	液压专家——李洪人	341	仿真	缓冲回路
312	互动练习	互动练习 I-1-1	342	仿真	节流进气调速回路
313	视频	气源装置的结构原理及工作特点	346	仿真	双缸同步动作回路
314	视频	单个气源处理元件讲解	347	仿真	计数回路
316	大国工匠	气动专家——李宝仁	348	仿真	过载保护回路
318	视频	气动三联件讲解	348	仿真	互锁回路
319	视频	气动二联件讲解	349	仿真	双手操作（串联）回路
319	视频	调压过滤器讲解	349	仿真	压力控制式单往复回路
320	视频	压力控制器讲解	350	仿真	行程阀控制式单往复回路
			350	仿真	延时返回的单往复回路
			352	视频	气动技术应用实例——组合机床工件夹紧气动系统
			356	仿真	组合机床夹紧气动系统

前　言

液压与气动技术是自动控制领域的重要技术,广泛应用于各种工业设备中。本书依据教育部发布的《高等职业教育专科专业教学标准》中对本课程要求,并参照最新颁发的相关国家标准和职业技能等级考核标准编制而成。本书通过有机融入科技报国、严谨求实、团结协作、思辨精神等课程思政元素,全面贯彻党的二十大精神,落实立德树人根本任务,培养德智体美劳全面发展的社会主义建设者和接班人。

本书为新型项目任务式教材,以工程技术类机电设备装调工、机床操作员、维修工等相关岗位技能为出发点,依据机电类专业教学标准,对机电类岗位人才需求进行深入分析,以液压传动技术为主线,注重突出职业教育特色,力求理论联系实际。理论方面着重论述液压与气动技术的基础知识、基本原理;实际操作训练中,采用项目引领、任务驱动的编写方式,并附以具体操作过程图片,有利于学生自主学习,同时本书增设情境模块,注重拓展液压与气动技术相关故障排除、维护维修知识。教学内容中有机渗透课程思政内容,引导学生养成严谨求实的科学作风,形成科学严谨的工作态度、技术不断革新的科学思想及探索、创新的科学精神,同时注重培养学生独立思考能力及团队合作意识,树立科学思维及辩证看待问题的意识,提高学生创新创造能力。本书适合作为高等职业院校工程技术类相关专业的教学用书,也可作为从事或将要从事装备制造企业相关岗位工作的社会人员的培训和自学用书。

本书由潍坊工程职业学院韩志引担任主编,潍坊工程职业学院李东艳、张云秀、李艳芳担任副主编,全书由韩志引统稿。本书是由韩志引主持的职业教育国家在线精品课程"液压与气压传动技术"立体化教学包中的一部分,另外还配套有电子教案、多媒体素材库、网络课程、试题和习题库等教学资源,详见职业教育国家在线精品课程网站:https://coursehome.zhihuishu.com/courseHome/1000008446。主编韩志引以该门课程获评全国高校青年教师教学竞赛工科组一等奖和全国微课大赛一等奖。2019 年 6 月始,韩志引受中国教科文卫体工会邀请,作为全国高校优秀青年教师,以该门课程为例,开展示范课全国巡讲,并由中央电视台CCTV13 频道报道。

本书中的元件图形符号、回路以及系统原理图,全部根据最新图形符号的规定绘制。

世界 500 强企业卡特彼勒(青州)有限公司,长期从事液压与气动系统设计与研发工作的资深液压与气动技术工程师刘占亮和杨元江全力指导了本书的编写工作,在此表示感谢。

限于编者水平和经验,书中难免存在不妥之处,恳请读者给予指正。

编　者

目　录

工作领域 A 液压与气动技术原理及应用特点

液压与气动技术是自动控制领域的一门重要的学科,是实现工业自动化的一种重要手段,目前它已经成为衡量一个国家工业化水平的重要指标,是"机器换人"产业的核心技术之一。随着机电一体化技术的不断革新,液压与气动技术已逐步成为包括传动、控制、检测等在内的一项完整的自动控制技术。

通过液压与气动技术原理及应用特点分析,使学习者能独立分析并阐述典型液压与气动技术的工作原理,正确识读液压元件图形符号,能根据机器设备液压与气动技术工作原理,正确分析计算力比例关系、运动关系和功率关系,全面掌握液压与气动技术的应用特点和发展趋势,理解知识点背后的科学道理,建立基本的学科观念和严谨求实的科学作风。

工作任务 A-1 液压传动技术原理及应用特点分析

核心能力一 分析液压传动技术工作原理

一、核心概念

液压传动:以液体(液压油)为工作介质,进行能量传递和控制的一种传动形式。

二、学习目标

1. 能独立分析并阐述液压传动工作原理。
2. 能正确操作并使用各种类型的液压千斤顶。
3. 能根据机器设备液压传动工作原理,正确分析计算力比例关系、运动关系和功率关系。
4. 能正确理解知识点背后的科学道理,建立基本的学科观念和严谨求实的科学作风。

按工作原理的不同,液体传动可分为液压传动和液力传动两种。其中,液压传动是利用液体的静压力进行的能量传递与转换,也称静压传动;液力传动是利用流体的动能进行的能量传递与转换。

（一）液压传动的工作原理

研究液压传动的工作原理可以从最简单的液压千斤顶入手,图 A-1-1-1 所示为液压千斤顶的实物图和工作原理图。如图 A-1-1-1b 所示,杠杆手柄 1、小活塞 2、小液压缸 3 和单向阀 4、5 等组成了手动液压泵,大液压缸 6、大活塞 7 等组成了举升油缸。工作时,当抬起杠杆手柄 1 使小活塞 2 上移时,小活塞 2 下的小液压缸 3 的容积变大,产生一定的真空,在大气压的作用下,油箱 10 内的油液通过管道推开单向阀 4 进入小液压缸 3 的下腔,单向阀 5 关闭,从而完成液压千斤顶的吸油;当压下杠杆手柄 1 时,小活塞 2 下移,小液压缸 3 内刚刚被吸进来的油液受到挤压,油压升高,使单向阀 4 关闭、单向阀 5 推开,此时小液压缸 3 的油液经管道到达大液压缸 6 的下腔,只要截止阀 9 关闭,大液压缸 6 的下腔的油液便会迫使大活塞 7 向上移动,使被顶举重物 8 升起;反复操作杠杆手柄 1,油箱 10 内的油液就会在管道中完成传递,使大活塞 7 不断地向上升起,直到达到举升重物 8 的目的;举升工作完成后,打开截止阀 9,大液压缸 6 下腔的油液就会在重物 8 及大活塞 7 的自重作用下,通过回油管和截止阀 9 流回油箱 10,使大活塞 7 回到起始位置。

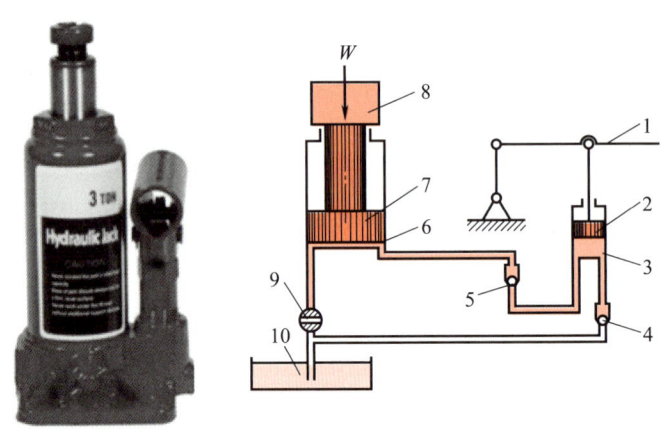

(a) 液压千斤顶的实物图　　　(b) 液压千斤顶的工作原理图

图 A-1-1-1　液压千斤顶

（二）液压传动工作过程分析

在液压千斤顶顶举重物的工作中,大、小液压缸体组成了简单而经典的液压传动系统,实现了能量的传递与转换。

以液压千斤顶为例,据此可分析两活塞之间的力比例关系、运动关系和功率关系。

1. 力比例关系

设被顶举重物的重力为 W,施加在小活塞上的力为 F_1,小活塞、大活塞的作用面积分

别为 A_1、A_2。由于压强等于作用力除以作用面积,即

$$p = \frac{F}{A} \tag{A-1-1-1}$$

所以小活塞底部油液所受压强 p_1 为

$$p_1 = \frac{F_1}{A_1} \tag{A-1-1-2}$$

大活塞底部油液所受压强 p_2 为

$$p_2 = \frac{W}{A_2} \tag{A-1-1-3}$$

由帕斯卡定律,封闭容器中的静止流体的某一部分发生的压强变化,将大小不变地向各个方向传递。因此 $p_1 = p_2$,即

$$p = \frac{F_1}{A_1} = \frac{W}{A_2} \tag{A-1-1-4}$$

结论一:在液压传动中,工作压力取决于负载。

2. 运动关系

理论认为液体是不可压缩的,在不计任何损失的前提下,即小活塞压出的液体的体积必然等于大活塞向上升起后大缸扩大的体积。假设小活塞、大活塞的作用面积分别为 A_1、A_2,吸入到活塞底部油液,在小活塞底部和大活塞底部所形成的高度分别为 h_1、h_2,故

$$A_1 h_1 = A_2 h_2 \tag{A-1-1-5}$$

公式两端同时除以一个相同的时间 t,即

$$\frac{A_1 h_1}{t} = \frac{A_2 h_2}{t} \tag{A-1-1-6}$$

整理可得

$$A_1 v_1 = A_2 v_2 \tag{A-1-1-7}$$

单位时间内流过某一通流截面的液体体积,称为流量,用 q_V 表示,即

$$q_V = Av \tag{A-1-1-8}$$

结论二:在液压传动中,活塞的运动速度 v 取决于进入液压缸的流量 q_V。

3. 功率关系

忽略损失,则功率

$$P = F_1 v_1 = W v_2 \tag{A-1-1-9}$$

由式(A-1-1-4),得

$$F_1 = pA_1 \tag{A-1-1-10}$$

$$W = pA_2 \tag{A-1-1-11}$$

将式(A-1-1-10)和式(A-1-1-11)代入式(A-1-1-9),整理可得

$$P = pA_1 v_1 = pA_2 v_2 = pq_V \tag{A-1-1-12}$$

压力 p 和流量 q_V 是流体传动中最基本、最重要的两个参数,它们相当于机械传动中的力和速度(或转矩和角速度),它们的乘积即为功率。

液压传动是以流体的压力能来传递动力的,即:输入机械能,中间转换成流体的压力能,最后输出机械能。

结论三:液压传动是以液压油作为工作介质,实现能量的传递和转换。

四、能力训练

(一)操作条件

液压千斤顶、家用小汽车。

(二)安全及注意事项

1. 使用时应严格遵守液压千斤顶主要参数中的规定,正确选用核定载重的液压千斤顶,切忌超高超载,否则当起重高度或起重吨位超过规定时,液压千斤顶部会发生严重漏油或者发生事故。

2. 液压千斤顶底面要垫平,同时要考虑到地面软硬条件,放置是否平稳,以免负重下陷或倾斜。

3. 液压千斤顶与所顶重物的底面应保持垂直。

4. 液压千斤顶顶升高度较高,或在起重后停留时间较长时,应在活塞伸出部分安装保险箍,以免重物突然下降而造成事故。

5. 重物重心要选择适中,合理选择液压千斤顶的着力点。

6. 顶举前,需将液压千斤顶的截止阀用摇杆关闭。

7. 液压千斤顶液压系统管路状况不良时,严禁使用。

8. 液压千斤顶各运动部分应经常保持清洁。

9. 液压千斤顶所用液压油应符合规定,并应保持清洁。

(三)操作过程

工序	步骤	操作方法及说明	质量标准
顶举重物	准备工作	进入操作区,检查液压千斤顶各部分是否正常,完成顶举前检查。	按各院校及企业《人员进出实训室(或一般生产区)标准操作规程》进入操作区,检查液压千斤顶及被顶举重物状态。 *具备工业生产中的安全素质。
	选用	根据被顶举重物的重量,合理选择核定载重的液压千斤顶。	选择合适的液压千斤顶,液压千斤顶核定载重能满足被顶举重物重量。
	顶举操作	1. 放置液压千斤顶。选中被顶举重物重心,将液压千斤顶放置于被顶举重物下方,顶举头顶举在被顶举物重心处。	

续表

工序	步骤	操作方法及说明	质量标准
顶举重物	顶举操作		使液压千斤顶与被顶举重物的底面保持垂直。 液压千斤顶顶举头与被顶举重物重心重合。 *实际操作中具有安全意识。
		2. 用杠杆手柄用力拧紧截止阀。 	使截止阀处于完全关闭状态。 *具备细心、仔细、认真的职业素养。
		3. 将摇杆对接。 	增长杠杆的长度。
		4. 上下操纵摇杆，将被顶举重物举升到所需高度。 	首先将液压千斤顶的截止阀用摇杆关闭，然后均匀上下打压操纵摇杆。 *操作中体会科学研究的创造过程及现实应用价值。 *遵守劳动纪律，爱护工具设备，严守岗位职责。 *操作过程中培养解决问题的能力及发现问题的批判性精神。

工序	步骤	操作方法及说明	质量标准
顶举重物	顶举操作	 5. 打开液压千斤顶的截止阀,将被顶举重物放回。 	用摇杆将液压千斤顶截止阀向左拧松打开,完成被顶举重物的平稳放回。 *操作中形成规范、严谨的科学作风。
	结束工作	清洁操作区域。	按设备清洁规程清理工作现场、工具、设备,及时填写设备使用记录。 *养成善始善终的行为习惯,养成认真负责的工作态度。

（四）学习结果评价

序号	评价内容	评价标准	评价结果
1	液压千斤顶工作原理分析	能根据液压传动工作原理,正确分析不同类型液压千斤顶的工作过程及省力省劲的科学道理。	
2	液压千斤顶操作	能根据被顶举重物的技术需求,正确操作不同类型的液压千斤顶,将被顶举重物顶升到所需高度,顶升完毕后,能将被顶举重物平稳放回。	
3	计算分析	能根据机器设备液压传动工作原理,正确分析计算力比例关系、运动关系和功率关系,明白其背后的科学道理,同时能审核计算结果的正确性。	

五、课后作业

1. 使用液压千斤顶长期支撑重物时,由于千斤顶内部为液体,很容易泄漏,为防止泄漏造成重物下降,该做一些什么样的技术处理?

2. 手动液压千斤顶虽省力省劲,但由于人为操作,故在顶举时依然费力,且顶举速度缓慢,请根据手动液压千斤顶工作现状,结合液压千斤顶技术沿革,查阅文献资料,说明液压千斤顶最新技术的发展程度。

互动练习 •

A-1-1

3. 一液压千斤顶的工作原理图如图 A-1-1-2 所示。大小液压缸中的大小活塞的直径比为 $D/d=1:6$,杠杆的动力臂与阻力臂长度的比值为 $L/l=1:6$,施加在杠杆尾端的力为 100 N,试求该液压千斤顶顶举重物的力 W（N）为多大?

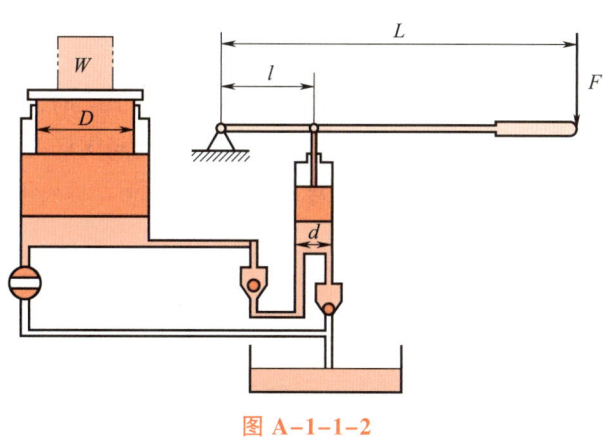

图 A-1-1-2

核心能力二 理解液压传动技术的组成及应用特点

一、核心概念

1. **液压传动系统的基本组成**：由动力装置（能源装置）、执行装置、控制调节装置、辅助装置和工作介质五大部分组成。

2. **液压系统的图形符号**：图形符号只表示元件的职能、控制方式及外部连接口，不表示元件的具体结构和参数、连接口的实际位置及元件的安装位置。

二、学习目标

1. 能独立分析并阐述磨床工作台液压传动系统的工作原理及液压传动系统的组成。
2. 能正确识读磨床工作台各液压元件图形符号。
3. 能全面掌握液压传动技术的应用特点和发展趋势。
4. 能遵守劳动纪律，爱护工具设备，严守岗位职责。

三、基本知识

（一）磨床工作台液压传动系统的工作原理

磨床工作台液压传动系统的工作原理图如图 A-1-2-1 所示。

该液压系统的工作原理为：通电后，电动机驱动液压泵从油箱中吸油，将油液加压后，经过滤器→节流阀→换向阀左位→液压缸右腔，推动液压缸内的活塞，活塞带动活塞杆，活塞杆带动工作台向左移动；此时回油油路为液压缸左腔→换向阀左位→油箱，如图 A-1-2-1a 所示。如果操纵换向阀手柄，将换向阀阀芯换至右位，如图 A-1-2-1b 所示，则液压泵吸入系统的油液经过滤器→节流阀→换向阀右位→液压缸左腔，推动液压缸内的活塞，活塞带动活塞杆，活塞杆带动工作台向右移动；此时回油油路为液压缸右腔→换向阀右位→油箱。

工作台运动速度是通过节流阀来调节的。 当把节流阀阀口开大时，单位时间内进入液压缸的油液量就会增多，工作台的运动速度就会增大；反之，当节流阀阀口关小时，单位时间内进入液压缸的油液量就会减小，则工作台的运动速度就会减小。**故运动速度等于流量除以作用面积，即 $v=\dfrac{q}{A}$。**

磨床工作台运动时还要克服所受到的各种阻力，如摩擦力等，这些阻力由液压泵输出油液的压力来克服。根据工作时工作台所需的压力不同，要求液压泵输出的油液压力能够进行调节，而在这个液压系统中，液压泵出口的压力除了由外负载力决定以外，还由系统中的溢流阀调定。

视频 •

磨床工作台液压系统工作原理分析

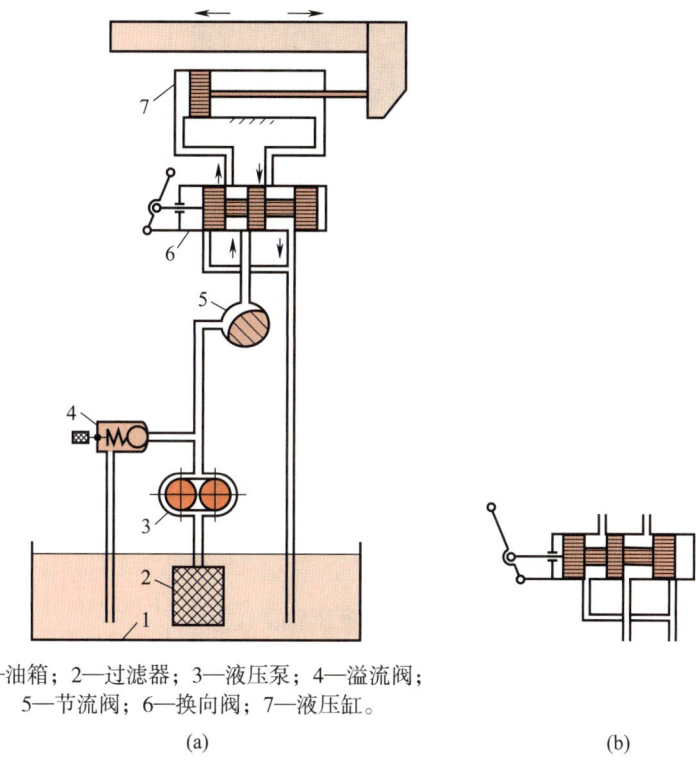

1—油箱；2—过滤器；3—液压泵；4—溢流阀；
5—节流阀；6—换向阀；7—液压缸。

(a)　　　　　　　　　　　　(b)

图 A-1-2-1　磨床工作台液压传动系统的工作原理图

　　当磨床工作台工作进给时，液压缸活塞需要克服较大的负载力且需要慢速运动，此时进入液压缸的油液必须有足够的稳定压力才能推动活塞带动磨床工作台运动，调节溢流阀调压弹簧的力，使之与液压缸最大负载力相平衡。当系统压力升高到稍大于溢流阀的调定压力时，溢流阀打开，将定量泵输出的部分油液经溢流阀流回油箱，此时液压泵出口压力由溢流阀调定，系统压力不再升高，工作台保持稳定的低速进给；当磨床工作台负载力减小时，系统中负载所建立的压力也随之减小，溢流阀打不开，液压泵供给的油液全部进入液压缸，工作台实现快速运动。由此可见，当负载所建立的压力低于溢流阀调定压力时，溢流阀关闭，不起调压作用；而当负载所建立的压力高于溢流阀调定压力时，溢流阀打开，起调压作用，故溢流阀在液压系统中主要起调节和稳定系统最高工作压力的作用。

　　（二）液压传动系统图形符号

　　在液压系统的表达中，图 A-1-2-1 所示的工作原理图虽直观形象，易于理解，但图形复杂，不便于绘制和表达，故在液压系统的表达中，为简化液压系统图，各国均用元件的图形符号来绘制液压系统图，即用标准的元件图形符号来绘制和表达系统图。这些图形符号只表示元件的职能、控制方式及外部连接口，不表示元件的具体结构和参数、连接口的实际位置及元件的安装位置。按照图形符号绘制及表达规定，元件均以常态位置表示，即非工作位置（静止位置）。用图形符号绘制的磨床工作台的工作原理图如图 A-1-2-2 所示。

（三）液压传动系统的组成

1. 动力装置（能源装置）——液压泵。动力装置可以将动力部分（电动机或其他原动机）所输出的机械能转换成液压能,给系统提供压力油液。

2. 执行装置——液压机（液压缸或者液压马达）。执行装置可以将液压能转换成机械能,推动负载做功。

3. 控制调节装置——液压阀（流量阀、压力阀、方向阀等）。控制调节装置可以使液流的压力、流量和方向得以改变,从而改变执行元件的力（或力矩）、速度和方向。

4. 辅助装置——油箱、管道、蓄能器、滤油器、管接头、压力表开关等。系统通过辅助装置连接起来,以实现各种工作循环。

5. 工作介质——液压油。绝大部分液压油采用矿物油,用来传递能量或信息。

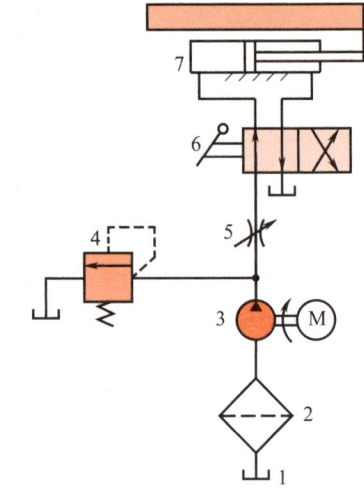

1—油箱;2—过滤器;3—液压泵;4—溢流阀;
5—节流阀;6—换向阀;7—液压缸。

图 A-1-2-2　磨床工作台的工作原理图

（四）液压传动的特点及应用

1. 液压传动的优点

液压传动之所以能在工业生产及生活中得到广泛的应用,是由于它与机械传动、电气传动相比具有以下主要优点:

（1）可输出大的推力或大的转矩,可实现低速大吨位运动。

（2）装置体积小、重量轻,结构紧凑。比功率大,能传递较大的力和力矩。

（3）能方便地实现无级调速,调速范围大。

（4）运动均匀稳定,可实现频繁换向。

（5）操作简单,调整控制方便,易于实现自动化。

（6）使用安全可靠。

（7）液压元件易于实现系列化、标准化和通用化,便于设计、制造、维修和推广。

视频

液压传动技术的工程应用特点及发展趋势

2. 液压传动的缺点

（1）工作介质油液的泄漏和可压缩性,使得液压传动无法保证严格的传动比。

（2）油液的黏度对油温的变化比较敏感,故液压传动不宜在很高或很低的温度条件下工作。

（3）液压传动中能量损失较大,传动效率低,不宜作远距离传动。

（4）液压元件造价高,对油液的污染比较敏感。

（5）液压系统出现故障时,不易查找原因。

液压传动技术有其显著的优点,是自动化技术不可缺少的手段,故在国民生产各行各业中得到了普遍的应用,如机床工业（磨床、车床、铣床、拉床、组合机床、数控机床、加工中心等）、工程机械（装载机、挖掘机、平地机、推土机等）、冶金机械（压力机、轧钢机等）、塑料机械（注塑机、破碎机、压塑机等）、农林机械（联合收割机、拖拉机、农具悬挂系统等）、汽车工业(高空作业车、自卸式汽车、平板车、汽车中的制动系统、减振器等)、船舶港口机械(起重机、锚机、舵机等)和航天航空等。

四、能力训练

(一)操作条件

准备好模块化液压综合操作设备、液压泵、手动换向阀、节流阀、溢流阀、液压缸和快速接头的胶管等。

(二)安全及注意事项

1. 工作前须戴好橡胶手套。

2. 熟悉模块化液压综合操作设备的使用,掌握设备开、关机步骤。

3. 液压元件在操作设备上的安装位置应根据回路布局紧凑、油液流经顺序、管路损失最小的原则提前设计。

4. 在模块化液压综合操作设备上安装液压元件时,须轻拿轻放,避免损坏液压元件。

5. 在模块化液压综合操作设备上安装液压元件时,须首先将元件上卡扣摁下,等元件下卡扣放置在设备 T 形导轨槽内后,再将元件的上卡扣松开。

6. 在用快速接头的胶管连接液压元件时,需首先将快速接头提起,对准液压元件接口后再迅速放下。

7. 安装完毕,设备开机时要确保用电安全。

(三)操作过程

利用磨床工作台液压传动系统的组建与操作,理解液压传动技术的工作原理及各液压元件在工作中所起的作用。

工序	步骤	操作方法及说明	质量标准
磨床工作台液压传动系统	准备工作	进入回路搭建及操作区,完成回路搭建及操作前设备、液压元件的检查。 	按各院校及企业《人员进出实训室(或一般生产区)标准操作规程》进入操作区,检查设备、液压元件及油箱内油液状况。 *具备认真负责的工作态度和严谨细致的工作作风。

续表

工序	步骤	操作方法及说明	质量标准
磨床工作台液压传动系统	系统搭建	1. 选取模块化液压综合操作设备,并检查设备电源控制部分与手动换向阀换向回路控制要求是否匹配。 	设备电源控制功能要能满足磨床工作台液压系统的搭建及操作,实现换向功能。 *做到有高度责任心,形成良好的职业素养。
		2. 根据磨床工作台液压系统所需液压元件,选择适宜型号的液压泵、液压缸、快速接头的胶管、手动换向阀和节流阀等液压元件。 	功能达到磨床工作台液压系统工作需求。正确选取液压泵(1个)、三位四通手动换向阀(1个)、液压缸(1个)、溢流阀(1个)、节流阀(1个)、快速接头的胶管(5根)和油箱(1个)。 备注:此设备所选液压泵为单作用叶片泵,泵站自带溢流阀和压力表;液压缸为单杆活塞式液压缸,设备本身自带泵站六通出口(1个)和油箱六通进口(1个)。 *培养严谨、细致的工作作风,树立减少能量损失的意识。
		3. 在设备上设计各液压元件的安装位置。 	按照回路布局紧凑、油液流经顺序、管道损失最小的原则,设计各元件在设备上的放置位置。 *做到独立思考,形成举一反三的能力和规范、严谨的工作作风。
		4. 安装各液压元件: (1)首先分别将三位四通手动换向阀、节流阀下卡扣放置在设备T形导轨槽内,	

工序	步骤	操作方法及说明	质量标准
磨床工作台液压传动系统	系统搭建	然后依次摁下换向阀、节流阀上卡扣,等上卡扣卡到 T 形导轨槽内后,再松开上卡扣,使阀体整体牢固安装在设备上。 （2）将单杆活塞式液压缸放置在设备 T 形导轨上,再用内六角扳手将液压缸固定。 5. 用快速接头的胶管连接各液压元件: （1）用一根胶管从液压泵出口接出,连接节流阀进油口。	（1）三位四通手动换向阀、溢流阀、节流阀安装牢固,没有松动和脱落现象。 （2）液压缸固定完成,没有松动和脱落现象。 *树立标准意识,具备科学严谨、一丝不苟、精益求精、积极乐观的职业素养。 ◎元件各阀口布局及图形符号: 二位四通电磁换向阀阀口布局 二位四通手动换向阀图形符号 单向节流阀阀口布局 单向节流阀图形符号

工序	步骤	操作方法及说明	质量标准
磨床工作台液压传动系统	系统搭建	 （2）用一根胶管从节流阀出口接出，连接二位四通手动换向阀 P 口。 （3）用一根胶管从二位四通手动换向阀 A 口接出，连接液压缸无杆腔。 	（1）操作时首先将胶管的快速接头提起，对准液压元件接口后再迅速放下。 （2）油路选用的胶管长度合适，无过长或过短的问题。 （3）胶管与液压元件连接牢固，无松动或脱落现象，且连接好的胶管无打结、叠加现象（降低局部压力损失）。 *形成科学规范的操作意识和行为。

续表

工序	步骤	操作方法及说明	质量标准
磨床工作台液压传动系统	系统搭建	（4）用一根胶管从液压缸有杆腔接出，连接二位四通手动换向阀 B 口。 （5）用一根胶管从二位四通手动换向阀 T 口接出，连接回油箱。 	
	系统操作	1. 给模块化液压综合操作设备通电。 	闭合设备总电闸，启动设备。 * 树立安全用电意识。
		2. 闭合设备"主控面板一"上的总电源开关。 	"U 相、V 相、W 相"指示灯亮，"三相电网电压指示"电压表指示输入电源电压值。

工序	步骤	操作方法及说明	质量标准
磨床工作台液压传动系统	系统操作	3. 按下设备"主控面板一"上"油泵"控制区域中的启动按钮,将"急停"按键顺时针旋起;将"油泵系统压力"旋钮置于"加载"侧。	"启动"按钮指示灯点亮,液压泵站驱动电机开始工作;"急停"按键旋起;"油泵系统压力"旋钮置于加载侧。泵站系统启动完成。 注:通过调节电磁溢流阀的调压手柄可调节系统输出压力,一般设为 4 MPa 左右,以后实验无须经常调节该旋钮。
		4. 将设备"主控面板二"上的"油泵控制切换"调节为"手动"模式并闭合 24 V 电源开关。	设备"主控面板二"上的"油泵控制切换"为"手动"模式,能控制泵站的启停;24 V 电源开关处于闭合状态。
		5. 操纵三位四通手动换向阀杠杆手柄,完成执行元件液压缸换向工作: (1)向右推动二位四通手动换向阀杠杆手柄,执行元件液压缸活塞杆伸出。	

工序	步骤	操作方法及说明	质量标准
磨床工作台液压传动系统	系统操作	 （2）向左推动二位四通手动换向阀杠杆手柄，执行元件液压缸活塞杆缩回。 	执行元件液压缸活塞杆能根据三位四通手动换向阀杠杆手柄的换向，实现伸出、缩回及停止的换向工作。
	结束工作	1. 按顺序关闭设备"主控面板一"和"主控面板二"的电源： （1）将"主控面板一"上的"油泵系统压力"旋钮置于"卸荷"侧。 （2）按下"油泵"控制区域中的"停止"按钮，再按下"急停"按键。 	设备正常关机。 *树立安全意识，形成标准化操作的职业精神。

工序	步骤	操作方法及说明	质量标准
磨床工作台液压传动系统	结束工作	（3）断开"主控面板二"上的24 V电源开关。 （4）分断"主控面板一"上的总电源开关。 	
		2. 拆除、清点液压元件： （1）拆卸胶管,将胶管的快速接头提起,从液压元件接口处取下。 （2）摁下实训台上各阀的上卡扣,将阀上半部分提起后再将阀下卡扣从 T 形导轨槽内拿出,整体取下各阀;最后用内六角扳手旋松单杆活塞式液压缸缸体的固定螺栓,将单杆活塞式液压缸从设备上取下。	将液压元件全部从设备上完好无损地拆卸完毕,并放回各自的存放区。

续表

工序	步骤	操作方法及说明	质量标准
磨床工作台液压传动系统	结束工作	（3）将以上元件清点后,轻拿轻放,放回存放区。 3. 清洁操作区域。 	按设备清洁规程清理工作现场、工具、设备,及时填写设备使用记录。 *培养爱岗敬业、吃苦耐劳的职业素养和崇尚劳动、热爱劳动的精神。

（四）学习结果评价

序号	评价内容	评价标准	评价结果
1	磨床工作台工作原理分析	能根据液压传动工作原理分析磨床工作台的工作过程。 能正确划分液压传动系统的组成。	
2	识读磨床工作台各液压元件图形符号及回路原理图	能正确识读磨床工作台各液压元件图形符号。 能根据工作需要,正确识读液压回路原理图。	
3	液压传动技术的应用特点及发展趋势分析	能正确分析液压传动技术的应用特点。 能正确阐述液压传动技术的发展趋势。	
4	分析和操控磨床工作台液压回路	能正确操作设备各控制面板。 能正确操作磨床工作台液压回路中各液压元件。 能准确实现换向工作。 能正确拆卸液压元件并进行元件清点。 能按照设备清洁规程完成清场工作。 能及时并正确填写实训设备使用记录。	

拓展阅读 •

情境 A-1-2

互动练习 •

A-1-2

五、课后作业

1. 磨床工作台液压回路中,如果溢流阀的调定压力过小,该回路在工作中会造成什么影响?

2. 若磨床工作台液压回路在工作中液压缸出现运动不灵活的问题,可能发生故障的点有哪些?

3. 试举例说明液压传动系统的工作原理。

工作任务 A-2 气动技术原理及应用特点分析

核心能力一 分析气动技术工作原理

一、核心概念

1. **气动技术**:依靠压缩空气的压力能来传递运动和动力的传动控制技术。

2. **气动系统的工作原理**:利用空气压缩机将电动机或其他原动机输出的机械能转化为空气的压力能,然后在控制元件和辅助元件的作用下,通过执行元件再把压力能转化为机械能,从而完成所要求的直线或旋转运动并对外做功。

二、学习目标

1. 能正确理解气动技术的概念。
2. 能独立分析并阐述气动剪切机的工作原理。
3. 能正确绘制气动剪切机各液压元件图形符号。
4. 培养解决实际问题的能力,具有良好的团队合作精神与竞争意识。

三、基本知识

(一)气动剪切机的工作原理

可以通过气动剪切机的工作原理来理解气动技术的工作原理,气动剪切机气压传动系统的工作原理图如 A-2-1-1 所示,图示位置为气动剪切机的预备工作状态。该气压传动系统的工作原理为:空气压缩机 1 产生的压缩空气,经过冷却器 2、油水分离器 3 进行降温及初步净化后,送入储气罐 4 备用,再经过分水滤气器 5、减压阀 6、油雾器 7 和气动换向阀 9 到达气缸 10。此时换向阀的 A 腔压力将阀芯推到上位,使气缸的上腔充压,活塞杆处于缩回状态,剪切机的剪口张开,处于预备工作状态。

当送料机构将工料 11 送入剪切机并到达规定位置,将行程阀 8 的触头压下时,换向阀的 A 腔与大气相通,换向阀的阀芯在弹簧力的作用

视频

气动技术的
工作原理与
工程应用

下向下移动,压缩空气充入气缸下腔,此时活塞杆带动剪刀快速向上运动将工料切断,工料被切断后行程阀复位,换向阀 A 腔气压上升,阀芯上移使气路换向,气缸上腔充入压缩空气,下腔排气,活塞杆带动剪刃向下运动,剪切机恢复到预备工作状态,等待第二次进料剪切。

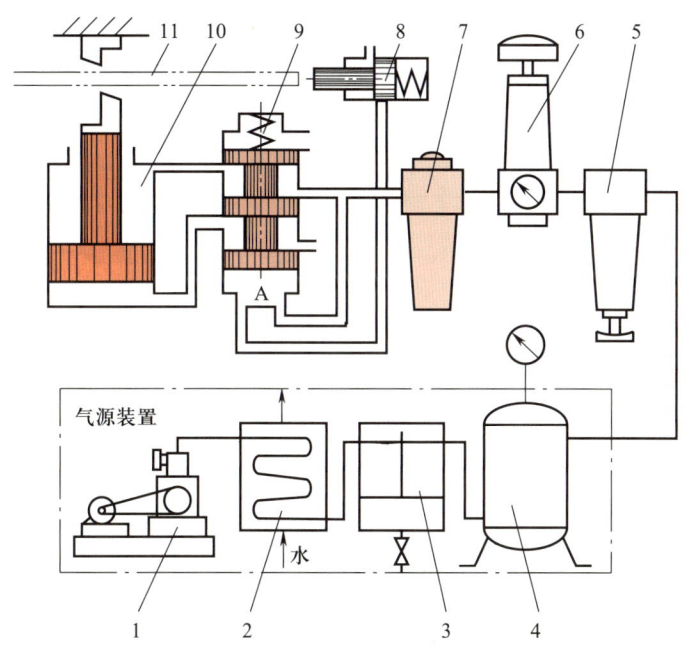

1—空气压缩机;2—冷却器;3—油水分离器;4—储气罐;5—分水滤气器;6—减压阀;
7—油雾器;8—行程阀;9—气动换向阀;10—气缸;11—工料。

图 A-2-1-1　气动剪切机气压传动系统的工作原理图

（二）气动系统图形符号

气动系统的图形符号只表示元件的职能、控制方式及外部连接口,不表示元件的具体结构和参数、连接口的实际位置和元件的安装位置。与液压传动一样,在实际工作中,气动系统原理图应该按照国家标准所规定的气动图形符号来绘制。图形符号表示的气动剪切机的职能符号图如 A-2-1-2 所示。

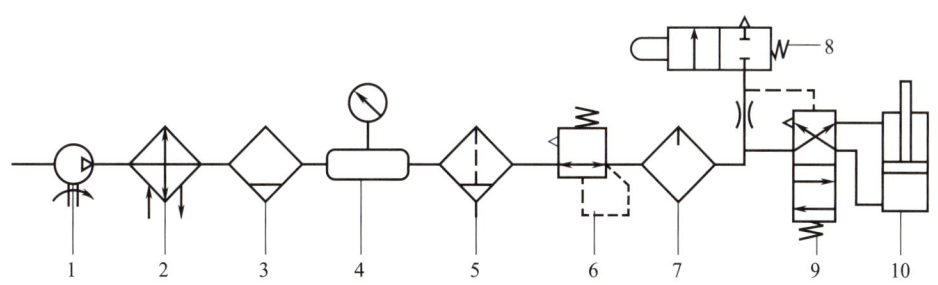

1—空气压缩机;2—冷却器;3—油水分离器;4—储气罐;5—分水滤气器;
6—减压阀;7—油雾器;8—行程阀;9—气动换向阀;10—气缸。

图 A-2-1-2　气动剪切机的职能符号图

四、学习结果评价

序号	评价内容	评价标准	评价结果
1	气动技术工作原理	能正确理解并独立阐述气动技术工作原理。	
2	气动系统图形符号	能正确识读气动剪切机气压传动系统各元件图形符号。	

五、课后作业

1. 举例说明日常生活中哪些方面用到了气动技术的知识。
2. 若空气压缩机不能正常启动,应该如何处理?

核心能力二　理解气动系统的组成及应用特点

一、核心概念

气动系统的基本组成:与液压传动系统类似,气动系统由动力装置(能源装置)、执行装置、控制调节装置、辅助装置和工作介质五大部分组成。

二、学习目标

1. 能独立阐述气动系统的组成。
2. 能全面掌握气动技术的应用特点和发展趋势。
3. 培育敢于担当、不懈奋斗的精神,塑造勇于奋斗的精神状态,保持乐观向上的人生态度。

三、基本知识

(一)气动系统的组成

与液压传动系统类似,气动系统由动力装置(能源装置)、执行装置、控制调节装置、辅助装置和工作介质五部分组成。

1. 动力装置(能源装置)——气源装置

气源装置由空气压缩机及其辅助元件(冷却器、油水分离器和储气罐等)组成,它将原动机供给的机械能转换成气体的压力能,作为传动与控制的动力源,同时清除压缩空气中的水分、灰尘和油污,以输出干燥洁净的空气供后续元件使用。

2. 执行装置——气动执行元件

气动执行元件把空气的压力能转化为机械能,以驱动执行机构作往复运动(如气缸)或旋转运动(如气动马达)。

3. 控制调节装置——气动控制元件

气动控制元件能控制和调节压缩空气的压力、流量和流动方向,保证气动执行元件按预定的程序正常地进行工作,如压力阀、流量阀、方向阀和比例阀等。

4. 辅助装置——辅助元件

辅助元件是解决元件内部润滑、排气噪声、元件间的连接以及信号转换、显示、放大检测等所需要的各种气动元件,如油雾器、消声器、管接头及连接管、转换器、显示器,传感器、放大器等。

(二)气动技术的优缺点

1. 气动技术的优点

气动技术与其他的传动和控制方式相比,主要有以下优点:

大国工匠

气动专家——
王祖温

(1)气动装置的结构简单、轻便,安装、维护简单,压力等级低,使用安全。

(2)气动系统的工作介质是空气,成本低,不易堵塞管路,排气无需排气管路,并且对环境污染小。

(3)气动系统反应快,动作迅速,输出压力及工作速度的调节也非常容易。气缸动作速度一般为 50～500 mm/s,适合快速运动。

(4)可靠性高,使用寿命长。电气元件的有效动作次数约为数百万次,而一般电磁阀的寿命大于 3 000 万次,小型阀超过 2 亿次。

(5)利用空气的可压缩性,可储存能量,实现集中供气。可短时间释放能量,以获得间歇运动中的快速响应。可实现缓冲,对冲击负载有较强的适应能力。在一定条件下,可使气动装置有自保持能力。

(6)气动控制具有防火、防燥、耐潮的能力。与液压传动相比,气动技术更适合在高温场合使用。

(7)空气在管路中流动损失小,易于实现压缩空气集中供应及远距离输送。

2. 气动技术的缺点

(1)由于空气有压缩性,气缸的动作速度易受负载的变化而变化,气缸的运动平稳性较差,但采用气液联动方式可以克服这一缺陷。

(2)在许多应用场合,气缸的工作压力比较低,输出压力和力矩虽能满足工作需要,但其输出压力比液压缸小。

(3)噪声较大,尤其在超声速排气时,需要加装消声器。

(三)气动技术的应用

气动技术具有操作方便、无油、无污染、防水、防火、防电磁干扰、抗振动、抗冲击等优点,故在电子工业、包装机械、印刷机械、食品机械、新能源汽车等领域应用广泛。当今气动技术已发展为包括传动、控制与检测在内的自动化技术。由于工业自动化技术的发展,气动控制技术以提高系统可靠性、降低总成本为目标,研究和开发系统控制技术及机、电、光、液、气综合技术取得新进展。

四、学习结果评价

序号	评价内容	评价标准	评价结果
1	气动系统组成	能独立阐述气动系统的组成。	
2	气动技术优缺点	能全面掌握气动技术的优缺点。	

五、课后作业

1. 举例说明你发现的气动新技术有哪些。

2. 请你思考一下,新能源汽车中哪些技术应用了气动技术。

工作领域 B　液压泵（液压马达）的选型与装调

通过正确理解液压油的性质，学会根据液压系统的工作压力、速度、温度等，合理选用液压油并控制其污染；掌握用雷诺数判定液体流动状态的方法；理解液压系统中压力损失产生的原因，掌握减小压力损失的措施；理解液体静力学基本方程、连续性方程、伯努利方程的物理意义，并运用方程分析解决液压泵自吸性能及油管内部压力、流速、位置等的变化问题等。

理解液压泵是将电动机或其他原动机输入的机械能转换为液体的压力能，向系统供油的动力装置，液压马达是将液压泵输入的液压能转换为机械能而对负载做功的执行装置；掌握液压泵的工作原理及正常工作的必要条件；能根据工作实际，分析计算液压泵（或液压马达）主要性能参数；正确识读、绘制液压泵（或液压马达）的图形符号，了解液压泵的分类；掌握齿轮泵、叶片泵、柱塞泵的结构及工作原理，能根据工作条件和要求选用液压泵；具有团队合作精神，能够分工协作正确完成液压泵（或液压马达）拆装，并能根据工作过程出现的故障现象，查找故障原因，排除故障；明确现场作业的正确流程，树立安全第一意识、合作意识和探究意识，养成严谨细致的工作作风和热爱劳动、崇尚劳动的向上精神，在崇尚劳动中树立劳动观念，在热爱劳动中培养劳动态度，在辛勤劳动中淬炼劳动能力，在诚实劳动中锻造劳动品德。

工作任务 B-1　液压泵和液压马达工作原理及性能分析

核心能力一　理解液压泵的共性工作理论

一、核心概念

1. 液压泵：液压系统的动力元件，将机械能转换为液压能，为液压系统提供一定流量和压力的液体。

2. 液压马达：液压系统的执行元件，将液压能转换为机械能，输出转速和转矩。

二、学习目标

1. 能理解并阐述液压泵（液压马达）的工作原理。
2. 能根据工作实际，正确计算液压泵（液压马达）的相关性能参数。
3. 能正确识读并绘制液压系统中液压泵（液压马达）的图形符号。
4. 培养独立思考的习惯和举一反三的能力。

三、基本知识

在液压系统中，液压泵和液压马达都是能量转换元件，也是液压系统不可缺少的核心元件，其性能直接影响系统的正常工作。液压泵是液压系统中的动力元件，它由原动机（电动机或内燃机）驱动，把输入的机械能转换为工作液体的压力能输出到系统中，为执行元件提供动力和能量；液压马达是液压系统中的执行元件，它将液压系统的液压能转换为机械能，从而输出旋转运动。

（一）液压泵和液压马达的工作原理

液压系统中使用的液压泵和液压马达都是容积式的，其工作原理是利用密封容积变化产生压力能（液压泵）或输出机械能（液压马达）。

1. 液压泵的工作原理

单柱塞液压泵的工作原理图如图 B-1-1-1 所示。泵体 4 和柱塞 2 构成一个密封容积，偏心轮 1 由原动机带动旋转，柱塞 2 在偏心轮 1 和弹簧 3 的作用下左右往复运动。当偏心轮 1 由图示位置向右转半周时，柱塞 2 在弹簧 3 的作用下向右移动，密封容积逐渐增大，形成局部真空，油箱内的油液在大气压力作用下，顶开单向阀 5 进入密封容积中，完成吸油；当偏心轮 1 继续向左再转半周时，其推动柱塞 2 向左移动，密封容积逐渐减小，油液受柱塞挤压而产生压力，使单向阀 5 关闭，油液顶开单向阀 6 而输入系统，实现压油。随着偏心轮不停地旋转，密封容积周期性地变化，进而液压泵不停地从油箱中吸油，再向系统不断地输出压力为 p、流量为 q 的压力油。

视频

液压系统的"心脏"——液压泵

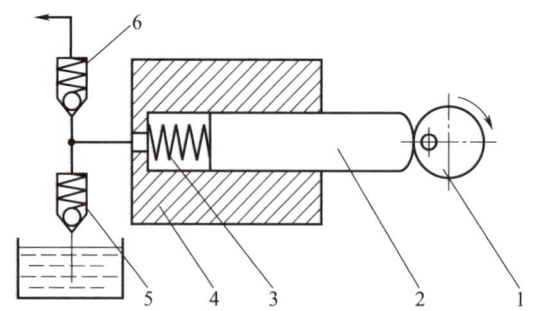

1—偏心轮；2—柱塞；3—弹簧；4—泵体；5、6—单向阀。

图 B-1-1-1 单柱塞液压泵的工作原理图

从上述液压泵工作过程可知,容积式液压泵正常工作的必要条件是:

（1）有一个或若干个密封容积。

（2）该密封容积能周期性变化,即容积变大完成吸油,容积变小完成排油。

（3）吸压油腔要隔开,即有与密封容积相协调的配流装置。配流装置是保证密封容积在吸油过程中与油箱相通,同时关闭供油通路,压油过程中与供油管路相通,而与油箱切断的装置。图 B-1-1-1 所示的单向阀 5 和单向阀 6 为配流装置,不同结构形式的液压泵,其配流装置是不同的。

（4）液压泵吸油过程中,油箱与大气接通。

2. 液压马达的工作原理

液压马达是产生连续旋转运动的执行元件,输入一定压力的油液,输出转矩和转速。从原理上讲,液压泵和液压马达是可逆的;从结构上讲,常用的液压马达与同类型的液压泵很相似,但由于两者功用不同,导致其结构存在某些差异,在实际结构上只有少数泵能做马达使用。其正常工作时,同样需要具备与液压泵一样的四个必要条件。液压泵和液压马达的工作关系及能量转换关系如图 B-1-1-2 所示。

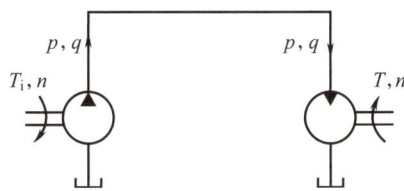

图 B-1-1-2　液压泵和液压马达的工作关系及能量转换关系

（二）液压泵和液压马达的主要性能参数

1. 压力

（1）额定压力 p_n

液压泵和液压马达的额定压力是指在正常工作条件下,按实验标准规定,能够连续运转时所允许的最高压力,额定压力受液压泵和液压马达本身泄漏和结构强度所制约。额定压力反映了液压泵和液压马达的工作能力,额定压力高代表工作能力强。液压泵和液压马达产品铭牌上所标注的即为额定压力。

（2）工作压力 p

液压泵的工作压力是指泵在工作时输出油液的实际压力,其大小取决于工作负载,负载增大时,工作压力 p 升高;负载减小时,工作压力 p 降低。工作压力不得超过额定压力,当工作压力超过额定压力时,由系统中的安全阀起过载保护作用。当液压泵工作压力 p 为零时,称为卸荷。液压马达的工作压力是指其输入压力,工作压力的大小由工作负载决定。

（3）最高压力 p_{max}

最高压力是液压泵和液压马达在短时间内过载时所允许的极限压力,可以看作液压泵和液压马达的能力极限,它比额定压力稍高,由液压系统中的安全阀限定,安全阀的调定压力值不能超过液压泵和液压马达的最大压力。

2. 排量和流量

（1）排量 V

液压泵的排量是指在不考虑泄漏的情况下，液压泵每转一周所输出的液体体积；液压马达的排量是指在不考虑泄漏的情况下，马达轴每转一转所需要输入的液体体积，排量由密封容积的几何尺寸变化量决定。

（2）理论流量 q_t

液压泵的理论流量是指在不考虑泄漏的情况下，泵在单位时间内排出的液体体积；液压马达的理论流量是指在不考虑泄漏的情况下，马达在单位时间内需输入的液体体积。

理论流量等于排量 V 和转速 n 的乘积，与工作压力无关。即

$$q_t = Vn \qquad （B-1-1-1）$$

（3）实际流量 q

液压泵的实际流量是指泵工作时实际输出的流量，等于理论流量减去因泄漏损失的流量，即

$$q = q_t - \Delta q \qquad （B-1-1-2）$$

液压马达的实际流量是指马达工作时实际输入的流量等于理论流量加上因泄漏损失的流量，即

$$q = q_t + \Delta q \qquad （B-1-1-3）$$

（4）额定流量 q_n

液压泵和液压马达的额定流量是指泵和马达在额定压力和额定转速下的输出和输入流量。

3. 效率和功率

（1）容积效率 η_V

由于液压泵存在泄漏 Δq，泵的实际流量 q 总是小于理论流量 q_t，液压泵的实际流量与理论流量之比为泵的容积效率，即

$$\eta_V = \frac{q}{q_t} = \frac{q_t - \Delta q}{q_t} = 1 - \frac{\Delta q}{q_t} \qquad （B-1-1-4）$$

由于存在泄漏 Δq，液压马达的理论输入流量 q_t 总是小于实际输入流量 q，液压马达的理论流量与实际流量之比为马达的容积效率，即

$$\eta_V = \frac{q_t}{q} = \frac{q - \Delta q}{q} = 1 - \frac{\Delta q}{q} \qquad （B-1-1-5）$$

（2）机械效率 η_m

液压泵在工作中存在机械损失。机械损失是指机械运动副之间的摩擦而产生的转矩损失 ΔT。对于液压泵来说，泵的实际输入转距 T_i 总是大于理论上需要的转矩 T_t，故机械效率为理论转矩与实际转矩之比，即

$$\eta_m = \frac{T_t}{T_i} = \frac{T_i - \Delta T}{T_i} = 1 - \frac{\Delta T}{T_i} \qquad （B-1-1-6）$$

而对于液压马达,由于机械摩擦损失,故产生转矩损失 ΔT,实际输出转矩 T 总是小于其理论转矩 T_t,其机械效率为

$$\eta_m = \frac{T}{T_t} = \frac{T - \Delta T}{T_t} = 1 - \frac{\Delta T}{T_t} \qquad (B-1-1-7)$$

（3）输出功率 P_o 和输入功率 P_i

液压泵输出的是液压能（液压马达输入的是液压能）,实际输出（输入）的液压功率为泵的输出功率（马达的输入功率）,等于实际工作压力 p 和实际供油流量 q 的乘积,即

$$P_o = pq \qquad (B-1-1-8)$$

液压泵输入的是机械能（液压马达输出的是机械能）,液压泵的输入功率为泵轴的驱动功率（液压马达的输入功率为对外做功的机械功率）,等于转矩 T 和角速度 ω 的乘积,即

$$P_i = T\omega = T \times 2\pi n \qquad (B-1-1-9)$$

（4）总效率 η

液压泵和液压马达在能量转换时有能量损失（机械摩擦损失、油液泄漏造成的容积损失）,其总效率为输出功率 P_o 与输入功率 P_i 之比,也等于容积效率和机械效率之乘积,即

液压泵总效率为

$$\eta = \frac{P_o}{P_i} = \frac{pq}{T \times 2\pi n} = \eta_V \eta_m \qquad (B-1-1-10)$$

液压马达总效率为

$$\eta = \frac{P_o}{P_i} = \frac{T \times 2\pi n}{pq} = \eta_V \eta_m \qquad (B-1-1-11)$$

（5）转矩

液压马达的理论输入功率为 $\Delta p q_t$,输出功率为 $T_t \times 2\pi n$。若不考虑损失,根据能量守恒定律,$\Delta p q_t = T_t \times 2\pi n$,则

$$\Delta p V = 2\pi T_t \qquad (B-1-1-12)$$

考虑到各种摩擦损失,液压马达的机械效率为 $\eta_m = T/T_t$,故其实际输出转矩为

$$T = \frac{\Delta p V \eta_m}{2\pi} \qquad (B-1-1-13)$$

（三）液压泵和液压马达的分类

液压泵的种类有很多,按流量是否能调节可分为变量式和定量式,流量可以根据需要来调节的称为变量式,流量不能调节的称为定量式;按液流方向能否改变可分为单向式和双向式;按结构形式不同可分为齿轮式、叶片式和柱塞式等。

液压泵和液压马达的图形符号如图 B-1-1-3 所示。

拓展阅读 ●
情境 B-1-1

互动练习 ●
B-1-1

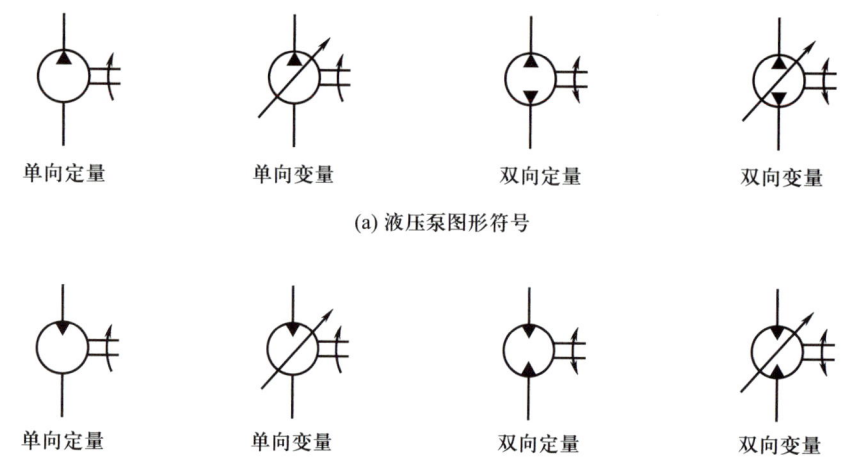

単向定量　　　単向变量　　　双向定量　　　双向变量

(a) 液压泵图形符号

単向定量　　　単向变量　　　双向定量　　　双向变量

(b) 液压马达图形符号

图 B-1-1-3　液压泵和液压马达的图形符号

四、学习结果评价

序号	评价内容	评价标准	评价结果
1	液压泵（马达）的工作原理	能正确阐述液压泵（马达）的工作原理。 能正确理解液压泵（马达）的必要工作条件。	
2	液压泵（马达）的性能参数	能理解液压泵（马达）参数的含义。 能根据工作实际，正确进行液压泵（马达）的性能参数的计算。	
3	液压泵（马达）图形符号	能正确绘制不同类型液压泵（马达）的图形符号。 能根据图形符号判断液压泵（马达）的类型。	

五、课后作业

1. 一台额定压力为 6.3 MPa 的液压泵，若将其出口接油箱，则液压泵出口处的压力为多少？

2. 某液压泵的输出油压 $p=6$ MPa，排量 $V=100$ cm^3/r，转速 $n=1\,450$ r/min，容积效率 $\eta_V=0.94$，总效率 $\eta=0.9$，求泵的输出功率 P 和电动机的驱动功率 $P_{电}$。

3. 有一液压泵与液压马达组成的闭式回路，液压泵输出油压 $p_B=10$ MPa，其机械效率 $\eta_{Bm}=0.95$，容积效率 $\eta_{BV}=0.9$，排量 $V_B=10$ mL/r；液压马达的机械效率 $\eta_{Mm}=0.95$，容积效率 $\eta_{Mv}=0.9$，排量 $V_M=10$ mL/r；若液压泵的转速为 1 500 r/h 时，试求：

① 电动机的功率；

② 液压泵的输出功率；

③ 液压马达的输出转矩；

④ 液压马达的输出功率;

⑤ 液压马达的输出转速。

核心能力二　分析液压泵自吸性能

一、核心概念

1. **液体的黏性**:液体在外力作用下流动时,分子间的内聚力阻碍分子间的相对运动而产生内摩擦力的性质。

2. **液体静压力**:液体处于相对平衡状态下的力学规律。所谓相对平衡,是指液体内部各质点间没有相对运动。

3. **理想液体**:既无黏性也不可压缩的假想液体。

4. **实际液体**:既有黏性又可压缩的实际液体。

5. **恒定流动**:液体流动时,若液体中任何一点的压力、流速和密度都不随时间而改变,这种流动就称为恒定流动。

6. **非恒定流动**:液体流动时,如液体中任何一个参数会随时间而变化,则称为非恒定流动。

7. **通流截面**:液体在管道中流动时,垂直于流动方向的截面。

8. **流量**:单位时间内流过通流截面的液体的体积。

二、学习目标

1. 能独立阐述并正确选用液压油。

2. 能根据工作实际分析确定液压泵安装高度。

3. 能正确理解静压力基本方程、连续性方程、伯努利方程及动量方程,并能运用方程分析管道内油液的流速与面积间的变化关系,解决油液内与压力、速度、位置有关量的变化问题。

4. 能根据雷诺数判定油液的流动状态,理解压力损失的产生原因及减小措施。

5. 能根据技术需求,独立反思并分析原理,形成探究意识、批判性思维及不断探索的科学素养。

三、基本知识

液压油是液压系统中传递能量的工作介质,同时对液压传动装置中的机构和零件起着润滑、防锈等作用。了解液压油的基本物理性质,研究其静力学、动力学规律,对理解和掌握液压传动的基本原理十分重要,同时对液压泵自吸性能的提升及后续液压系统的合理使用、设计计算等都有重要的理论支撑。

视频 •……

液压油的
性质

（一）液压油的性质

1. 密度

单位体积液体的质量,称为该液体的密度,用 ρ（单位为 kg/m^3）

表示。

$$\rho=\frac{m}{V} \tag{B-1-2-1}$$

式中：V——液体的体积；

m——液体的质量。

液压油的密度随温度的升高而下降，随压力的增加而增大。对于液压传动中常用的液压油来说，在常用的温度和压力范围内，密度变化很小，可忽略不计。一般液压油的密度为 900 kg/m³。

2. 黏性

（1）黏性的意义

黏性是液体的重要物理性质，也是液压用油的主要依据。液压油流动时，由于它和固体壁面间的附着力以及它的黏性，会使其内部各液层间的速度不等。设在两个平行平板之间充满液体，两平行平板间的距离为 h，如图 B-1-2-1 所示。当下平板不动而上平板以 u_0 的速度向右移动时，紧贴于下平板极薄的一层液体和下平板一起保持不动，紧贴于上平板极薄的一层液体，在附着力的作用下，随着上平板一起以 u_0 的速度向右运动；而中间各层液体则从上到下按递减的速度向右运动，这是因为相邻两薄层液体间存在内摩擦力，该力对上层液体起阻滞作用，而对下层液体起拖拽作用。当两平板间的距离较小时，各液层的速度按从上到下递减的线性规律分布。

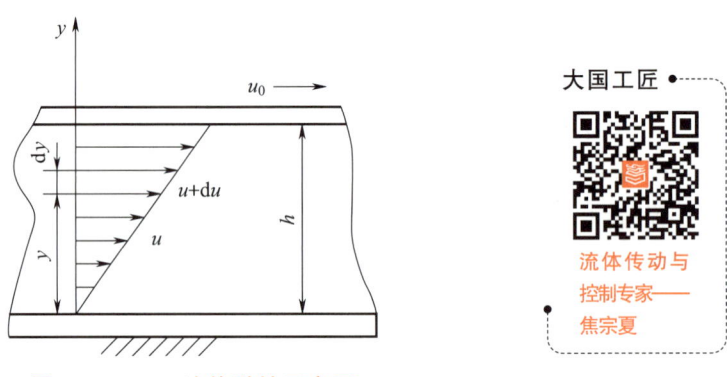

图 B-1-2-1 液体黏性示意图

大国工匠·

流体传动与
控制专家——
焦宗夏

实验测定表明：液体流动时，相邻液层间的内摩擦力 F 与液层间的接触面积 A 和液层间相对运动的速度 $\mathrm{d}u$ 成正比，而与液层间的距离 $\mathrm{d}y$ 成反比，即

$$F=\mu A\frac{\mathrm{d}u}{\mathrm{d}y} \tag{B-1-2-2}$$

式中：μ——比例系数，称为动力黏度；

$\dfrac{\mathrm{d}u}{\mathrm{d}y}$——速度梯度，即相对运动速度对液层距离的变化率。

若以 τ 表示单位面积上的摩擦切应力，则式（B-1-2-2）可改写为

$$\tau=\frac{F}{A}=\mu\frac{\mathrm{d}u}{\mathrm{d}y} \tag{B-1-2-3}$$

式（B-1-2-3）即为牛顿黏性定律。在静止液体中，由于 $\dfrac{\mathrm{d}u}{\mathrm{d}y}=0$，故 $F=0$，因此，静止液体不呈现黏性。

（2）黏度

液体黏性的大小用黏度来衡量。常用的黏度有动力黏度、运动黏度和相对黏度。

① 动力黏度 μ

动力黏度又称绝对黏度，它表征液体黏性的内摩擦系数，由式（B-1-2-3）可得

$$\mu = \tau \frac{\mathrm{d}y}{\mathrm{d}u} \qquad (\text{B-1-2-4})$$

由式（B-1-2-4）可知，动力黏度的物理意义是：液体在单位速度梯度下流动或有流动趋势时，相接触的液层间单位面积上产生的内摩擦力。其法定计量单位为 $\mathrm{N \cdot s/cm^2}$ 或 $\mathrm{Pa \cdot s}$。

② 运动黏度 ν

动力黏度 μ 与液体密度 ρ 的比值称为液体的运动黏度 ν，即

$$\nu = \frac{\mu}{\rho} \qquad (\text{B-1-2-5})$$

液体的运动黏度 ν 没有明确的物理意义，运动黏度的法定计量单位为 $\mathrm{m^2/s}$，因此工程中常用它表示液体的黏度，故在其单位中只有长度和时间的量纲。如，国产液压油的牌号就是油液在 40 ℃时的运动黏度 ν 的平均值。液压油牌号为 HL-46，其数字 46 表示该液压油在 40 ℃时的运动黏度为 46 $\mathrm{mm^2/s}$。

③ 相对黏度 $°E_t$

相对黏度又称条件黏度，它是采用特定的黏度计，在规定的条件下测量的黏度。根据测量条件不同，各国采用的相对黏度的单位也不同，我国采用的是恩氏黏度 $°E_t$。

恩氏黏度用恩氏黏度计测定，即将 200 $\mathrm{cm^3}$ 的被测液体，装入底部小孔直径为 2.8 mm 的恩氏黏度计的容器中，在某一特定温度 t（℃）时，测定全部液体在自重作用下流过小孔所需的时间 t_1，再取同体积的蒸馏水，测定在 20 ℃时流过同一小孔所需的时间 t_2，这两个时间的比值即为被测液体 t（℃）时的恩氏黏度，即

$$°E_t = \frac{t_1}{t_2} \qquad (\text{B-1-2-6})$$

工业上常用 20 ℃、50 ℃和 100 ℃作为测定恩氏黏度的标准温度，其相应恩氏黏度分别用 $°E_{20}$、$°E_{50}$、$°E_{100}$ 表示。

恩氏黏度与运动黏度之间的换算公式可表达为

$$\nu = \left(7.31°E - \frac{6.31}{°E}\right) \times 10^{-6} \qquad (\text{B-1-2-7})$$

（3）黏度与压力、温度之间的关系

当压力增加时，液体分子间距离减小，内摩擦力增加，其黏度也随之增大。

液压油的黏度对温度的变化很敏感，温度升高，黏度显著降低。油液黏度的变化直接影响液压系统性能和泄漏量，因此，希望黏度随温度的变化越小越好。不同油液有不同的黏温变化关系，这种关系称为黏温特性。黏温特性通常用黏度指数（VI）表示。黏度指数越大，表示液压油黏度随温度的变化率越小，即黏温特性越好。一般液压油的黏度指数要求在 90 以上，优异的在 100 以上。

3. 可压缩性

液体受压力作用而发生体积减小的性质称为液体的可压缩性。可压缩量用体积压缩系数 κ（单位为 m^2/N）表示，体积压缩系数为液体单位压力变化下的体积相对变化量，即

$$\kappa = -\frac{1}{\Delta p}\frac{\Delta V}{V} \qquad （B-1-2-8）$$

式中：Δp——液体压力的变化量；

V——增压强液体的体积；

ΔV——压力变化 Δp 时液体体积的变化量。

由于压力增大时液体的体积减小，因此式（B-1-2-8）的右边需加"–"，以使 κ 值正常。常用液压油的体积压缩系数 $\kappa = （5 \sim 7）\times 10^{-10}$ m^2/N。

液体的体积压缩系数 κ 的倒数称为液体的体积弹性模量，用 K（单位为 N/m^2）表示，即

$$K = \frac{1}{\kappa} = -\frac{V\Delta p}{\Delta V} \qquad （B-1-2-9）$$

在实际工作中，常用 K 值说明液体的抵抗压缩能力，它表示产生单位体积相对变化量所需的压力增量。当液压油中混入空气时，其压缩性将显著增加，并将严重影响液压系统的工作性能，故在液压系统中应尽量减少油液中的空气含量。在实际液压系统的液压油中，难免会混入空气，通常对矿物油型液压油取 $K = （0.7 \sim 1.4）\times 10^9$ N/m^2。

4. 其他特性

液压油还有其他的一些物理化学性质，如抗燃性、抗氧化性、抗泡沫性、抗乳化性、防锈性、抗磨性等，这些性质对液压系统的工作性质也有很大影响。对于不同品种的液压油，这些性质的指标是不同的，具体应用时可查阅油类产品手册。

（二）液压油的要求及选用

1. 要求

液压油既是液压传动与控制的工作介质，又是各种液压元件的润滑剂，因此液压油的性能会直接影响液压系统的性能，如工作可靠性、灵敏性、稳定性、系统效率和零件寿命等。

选用液压油时应满足以下条件要求：

（1）在使用温度范围内，要有适宜的黏度和良好的粘温特性。

（2）润滑性能好，即要有足够的油膜强度。

（3）化学稳定性好。在储存和工作过程中不易氧化变质，以防胶质沉淀物影响系统正常工作；防止油液变酸，腐蚀金属表面。

视频 •

液压油的选用要求及选用原则

（4）质地纯净，不含或者含有极少的杂质、水分和水溶性酸碱等；抗泡沫性好，若油液中含有易挥发性物质，则会使油液中易产生气泡，影响运动平稳性。

（5）闪点要高，凝固点要低。在高温下工作时，为了防火安全，需要液压油具有较高的闪点；在低温环境下工作时，为防止油液凝固，需要凝固点低。

2. 液压油的种类及选用

液压油的种类很多，主要可分为矿物油型、合成型和乳化型三大类型。

正确选用液压油，是保证液压设备高效率正常运转的前提。目前，90% 以上的液压系统采用矿物油型液压油为工作介质，选用时优先考虑普通液压油，有特殊要求时，则选用抗磨、低温或高黏度指数的液压油，如没有普通液压油，可用汽轮机油或机械油代用；合成型液压油价格高，只有在某些特殊设备（如对抗燃性要求高并且使用压力高、温度变化范围大等）中采用；在工作压力不高时，高水基乳化液也是一种良好的抗燃液。在选用液压油时，合适的黏度有时更为重要。黏度影响运动部件的润滑、缝隙的泄漏以及流动时的压力损失、系统的发热等。在选用液压油时的原则一般为：

（1）运动速度高或者配合间隙小时，宜采用黏度较低的液压油以减少摩擦损失。

（2）工作压力高或温度高时，宜采用黏度较高的液压油以减少泄漏。

在液压系统中，液压泵的工作条件最为严峻，故实际工作中使用的液压泵对液压油黏度的选用起着决定性作用。

（三）液体的静压力及其特性

静止液体在单位面积上所受的方向作用力称为液体静压力。如果在液体内某点处微小面积 ΔA 上作用有法向力 ΔF，则 $\Delta F/\Delta A$ 的极限就是该点的静压力，用 p 表示，即

$$p = \lim_{\Delta A \to 0} \frac{\Delta F}{\Delta A} \qquad （B-1-2-10）$$

若在液体的面积 A 上，所受的为均匀分布的作用力 F，则静压力可表示为

$$p = \frac{F}{A} \qquad （B-1-2-11）$$

液体的静压力在物理上称为压强，但由于学科不一样，故在叫法上有所不同，在液压传动中称为压力。

液体的静压力有以下特性：

（1）液体静压力垂直于作用面，其方向与该面的内法线方向一致。

（2）静止液体内，任意点处的静压力在各个方向上都相等。

（四）液体静力学基本方程

密度为 ρ 的液体，重力作用下在容器内处于静止状态，其受力情况如图 B-1-2-2a 所示。在该容器液体内任取一点 A，求 A 点处的压力，可取底部包含该点的一个微小垂直液柱来研究，如图 B-1-2-2b 所示。液柱顶面受来自外界的压力 p_0 作用，底面上所受的压力为 p，微小液柱的端面积为 ΔA，高度为 h，则小液柱的体积为 $\Delta A \cdot h$，液柱的重力为 $\Delta A \cdot h \cdot \rho \cdot g$。作用于液柱侧面上的力，因对称分布而相互抵消。由于液体处于平衡状态，在垂直方向上列出它的静力平衡方程式，可得

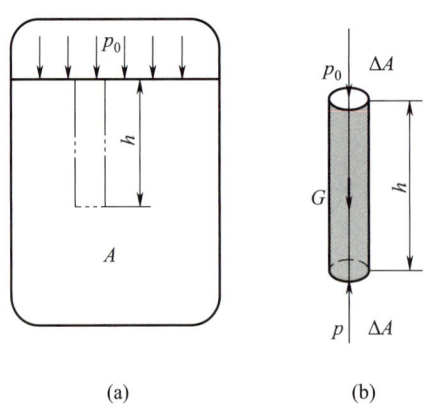

(a) (b)

图 B-1-2-2　静止液体内压力分布规律

$$p \cdot \Delta A = p_0 \cdot \Delta A + \Delta A \cdot h \cdot \rho \cdot g \qquad （B-1-2-12）$$

公式两边同除 ΔA，可得

$$p = p_0 + \rho \cdot g \cdot h \qquad （B-1-2-13）$$

式中：p_0——作用于液面上的压力；

$\quad\quad p$——液体的密度；

$\quad\quad g$——重力加速度；

$\quad\quad h$——液柱的高（深）度。

公式（B-1-2-13）为液体静压力基本方程。由式（B-1-2-13）可知：

（1）静止液体内任一点处的压力由两部分组成，一部分是液面上的压力 p_0，另一部分是该点以上液体的自重所产生的压力 $\rho g h$。当液面上只作用大气压力 p_a 时，式（B-1-2-13）可改写为

$$p = p_a + \rho g h \qquad （B-1-2-14）$$

（2）静止液体内的压力沿液体的深度呈线性规律分布。

（3）静止液体内同一深度处各点压力相等。压力相等的所有点组成的面为等压面，在重力作用下静止液体中的等压面为一水平面。

（五）压力的表示方法及单位

根据度量基准的不同，液体压力的表示方法有绝对压力和相对压力（表压力）两种。绝对压力以绝对真空为基准来进行度量，相对压力以当地大气压力 p_a 为基准进行度量，因大气压力中的物体受大气压的作用是自相平衡的，故大多数压力表测得的压力值是相对压力，故相对压力又称表压力。

绝对压力 = 相对压力 + 大气压力

当液体中某点处的绝对压力低于大气压力时，绝对压力比大气压力小的那部分压力值被称为真空度。

真空度 = 大气压力 - 绝对压力

视频 ●

静压力基本方程的物理意义

绝对压力、相对压力和真空度之间的关系如图 B-1-2-3 所示。

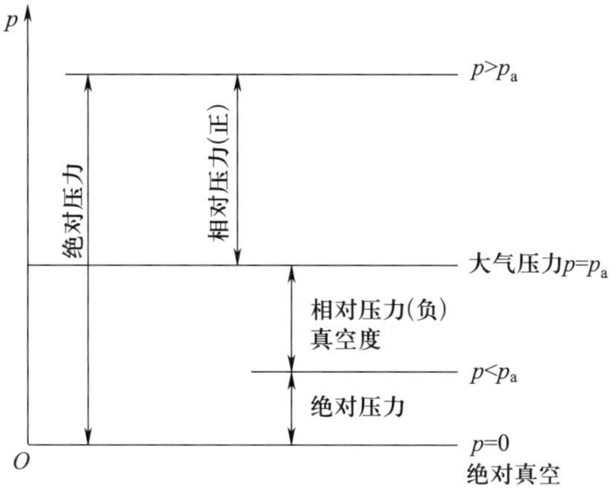

图 B-1-2-3　绝对压力、相对压力和真空度之间的关系

压力的单位为 Pa（帕斯卡，简称帕），1 Pa=1 N/m^2，由于 Pa 的单位量值太小，在工程上常采用其倍数单位 kPa（千帕）和 MPa（兆帕）表示。其换算关系为

$$1\ MPa=10^3\ kPa=10^6\ Pa$$

压力的计量单位还有标准大气压 atm 及沿用以前的单位 bar、工程大气压 at，现已不推荐使用，各压力单位的换算关系为

$$1\ atm=0.101\ 325\times10^6\ Pa$$

$$1\ bar=1\times10^5\ Pa$$

$$1\ at=0.981\times10^5\ Pa$$

（六）静止液体内压力的传递

如图 B-1-2-4 所示密闭容器内的液体，当外力 F 变化引起外加压力 p 发生变化时，只要液体仍保持原来的静止状态，液体内任一点的压力就会发生同样大小的变化。这就是说，在密闭容器内，施加于静止液体的压力可以等值地传递到液体各点。这就是帕斯卡原理，或称静压传递原理。

由此可见，液体内的压力是由外界负载作用所形成的，即当作用面积 A 不变时，压力取决于负载，这是液压传动中的一个重要的基本概念。

液压起重原理图如图 B-1-2-5 所示，一 U 型管内充满液体，两端用活塞将其密封，大小活塞的作用面积分别为 A_2 和 A_1，作用在小活塞上的作用力为 F，作用在大活塞上的力为 W。

根据静止液体在单位面积上所受的法向力为静压力的关系，可得小活塞底部油液的压力为 $p_1=\dfrac{F}{A_1}$，大活塞底部油液的压力为 $p_2=\dfrac{W}{A_2}$。

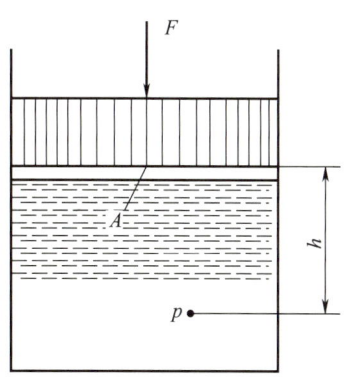

图 B-1-2-4　静止液体内的压力

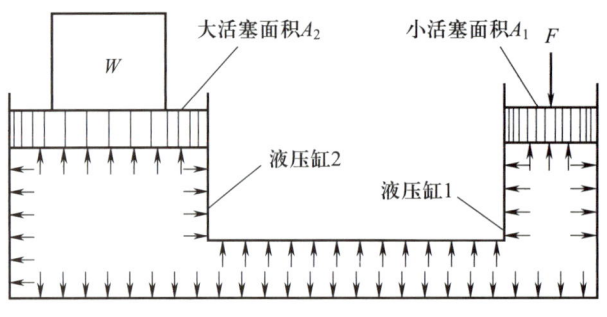

图 B-1-2-5 液压起重原理图

根据帕斯卡定律 $p_1=p_2$，可得

$$\frac{F}{A_1}=\frac{W}{A_2}$$

公式转化可得

$$W=F\frac{A_2}{A_1} \tag{B-1-2-15}$$

由式（B-1-2-15）可知，由于 $\frac{A_2}{A_1}>1$，因此用一个很小的力 F 就可以推动一个比较大的负载 W。液压千斤顶就是依据帕斯卡定律制作而成的一个省力装置。

（七）液体作用于容器壁面上的力

液体和固体壁面相接触时，固体壁面将受到液体静压力的作用。由于静压力近似处处相等，故可认为作用于固体壁面上的压力是均匀分布的。

当固体壁面为一平面时，作用在该面上静压力的方向与该平面垂直，是相互平行的。作用力 F 为液体的压力 p 与该平面面积的乘积，即

$$F=pA \tag{B-1-2-16}$$

当承受压力的表面为曲面时，由于压力总是垂直于承受压力的表面，所以作用在曲面上各点的力不平行但相等。作用在曲面上的液压作用力在某一方向上的分力等于静压力与曲面在该方向投影面积的乘积。图 B-1-2-6 所示为球面和锥面所受液压作用力分析图。球面和锥面在垂直方向受力 F 等于曲面在垂直方向的投影面积 A 与压力 p 相乘，即：

$$F=pA=p\frac{\pi}{4}d^2 \tag{B-1-2-17}$$

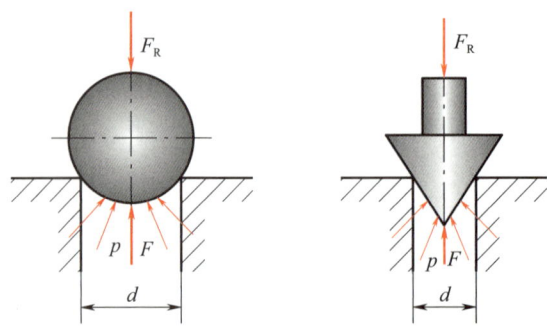

图 B-1-2-6 球面和锥面所受液压作用力分析图

式中：d——承压部分曲面投影圆的直径。

（八）液体动力学方程

1. 层流、紊流、雷诺数

液体的流动分为层流和紊流两种状态。英国物理学家雷诺通过大量实验（图 B-1-2-7a 所示为实验装置）观察发现，水管向水箱中充水，超过水箱容纳量时，水从水箱口溢出，保持水箱的水面为恒定，容器水杯 5 中盛有红颜色水，打开阀门 4 后，水箱中的水就从管 3 中流出，这时打开阀门 6，红颜色水即从管 2 流入管 3。根据红颜色水在管 3 中的流动状态，即可观察出管中水的流动状态。当管中水的流速较低时，红颜色水在管中呈明显的直线运动，如图 B-1-2-7b 所示，这时可看到红线与管轴线平行，红色线条与周围液体没有任何混杂现象，表明管中的水流是分层的，层与层之间互不干扰，液体的这种流动状态称为层流。

将阀门 4 逐渐开大，当管中水的流速增大到某一值时，可看到红线开始曲折，如图 B-1-2-7c 所示，表明液体质点在流动时不仅沿轴向运动，还有横向运动。若管中水的流速继续增大，则可看到红线呈紊乱状态，完全与水混合，如图 B-1-2-7d 所示，这种无规律的流动状态称为紊流。

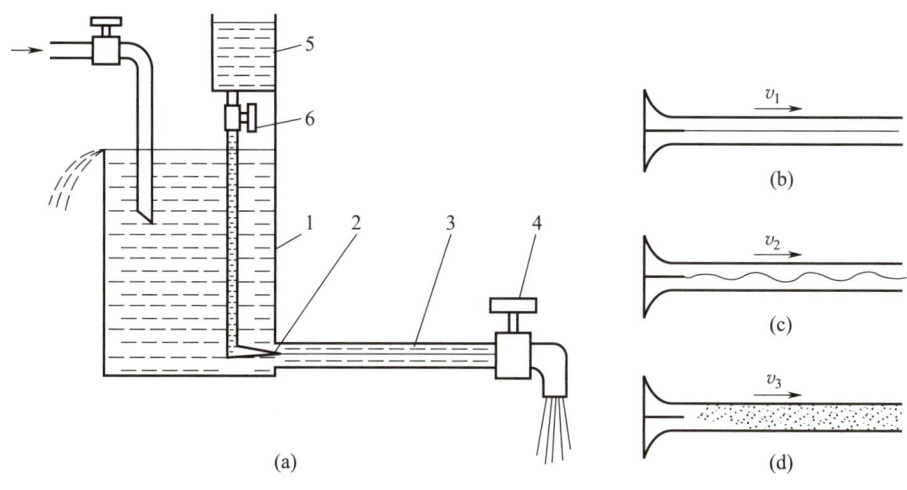

图 B-1-2-7 雷诺实验装置

在层流与紊流之间的中间过渡状态是一种不稳定的流态，一般按紊流处理。

如果将阀门逐渐关小，会看到相反的过程。

实验证明，液体在管中流动时是层流还是紊流，不仅与管内液体平均流速有关，还和管径 d、液体的运动黏度 ν 有关。而决定流动状态的，是这三个参量所组成的一个称为雷诺数 Re 的无量纲量，即

$$Re = \frac{vd}{\nu} \qquad\qquad（B-1-2-18）$$

公式（B-1-2-18）表示液体流动时雷诺数相同，则其流动状态也相同。

液体的流态由临界雷诺数 Re_c 决定，当 $Re < Re_c$ 时为层流，当 $Re > Re_c$ 时为紊流。临界雷诺数一般可由实验求得，常见管道临界雷诺数见表 B-1-2-1。

表 B-1-2-1　常见管道的临界雷诺数

管道形式	Re_c	管道形式	Re_c
光滑金属圆管	2 320	带沉割槽的同心环状缝隙	700
橡胶软管	1 600 ~ 2 000	带沉割槽的偏心环状缝隙	400
光滑的同心环状缝隙	1 100	圆柱形滑阀阀口	260
光滑的偏心环状缝隙	1 000	锥阀阀口	20 ~ 100

雷诺数的物理意义:雷诺数是液流的惯性力对黏性力的作用比。当雷诺数大时,惯性力起主导作用,这时液体流态为紊流;当雷诺数小时,黏性力起主导作用,这时液体流态为层流。

对于非圆截面的管道,液流的雷诺数可按下式计算

$$Re = \frac{4vR}{\nu} \tag{B-1-2-19}$$

式中:R——通流截面的水力半径。是指通流有效截面 A 和其湿周(有效截面的周界长度)X 之比,即

$$R = \frac{A}{X} \tag{B-1-2-20}$$

水力半径对管道的通流能力影响很大。水力半径大,意味着液流和管壁的接触周长短,管壁对液流的阻力小,因而通流能力大;水力半径小,则通流能力就小,管路容易堵塞。

2. 连续性方程

连续性方程是质量守恒定律在流体力学中的一种表达形式。

液体在管道中作恒定流动,如图 B-1-2-8 所示,任意取截面 1 和截面 2,其通流截面分别为 A_1 和 A_2,液体流经两截面时的平均流速和液体密度分别为 v_1、ρ_1 和 v_2、ρ_2。根据质量守恒定律,在单位时间流过两个通流截面的液体质量相等,即

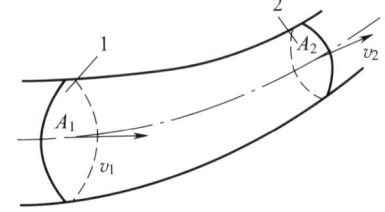

图 B-1-2-8　连续性方程示意图

$$\rho_1 v_1 A_1 = \rho_2 v_2 A_2 = 常数$$

当忽略液体的可压缩性时,$\rho_1 = \rho_2$,上式可得

$$v_1 A_1 = v_2 A_2 = 常数$$

由于通流截面是管道中任意截取的,故

$$q_v = v_1 A_1 = 常数 \tag{B-1-2-21}$$

公式(B-1-2-21)为液体的连续性方程,由公式可得:在管道中作恒定流动的不可压缩的液体,流过各个截面的流量是相等的,因而流速与通流面积成反比。

3. 伯努利方程

伯努利方程是能量守恒定律在流动液体中的表现形式,主要反映压力能、动能、势能

三种能量的转换。

（1）理想液体的伯努利方程

图 B-1-2-9 所示为管道中液流流速的一部分,在此管道中任意取截面 1—1 和 2—2,液体在此管道中作恒定流动。液体在管道中流动时,具体能量反映在动能、势能和压力能。假设截面 1—1 和 2—2 的液体的压力分别为 p_1 和 p_2,平均流速分别为 v_1 和 v_2,两通流截面至水平参考面的距离分别为 h_1 和 h_2。根据能量守恒定律,重力作用下的理想液体伯努利方程为

$$\frac{p_1}{\rho g}+h_1+\frac{v_1^2}{2g}=\frac{p_2}{\rho g}+h_2+\frac{v_2^2}{2g}\qquad（B-1-2-22）$$

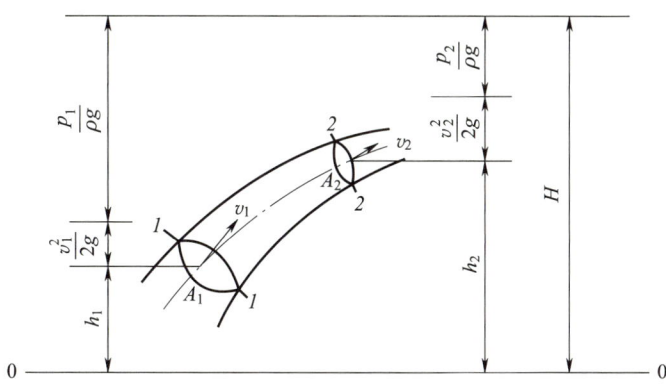

图 B-1-2-9　伯努利方程示意图

由于截面 1—1 和 2—2 是管道中任意截取的,故式（B-1-2-22）可化为

$$\frac{p}{\rho g}+h+\frac{v^2}{2g}=常数\qquad（B-1-2-23）$$

式中,$\dfrac{p}{\rho g}$——比压能;

　　　h——比势能;

　　　$\dfrac{v^2}{2g}$——比动能。

式（B-1-2-23）的物理意义为:在管道内作恒定流动的理想液体具有三种形式的能量,即压力能、势能和动能,它们之间可以相互转换,但在流束的任一处,这三种能量的总和等于常数。

（2）实际液体的伯努利方程

实际液体存在黏性,流动时因黏性产生内摩擦力,从而损失一部分能量。同时,实际液体的黏性使流束在通流截面上各点的实际流动速度不相同,精确计算时,必须引入动能修正系数。因此,实际液体伯努利方程为

$$\frac{p_1}{\rho g}+h_1+\frac{\alpha_1 v_1^2}{2g}=\frac{p_2}{\rho g}+h_2+\frac{\alpha_2 v_2^2}{2g}+h_w\qquad（B-1-2-24）$$

式中：h_w——液体从一个通流截面运动到另一个通流截面时，单位重量液体因克服内摩擦
　　　　　而损失的能量；

　α_1、α_2——动能修正系数，层流时 $\alpha=2$，紊流时 $\alpha=1$。

伯努利方程实际应用时应注意：

① 截面 *1—1* 和截面 *2—2* 需顺液体流向选取，否则 h_w 为负值。

② 截面中心在基准以上时，h 取正值；反之，取负值。

③ 两通流截面压力的表示应相同，如 p_1 是相对压力，p_2 也应是相对压力。

4. 液体流动时的能量损失

由于实际液压油存在黏性，在管道中流动时又不可避免地存在着摩擦力，故为了克服摩擦阻力，流动液体需要损耗一部分能量，这部分能量损耗具体表现为液体的压力损失。

压力损失分为沿程压力损失和局部压力损失。

（1）沿程压力损失

液体在直径不变的直管中流动时，由于液体内摩擦力（黏性摩擦阻力）的作用而产生的能量损失称为沿程压力损失。液体在管道中流动时的沿程压力损失与液流运动状态有关。

沿程压力损失计算公式为

$$\Delta p_\lambda = \lambda \rho \frac{l}{d} \frac{v^2}{2} \tag{B-1-2-25}$$

式中：λ——沿程阻力系数；

　　　ρ——液体密度；

　　　l——管道的长度；

　　　d——管道的内径；

　　　v——液体的平均流速。

公式（B-1-2-25）适用于层流和紊流，只是 λ 的取值不一样。层流时，理论值 $\lambda = \dfrac{64}{Re}$，实际取值要更大一些。如油液在金属管道中流动时 $\lambda = \dfrac{75}{Re}$；在橡胶软管中流动时，$\lambda = \dfrac{80}{Re}$。紊流时，当雷诺数 Re 在 $3 \times 10^3 \sim 1 \times 10^5$ 范围内时 $\lambda = 0.316\,4Re^{-\frac{1}{4}}$。

（2）局部压力损失

当液体流过弯头、突然扩大或者突然缩小的管道断面以及各种控制阀时，液流都会在此处发生流速大小或流动方向的改变。因此液体流经管道的弯头、接头、阀口等处时会产生能量损失，称为局部压力损失。

局部压力损失的计算公式为

$$\Delta p_\zeta = \zeta \rho \frac{v^2}{2} \tag{B-1-2-26}$$

式中：ζ——局部阻力系数（由实验求得）；

　　　ρ——液体的密度；

　　　v——液体的平均流速。

（3）管道系统中总的压力损失

液压系统的管道通常由若干段管道和一些弯头、管接头等组成。管道系统总的压力损失 $\sum \Delta p$ 等于所有管道的沿程压力损失 $\sum \Delta p_\lambda$ 和所有局部压力损失 $\sum \Delta p_\zeta$ 的总和，即

$$\sum \Delta p = \sum \Delta p_\lambda + \sum \Delta p_\zeta \qquad （B-1-2-27）$$

即

$$\sum \Delta p = \lambda \rho \frac{l}{d} \frac{v^2}{2} + \zeta \rho \frac{v^2}{2}$$

5. 液压冲击和气穴现象

（1）液压冲击

在液压系统中，因某些原因引起液压油的压力在瞬间急剧上升，产生很高的压力峰值的现象，称为液压冲击。

液压冲击产生的原因：阀门突然关闭或液压缸快速制动时，会在液流中造成压力波，从而形成液压冲击现象，而这种压力波在管道内需往复振荡直至能量消耗后，油压才趋向稳定。当液压系统中的某些元件反应不灵敏时，也可造成液压冲击。如液压系统中用于稳压溢流、安全保护的溢流阀，在系统压力升高时不能及时打开溢流阀阀口，从而使系统中高压油液无法及时得到溢流，使系统液压力出现超调现象，从而造成液压冲击现象。

液压冲击的危害：瞬间压力冲击会引起振动和噪声，损坏密封装置、管道、元件，造成设备事故。

减小液压冲击的措施：关闭阀门的速度不能过快，在液压冲击源附近设置蓄能器，限制管中油液流速，在液压冲击源前装安全阀。

（2）气穴现象

在液流中，某点压力低于液压油液所在温度下的空气分离压时，原先溶于液体中的空气会分离出来，使液体产生大量的气泡，这些气泡混杂在油液中，使油液在管道及其他元件中的流动成为不连续状态，这种现象称为气穴现象。

气穴现象产生的原因：气穴现象多发生在阀口和液压泵的吸油口处。由于阀口的通道狭窄，油液流经此处时其流速增大、压力下降，引起气穴现象。当液压泵安装高度过高，且吸油管直径太小时，吸油阻力就会增大，造成吸油不充分，引起液压泵入口处的真空度过大，从而产生气穴现象。

气穴现象的危害：当气泡进入高压区，附在金属表面的气泡迅速破灭时，产生局部碰撞和高压，造成流量和压力脉动，引起局部液压冲击和高温，产生振动和噪声，使金属表面腐蚀，这种由气穴造成的腐蚀作用称为气蚀。气蚀会缩短元件的使用寿命，严重时会造成故障。

防止和减小气穴现象和气蚀的措施：

① 减小液流在小孔或间隙处的压力降。

② 正确确定液压泵吸油管管径，同时对油液在吸油管中的运动速度加以限制，降低吸油高度，对高压泵可采用辅助泵供油。

③ 减小压力损失，做好密封。整个系统的管道应尽可能做到平直，避免急弯和局部窄缝等。

④ 提高零件抗气蚀能力，如提高零件的机械强度、采用耐蚀性好的金属材料，减小零件加工的表面粗糙度值等。

四、学习结果评价

序号	评价内容	评价标准	评价结果
1	正确选用液压油	能根据液压泵的类型、工作状况（工作压力、工作温度等）、工作环境等正确选择液压油。 在选择合适的油品后，能依据液压系统的工作状态，正确选用液压油的黏度级别。 能根据上述影响因素及使用的经济性选用合适的液压油，以提高液压设备运行的可靠性，延长系统和相关元件的使用寿命，提高生产率，减少液压系统故障的发生。	
2	正确分析确定液压泵安装高度	能根据工作实际，正确运用实际液体伯努利方程分析确定液压泵的安装高度。 能审核计算结果的正确性。	
3	能分析解决液压系统管道内油液的流速与面积间的变化关系，油液内与压力、速度、位置有关量的变化问题	能根据工作实际，正确理解和运用静压力基本方程、连续性方程、伯努利方程及动量方程进行分析运算。 能审核计算结果的正确性。	
4	能正确理解压力损失的产生原因及减小措施	能根据工作实际，利用雷诺数判定油液的流动状态，并基于流动状态，正确理解压力损失的产生原因、计算压力损失的大小及减小措施。	

拓展阅读

情境 B-1-1

互动练习

B-1-1

五、课后作业

1. 在一液压系统中，已知泵的流量 $q=1.5\times10^{-3}$ m³/s，液压缸缸体内径 $D=10$ cm，负载的力 $F=26\,000$ N，如图 B-1-2-10 所示，回油腔直接接油箱，故回油腔压力近似为零，液压缸进油管直径 $d=20$ mm，油管的垂直高度 $H=4.5$ m，进油管总的局部阻力系数 $\xi=7.2$，液压油的密度 $\rho=900$ kg/m³，工作温度下的运动黏度 $\nu=46$ mm²/s。

试求：

（1）进油路的压力损失为多少？

（2）液压泵的供油压力为多大？

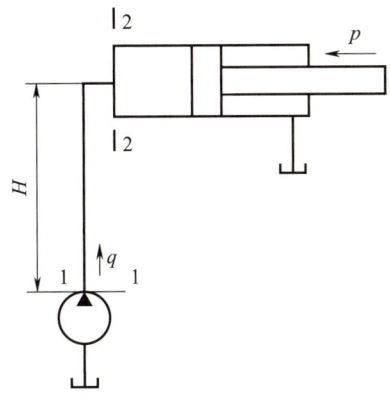

图 B-1-2-10

2. 如图 B-1-2-11 所示,液压泵从油箱当中吸油,吸油管的直径 d=65 mm,液压泵的流量 q_V=150 L/min,吸油口允许的最低压力为 0.032 MPa,油液的运动黏度 ν=30×10⁻⁶ m²/s,密度 ρ=900 kg/m³,弯头处的局部阻力系数 ζ=0.2,管道入口处的局部压力损失为 0.042 MPa,沿程压力损失忽略不计,试求吸油管的高度。

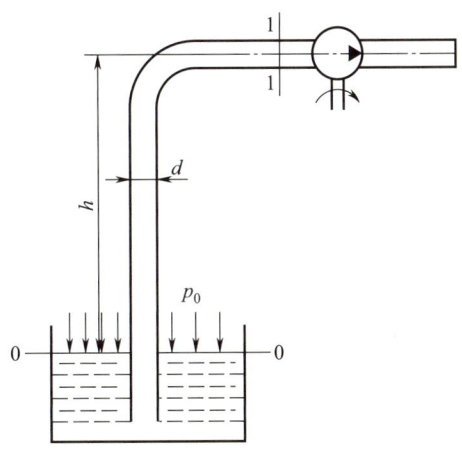

图 B-1-2-11

3. 一个流量 q_V=20 L/min 的液压泵,安装在油面以下,管道中油液的运动黏度 ν=20×10⁻⁶ m²/s,密度 ρ=900 kg/m³,其他尺寸如图 B-1-2-12 所示,仅考虑吸油管的沿程压力损失,试求液压泵吸油口处的绝对压力。

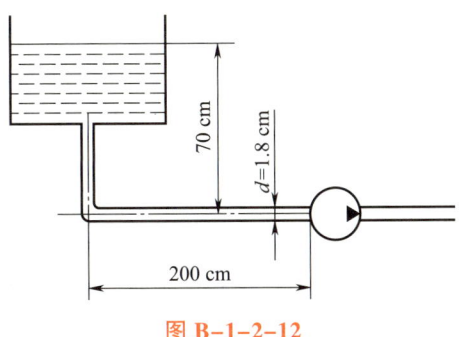

图 B-1-2-12

工作任务 B-2　齿轮泵及齿轮马达的选用

核心能力　选用、装调齿轮泵及齿轮马达，排除常见故障

一、核心概念

1. **外啮合齿轮泵**：一对直径和齿数相同的齿轮外啮合，齿轮各齿槽与泵体、前后泵盖一起构成密封工作容积，啮合齿轮的接触线把这些密封工作容积分隔为两个互不串通的吸油腔和压油腔。

2. **内啮合齿轮泵**：内啮合齿轮泵有渐开线齿形和摆线齿形两种，渐开线齿形齿轮泵需要在小齿轮和外齿圈之间安装一块月牙隔板，以便隔开吸油腔和压油腔，摆线齿形齿轮泵则无须设置隔板。

二、学习目标

1. 能独立分析并阐述齿轮泵（马达）的工作原理。
2. 能根据工作实际，正确选用齿轮泵（马达）。
3. 能根据工作实际，正确计算齿轮泵（马达）的排量和流量、泵的输出压力、马达的输出转速和转矩等性能参数。
4. 树立安全与责任意识，具有团队合作精神，能团队协作正确拆装齿轮泵（马达）。
5. 能根据齿轮泵（马达）工作过程出现的故障现象，查找故障原因，准确排除故障。

三、基本知识

齿轮泵是一种常用的液压泵，在结构上可分为外啮合齿轮泵和内啮合齿轮泵，一般作定量泵使用。

（一）外啮合齿轮泵

1. 外啮合齿轮泵的结构

外啮合齿轮泵的结构如图 B-2-1-1 所示，主要由前泵盖、后泵盖、泵体、传动轴和一对齿数、模数、齿形完全相同的渐开线外啮合齿轮组成。在泵体中装有一对直径和齿数相同并相互啮合的齿轮，一个固定在主动齿轮轴（传动轴）上，称为主动齿轮，另一个固定在从动齿轮轴上，称为从动齿轮，前后泵盖由两个定位销定位，并和泵体一起用个螺钉紧固。

泵体内部的填料、垫片主要起密封防漏作用。改变垫片的厚度，还可以调节齿轮两侧面的间隙。

2. 外啮合齿轮泵的工作原理

外啮合齿轮泵的工作原理图如图 B-2-1-2 所示。当原动机驱动主动齿轮轴（传动轴）带动主动齿轮发生图示方向逆时针旋转时，从动齿轮轴就会带动从动齿轮发生图示方

将液体的液压能转换为机械能
而对负载做功,实现旋转运动
的能量转换装置

执行装置　执行元件

齿轮泵(马达)　结构特点

动力装置　动力元件

将原动机的机械能转换成液体
的压力能,为系统提供具有一
定压力和流量的液压油。

外啮合齿轮泵(马达)

(一对直径和齿数相同的齿轮外啮合,具有结构简单,体积小,工作可靠,
自吸性能好等特点,应用于负载小、功率小、运动平稳性要求不高的中低
压系统或辅助系统中。)

内啮合齿轮泵(马达)

渐开线齿形　小齿轮、内齿环、月牙形隔板等

摆线齿形　小齿轮、内齿环、无须设置隔板

(大小齿轮内啮合、具有结构紧凑、质量轻、噪声低、流量脉动小,在高速工
作时容积效率高、但在低速、高压下工作时,压力脉动大、容积效率低,
不适合在低速高压场合工作。)

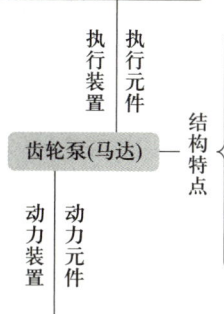

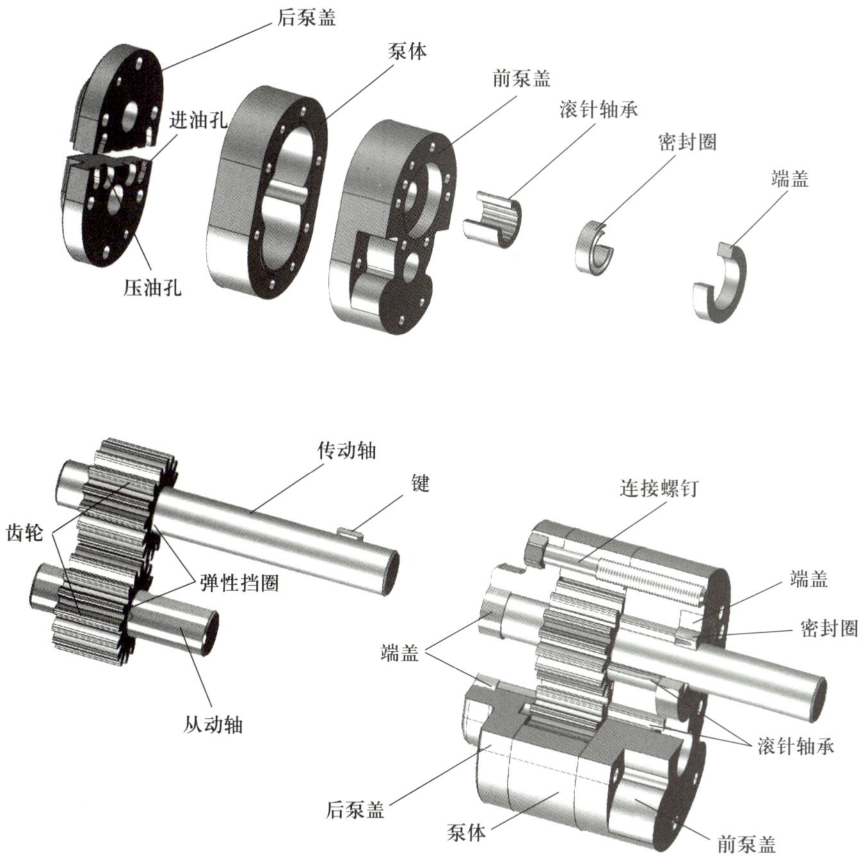

后泵盖　泵体　前泵盖　滚针轴承　密封圈　端盖

进油孔

压油孔

动画　●

外啮合齿轮
泵拆装动画

传动轴　键　连接螺钉

齿轮

弹性挡圈

从动轴

端盖

后泵盖　泵体　前泵盖

端盖　密封圈　滚针轴承

视频　●

外啮合齿轮
泵的结构原
理及工作特
点

视频　●

低压齿轮泵
讲解

图 B-2-1-1　外啮合齿轮泵的结构

47

向顺时针方向旋转，右侧吸油腔的轮齿逐渐脱离啮合，密封工作腔的容积逐渐增大，形成部分真空，因此，油箱中的油液在大气的作用下，经吸油管进入吸油腔（右腔）；随着主动齿轮和从动齿轮的旋转，吸入右腔的油液被带到左腔，由于左侧的齿轮逐渐进入啮合，故密封工作容积逐渐减小，齿间槽中的油液受到挤压，从压油腔（左腔）排出进入系统。由于齿轮的旋转是连续的，故外啮合齿轮泵就实现了连续的吸油和压油。

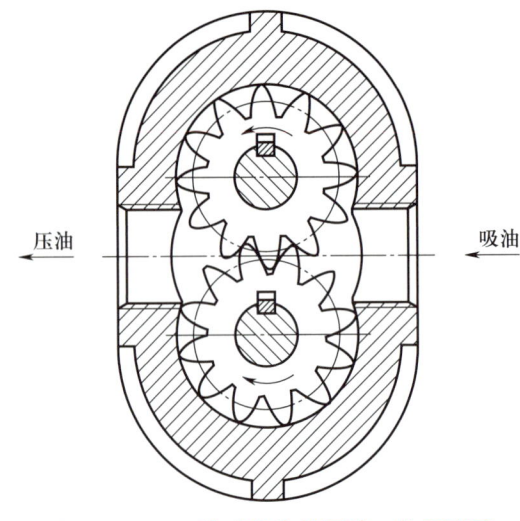

图 B-2-1-2　外啮合齿轮泵的工作原理图

3. 外啮合齿轮泵的排量和流量

（1）排量

外啮合齿轮泵的主要排量是其两个齿轮的齿间槽容积之总和。如果近似地认为齿间槽的容积等于轮齿的体积，则齿轮泵的排量 V 为

$$V=\pi Dhb=2\pi zm^2b \tag{B-2-1-1}$$

式中：D——齿轮的节圆直径，mm；

　　　　h——齿轮的有效工作高度，mm；

　　　　b——齿宽，mm；

　　　　z——齿数；

　　　　m——齿轮模数，mm。

实际上，齿间的容积比轮齿的体积稍大，因此，用修正系数 3.33 ~ 3.50 代替 π 值，齿数少时取大值。

$$V=(6.66 \sim 7.00)zm^2b$$

（2）流量

齿轮泵实际流量为

$$q=Vn\eta_V=(6.66 \sim 7.00)zm^2bn\eta_V \tag{B-2-1-2}$$

式中：n——齿轮泵的转速，r/s；

　　　　η_V——齿轮泵的容积效率。

4. 外啮合齿轮泵结构特性分析

（1）困油现象

为了使传动平稳，更为了使吸油腔和压油腔完全地隔开，保证外啮合齿轮泵的正常工作，主动齿轮和从动齿轮啮合轮齿的重叠系数必须大于1，也就是存在两对轮齿同时啮合的情况，即外啮合齿轮泵在转动的过程中，前一对轮齿尚未完全脱离啮合时，后一对轮齿已开始啮合，这样就有一部分油液被困在两对轮齿啮合点之间的密封腔内，此密封腔称为困油区，如图 B-2-1-3a 所示，困油区容积随齿轮转动而变化。该腔形

视频

外啮合齿轮泵引起的三个弊端

成时较大,在继续旋转过程中,其容积变小,当旋转到图 B-2-1-3b 所示位置时,容积最小。随后随着泵的旋转其容积再次变大,当前一对齿轮脱离啮合时其容积最大,如图 B-2-1-3c 所示。由于该密封腔既不与吸油腔相通,又不与压油腔相通,因此当该密封腔容积变小时,受困油液受到挤压而产生瞬间高压,油液从缝隙中被挤出,造成泄漏、振动、油液发热、冲击载荷等现象;当密封容积变大时,内部瞬时形成局部真空,此时无油液吸入,便会形成气穴,造成气蚀、振动等现象。无论是前者还是后者,都将造成强烈的噪声,同时降低外啮合齿轮泵的容积效率,影响其工作的平稳性和使用寿命。消除困油现象的方法,通常是在两端盖板上开一对矩形卸荷槽,如图 B-2-1-3 中虚线所示,当密封容积减小时,通过左边的卸荷槽与压油腔相通,而当密封容积增大时,通过右边的卸荷槽与吸油腔相通,但两卸荷槽间距必须保证在任何时候都不能让吸油腔和压油腔相通。

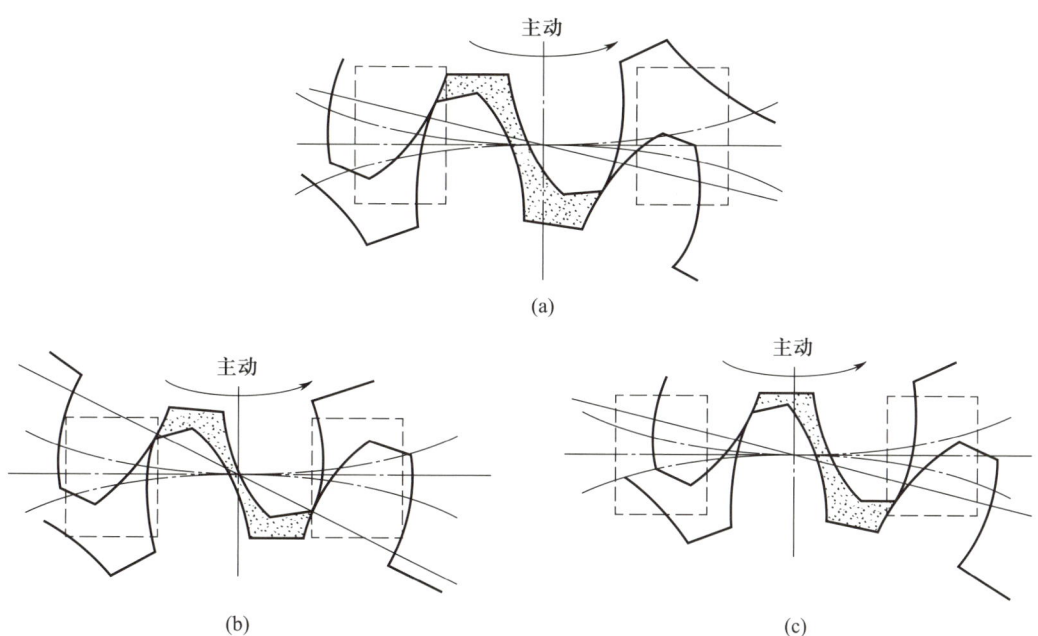

图 B-2-1-3 外啮合齿轮泵的困油现象

外啮合齿轮泵卸荷槽如图 B-2-1-4 所示。

图 B-2-1-4 外啮合齿轮泵卸荷槽

（2）液压径向力不平衡

齿轮泵在工作时，齿轮会承受径向液压力的作用，且作用在齿轮圆周上的液压力是不同的，压力分布状况如图 B-2-1-5 所示。图中所示齿轮泵下侧为吸油腔，上侧为压油腔，作用在齿轮和轴承上的液压力从吸油腔到压油腔是逐步增大的。液压力作用在齿轮和轴上的合力就是齿轮和轴承受到的径向不平衡力，而且油液压力越高，这个不平衡力就越大。其结果就是加速轴承的磨损，降低轴承的寿命，甚至使轴变形，造成齿顶和泵体内壁的摩擦等。

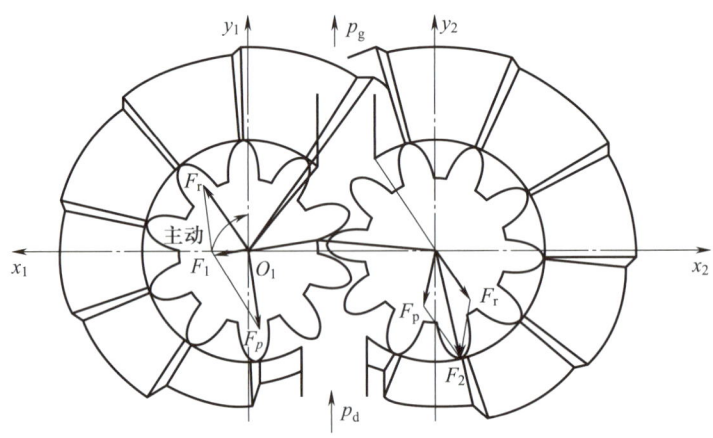

图 B-2-1-5　齿轮泵压力分布状况

可采取缩小压油口和开压力平衡槽等方法减小径向力不平衡。CB-B 型齿轮泵采用缩小压油腔，以减少液压力对齿顶部分的作用面积来减小径向不平衡力，故泵的压油口孔径比吸油口孔径要小。

（3）泄漏

外啮合齿轮泵中构成密封工作容积的零件要做相对运动，因此零件间存在配合间隙。由于外啮合齿轮泵吸油腔和压油腔之间存在压力差，其配合间隙间必然产生泄漏，泄漏是齿轮泵压力和容积效率低的根本因素，直接影响外啮合齿轮泵的工作性能。外啮合齿轮泵压油腔的压力油主要通过三条途径泄漏到吸油腔：

1）齿轮端面间隙泄漏

齿轮端面与前后泵盖之间的端面间隙较大，此端面间隙封油长度短，故泄漏量最大，占总泄漏量的 70% ~ 75%，油压越高，泄漏的液压油也就越多。

2）泵体内孔和齿顶径向间隙泄漏

此间隙泄漏主要是指通过齿轮外圆与泵体配合处的泄漏，由于齿轮转动方向与泄漏方向相反，且压油腔到吸油腔通道较长，故其泄漏量相对较小，占总泄漏量的 20% ~ 25%。

3）齿面啮合处间隙泄漏

此间隙泄漏是指通过两个齿轮的啮合处泄漏，由于齿形误差存在会造成沿齿宽方向接触不好而产生间隙，使压油腔与吸油腔之间造成泄漏，这部分泄漏量是很少的，占总泄漏量的 5%。

5. 外啮合齿轮泵的性能特点

外啮合齿轮泵具有结构简单、制造方便、价格低廉、体积小、质量小、工作可靠、自吸性能好以及对油液污染不敏感、维护方便等优点,但由于径向力不平衡、泄漏、困油的影响,使用时工作压力较低。另外,其流量脉动也较大,噪声也大,排量不可改变,效率较低,因而常用于负载小、功率小的机床设备及机床辅助装置,如液压叉车、起重机、送料设备、夹紧装置等场合,在工作环境较差的工程机械上也广泛应用。但随着结构技术的发展,噪声有了很大的降低,效率和寿命都有很大的提高。

（二）内啮合齿轮泵

内啮合齿轮泵有渐开线齿形和摆线齿形两种,其结构和工作原理图如图 B-2-1-6 所示。

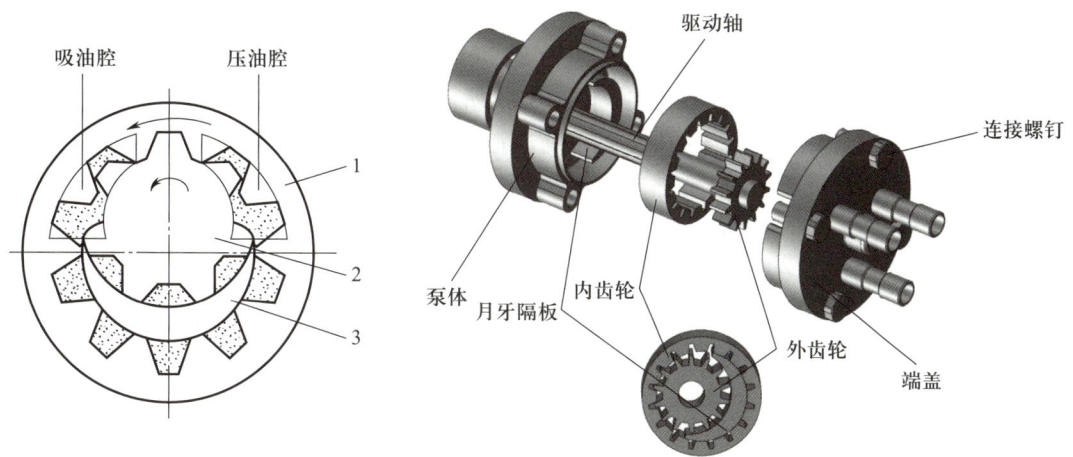

1—从动内齿轮；2—主动内齿轮；3—月牙形隔板。

(a) 渐开线齿形内啮合齿轮泵

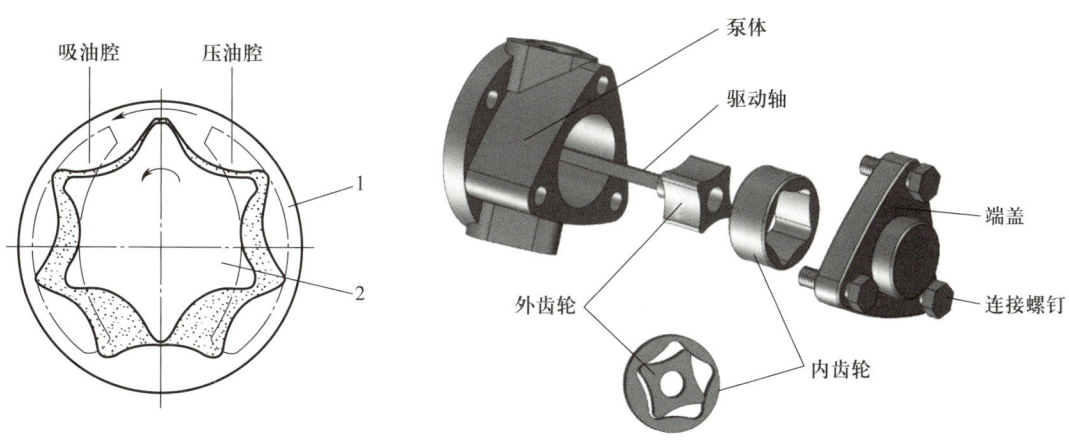

1—从动内齿轮；2—主动外齿轮。

(b) 摆线齿形内啮合齿轮泵

图 B-2-1-6 内啮合齿轮泵的结构和工作原理图

1. 内啮合齿轮泵结构和工作原理

如图 B-2-1-6a 所示，在渐开线齿形内啮合齿轮泵中，当主动外齿轮 2 按图示方向旋转时，轮齿退出啮合时，容积增大而吸油，进入啮合时容积减小而压油。主动外齿轮 2 和从动内齿轮 1 之间要装一块月牙隔板 3，以便把吸油腔和压油腔隔开。

摆线齿形内啮合泵又称摆线转子泵，如图 B-2-1-6b 所示。由于主动外齿轮 2 和从动内齿轮 1 相差一齿，因而不需设置隔板。当在图上的最低位置时，主动外齿轮的齿顶与从动内齿轮的齿顶紧密吻合，图中纵轴上的主动外齿轮轮齿与从动内齿轮轮齿相啮合将泵体内的吸油腔与压油腔隔开，起配流装置的作用。

2. 内啮合齿轮泵性能特点

与外啮合齿轮泵相比，内啮合齿轮泵结构紧凑、质量小、运动平稳、噪声低、无困油现象，且流量脉动小，在高转速工作时容积效率高。但是在低速高压下工作时，压力脉动大，容积效率低，不适合高压场合工作。而且内啮合齿轮泵齿形复杂，加工困难，价格较高。

（三）齿轮式液压马达的工作原理和应用

外啮合齿轮马达的工作原理图如图 B-2-1-7 所示，图中 I 为输出扭矩的齿轮，II 为空转齿轮，当高压油输入马达高压腔时，处于高压腔的所有轮齿均受到压力油的作用（如图中箭头所示，凡是轮齿两侧面受力平衡的部分均未画出），其中互相啮合的两个齿的齿面，只有一部分处于高压腔，设啮合点 C 到两个轮齿齿根的距离分别为 a 和 b，由于 a 和 b 均小于齿高 h，因此两个轮齿上就各作用一个使它们产生转矩的作用力 $pB(h-a)$ 和 $pB(h-b)$。这里 p 代表输入油压力，B 代表齿宽。在这两个力的作用下，两个齿轮按图示方向旋转，由扭矩输出轴输出扭矩。随着齿轮的旋转，油液被带到低压腔排出。

动画 •

齿轮液压马达拆装动画

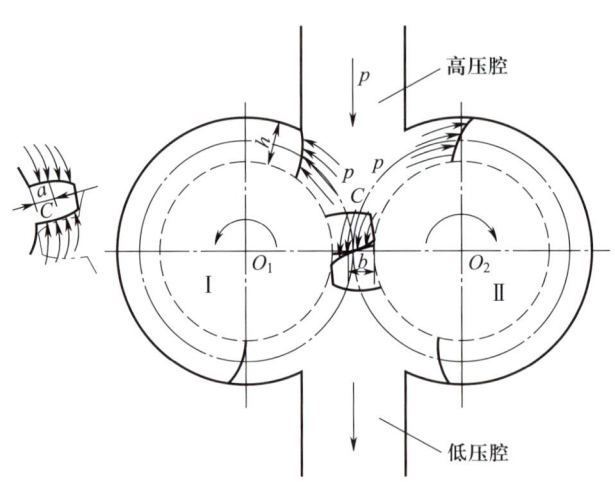

图 B-2-1-7　外啮合齿轮马达的工作原理图

齿轮马达的结构和齿轮泵一样，由于泄漏途径较多，故工作压力不能太高，否则容积效率过低。因此，齿轮马达一般属于高转速、低扭矩液压马达。由于啮合点随时变化，输出转矩和转速会产生脉动，故齿轮马达往往只用于一些传动精度要求不高的轻载场合。

四、能力训练

（一）操作条件

准备好外啮合齿轮泵、操作台、拆装工具和量具。

（二）安全及注意事项

1. 拆装前全面了解齿轮泵（马达）性能参数及故障问题处理方法。

2. 拆装前要熟练掌握拆装工具、量具的使用方法。

3. 拆装时动作要规范，避免损坏齿轮泵。

（三）操作过程

工序	步骤	操作方法及说明	质量标准
拆装外啮合齿轮泵	准备工作	（1）全面了解外啮合齿轮泵性能参数、结构及故障问题处理方法。 （2）准备拆装工具、量具及齿轮泵装配图。 	能够准确读取齿轮泵铭牌上标识的性能参数，准备好拆装工具、量具及装配图等。 *树立严谨细心的科学态度和强烈的工程责任意识。
	拆解工作	根据装配图制订正确的拆解步骤，选择合适的工具逐步拆解齿轮泵，并将拆解的零件分类摆放。 （1）用内六角扳手旋松泵体与泵盖的连接螺钉。	

续表

工序	步骤	操作方法及说明	质量标准
拆装外啮合齿轮泵	拆解工作	 (2)将前泵盖与泵体分离。 	能够正确拆解齿轮泵,确保所拆解的零件不被破坏;按顺序分类摆放零件,以便检查。 　　(1)选择规格合适的内六角扳手,规范旋松连接螺钉。 　　(2)用铜棒和橡胶锤轻轻敲打前泵盖与泵体,使前泵盖与泵体从接合面处分离。 　　(3)用铜棒和橡胶锤轻轻敲打驱动轴,使泵体与泵盖从接合面处分离。 　　(4)观察浮动侧板结构,注意安装方向。 　　(5)从泵体中取出齿轮及齿轮轴。注意防止跌落。 　　*培养主动思考、团队协作的能力和科学严谨的工作态度。 　　*树立勇于实践和探索的精神,重观察、重分析、重实证、重实操,培育精益求精的工匠精神。

工序	步骤	操作方法及说明	质量标准
拆装外啮合齿轮泵	拆解工作	（3）从泵体中取出浮动侧板。 （4）从泵体中取出主动齿轮轴。 	

工序	步骤	操作方法及说明	质量标准
拆装外啮合齿轮泵	拆解工作	（5）从泵体中取出从动齿轮轴。 （6）从泵体中取出底部浮动侧板。 	
	排除故障工作	（1）根据故障现象，初步判断故障原因。 （2）清洗、查看零件使用状态，确定故障原因并排除故障。	能够根据零件使用状态，确定故障原因并排除故障。 *引导学生形成分析故障及排除故障的科学性和严谨性，培养工程责任意识。
	装配工作	使用工具、量具正确装配外啮合齿轮泵。 （1）装配、检查前泵盖上的密封圈。 （2）装配底部浮动侧板。 	

工序	步骤	操作方法及说明	质量标准
拆装外啮合齿轮泵	装配工作	 （3）在泵体内装配齿轮：装上主动齿轮和从动齿轮，确保齿顶与泵体及齿轮端面与泵盖之间的间隙符合规范。检修时必须检查这两方面的间隙。 （4）装配顶部浮动侧板。 	使用工具、量具正确装配齿轮泵，确保各项装配技术参数符合要求。 （1）使用没有锋利边缘的工具装配、检查密封圈，确保密封圈安装到位。 （2）注意浮动侧板安装方向。 （3）确保齿轮与泵体的径向间隙符合要求，可用塞尺进行检查，其径向间隙控制在 0.13～0.16 mm。 （4）安装前泵体，注意密封圈不移位。 （5）拧紧紧固螺钉时，按对角拧紧的顺序，且预紧力均匀。 （6）按 6S 标准清理现场。 ＊树立安全与责任意识，培养团队合作精神，和运用基础理论知识解决工程实际问题的能力，形成严谨认真的职业精神。

工序	步骤	操作方法及说明	质量标准
拆装外啮合齿轮泵	装配工作	（5）组装前泵盖与泵体。 （6）旋入、拧紧紧固螺钉。 （7）清理现场。	
	检验工作	（1）检查齿轮泵外观。 （2）检查齿轮泵零件装配后的技术状态、间隙状态等。 （3）检查齿轮泵运转灵活程度。	能够按照检验要求，完成齿轮泵各项性能及技术参数的检验。 *树立敬业乐业的精神和严谨仔细的工作态度。
	安装调试	（1）将液压站工作台面、齿轮泵底面擦拭干净。 （2）用螺栓将齿轮泵紧固到工作台。	（1）用干净棉纱擦拭液压工作台面、齿轮泵底面。 （2）紧固牢固，且各螺栓预紧力均匀。 （3）确保齿轮泵轴线与电动机轴线对正。

续表

工序	步骤	操作方法及说明	质量标准
拆装外啮合齿轮泵	安装调试	（3）用联轴器将齿轮泵与电动机连接起来。 （4）接通电源，启动电动机。 （5）查看齿轮泵运行状态。	（4）注意电动机运转方向。 （5）观察齿轮泵运转状态是否良好。 *培养学生团队协作、爱岗敬业的职业精神，养成规范操作的职业素养。

（四）学习结果评价

序号	评价内容	评价标准	评价结果
1	内外啮合齿轮泵（马达）结构和工作原理	能正确阐述齿轮泵（马达）中任一零件的名称和作用。 能正确讲述内外啮合齿轮泵的工作原理。 能解释外啮合齿轮泵存在泄漏、径向力不平衡和困油现象的问题及解决方法。	
2	参数计算	能根据工作实际，正确进行齿轮泵（马达）的性能参数的计算。 能审核计算结果的正确性。	
3	齿轮泵选用	能根据工作实际，选择结构合理、参数合适的齿轮泵。	
4	齿轮泵拆装	能根据工作实际，正确使用工具拆解齿轮泵（马达），并能将零件按顺序摆放好。 能根据故障现象，查找故障原因，并排除故障。 能根据装配图，正确使用工具、量具完成齿轮泵的装配，使装配完成的齿轮泵的各项技术和性能参数符合规范。	

拓展阅读 ●

情境 B-2-1

互动练习 ●

B-2-1

五、课后作业

1. 试述外啮合齿轮泵的工作原理，并解释齿轮泵工作时径向力为什么不平衡。

2. 外啮合齿轮泵的内泄漏途径有哪些？如何减少端面泄漏？

3. 有一齿轮泵，铭牌上标识的额定压力为 10 MPa，额定流量为 16 L/min，额定转速为 1 000 r/min，拆开实测齿数 $z=12$，齿宽 $b=26$ mm，齿顶圆直径 $d_a=45$ mm。

（1）求泵在额定工况下的容积效率 η_v。

（2）在上述情况下，当电动机的输出功率为 3.1 kW 时，求泵的机械效率 η_m 和总效率 η。

工作任务 B-3　叶片泵及叶片马达的选用

核心能力　选用、装调叶片泵及叶片马达，排除常见故障

一、核心概念

1. **双作用叶片泵**：双作用叶片泵转子旋转一周，进行两次吸油、排油，且流量不可调节。

2. **单作用叶片泵**：单作用叶片泵转子旋转一周，进行一次吸油、排油，且流量可调节。

二、学习目标

1. 能独立分析并阐述叶片泵（马达）的工作原理和特点。

2. 能根据工作实际选用叶片泵（马达）。

3. 能计算叶片泵（马达）的排量和流量、泵的输出压力、马达的输出转速和转矩等性能参数。

4. 能根据叶片泵（马达）工作过程出现的故障现象，查找故障原因，正确拆装叶片泵（马达），准确排除故障。

5. 树立实践检验真知的理念，培养透过故障表象看叶片泵（马达）工作本质的能力，形成团队协作能力和辩证思维能力。

三、基本知识

　　叶片泵具有流量均匀、运转平稳、噪声小、体积小、质量小等优点，在机床、工程机械、船舶、压铸及冶金设备中得到广泛的应用。中低压叶片泵的工作压力一般为 8 MPa，中高压叶片泵的工作压力可达 25 ~ 32 MPa。叶片泵的缺点是吸油条件苛刻，工作转速必须为 600 ~ 1 500 r/min，对油液的污染比较敏感，结构也比齿轮泵复杂。

　　叶片泵有双作用叶片泵和单作用叶片泵，双作用叶片泵一般做定量泵使用，单作用叶片泵则往往做成变量泵。

（一）双作用叶片泵

1. 双作用叶片泵的结构和工作原理

　　双作用叶片泵由定子 1、转子 2、叶片 3 和配油盘 4 等组成，如图 B-3-1-1 所示。双作用叶片泵的转子和定子中心重合，定子内表面近似为椭圆形，它由两段长半径圆弧 R、两段短半径圆弧 r 和四段过渡曲线组成。

　　当转子转动时，叶片在离心力和根部压力油的作用下，在转子槽内作径向移动而压向定子内表面，使叶片、定子内表面、转子的外表面和两侧配油盘间形成若干密封空间。当转子按顺时针方向旋转时，在从小圆

视频

双作用叶片泵的结构原理及工作特点

弧段的密封空间经过过渡曲线运动到大圆弧段的过程中时,叶片外伸,密封空间的容积增大(即位于左上角和右下角处的密封空间容积逐渐增大),吸入油液,为吸油腔;在从大圆弧段经过过渡曲线运动到小圆弧段的过程中时,叶片被定子逐渐压入槽内,密封空间容积变小(即位于左下角和右上角处的密封空间容积逐渐减小),将油液从压油口压出,为压油腔。因而,转子每转一周,每个密封空间完成两次吸油和两次压油,故称之为双作用叶片泵。双作用叶片泵具有两个吸油腔和两个压油腔,它们

在径向上呈对称分布,故作用在转子上的液压力相互平衡,因此双作用叶片泵又称为卸荷式叶片泵,为了使径向力完全平衡,密封空间数(即叶片数)应当是双数。

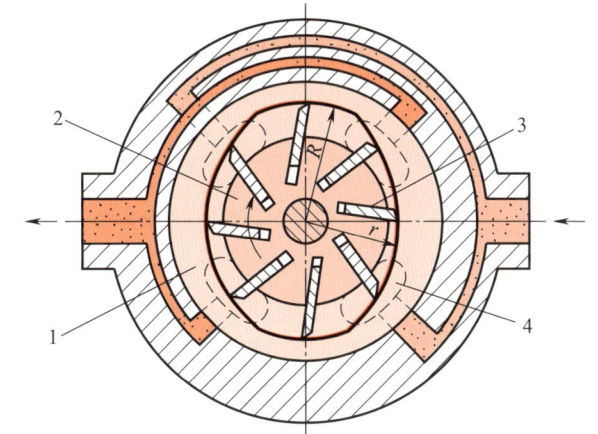

1—定子;2—转子;3—叶片;4—配油盘。

(a) 工作原理图

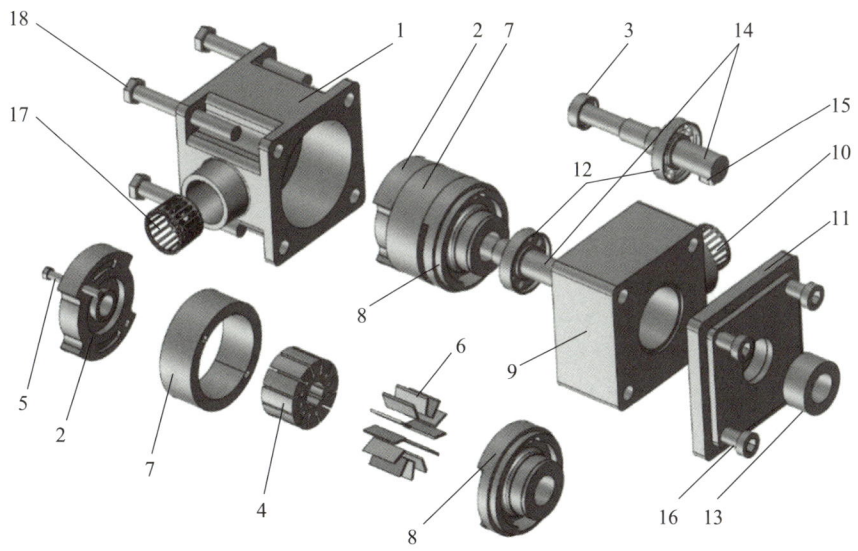

1—左泵体;2—左配油盘;3—左轴承;4—转子;5—组件连接螺钉;6—叶片;7—定子;8—右配油盘;9—右泵体;10—压油口滤网;11—密封盖板;12—右轴承;13—密封圈;14—驱动轴;15—键;16—盖板螺钉;17—吸油滤网;18—泵体连接螺钉。

(b) 结构

图 B-3-1-1 双作用叶片泵的工作原理图和结构

（1）配油盘

封油区所对应的夹角必须等于或稍大于两个叶片之间的夹角。为了减小两叶片间的密封容积在吸压油腔转换时因压力突变而引起的压力冲击，在配油盘的配流窗口前段应开设三角形减振槽。

（2）定子内表面曲线

合理设计过渡曲线形状，以使理论流量均匀、噪声低。常用定子内表面过渡曲线有阿基米德曲线、正弦曲线、等加速 – 等减速曲线、高次曲线等。定子曲线圆弧圆心角≥配流窗口的间距角≥叶片间夹角。

（3）叶片倾角

叶片倾角为叶片与径向半径的夹角，叶片沿转子旋转方向向前倾斜一角度，其目的是减小叶片和定子内表面接触时的压力角（定子对叶片的法向反力与叶片运动方向的夹角），从而减小叶片和定子间的摩擦磨损，但当叶片以倾角安装时，叶片泵不允许反转。液压泵的叶片倾角一般取 10°～14°。

（4）端面间隙

为了使转子和叶片能自由旋转，它们与配油盘两端面间应保持一定间隙。但间隙过大将使泵的内泄漏增加，容积效率降低。为了提高压力，减少端面泄漏，采取间隙自动补偿措施，它是将配油盘的外侧与油腔连通，使配油盘在液压推力作用下压向转子。泵的工作压力越高，配油盘就越贴紧转子，对转子端面间隙进行自动补偿。

2. 双作用叶片泵的排量和流量计算

双作用叶片泵每吸压油一次，每个密封容积的油液排出量等于其处于长半径圆弧段的容积与处于短半径圆弧段的容积之差，如图 B-3-1-1 所示。当不考虑叶片所占体积时，双作用叶片泵的排量为

$$V = 2\pi(R^2 - r^2)B \qquad (B-3-1-1)$$

式中：R——定子内表面长圆弧半径，mm；

$\quad\ r$——定子内表面短圆弧半径，mm；

$\quad\ B$——叶片宽度，mm。

若考虑叶片厚度 δ 吸油和压油时对油液体积的影响，实际泵的排量为

$$V = 2B(R-r)\left[\pi(R-r) - \frac{\delta z}{\cos\theta}\right] \qquad (B-3-1-2)$$

式中：θ——叶片相对于转子的径向倾角；

$\quad\ \delta$——叶片厚度，mm；

$\quad\ z$——叶片数。

3. 双作用叶片泵的特点

双作用叶片泵结构紧凑，流量均匀，压力脉动较小，噪声小，运动平稳，径向力小，双作用叶片泵中有较大的密封容积，且每一个工作腔吸压油各两次，使流量增大；但由于双作用叶片泵内，定子内表面近似椭圆的曲线要求，因此结构复杂，加工较困难，制作要求高。另外，叶片与转子槽配合间隙较小，故油液受污染后，叶片易卡，因此对油液污染敏感，再

者,双作用叶片泵只能作为定量泵使用,流量不可调节。

一般来说,双作用叶片泵的脉动很小,可忽略不计。此外,从转子径向力平衡考虑,叶片数选偶数较为合适,一般 z 取 12。双作用叶片泵广泛应用于各种中、低压液压系统中,完成中等负荷的工作,如金属切削机床、锻压机械等的液压系统。

（二）单作用叶片泵

1. 单作用叶片泵的结构和工作原理

单作用叶片泵主要由定子 1、转子 2、叶片 3、配油盘 4、传动轴 5 等组成,如图 B-3-1-2 所示。配油盘上开有吸油和压油窗口,分别与泵的吸油口和压油口连通。定子的工作内表面为圆柱面,转子工作面为圆形,且安装在定子中间,相距一偏心距 e,叶片装在转子的叶片槽中,可以在槽内灵活地滑动。

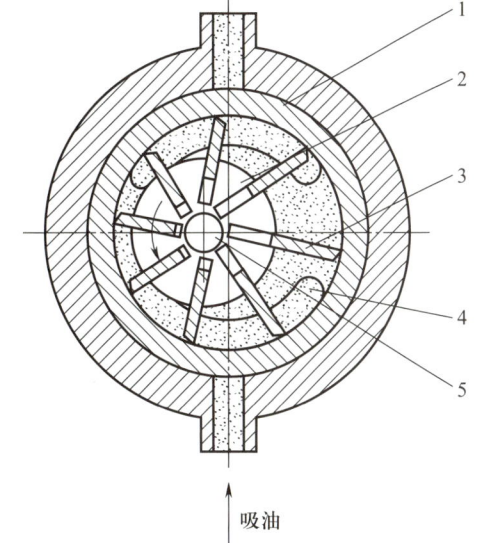
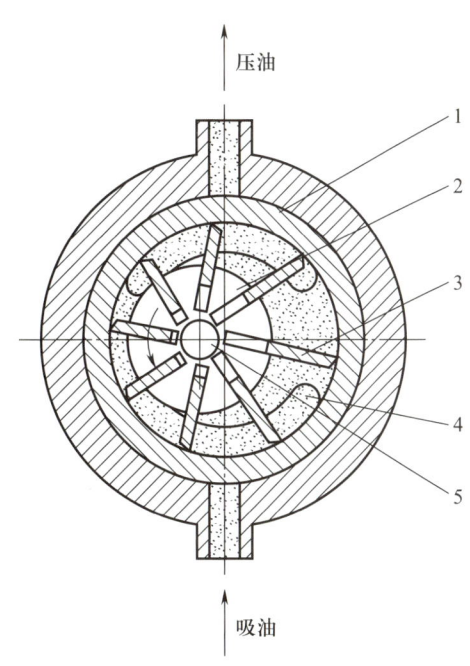

1—定子；2—转子；3—叶片；4—配油盘；5—传动轴。

图 B-3-1-2　单作用叶片泵的结构和工作原理图

当转子在转动轴的带动下,按图示方向逆时针旋转时,下侧的叶片逐渐伸出叶片槽,叶片间的密封容积逐渐增大,形成局部真空,经配油盘上的吸油窗口从吸油口吸油,此为吸油过程;上侧的叶片被定子内壁逐渐压入叶片槽内,密封容积逐渐减小,油液经配油盘的压油窗口从压油口压出,此为压油过程。吸油窗口对应的区域为吸油腔,压油窗口对应的区域为压油腔,在吸油窗口和压油窗口之间的区域为封油区,它把吸油腔和压油腔隔开。这种叶片泵,转子每转一周,每个叶片在槽内往复滑动一次,密封工作腔容积增大或缩小一次,实现吸油和压油一次,因此叫作单作用叶片泵。泵只有一个吸油区和一个压油区,因而作用在转子上的径向液压力不平衡,故又称为非平衡式叶片泵。由于转子与定子偏心距 e 和偏心方向可调,故单作用叶片泵可作双向变量泵使用。

2. 限压式变量叶片泵的工作原理

变量叶片泵是在单作用式叶片泵的基础上加一套变量机构而成的。变量原理是通过改变偏心距的大小和方向来改变排量。根据偏心改变的形式不同,有手动调节式、限压式和稳流量式等几种类型。下面主要介绍限压式变量叶片泵的工作原理。

限压式变量叶片泵在液压系统达到限定的压力后,可自动减少泵的供油量,从而减小功率的损失,提高液压系统的效率。限压式变量叶片泵有内反馈和外反馈两种。图 B-3-1-3 所示为一种外反馈限压式（或称压力补偿控制）变量叶片泵的工作原理图。它能根据外负载（泵的工作压力）的大小自动调节泵的排量。

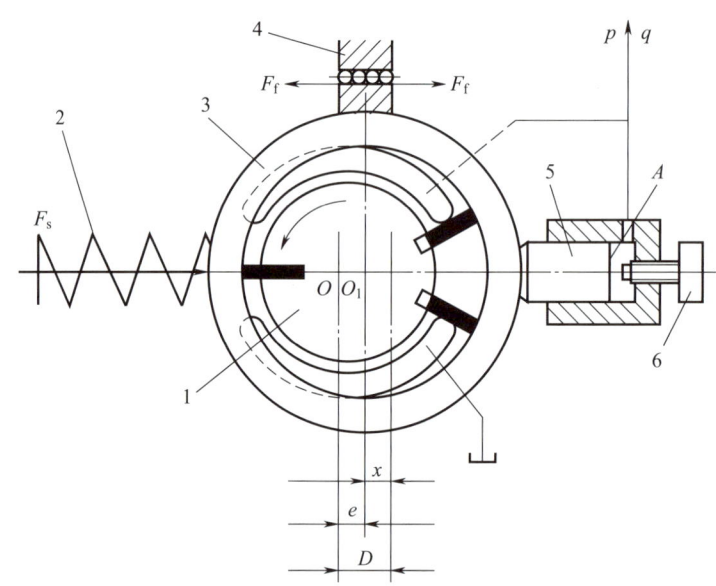

1—转子;2—限压弹簧;3—定子;4—滑动滚针支撑;5—反馈柱塞;4—流量调节螺钉。

图 B-3-1-3　外反馈限压式变量叶片泵的工作原理图

视频 ●

限压式变量叶片泵的结构原理及工作特点

转子的中心 O 是固定的,定子 3 可以左右移动。在限压弹簧 2 的作用下,定子被推向右端,使定子中心 O_1 与转子中心 O 之间有一初始偏心量 e,它决定了泵的最大流量,e 的大小可用流量调节螺钉 6 调节。假设泵的出口压力为 p,经泵体内通道作用于有效面积为 A 的反馈柱塞 5 上,使柱塞对定子 3 产生一作用力 pA。泵的限定压力 p_B 可通过改变限压弹簧的压缩量来设定。当转子按逆时针方向旋转时,转子上部为压油腔,下部为吸油腔。压力油把定子压在滑动滚针支承 4 上,当反馈柱塞的液压力 F 小于弹簧力 F_s 时,定子处于最右边,偏心距最大,即 $e=e_{max}$,泵的输出流量最大。若泵的输出压力因工作负载增大而提高,即 $F \geqslant F_s$ 时,反馈柱塞把定子向左偏移 x 距离,偏心距减小到 $e=e_{max}-x$,泵的工作压力越高,偏心距就越小,泵的输出流量也就越小。由此可见,外反馈限压式变量叶片泵输出流量随工作压力的变化而变化,泵的工作压力越高,偏心量就越小,泵的流量也就越小;当泵的压力达到极限时,偏心量接近零,泵的输出流量也接近零,这时无论负载怎样加大,泵的输出压力不会再高。

外反馈限压式变量叶片泵的特性曲线如图 B-3-1-4 所示。图中曲线 AB 段,泵的工作压力小于限定压力 p_B,实际偏心距为 e,就是最大偏心距 e_{max},泵输出流量最大,稍有下降是由泵的内部流量泄漏引起的;BC 段是泵的变量段,B 点称为曲线的拐点。此时,泵的工作压力大于限定压力 p_B,输出流量随着工作压力升高而逐渐减小,在 C 点泵的工作压力达到极限压力 $p_C=p_{max}$,偏心量 e 为零,泵没有输出流量。

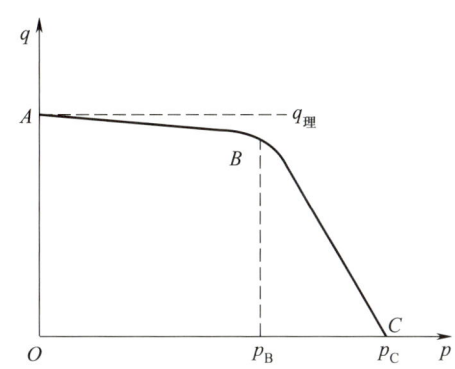

图 B-3-1-4　外反馈限压式变量叶片泵的特性曲线

3. 单作用叶片泵的流量计算

每个密封工作腔一次排油量应是其最大容积与最小容积之差,即

$$V=V_1-V_2 \qquad\qquad （B-3-1-3）$$

式中:V_1——最大容积,mm^3;

　　　V_2——最小容积,mm^3。

若考虑叶片所占体积的影响,泵的近似排量为

$$V=2\pi ebD \qquad\qquad （B-3-1-4）$$

式中:D——定子内表面直径,mm;

　　　e——偏心距,mm;

　　　b——叶片宽度,mm。

4. 单作用叶片泵的结构和性能特点

（1）叶片底部

处在压油腔的叶片顶部会受到压力油的作用,该作用要把叶片推入叶片槽内。为了使叶片顶部可靠地和定子内表面相接触,压油腔一侧的叶片底部要通过特殊的沟槽和压油腔相通,吸油腔一侧的叶片底部要和吸油腔相通,这样叶片上、下的液压力平衡,有利于减少叶片与定子间的磨损。

（2）叶片倾角

单作用叶片泵的叶片有一个与旋转方向相反的倾斜角,称为后倾角,它有利于叶片在离心力作用下向外伸出,后倾角一般为 24°。

（3）叶片数

单作用叶片泵的流量具有脉动性,泵内叶片数越多,流量脉动率越小。奇数叶片泵的脉动率比偶数叶片泵的脉动率小，故单作用叶片泵的叶片数均为奇数，一般为 13 片或 15 片。

（三）叶片式液压马达的工作原理和应用

叶片式液压马达的工作原理图如图 B-3-1-5 所示，当压力油通入压油腔后，在叶片 1、3（或 5、7）上，一面作用有压力油，另一面则无压力油，由于叶片 1、5 受力面积大于叶片 3、7，叶片受力不平衡使转子产生转矩。叶片式液压马达的输出转矩与液压马达的排量和液压马达进出油口之间的压力差有关，其转速由输入液压马达的流量来决定；如果改变压力油的输出方向，马达便反向旋转。

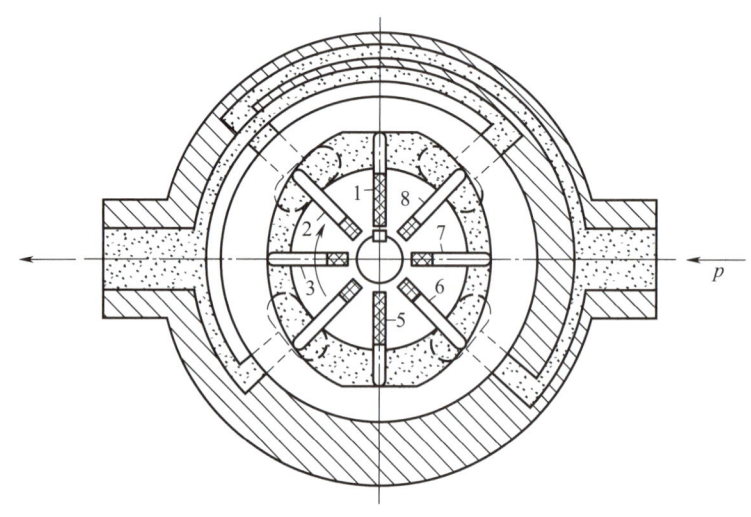

1、2、3、4、5、6、7、8—叶片。

图 B-3-1-5　叶片式液压马达的工作原理图

为使叶片式液压马达正常工作，其结构与叶片泵有一些重要区别：由于液压马达一般都要求能正反转，故叶片式液压马达的叶片要径向放置；为了确保叶片式液压马达在压力油通入后能正常启动，必须使叶片顶部和定子内表面紧密接触，以保证良好的密封，为此，在回油腔、压油腔通入叶片根部的通路上应设置单向阀，使叶片根部始终通有压力油，此外，还在叶片根部设置预紧弹簧，使叶片始终处于伸出状态，保证密封。叶片式液压马达体积小，转动惯量小，动作灵敏，适用于换向频率较高的场合；但泄漏量较大，低速工作时不稳定。因此叶片式液压马达一般用于转速高、转矩小和动作要求灵敏的场合。

四、能力训练

（一）操作条件

准备好双作用叶片泵、单作用叶片泵、操作台、拆装工具和量具。

（二）安全及注意事项

1. 拆装前全面了解叶片泵（马达）性能参数及故障排除方法。

2. 拆装前要熟练掌握拆装工具、量具的使用方法。

3. 拆装时动作要规范，避免损坏叶片泵。

（三）操作过程

工序	步骤	操作方法及说明	质量标准
	准备工作	（1）全面了解双作用叶片泵性能参数及故障排除方法。 （2）准备拆装工具、量具及双作用叶片泵装配图。 	能够准确读取双作用叶片泵铭牌上标识的性能参数，准备好拆装工具、量具及装配图等。 * 培养认真细致的工作作风。
拆装双作用叶片泵	拆解工作	根据装配图制订拆解步骤，选择合适的工具逐步拆解叶片泵，并将所拆解的零件分类摆放： （1）用内六角扳手旋松盖板与泵体的连接螺钉，将盖板与泵体分离。 （2）取出驱动轴。	能够正确拆解双作用叶片泵，确保所拆解零件不被破坏；按顺序分类摆放零件，以便检查。 （1）选择规格合适的内六角扳手，规范旋松连接螺钉，轻轻转动盖板，使盖板与泵体从接合面处分离。 （2）轻轻取出驱动轴，并摆放在合适位置。 （3）选择规格合适的内六角扳手，规范旋松连接螺钉，使上泵体与下泵体从接合面处分离，并按规定摆放。 （4）依次取出转子、叶片、定子等，仔细观察定子、转子、叶片的结构，并注意叶片安装方向。 （5）仔细观察配油盘的安装状态，取出右配油盘，一定要注意配油盘安装方向和状态。 * 树立勇于实践、科学严谨、一丝不苟、精益求精的工程实践意识和劳动品德

工序	步骤	操作方法及说明	质量标准
拆装双作用叶片泵	拆解工作	 （3）用内六角扳手旋松上泵体与下泵体的连接螺钉，将上泵体与下泵体分离。 	

工序	步骤	操作方法及说明	质量标准
拆装双作用叶片泵	拆解工作	（4）依次取出转子、叶片、定子等。 （5）观察配油盘安装状态，取出上配油盘。 	

工序	步骤	操作方法及说明	质量标准
拆装双作用叶片泵	排除故障工作	（1）根据故障现象，初步判断故障原因。 （2）清洗查看零件使用状态，确定故障原因并排除故障。	能够根据零件使用状态，确定故障原因并排除故障。
	装配工作	使用工具、量具正确装配双作用叶片泵： （1）将配油盘装入下泵体内。 （2）装配叶片，将叶片依次放入转子叶片槽内。 （3）将定子、转子（含叶片）装入下泵体内。 	使用工具、量具正确装配双作用叶片泵，确保各项装配技术参数符合要求： （1）将配油盘装入下泵体内，确保安装方向和状态正确。 （2）装配叶片，确保叶片装配方向正确。 （3）将定子、转子（含叶片）装入下泵体。 （4）将上泵体安装到下泵体上，并用紧固螺钉紧固。紧固螺钉按对角的顺序拧紧，且预紧力均匀，上泵体和下泵体接触面紧密接触。 （5）安装驱动轴，确保安装到位。 （6）安装盖板，紧固螺钉按对角的顺序拧紧，且预紧力均匀。 （7）按 6S 标准清理现场。 *具有吃苦耐劳、敬业守职完成装配任务的精神，在拆装中培养正确的劳动态度。

工序	步骤	操作方法及说明	质量标准
拆装双作用叶片泵	装配工作	（4）将上泵体安装到下泵体上,并用紧固螺钉紧固。	

续表

工序	步骤	操作方法及说明	质量标准
拆装双作用叶片泵	装配工作	（5）安装驱动轴。 （6）安装盖板，拧紧紧固螺钉，使盖板与上泵体紧密接触。 （7）清理现场。	
	检验工作	（1）检查双作用叶片泵外观。 （2）检查双作用叶片泵装配后的技术状态、间隙等。 （3）检查双作用叶片泵运转灵活程度。	能够按照检验要求，完成双作用叶片泵各项性能及技术参数的检验。

续表

工序	步骤	操作方法及说明	质量标准
拆装双作用叶片泵	安装调试	（1）将液压站工作台面、双作用叶片泵底面擦拭干净。 （2）用螺栓将双作用叶片泵紧固到工作台上。 （3）用联轴器将双作用叶片泵与电动机连接起来。 （4）接通电源，启动电动机。 （5）查看双作用叶片泵运行状态。	（1）用干净棉纱擦拭液压工作台面、双作用叶片泵底面。 （2）紧固牢固，且各螺栓预紧力均匀。 （3）确保双作用叶片泵轴线与电动机轴线对正。 （4）注意电动机旋转方向。 （5）观察双作用叶片泵运转状态是否良好。

（四）学习结果评价

序号	评价内容	评价标准	评价结果
1	单（双）作用叶片泵（马达）结构和工作原理	能阐述叶片泵（马达）中任一零件的名称和作用。 能讲述单（双）作用叶片泵的工作原理。 能解释单（双）作用叶片泵存在的泄漏问题及解决方法。	
2	参数计算	能根据工作实际计算叶片泵（马达）的性能参数。 能审核计算结果的正确性。	
3	叶片泵选用	能根据工作实际，选择结构合理、参数合适的叶片泵。	
4	叶片泵拆装	能根据工作实际，正确使用工具拆解叶片泵（马达），并将零件按顺序分类摆放。 能根据故障现象查找故障原因，并排除故障。 能根据装配图，正确使用工具、量具完成叶片泵的装配，使装配完成的叶片泵的各项技术和性能参数符合规范。	

拓展阅读 ●

情境 B-3-1

互动练习 ●

B-3-1

五、课后作业

1. 试述双作用叶片泵和限压式变量叶片泵在结构上有何区别。

2. 试述单作用叶片泵是如何调整油液流量和改变油液流动方向的。

3. 定量叶片泵转速 $n=1\,500$ r/min，在输出压力为 6.3 MPa 时，输出流量为 53 L/min。这时实测泵轴消耗功率为 7 kW；当泵空载卸荷运转时，输出流量为 56 L/min。试求泵的容积效率及总效率。

工作任务 B-4　柱塞泵及柱塞马达的选用

核心能力　选用、装调柱塞泵及柱塞马达，排除常见故障

一、核心概念

1. **斜盘式轴向柱塞泵**：斜盘式轴向柱塞泵主要由缸体、配油盘、柱塞、斜盘等零件组成，斜盘轴线与缸体轴线倾斜一角度，原动机通过传动轴使缸体转动时，柱塞在缸体内作往复运动。缸体每转一周，每个柱塞各完成一次吸油和压油，改变斜盘倾角和方向，可改变液压泵的排量和吸压油的方向。

2. **径向柱塞泵**：径向柱塞泵主要由柱塞、转子、定子、衬套、配油轴等零件组成，由于转子与定子之间存在偏心量 e，使柱塞在转子径向方向上往复运动。转子每转一周，每个柱塞底部容积各完成一次吸油和压油，改变转子和定子偏心量的大小和方向，可改变液压泵的排量和吸压油的方向。

二、学习目标

1. 能独立分析并阐述柱塞泵（马达）的工作原理和特点。

2. 能根据工作实际选用柱塞泵（马达），会计算柱塞泵（马达）的排量、泵的输出压力、马达的输出转速和转矩等性能参数。

3. 具有团队合作精神，能根据柱塞泵（马达）工作过程出现的故障现象，查找故障原因，团队协作正确拆装柱塞泵（马达），准确排除故障。

4. 明确现场作业的正确流程，树立安全第一意识、合作意识和探究意识，养成严谨细致的工作作风和热爱劳动、崇尚劳动的向上精神。

三、基本知识

柱塞泵是靠柱塞在缸体内作往复运动，使密封容积产生变化，来实现吸油与压油的液压泵。柱塞泵按柱塞的排列和运动方向不同，可分为径向柱塞泵和轴向柱塞泵两大类，轴向柱塞泵又分为斜盘式柱塞泵和斜轴式柱塞泵。

（一）斜盘式轴向柱塞泵

1. **斜盘式轴向柱塞泵的结构和工作原理**

斜盘式轴向柱塞泵的工作原理图如图 B-4-1-1 所示，这种泵主体由缸体 1、柱塞 2、斜盘 3 和配油盘 6 等组成。柱塞沿圆周均匀分布在缸体内，斜盘轴线与缸体轴线倾斜一角度，柱塞在弹簧或低压油作用下压紧在斜盘上，配油盘 6 和斜盘 3 固定不动。

当原动机通过传动轴使缸体转动时，由于斜盘的作用，使柱塞在缸

视频 ●

柱塞泵的结构原理及工作特点

柱塞泵(马达) — 结构特点

斜盘式轴向柱塞泵(马达)

(斜盘式轴向柱塞泵主要由缸体、配油盘、柱塞、斜盘等零件组成,斜盘轴线与缸体轴线倾斜一角度,柱塞在弹簧或低压油的作用下压紧在斜盘上,原动机通过传动轴使缸体转动时,由于斜盘的作用,柱塞在缸体内作往复运动。缸体每转一周,每个柱塞各完成一次吸油和压油,改变斜盘倾角和方向,可改变液压泵的排量和吸压油的方向,故斜盘式轴向柱塞泵可为双向变量泵。)

径向柱塞泵(马达)

(径向柱塞泵主要由柱塞、转子、定子、衬套、配油轴等零件组成,当转子旋转时,柱塞在离心力或低压油作用下压紧在定子内壁上,由于转子与定子之间存在偏心量e,使柱塞在转子径向方向上往复运动。转子每转一周,每个柱塞底部容积各完成一次吸油和压油,改变转子和定子偏心量的大小和方向,可改变液压泵的排量和吸压油的方向,故径向柱塞泵可为双向变量泵。)

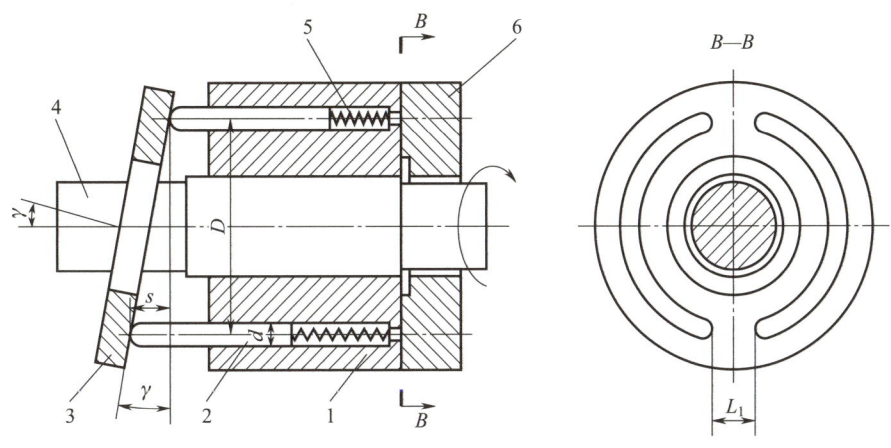

1—缸体;2—柱塞;3—斜盘;4—传动轴;5—弹簧;6—配油盘。

图 B-4-1-1　斜盘式轴向柱塞泵的工作原理图

体内作往复运动,并通过配油盘的配油窗口进行吸油和压油。当缸体按图 B-4-1-1 所示方向回转时,缸体自最低位置向上方转动(前面半周)时,柱塞转角在 0~π 范围变化,柱塞被斜盘推入缸体,使柱塞孔容积减小,通过配油盘的压油窗口压油;当缸体自最高位置向下方转动(后面半周)时,柱塞转角在 π~2π 范围变化,柱塞向外伸出,柱塞底部柱塞孔的密封容积增大,通过配油盘的吸油窗口吸油。缸体每转一周,每个柱塞各完成吸、压油一次,如改变斜盘倾角λ,就能改变柱塞行程的长度,即改变液压泵的排量;改变斜盘倾角方向,就能改变吸油和压油的方向,故斜盘式轴向柱塞泵可为双向变量泵。

配油盘上吸油窗口和压油窗口之间的油封区宽度应大于柱塞底部通油孔宽度,但不能相差太大,否则会发生困油现象。一般在配油窗口的两端部开有小三角槽,以减小冲击和噪声。

轴向柱塞泵的优点是结构紧凑、径向尺寸小、惯性小、容积效率高,目前最高压力可达 40.0 MPa,甚至更高,一般用于工程机械、压力机等高

动画 ●

轴向柱塞泵拆装动画

视频 ●

高压柱塞泵讲解

压系统中,但其轴向尺寸较大,轴向作用力也较大,结构比较复杂。

2. 轴向柱塞泵的排量和流量计算

如图 B-4-1-1 所示,柱塞的直径为 d,柱塞分布圆直径为 D,斜盘倾角为 γ 时,柱塞的行程为 $s=D\tan\gamma$,故当柱塞数为 z 时,轴向柱塞泵的排量为

$$V=\frac{\pi d^2}{4}zD\tan\gamma \tag{B-4-1-1}$$

设泵的转数为 n,容积效率为 η_V,则泵的实际输出流量为

$$q=\frac{\pi d^2}{4}zD\eta_V n\tan\gamma \tag{B-4-1-2}$$

实际上,柱塞泵的排量是转角的函数,其输出流量是脉动的。就柱塞数而言,柱塞数为奇数时的脉动比柱塞数为偶数时小,且柱塞数越多,脉动越小,故柱塞泵的柱塞数一般为奇数,从结构工艺性和脉动率综合考虑,柱塞个数一般为 7、9 或 11。

3. 斜盘式轴向柱塞泵的结构特点

斜盘式轴向柱塞泵有很多种系列,其中以 CY14-1 型使用较广泛。图 B-4-1-2 所示为 CY14-1 型手动变量轴向柱塞泵的结构。CY14-1 型柱塞泵由主体和变量两部分组成,图中右半部分为主体部分,左半部分为变量机构。相同流量的泵,其主体结构相同,配以不同的变量机构便派生出多种类型。

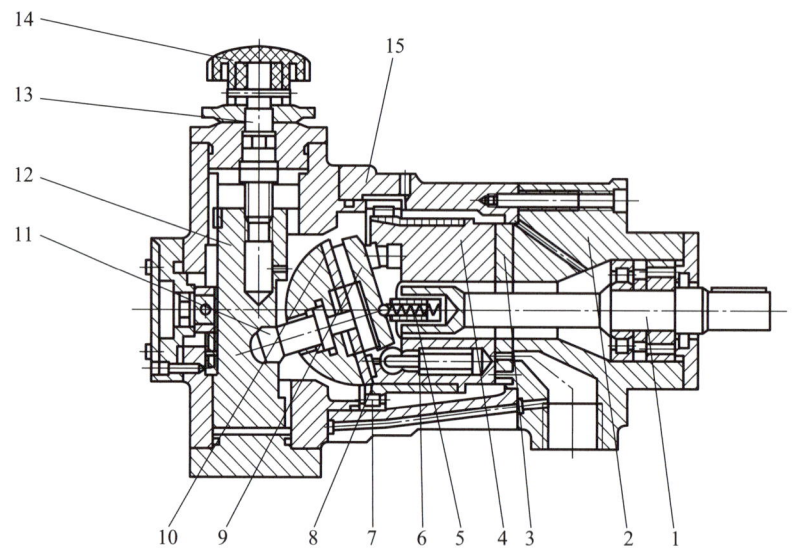

1—传动轴;2—前泵体;3—配油盘;4—缸体;5—立柱;6—柱塞;7—轴承盘;8—滑靴;9—斜盘;
10—回程盘;11—推动杆;12—变量活塞;13—螺杆;14—手柄;15—中间泵体。

图 B-4-1-2　CY14-1 型手动变量轴向柱塞泵的结构

（1）CY14-1 型柱塞泵的主体结构

中间泵体 15 和前泵体 2 组成泵的壳体,传动轴 1 通过花键带动缸体 4 旋转,使均匀分布在缸体上的 7 个柱塞 6 绕传动轴的轴线回转。每个柱塞的端部都装有滑靴 8,滑靴与柱塞为球铰连接。立柱 5 内有定心弹簧,定心弹簧向左的作用力将滑靴压在斜盘 9 的斜

面上,缸体转动时,该作用力使柱塞完成吸油的动作。定心弹簧向右的作用力传至缸体,使缸体压住配油盘 3,起到密封作用。柱塞的压油行程则是斜盘通过滑靴推动的,圆柱滚子轴承用以承受缸体的径向力,缸体的轴向力则由配油盘承受。配油盘上开有吸、排油窗口,分别与前泵体上吸、排油口相通。

（2）手动变量机构

CY14-1 型柱塞泵的手动变量机构如图 B-4-1-2 所示。转动手柄 14 时,螺杆 13 使变量活塞 12 及活塞上的推动杆 11 上下移动。斜盘的前后两侧用耳轴支持在变量壳体的两块铜瓦上(图中未画出),斜盘收到销轴的拨动并绕耳轴的中心线摆动,使斜盘的倾角改变,泵的流量亦相应改变,输出流量占额定流量的百分比可从刻度盘上读出,这种泵的流量变化与系统的压力无关,倾角的变化范围为 $0° \sim 20°30'$,相应的输出流量从零到额定值。

（3）端面间隙

由图 B-4-1-2 可见,使缸体紧压配油盘端面的作用力,除弹簧的推力外,还有柱塞孔底部台阶面上所受的液压力,此液压力比弹簧力大得多,而且随泵的工作压力增大而增大。由于缸体始终受液压力作用,从而紧贴着配油盘,就使端面间隙得到了自动补偿。

（4）滑靴及静压支承

柱塞以球形头部直接接触斜盘而滑动,这种轴向柱塞泵由于柱塞头部与斜盘平面理论上为点接触,因而接触应力大,极易磨损。一般轴向柱塞泵都在柱塞头部装一滑靴,如图 B-4-1-3 所示。滑靴是按静压轴承原理设计的,缸体中的压力油经过柱塞球头中间小孔流入滑靴油室,使滑靴和斜盘间形成液体润滑,改善了柱塞头部和斜盘的接触情况,有利于保证轴向柱塞泵在高压、高速下工作。

（二）径向柱塞泵

1. 工作原理

径向柱塞泵的工作原理图如图 B-4-1-4 所示。这种泵由柱塞 1、转子(缸体)2、定子 3、衬套 4、配油轴 5 等零件组成。衬套紧配在转子孔内随着转子一起旋转,而配油轴则是不动的。

当转子旋转时,柱塞在离心力或低压油作用下,压紧在定子内壁上。由于转子和定子间有偏心量 e,故转子在上半周转动时柱塞向外伸出,径向孔内的密封工作容积逐渐增大,形成局部真空,吸油腔则通过配油轴上面两个吸油孔从油箱中吸油;转子转到下半周时,柱塞向里推入,密封工作容积逐渐减小,压油腔通过配油轴下面两个压油孔将油液压出。转子每转一周,每个柱塞底部的密封容积完成一次吸油、压油,转子连续运转,即完成泵的吸压油工作。改变径向柱塞泵转子和定子间的偏心量,可以改变输出流量;若偏心方向改变,则液压泵的吸、压油腔互换,故径向柱塞泵可为双向变量泵。

2. 流量计算

当转子和定子间的偏心量为 e 时,柱塞在缸体孔中的行程为 $2e$,若柱塞数目为 z、直径为 d,则泵的排量为

$$V = \frac{\pi}{4} d^2 (2e) z \qquad\qquad （\text{B-4-1-3}）$$

径向柱塞泵的实际流量为

$$q = \frac{\pi}{2} d^2 e z n \eta_V \qquad\qquad （\text{B-4-1-4}）$$

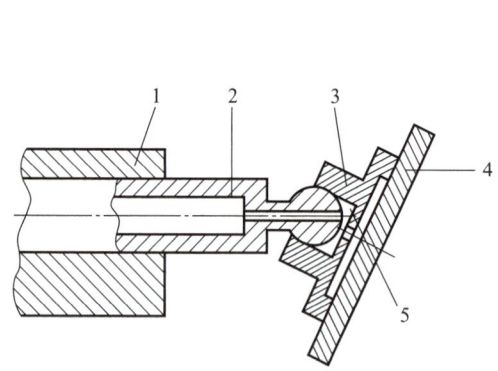

1—缸体；2—柱塞；3—滑靴；4—斜盘；5—油室。

图 B-4-1-3 滑靴式结构

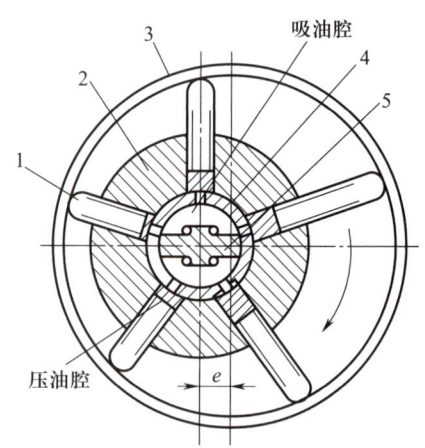

1—柱塞；2—转子；3—定子；4—衬套；5—配油轴。

图 B-4-1-4 径向柱塞泵的工作原理图

（三）柱塞泵的应用特点

与齿轮泵和叶片泵相比，柱塞泵有许多优点。首先，构成密封容积的零件为圆柱形的柱塞和缸孔，加工方便，可得到较高的配合精度，密封性能好，在高压下工作仍有较高的容积效率；第二，只需改变柱塞的工作行程就可改变流量，易于实现变量；第三，柱塞泵中的主要零件均受压应力作用，材料强度性能可得到充分利用。由于柱塞泵压力高，结构紧凑，输油量大、效率高，流量调节方便，故在高压、大流量、大功率的系统中和流量需要调节的场合（如龙门刨床、拉床、液压机、工程机械、矿山冶金机械及船舶等）得到广泛应用。

但径向柱塞泵径向尺寸大，结构较复杂，自吸能力差，且配油轴受到不平衡液压力的作用，柱塞顶部与定子内表面为点接触，容易磨损，这些都限制了它的使用，已逐渐被轴向柱塞泵代替。

（四）柱塞式液压马达的工作原理及应用

图 B-4-1-5 所示为轴向柱塞式液压马达的工作原理图。图中斜盘 1 和配油盘 4 固定不动，缸体 2 和马达输出轴 5 相连，并一起转动。斜盘的倾角为 δ_M，当压力油通过配油盘 4 上的进油窗口输入到缸体上的柱塞孔时，该柱塞孔中的柱塞被顶出，压在斜盘 1 上。设斜盘作用在柱塞上的力为 F_n，F_n 可分解为两个分力，轴向分力 F_x 和作用在柱塞上的液压作用力相平衡，径向分力 F_r 使每一个与进油窗口相通的柱塞都对缸体的回转中心产生一个转矩，使缸体和液压马达轴做逆时针方向旋转，在马达输出轴 5 上输出转矩和转速。当液压马达的进油口、回油口互换时，液压马达将反向转动；当改变斜盘倾角 δ_M 时，液压马达的排量便随之改变,从而可以调节输出转矩或转速。由于柱塞的瞬时方位角是变量,柱塞产生的转矩也发生变化,故液压马达产生的总转矩也是脉动的。

　　轴向柱塞式液压马达的结构和轴向柱塞泵基本相同。它们的区别是:为适应正反转的需要,马达的配油盘应做成对称结构,进油口、回油口通径要做得一样大,否则影响正反转性能。

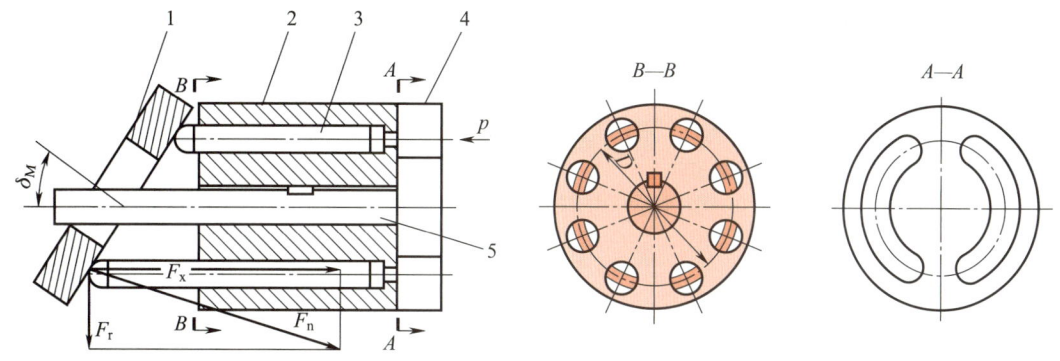

1—斜盘;2—缸体;3—柱塞;4—配油轴;5—输出轴。

图 B-4-1-5　轴向柱塞式液压马达的工作原理图

　　图 B-4-1-6 所示为径向柱塞式液压马达的工作原理图,当压力油经固定配油轴 4 的窗口进入缸体 3 内柱塞 1 的底部时,柱塞向外伸出,紧紧顶住定子 2 的内壁,由于定子与缸体存在一偏心距 e,在柱塞与定子接触处,定子对柱塞的反作用力为 F_N,力 F_N 可分解为 F_T 和 F_F 两个分力。力 F_T 对缸体产生一转矩,使缸体旋转,缸体再通过端面连接的传动轴向外输出转矩和转速。

　　以上分析的是一个柱塞产生转矩的情况,实际上在压油区作用好几个柱塞,在这些柱塞上所产生的转矩都使缸体旋转,并输出转矩。

　　柱塞式马达为低速大转矩液压马达,其特点是转矩大,低速平稳性好,因此,可以直接与工作装置连接,不需要减速装置,使机械的传动系统大为简

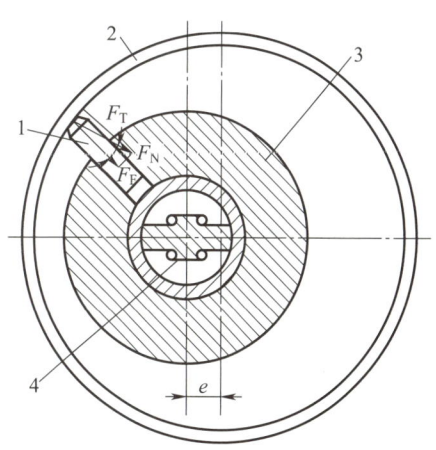

1—柱塞;2—定子;3—缸体;4—配油轴。

图 B-4-1-6　径向柱塞式液压马达的工作原理图

化,结构更为紧凑。在一些工程机械的工作装置和传动装置(如起重机的卷筒、履带挖掘机的履带驱动轮、混凝土搅拌器等)上得到了广泛应用。

四、能力训练

(一)操作条件

　　准备好轴向柱塞泵、操作台、拆装工具和量具。

（二）安全及注意事项

1. 拆装前全面了解柱塞泵（马达）性能参数及故障问题。
2. 拆装前要熟练掌握拆装工具、量具的使用方法。
3. 拆装时动作要规范，避免损坏柱塞泵。

（三）操作过程

工序	步骤	操作方法及说明	质量标准
拆装轴向柱塞泵	准备工作	（1）全面了解轴向柱塞泵性能参数及故障排除方法。 （2）准备拆装工具、量具及柱塞泵装配图。 	能够准确读取轴向柱塞泵（马达）铭牌上标识的性能参数，准备好拆装工具、量具及装配图等。
	拆解工作	根据装配图制订拆解步骤，选择合适的工具逐步拆解轴向柱塞泵，并将所拆解的零件分类摆放： （1）用内六角扳手旋松前泵体与中间泵体的连接螺钉，使前泵体及其附带零件与中间泵体分离。 	

工序	步骤	操作方法及说明	质量标准
拆装轴向柱塞泵	拆解工作	 （2）用十字螺丝刀旋松上泵体盖板上的螺钉,使上泵体与盖板分离。 	能够正确拆解轴向柱塞泵,确保所拆解零件不被破坏。按顺序分类摆放零件,以便检查。 　　（1）选择规格合适的内六角扳手,规范旋松连接螺钉,轻轻转动前泵体,使前泵体及其附带零件与中间泵体从接合面处分离。 　　（2）仔细观察配油盘的安装状态,取出配油盘,一定要注意配油盘安装方向和状态。 　　（3）从中间泵体中取出柱塞缸体、柱塞、回程盘、滑靴、定心弹簧、立柱、滚珠等,注意柱塞不要跌落。 　　（4）将柱塞从缸体内依次取出,注意不要将柱塞划伤,并按规定摆放柱塞、回程盘。 　　（5）将定心弹簧、立柱、滚珠零件从缸体内取出,并按规定摆放。 　　（6）用内六角扳手旋松变量壳体与中间泵体的连接螺钉,将变量壳体与中间泵体分离。 　　（7）旋转手轮,观看斜盘随之倾斜情况。 　　*明确现场作业的正确流程,树立安全第一意识、合作意识和探究意识。

工序	步骤	操作方法及说明	质量标准
拆装轴向柱塞泵	拆解工作	 （3）取下密封圈。 （4）观察配油盘安装状态，取出配油盘。 （5）用内六角扳手旋松变量壳体与中间泵体的连接螺钉，将变量壳体与中间泵体分离。 	

工序	步骤	操作方法及说明	质量标准
拆装轴向柱塞泵	拆解工作	（6）从中间泵体中取出柱塞缸体、柱塞、回程盘、滑靴、定心弹簧、立柱、滚珠等。 （7）将柱塞、定心弹簧、立柱、滚珠等从缸体内依次取出。 	

续表

工序	步骤	操作方法及说明	质量标准
拆装轴向柱塞泵	拆解工作	（8）取下斜盘。 （9）旋转手轮,观看变量活塞运动情况。 	
	排除故障工作	（1）根据故障现象,初步判断故障原因。 （2）清洗查看零件使用状态,确定故障原因并排除故障。	能够根据零件使用状态确定故障原因并排除故障。
	装配工作	使用工具、量具装配轴向柱塞泵: （1）将斜盘放入下泵体。 （2）将立柱、定心弹簧、滚珠、柱塞等装入缸体。	

工序	步骤	操作方法及说明	质量标准
拆装轴向柱塞泵	装配工作	 （3）将装配了立柱、柱塞等零件的缸体安装到中间泵体内。 （4）将中间泵体与下泵体安装在一起。 	使用工具、量具装配轴向柱塞泵,确保各项装配技术参数符合要求: （1）将斜盘装入下泵体内,确保安装状态正确。 （2）将立柱、柱塞等装入缸体内,确保安装到位。 （3）将装配了立柱、柱塞等的缸体装入中间泵体,确保安装到位。 （4）将下泵体和中间泵体安装在一起,按对角拧紧的顺序紧固螺钉,且预紧力均匀,下泵体和中间泵体接触面紧密接触。 （5）安装配油盘,注意配油盘安装方向。 （6）把上泵体、传动轴安装到中间泵体,拧紧紧固螺钉时,按对角拧紧的顺序,且预紧力均匀,上泵体和中间泵体接触面紧密接触。 （7）安装盖板,拧紧紧固螺钉时,按对角拧紧的顺序,且预紧力均匀。 （8）按 6S 标准清理现场。 *养成严谨细致的工作作风和热爱劳动、崇尚劳动的向上精神。

续表

工序	步骤	操作方法及说明	质量标准
拆装轴向柱塞泵	装配工作	 （5）安装配油盘，注意装配方向。 （6）安装密封圈。 （7）将上泵体和传动轴安装到中间泵体，并注意调整方向。	

续表

工序	步骤	操作方法及说明	质量标准
拆装轴向柱塞泵	装配工作	（8）安装盖板，拧紧紧固螺钉，使盖板与右泵体紧密接触。 （9）清理现场。	
	检验工作	（1）检查轴向柱塞泵外观。 （2）检查轴向柱塞泵零件装配后的技术状态、间隙等。 （3）检查轴向柱塞泵运转灵活程度。	能够按照检验要求，完成轴向柱塞泵（马达）各项性能及技术参数的检验。
	安装调试	（1）将液压站工作台面、轴向柱塞泵底面擦拭干净。 （2）用联轴器将轴向柱塞泵与电动机连接起来。 （3）接通电源，启动电动机。 （4）查看轴向柱塞泵运行状态。	（1）用干净棉纱擦拭液压工作台面、轴向柱塞泵底面。 （2）确保轴向柱塞泵轴线与电动机轴线对正。 （3）注意电动机运转方向。 （4）轴向柱塞泵运转状态是否良好。

（四）学习结果评价

序号	评价内容	评价标准	评价结果
1	柱塞泵（马达）结构和工作原理	能阐述柱塞泵（马达）中任一零件的名称和作用。 能讲述柱塞泵的工作原理。 能解释轴向柱塞泵存在径向力不平衡的问题及解决方法。	
2	参数计算	能根据工作实际，正确进行柱塞泵（马达）的性能参数的计算。 能审核计算结果的正确性。	
3	柱塞泵选用	能根据工作实际，选择结构合理、参数合适的柱塞泵。	
4	柱塞泵拆装	能根据工作实际，正确使用工具拆解柱塞泵（马达），并将零件按顺序分类摆放。 能根据故障现象查找故障原因，并排除故障。 能根据装配图，正确使用工具、量具完成柱塞泵的装配，使装配完成的柱塞泵的各项技术和性能参数符合规范。	

拓展阅读

情境 B-4-1

互动练习

B-4-1

五、课后作业

1. 为什么轴向柱塞泵适用于高压？

2. 试述轴向柱塞泵是如何调整油液流量的。

3. 某轴向柱塞泵，柱塞直径 $d=20$ mm，柱塞孔的分布圆直径 $D=70$ mm，柱塞数 $z=7$，当斜盘倾角 $\gamma=22°$，转速 $n=960$ r/min，输出压力为 18 MPa，容积效率 $\eta_V=0.95$，机械效率 $\eta_m=0.90$，试求理论流量 q_t、实际流量 q 及所需电动机功率 $P_电$。

工作领域 C　液压缸的选用及设计

理解液压缸是将液压能转换为直线运行的机械能,输出推力和直线运动的执行装置。熟悉液压缸的结构类型,掌握不同类型液压缸的工作原理,灵活根据技术的不同需求,综合分析问题,正确计算液压缸的各性能参数,养成思辨意识,形成科学严谨的工作态度。

工作任务 C-1　活塞式液压缸性能参数设计及选用

核心能力　设计活塞式液压缸的性能参数及选用活塞式液压缸

一、核心概念

1. 液压缸:是液压系统中的执行元件,是把液体的压力能转换成机械能的能量转换装置。

2. 活塞式液压缸:在缸体内作相对往复运动的组件为活塞的液压缸。

3. 双杆活塞式液压缸:液压缸缸体内部活塞的两侧都有活塞杆的液压缸。

4. 单杆活塞式液压缸:液压缸缸体内部活塞的一侧有活塞杆的液压缸。

5. 单作用液压缸:液体只控制液压缸一腔单向运动,反向运动依靠外力实现。

6. 双作用液压缸:液体控制液压缸两腔,实现双向运动。

二、学习目标

1. 能根据工作需要选择、安装活塞式液压缸。

2. 能计算活塞式液压缸的承载力和运动速度。

3. 能对活塞式液压缸采用不同连接方式,实现机器设备"快进—工进—快退"三步运动需求。

4. 能正确理解知识点和科学精神的辩证统一关系,并结合实践,养成思辨意识。

三、基本知识

活塞式液压缸有双杆活塞式液压缸和单杆活塞式液压缸两种结构形式,其固定方式有活塞杆固定和缸体固定两种。

(一)双杆活塞式液压缸

双杆活塞式液压缸如图 C-1-1-1 所示,主要由压盖 1,密封圈 2,导向套 3,密封纸垫 4,活塞 5,缸体 6,活塞杆 7,端盖 8,对外连接油口 a、b 等组成。缸体 6 和端盖 8 采用法兰连接,活塞 5 和活塞杆 7 采用销连接。

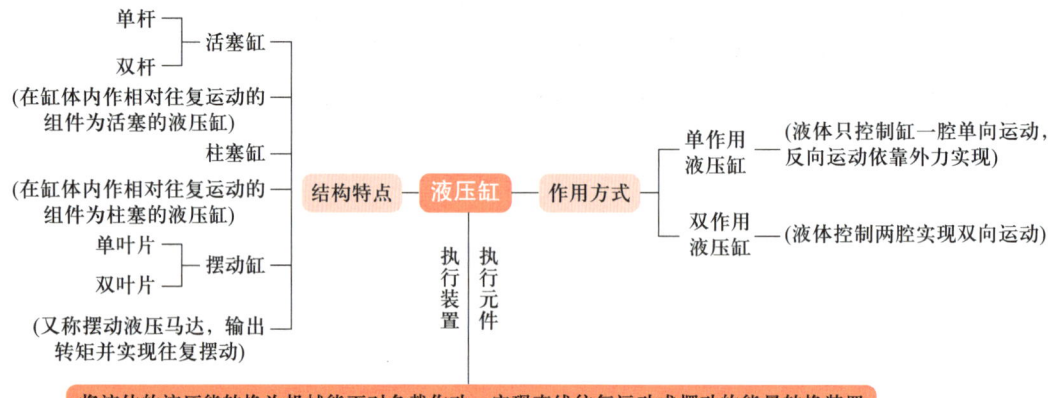

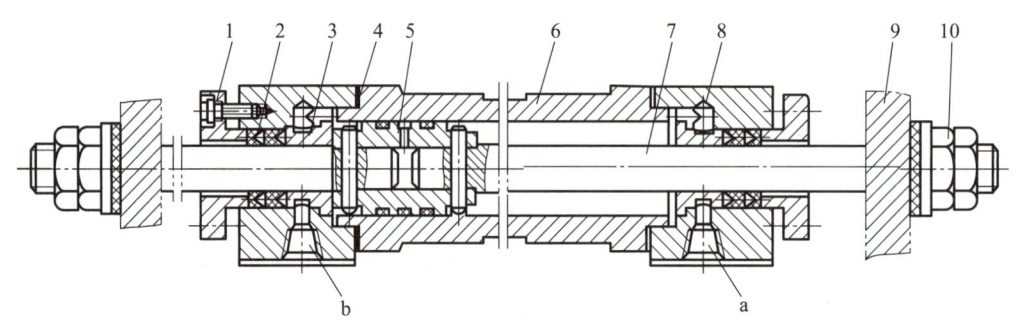

1—压盖;2—密封圈;3—导向套;4—密封纸垫;5—活塞;6—缸体;7—活塞杆;8—端盖;
9—支架;10—螺母;a、b—对外连接油口。

图 C-1-1-1 双杆活塞式液压缸(实心双杆活塞式液压缸)

在活塞式液压缸的设计中,当活塞杆实心设计时,其刚性好,故一般活塞杆带动工作台移动,缸体处于固定状态,这种固定方式下的液压缸又称实心双杆活塞式液压缸;而当活塞杆空心设计时,其刚性差,故一般缸体带动工作台移动,活塞杆处于固定状态,这种固定方式下的液压缸又称空心双杆活塞式液压缸。图 C-1-1-2 所示为实心双杆活塞式液压缸,当液压缸的左腔进油时,推动活塞向右移动,右腔活塞缸伸出,左腔活塞杆缩回;反之,活塞杆向左移动。其工作台

视频

双杆活塞式
液压缸的结
构及工作特
性分析

的往复运动范围约为有效行程 L 的 3 倍,这种固定方式下的液压缸由于工作范围大,占地面积大,一般用在行程长的小型液压设备中;图 C-1-1-3 所示为空心双杆活塞式液压缸,当液压缸左腔进油时,缸体向左移动;反之,缸体向右移动。其工作台的往复运动范围约为有效行程 L 的 2 倍,因运动范围不大,占地面积较小,常用于行程短的大、中型设备。

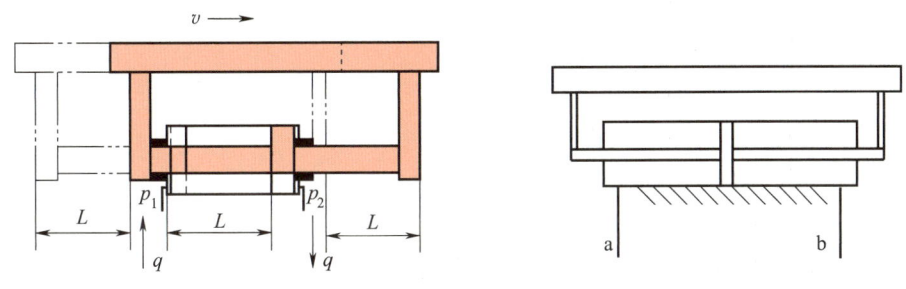

图 C-1-1-2　实心双杆活塞式液压缸

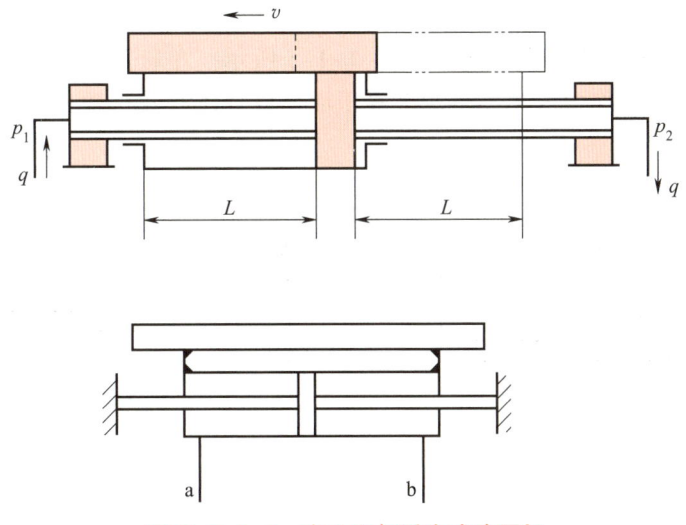

图 C-1-1-3　空心双杆活塞式液压缸

图 C-1-1-1 所示的双杆活塞式液压缸活塞杆为实心设计,因此,缸体 6 固定在床身上,活塞杆 7 和工作台靠支架 9 和螺母 10 连接在一起。系统中的压力油通过缸体对外的连接油口 a、b 分别进入和流出双杆活塞式液压缸的左右两腔时,压力油推动活塞,活塞带动活塞杆,活塞杆带动工作台完成往复运动。

对于双杆活塞式液压缸,一般情况下,活塞两端的活塞杆直径是相等的,因此,左右两腔的有效面积也相等,即

$$A_1 = A_2 = A = \frac{\pi(D^2 - d^2)}{4} \qquad （\text{C-1-1-1}）$$

当分别进入到液压缸左右两腔的压力和流量相同的情况下,活塞(或者缸体)两个方向的输出推动力和运动速度也相等,即

$$F_1 = F_2 = (p_1 - p_2)A = (p_1 - p_2)\frac{\pi(D^2 - d^2)}{4} \qquad （C-1-1-2）$$

$$v_1 = v_2 = \frac{q}{A} = \frac{q}{\dfrac{\pi(D^2 - d^2)}{4}} = \frac{4q}{\pi(D^2 - d^2)} \qquad （C-1-1-3）$$

式中：F_1、F_2——液压缸往复运动推力；

　　　v_1、v_2——液压缸往复运动速度；

　　　p_1、p_2——液压缸进出口压力；

　　　q——输入液压缸的流量；

　　　A——液压缸有效作用面积；

　　　D——缸体内径（活塞直径）；

　　　d——活塞杆直径。

　　由推导可知，双杆活塞式液压缸具有等推力、等速度的工作特性，常用于往复运动和载荷相同的工作场合，如转向机构、磨床工作台等。

（二）单杆活塞式液压缸

　　单杆活塞式液压缸，也有缸体固定和活塞杆固定两种固定方式。缸体固定结构如图 C-1-1-4 所示，活塞杆固定结构如图 C-1-1-5 所示。单杆活塞式液压缸无论刚体固定还是活塞杆固定，工作台的运动范围都等于活塞或缸体有效行程 L 的两倍，故其结构紧凑，应用广泛。

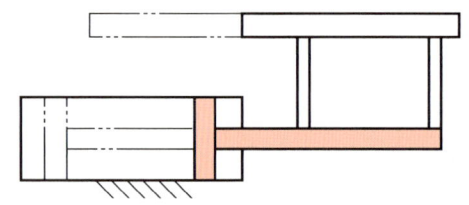

图 C-1-1-4　单杆活塞式液压缸（缸体固定）

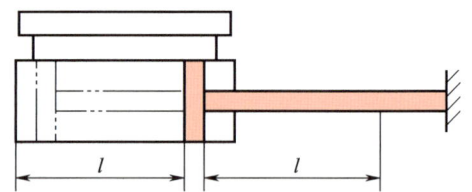

图 C-1-1-5　单杆活塞式液压缸（活塞杆固定）

　　对于单杆活塞式液压缸，液压缸左右两腔有效作用面积不等，有活塞杆的腔体称为有杆腔，没有活塞杆的腔体称为无杆腔，即

$$A_1 = \frac{\pi D^2}{4} \qquad （C-1-1-4）$$

$$A_2 = \frac{\pi(D^2 - d^2)}{4} \qquad （C-1-1-5）$$

　　在分别进入到液压缸无杆腔和有杆腔的油液压力和流量相同的情况下，活塞（或者缸体）两个方向的输出推动力和运动速度是不一样的。

　　当有杆腔进油、无杆腔回油时，活塞对外输出的推动力 F_1 和运动速度 v_1 分别为

视频 •----

单杆活塞式
液压缸的结
构及工作特
性分析

$$F_1 = p_1 A_1 - p_2 A_2 = p_1 \frac{\pi D^2}{4} - p_2 \frac{\pi (D^2 - d^2)}{4} \qquad (\text{C-1-1-6})$$

$$v_1 = \frac{q}{A_1} = \frac{q}{\dfrac{\pi D^2}{4}} = \frac{4q}{\pi D^2} \qquad (\text{C-1-1-7})$$

当有杆腔进油、无杆腔回油时，活塞对外输出的推动力 F_2 和运动速度 v_2 分别为

$$F_2 = p_1 A_2 - p_2 A_1 = p_1 \frac{\pi (D^2 - d^2)}{4} - p_2 \frac{\pi D^2}{4} \qquad (\text{C-1-1-8})$$

$$v_2 = \frac{q}{A_2} = \frac{q}{\dfrac{\pi (D^2 - d^2)}{4}} = \frac{4q}{\pi (D^2 - d^2)} \qquad (\text{C-1-1-9})$$

式中：F_1、F_2——液压缸往复运动推力；

$\quad\quad v_1$、v_2——液压缸往复运动速度；

$\quad\quad p_1$、p_2——液压缸进、出口压力；

$\quad\quad q$——输入液压缸的流量；

$\quad\quad A_1$——液压缸无杆腔有效作用面积；

$\quad\quad A_2$——液压缸有杆腔有效作用面积；

$\quad\quad D$——缸体内径（活塞直径）；

$\quad\quad d$——活塞杆直径。

可见，$F_1 > F_2$、$v_1 < v_2$，因此活塞杆伸出时，推力较大、速度较小，活塞杆缩回时，推力较小、速度较大。因此单杆活塞式液压缸适用于进给有较大负载但运动速度较低、退回空载且需快速的场合，如机床进给运动等。

液压缸往复运动时的速度比为

$$\varphi = \frac{v_2}{v_1} = \frac{D^2}{D^2 - d^2} \qquad (\text{C-1-1-10})$$

由式（C-1-1-10）可知，要满足单杆活塞式液压缸两个方向不同运动速度的需求，可通过改变活塞与活塞杆的直径比来实现。

对于单杆活塞式液压缸的进、出油连接方式，除以上两种外，工程中经常还会设置两腔同时接通压力油的方式，这种连接方式称为差动连接。

在忽略压力损失的情况下，差动连接时两腔内油液的压力是相等的，但由于无杆腔受力面积 A_1 大于有杆腔受力面积 A_2，因此活塞向右的推动力大于向左的推动力，活塞杆作伸出运动，并将有杆腔内的油液挤出，有杆腔内的油液此时没有流回油箱，而是顺着管道流入无杆腔。

差动连接时，液压缸对外的推动力 F_3 为

$$F_3 = p A_1 - p A_2 = p \left[\frac{\pi D^2}{4} - \frac{\pi (D^2 - d^2)}{4} \right] = p \frac{\pi d^2}{4} \qquad (\text{C-1-1-11})$$

若差动连接时，系统提供的油液的流量为 q，活塞的运动速度为 v_3，则有杆腔排出油液

视频●

液压缸差动连接工作特性分析

的流量 $q'=v_3A_2$,进入无杆腔后,无杆腔流量为

$$q+q'=q+v_3A_2=v_3A_1$$

整理可得,活塞杆伸出速度 v_3 为

$$v_3=\frac{q}{A_1-A_2}=\frac{4q}{\pi d^2}\qquad\qquad（C-1-1-12）$$

由式（C-1-1-11）和式（C-1-1-6）比较可知,差动连接时,液压缸的推动力比非差动连接时小,由式（C-1-1-12）和式（C-1-1-7）比较可知,差动连接时运动速度比非差动连接时要快,即有杆腔流出的油液没有流入油箱,而是进入无杆腔,至此差动连接时无杆腔内的油液量增多,故差动连接方式,就是在不增加泵流量的前提下,提高了液压缸的运动速度。这种连接方式广泛应用于组合机床的液压动力滑台和其他机械设备的快速运动中,便于满足机器设备的快速运动需求。在实际应用中,如果要求快速运动和快速退回速度相等,即 $v_3=v_2$,则 $D=\sqrt{2}d$。

四、学习结果评价

序号	评价内容	评价标准	评价结果
1	选用安装	能根据是否等推力、等速度的技术需求,科学合理地选用单杆活塞式液压缸和双杆活塞式液压缸,能根据活塞杆的空心设计和实心设计方式,正确安装活塞式液压缸。	
2	设计计算	能根据机器设备液压系统技术需求,科学、灵活地运用活塞式液压缸计算公式进行性能参数的设计计算。 能审核计算结果的正确性。	
3	设计连接	能根据系统流量及机器设备"快进—工进—快退"的运动需求,合理设计缸体内径和活塞杆直径。 能按照机器设备"快进—工进—快退"的运动需求,合理设计连接活塞式液压缸的进、出油方式。	

五、课后作业

1. 单杆活塞式液压缸作差动连接时,实际起有效作用的是活塞杆的横截面积。试分析这种说法正确与否。

2. 如图 C-1-1-6 所示,三个液压缸串联连接,液压缸的活塞直径均为 100 mm,活塞杆直径均为 65 mm,液压泵的供油流量 $q=25$ L/min,供油压力 $p=10$ MPa。如果三个液压缸所承受的负载 F 均相同,问

（1）负载 F 为多少?

（2）三个液压缸正向前进时的运动速度各为多少?

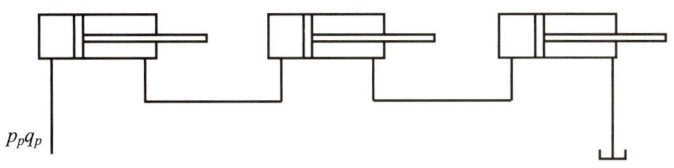

图 C-1-1-6

3. 如图 C-1-1-7 所示，一个泵驱动两个串联的液压缸，已知活塞直径 D=90 mm，活塞杆直径 d=60 mm，负载 F_1=F_2=10 000 N，液压泵输出流量 Q=25 L/min。不计容积损失和机械损失，求液压泵的输出压力及活塞运动速度。

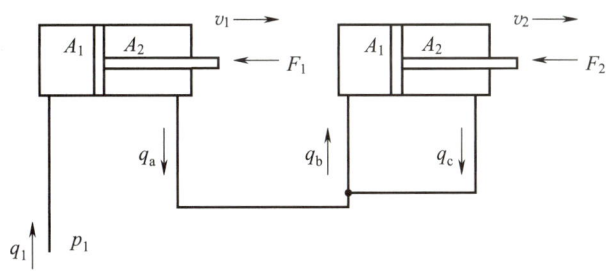

图 C-1-1-7

工作任务 C-2　柱塞式液压缸及摆动式液压缸性能参数设计及选用

核心能力　设计柱塞式液压缸及摆动式液压缸的性能参数及选用液压缸

一、核心概念

柱塞式液压缸：缸体内做相对往复运动的组件是柱塞的液压缸。

二、学习目标

1. 能根据工作需要选用柱塞式液压缸和摆动式液压缸。
2. 能计算柱塞式液压缸的承载力和运动速度。
3. 能树立辩证思想，根据技术的不同需求，综合分析问题，形成科学严谨的工作态度。

三、基本知识

由于活塞式液压缸内壁精度要求很高，当缸体较长时，缸体内壁的精加工较困难，故改用柱塞式液压缸。因柱塞式液压缸柱塞不与内壁接触,缸体内壁可以粗加工或不加工,只要求柱塞精加工即可。

（一）柱塞式液压缸

柱塞式液压缸如图 C-2-1-1 所示,由缸体 1、柱塞 2、导向套 3、弹簧卡圈 4 等组成。

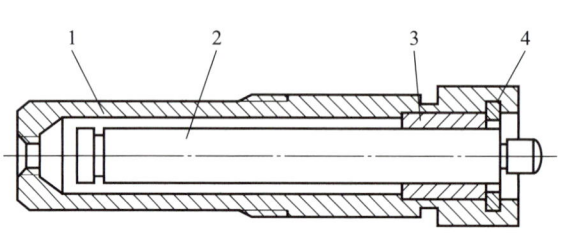

视频

柱塞式液压缸的结构及工作特性分析

1—缸体;2—柱塞;3—导向套;4—弹簧卡圈。

图 C-2-1-1　柱塞式液压缸

柱塞式液压缸中的柱塞和缸体内壁不接触,加工工艺性好、成本低,适用于行程较长的场合;柱塞式液压缸为单作用液压缸,即只能利用液压油实现一个方向的运动,回程要靠外力(如弹簧力、重力)实现或成对使用;柱塞工作时总是受压,一般需要设计得较粗,并且要有足够的刚度;同时,由于柱塞自身重力较大,水平安置时因自重会产生下垂现象,引起密封件和导向套磨损,故柱塞式液压缸多垂直使用,有时柱塞也可做成空心的。

柱塞式液压缸输出的力和速度分别为

$$F = pA = p\,\frac{\pi d^2}{4}　　　　　　　（C-2-1-1）$$

$$v = \frac{q}{A} = \frac{4q}{\pi d^2}　　　　　　　（C-2-1-2）$$

式中 d 为柱塞直径,其他物理量含义同前。

（二）摆动式液压缸

摆动式液压缸是输出转矩并实现往复摆动的执行元件,也称为摆动液压马达。分为单叶片和双叶片两种。单叶片摆动式液压缸结构如图 C-2-1-2 所示,它主要由定子块、缸体、转子、叶片等主要零件组成。定子块 1 固定在缸体 4 上、叶片 2 和摆动轴 3 连接在一起,其工作原理为:当工作介质从 A 口进入缸内,叶片被推动并带动轴作逆时针方向转动,叶片另一侧的工作介质从 B 口排出;反之,工作介质从 B 口进入,叶片及轴作顺时针方向转动,A 口排出工作介质。图 C-2-1-3 所示为双叶片摆动式液压缸结构。

若输入摆动式液压缸液压油的压力为 p_1,出油压力为 p_2,则摆动轴输出的转矩 T 为

$$T = Fr$$

$$T = \frac{(D-d)}{2} \cdot b(p_1 - p_2) \cdot r$$

$$T = \frac{(D-d)}{2} \cdot b(p_1 - p_2) \cdot \frac{(D+d)}{4}　　　　　　（C-2-1-3）$$

式中:F——压力油作用于叶片上的合力;

　　　r——叶片中点到轴心的距离。

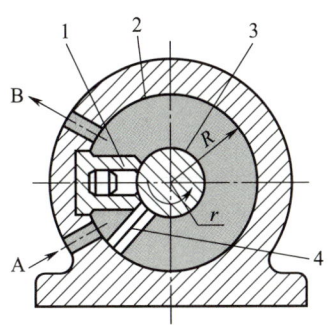

1—定子块；2—缸体；3—摆动轴；4—叶子。

图 C-2-1-2　单叶片摆动式液压缸结构

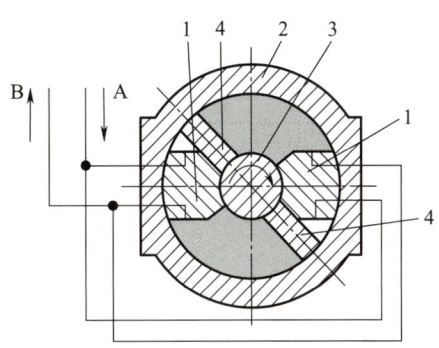

1—定子块；2—缸体；3—摆动轴；4—叶子。

图 C-2-1-3　双叶片摆动式液压缸结构

图 C-2-1-4 所示为单叶片摆动式液压缸计算简图,单叶片摆动式液压缸输出转矩 T 和角速度 ω 为

$$T = \frac{b(D^2 - d^2)}{8}(p_1 - p_2)$$

$$\omega = \frac{8q_V}{b(D^2 - d^2)} \tag{C-2-1-4}$$

式中：b——叶片宽度；

　　　D——缸体内径；

　　　d——摆动轴直径。

单叶片摆动式液压缸的摆动角度较大,可达 280°～300°；而双叶片摆动式液压缸的摆动角度较小,一般不超过 150°,但其输出转矩是单叶片摆动式液压缸的两倍,而角速度是单叶片摆动式液压缸的一半。摆动式液压缸具有结构紧凑、输出转矩大的特点,但密封困难,常用于装夹、送料及转位系统中。

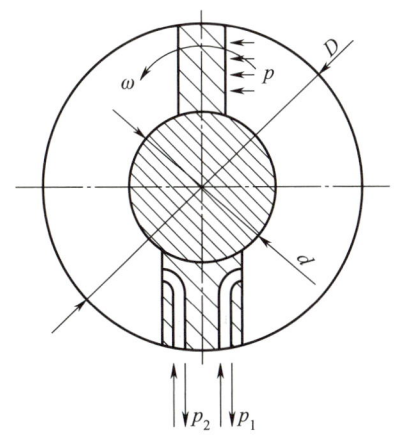

互动练习 •

C-2-1

图 C-2-1-4　单叶片摆动式液压缸计算简图

四、学习结果评价

序号	评价内容	评价标准	评价结果
1	选用	能根据机器设备对推力、速度的技术需求,科学合理地选用液压缸。	
2	设计计算	能根据机器设备液压系统技术需求,科学、灵活地运用柱塞式液压缸和摆动式液压缸计算公式进行性能参数的设计计算。 能审核计算结果的正确性。	
3	设计连接	能根据系统流量及机器设备是否双向运动需求,合理设计柱塞式液压缸是否成对使用。 能按照机器设备的运动需求,合理设计连接柱塞式液压缸的进、出油方式。	

五、课后作业

1. 活塞式、柱塞式和摆动式液压缸各自有什么特点?

2. 一柱塞式液压缸,当柱塞固定、缸体运动时,压力油从空心柱塞流入,压力为 p,流量为 q,缸体内径为 D,柱塞直径为 d,柱塞内孔直径为 d_1。试问柱塞式液压缸所产生的推动力和运动速度各为多少?

3. 图 C-2-1-5 所示为柱塞式液压缸,两个液压缸的固定方式不同。缸体直径 $D=150$ mm,柱塞直径 $d=100$ mm,缸体内装满液压油,$F=45\ 000$ N。不计损失,试分别求两个液压缸中油液的压力(Pa)。

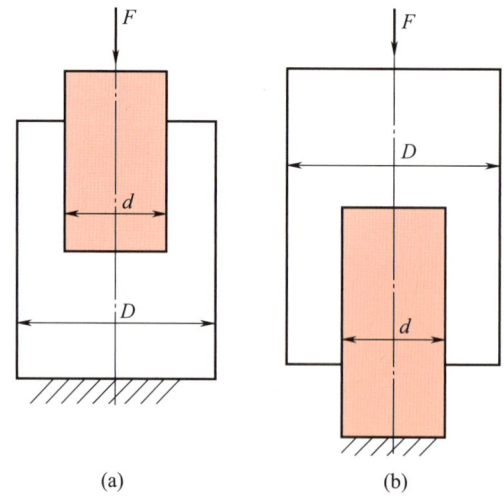

(a)　　　　　　　(b)

图 C-2-1-5

工作任务 C-3　组合式液压缸性能参数设计及选用

核心能力　设计组合式液压缸的性能参数
设计及选用组合式液压缸

一、学习目标

1. 能根据工作需要选用其他形式液压缸。
2. 能根据工作所需计算其他形式液压缸的承载力和运动速度。
3. 能认真负责、踏实敬业地开展工作,并严谨求实地对相关性能参数进行分析设计。

二、基本知识

（一）增压缸

增压缸又称增压器,是由活塞和柱塞组合而成的一个组合式液压缸,其工作原理图如图 C-3-1-1 所示,缸体内部由于活塞的有效面积大于柱塞面积,故向活塞缸无杆腔输入低压油时,可以在柱塞缸得到高压油,假设活塞直径为 D,活塞杆直径为 d,增压缸进油腔压力为 p_1,回油腔压力为 p_2,增压缸内具体关系为

$$\frac{\pi}{4}D^2 p_1 = \frac{\pi}{4}d^2 p_2$$

$$p_2 = \left(\frac{D}{d}\right)^2 p_1 \qquad\qquad （C-3-1-1）$$

式中 $\left(\dfrac{D}{d}\right)^2$ 为增压比。

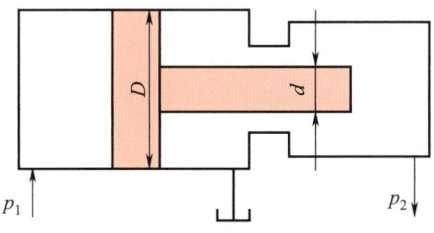

图 C-3-1-1　增压缸的工作原理图

（二）伸缩缸

伸缩缸也称多级缸,它由两级或多级活塞缸套装而成,前一级活塞缸的活塞是后一级活塞缸的缸体,其结构如图 C-3-1-2 所示。伸缩缸的活塞伸出顺序是从大到小,工作时外

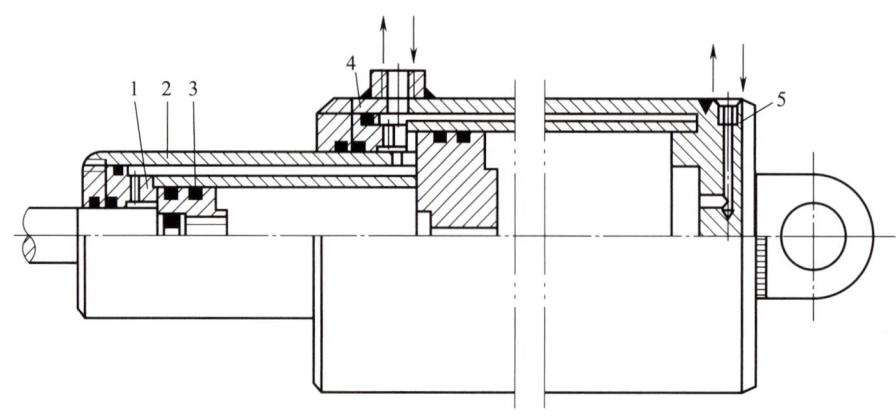

1—活塞；2—套筒；3—O 形密封圈；4—缸体；5—缸盖。

图 C-3-1-2 伸缩缸结构

伸动作逐级进行，首先是最大直径的缸体外伸，当其达到行程终点的时候，稍小直径的缸体开始外伸。伸缩缸的各级活塞杆依次伸出，可获得很长的行程。由于有效工作面积逐级减小，因此当输入流量相同时，外伸速度逐级增大；当负载恒定时，液压缸的工作压力逐级增高。空载缩回的顺序是从小活塞到大活塞，收缩后液压缸总长度较短，占用空间较小，结构紧凑。收缩缸常用于工程机械和其他行走机械，如起重机伸缩臂液压缸、自卸汽车举升液压缸等。

视频 ●

伸缩式液压缸的结构原理及应用特点分析

（三）齿条活塞缸

齿条活塞缸又称无杆式液压缸，是由带有齿条杆的双活塞缸和齿轮、齿条机构所组成的，其工作原理图如图 C-3-1-3 所示。活塞的往复运动经齿轮齿条机构变为齿轮轴的往复转动。这种齿条活塞缸常用在自动生产线、组合机床等的回转工作台或分度机构上。

（四）增压回路

增压回路主要是利用增压缸实现增压，可以提高系统中某一支路的工作压力，以满足局部工作机构的需要。增压回路主要分为两种，一种是单作用增压缸实现的增压回路，另一种是双作用增压缸实现的增压回路。

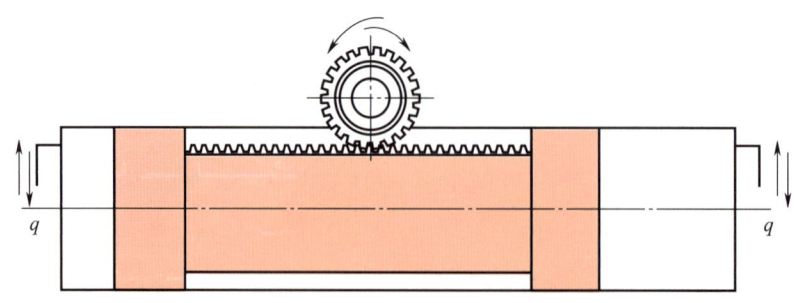

图 C-3-1-3 齿条活塞缸的工作原理图

1. 单作用增压缸实现的增压回路

采用单作用增压缸实现的增压回路不能连续提供高压油,因此只适用于液压缸需要较大的单向作用力、行程小且作业时间短的液压系统。采用单作用增压缸的增压回路如图 C-3-1-4a 所示,当二位四通电磁换向阀电磁铁断电时,换向阀处于左位,液压泵供给的油液经过二位四通电磁换向阀左位到达单作用增压缸,增压缸输出的压力为 $p_2=p_1A_1/A_2$ 的压力油进入工作缸;二位四通电磁换向阀电磁铁通电时,单作用增压缸活塞向左运动,工作缸靠弹簧复位,油箱内的油液利用真空与大气压之间的关系,经单向阀向增压缸右腔补油。

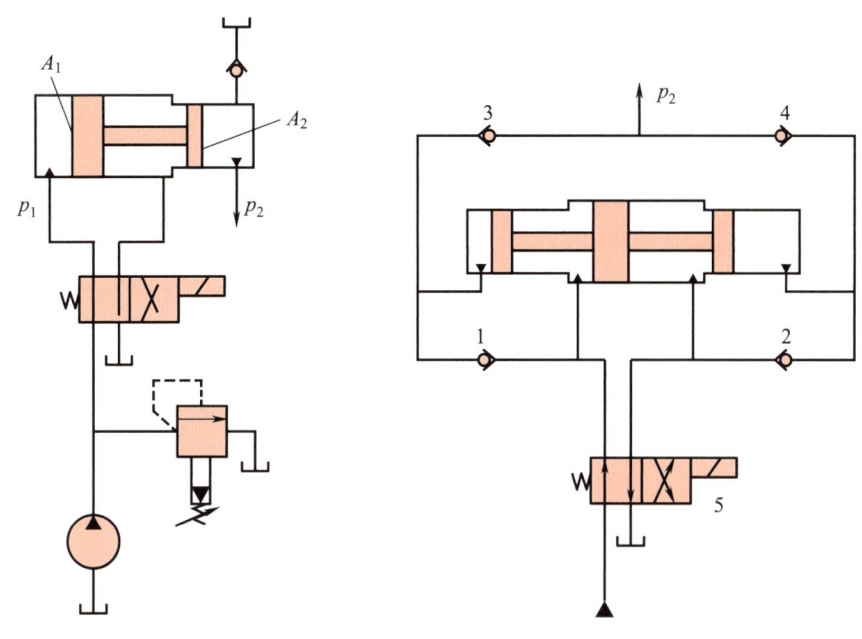

(a) 采用单作用增压缸的增压回路　　(b) 采用双作用增压缸的增压回路

图 C-3-1-4　增压回路

2. 双作用增压缸的增压回路

采用双作用增压缸实现的增压回路如图 C-3-1-4b 所示,它能连续输出高压油,适用于增压行程要求较长的场合。当二位四通电磁换向阀电磁铁断电时,液压泵供给的油液进入增压缸左侧大腔和经单向阀 1 进入增压缸左端小腔,此时推动增压缸活塞向右移动,高压油经单向阀 4 进入液压系统;当二位四通电磁换向阀通电时,液压泵供给的油液进入增压缸右侧大腔和经单向阀 2 进入增压缸右端小腔,推动增压缸活塞向左移动,高压油经单向阀 3 进入液压系统;只要电磁换向阀不断换向,系统则通过增压缸得到连续的高压油。

三、学习结果评价

序号	评价内容	评价标准	评价结果
1	选用	能根据机器设备对推力、速度的技术需求,科学合理地选用其他形式液压缸。	
2	设计计算	能根据机器设备液压系统技术需求,科学、灵活地运用其他形式液压缸计算公式进行性能参数的设计计算。 　能审核计算结果的正确性。	
3	设计连接	能根据系统流量及机器设备具体运动需求,合理选用其他形式液压缸。 　能按照机器设备的运动需求,合理设计连接其他形式液压缸的进出油方式	

四、课后作业

1. 对增压缸进行拆卸,完成拆卸后,试讲解增压缸的结构及工作原理。

2. 试结合实际起重机伸缩臂液压缸、自卸汽车举升液压缸,分析伸缩杠在设备中的工作原理。

3. 有一增压缸如图 C-3-1-5 所示,已知活塞直径 $D=60$ mm,活塞杆直径 $d=20$ mm,输入压力 $p_1=5$ MPa,试求输出压力 p_2。

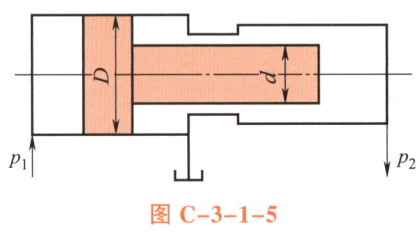

图 C-3-1-5

互动练习

C-3-1

工作任务 C-4　液压缸的装调及常见故障排除

核心能力　装调液压缸及排除常见故障

一、学习目标

1. 能掌握液压缸的共性结构。
2. 能进行液压缸的安装、使用和维护。
3. 能形成探索问题的辩证思维能力和解决实际工程问题的能力。

二、基本知识

液压缸主要由缸体组件（缸体与端盖等）、活塞组件（活塞与活塞杆等）、密封装置、缓冲装置、排气装置等基本部分组成。

（一）缸体组件

缸体组件是液压缸密封容积中用于承受油液压力的重要部分，因此，需要有足够的强度、刚度和可靠的密封性。

1. 缸体与缸盖的连接形式

缸体与缸盖主要有法兰连接、螺纹连接、半环连接、拉杆连接、钢丝连接及焊接等连接形式。

2. 缸体、端盖和导向套

液压缸的主体为缸体，由于缸体有活塞、相关密封件及支承件在其内部来回滑动进行工作，故缸体内壁主要是采用镗削、磨削等精加工生产，其表面粗糙度一般为 $0.1 \sim 0.04\ \mu m$。同时，在具体工作中，缸体内部有压力比较大的液压油，故缸体同时还要具有承受较大液压力的能力，即要有足够的强度和刚度。

缸体一般有前后两个端盖，端盖与缸体连接在一起，以组成液压缸密封容积，承受油液压力，故端盖与缸体之间连接时，既要能承受足够的强度，又要保证两者之间密封的可靠性，故设计时要择优选择工艺性好的连接结构。

导向套较多应用在活塞式液压缸和柱塞式液压缸中，主要起支承和导向作用。液压缸中如不设计安装导向套，直接用端盖孔导向，虽使液压缸整体结构变得简单，但容易引起端盖磨损问题。

（二）活塞组件

活塞杆是连接活塞和工作部件的主要传力零件，因此要有足够的强度和刚度；同时，活塞杆要在导向套内做往复运动，因此其表面一般采用镀铬处理，以保证其表面足够的耐磨性和防锈性。液压缸内的活塞在缸体内部持续做往复运动，在具体工作中承受很大的液压油力，因此同样要有一定的强度和耐磨性。

螺纹连接	半环连接
质量小,体积小,结构紧凑;但端部结构复杂,削弱了缸体强度。	结构简单,工艺性好,易于拆装;但键槽削弱了缸体强度。
拉杆连接	法兰连接
结构简单,工艺性好,通用性强;但质量大,体积大,拉杆受力,影响密封性能。	结构简单,加工方便,易于拆装;但连接端部较大,外形尺寸大。
钢丝连接	焊接
结构简单,尺寸小,质量小;但拆装不方便,承载能力小。	结构简单,尺寸小;但焊接后有变形,局部有硬化,内径不易加工。

　　活塞与活塞杆组成活塞组件,两者之间的连接方式主要有整体式、销连接式、半环连接式和螺纹连接式等。

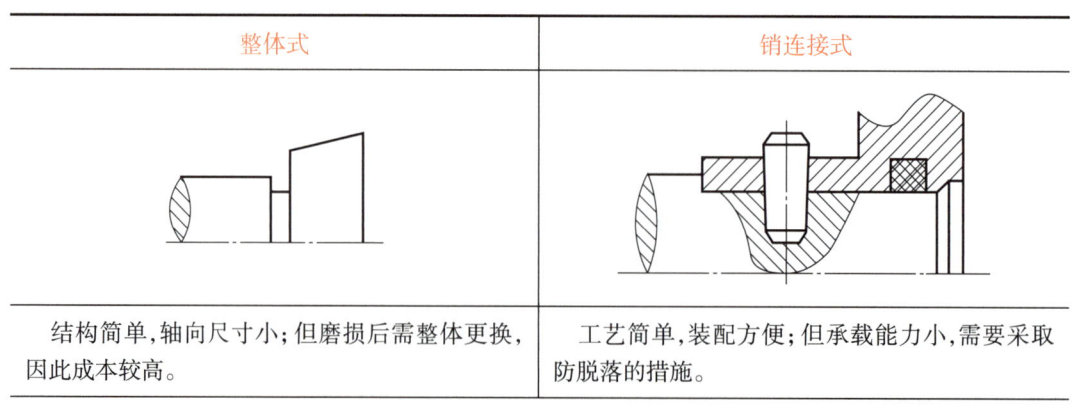

整体式	销连接式
结构简单,轴向尺寸小;但磨损后需整体更换,因此成本较高。	工艺简单,装配方便;但承载能力小,需要采取防脱落的措施。

续表

半环连接式	螺纹连接式
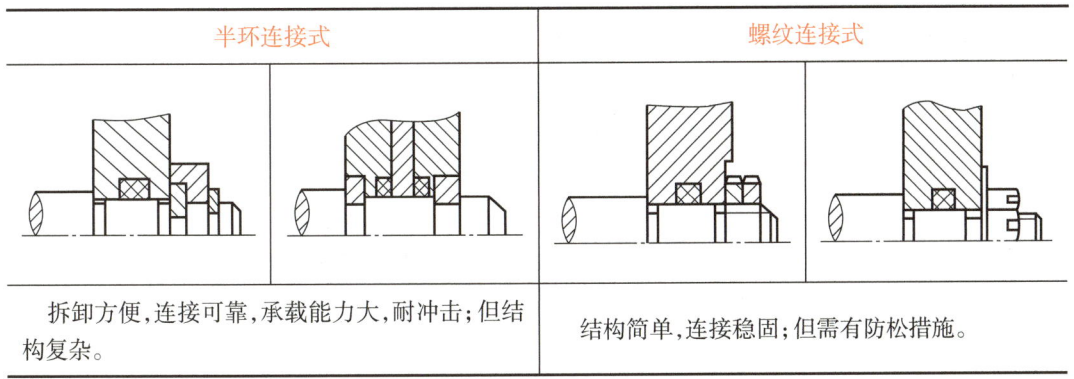	
拆卸方便,连接可靠,承载能力大,耐冲击;但结构复杂。	结构简单,连接稳固;但需有防松措施。

（三）密封装置

在液压缸中,相对往复运动部件配合处的泄漏问题较为突出,液压缸中的压力油一般在固定部件的连接处和相对运动部件的配合处产生泄漏问题。液压缸的泄漏分为内泄漏和外泄漏两种,如图 C-4-1-1 所示。泄漏将引起油液发热和液压缸容积效率降低,影响液压缸的工作性能,并且外泄还会污染工作环境。因此,液压缸良好的密封性将防止和减少泄漏问题的产生。

为了保证液压缸的正常工作,要求液压缸所选用的密封元件必须具有良好的密封性能,并且密封性能应随工作压力的升高而自动提高。常见的液压缸密封形式有以下几种:

1. 间隙密封

间隙密封如图 C-4-1-2 所示。间隙密封是利用运动部件间的配合间隙起密封作用的。通常在活塞外圆柱表面上开若干个环形槽,使活塞环形槽四周都有压力油的作用,利于活塞的对中,减小活塞的摩擦力,δ 的取值一般为 0.02 ~ 0.05 mm。

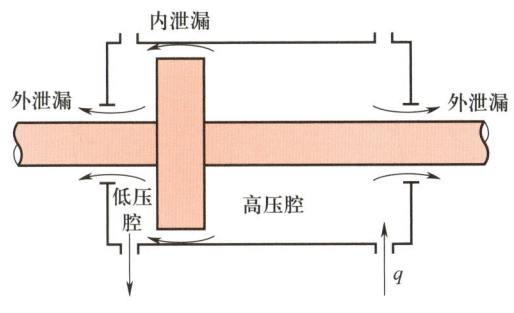

图 C-4-1-1　液压缸的外泄漏和内泄漏

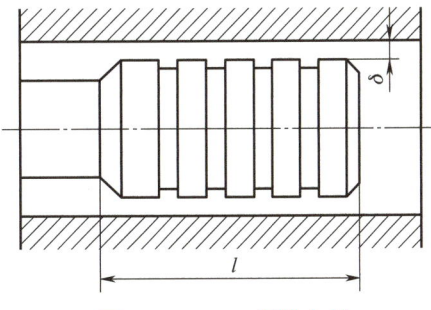

图 C-4-1-2　间隙密封

为了减少泄漏,相对运动部件的配合间隙必须足够小,但不能妨碍运动部件的相对运动,因此,对配合面的加工精度和表面粗糙度提出了较高的要求。合理的配合间隙、配合长度、环槽数会减小密封的摩擦力且减小泄漏量。间隙密封是非接触式密封,主要用于速度较高、压力较小、尺寸较小的液压缸与活塞配合处,但相比其他密封,其泄漏大、磨损后不能补偿,故仅用于尺寸较小、压力较低、速度较快的工作场所。

2. 密封圈密封

在液压系统中,广泛在活塞、柱塞或阀芯上安装密封圈,通过密封圈本身的受压弹性变形起到密封作用。密封圈密封是接触式密封,磨损后可自动补偿,因此结构简单,密封可靠。密封圈由耐油橡胶、尼龙等材料组成,橡胶密封圈的断面通常做成 O 形、Y 形、V 形以及组合式等几种。

（1）O 形密封圈

O 形密封圈在液压缸中的应用如图 C-4-1-3 所示,O 形密封圈是一种截面为圆形的耐油橡胶环的密封件(图 C-4-1-4a)。其结构简单,密封性能良好,摩擦阻力较小,成本低,安装沟槽尺寸小,使用非常方便。但在使用时,O 形密封圈装入矩形槽后,其截面会有一定的压缩变形,主要靠 O 形密封圈的弹性对接触面产生预压紧力,从而实现初始密封。需要合适的预压缩量 δ_1 和 δ_2,如图 C-4-1-4b、c 所示。O 形密封圈常用于直线往复运动和回转运动的密封。

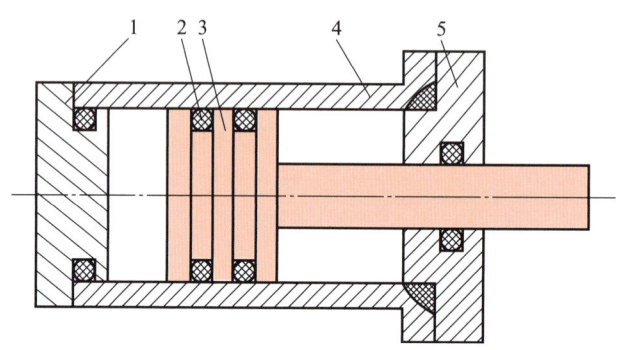

1—后盖；2—O 形密封圈；3—活塞；4—缸体；5—前盖。

图 C-4-1-3　O 形密封圈在液压缸中的应用

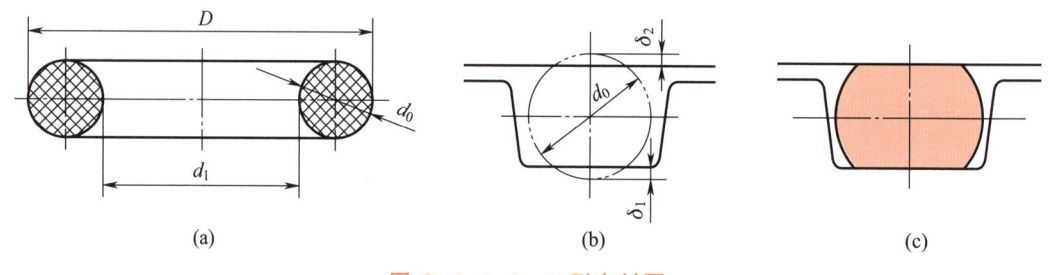

(a)　　　　　　　　　　(b)　　　　　　　　　　(c)

图 C-4-1-4　O 形密封圈

O 形密封圈的缺点是,当压力较高或沟槽尺寸选择不妥时,密封圈容易被挤出,从而造成密封圈损坏。

（2）Y 形密封圈

Y 形密封圈如图 C-4-1-5 所示,它的截面呈 Y 形,依靠略微张开的唇边贴于密封面而保持密封。在油压作用下,唇边作用在密封面上的压力随之增加,并在磨损后有一定的自动补偿能力,密封性能较好,且能保证较长的使用寿命。在装配 Y 形密封圈时,唇口朝向高压油,才能其起到良好的密封作用。

　　Y 形密封圈密封可靠,寿命较长,摩擦力小,常用于运动速度较高的液压缸。

（3）V 形密封圈

　　V 形密封圈如图 C-4-1-6 所示,其截面呈 V 形,主要用带夹织物的橡胶制成。它由支承环、密封环和压环三部分叠合组成。当压环压紧密封环时,支承环使密封环产生变形,从而起到密封作用。密封压力高时,可增加密封环的数量。安装时也应注意方向,密封环的开口应面向压力油腔。

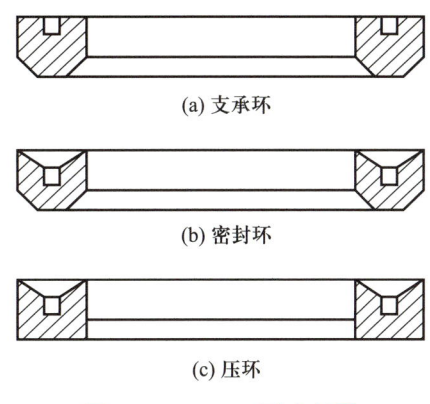

(a) 支承环

(b) 密封环

(c) 压环

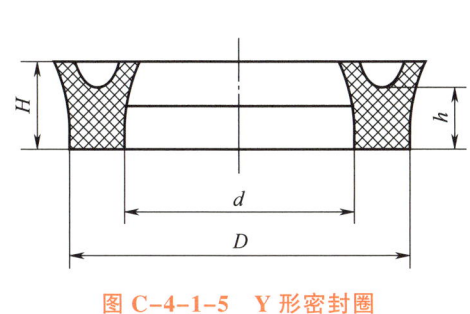

图 C-4-1-5　Y 形密封圈

图 C-4-1-6　V 形密封圈

（四）缓冲装置

　　当液压缸拖动的运动部件质量较大、运动速度较高时,由于惯性力较大,具有很大的动能,因而在活塞运动到缸体的终端时,会与端盖发生机械碰撞,产生很大的冲击和噪声,引起液压缸的破坏。故在大型、高速、高精度的液压设备中,必须设置缓冲装置。

　　缓冲原理:当活塞快速运动到接近缸盖时,通过节流的方法增大回油阻力,使液压缸的排油腔产生足够的缓冲压力,活塞因运动受阻而减速,从而避免与缸盖高速相撞。

　　常见的缓冲装置主要有下述几种:

1. 环状间隙式缓冲装置

　　图 C-4-1-7a 所示为一种圆柱形环状间隙式缓冲装置。它由活塞上的圆柱形柱塞和液压缸端盖上的内孔组成。当缓冲柱塞 A 进入缸盖上的内孔时,缸盖和活塞间形成环形缓冲腔 B,被封闭的油液只能经环形间隙 δ 排出,产生缓冲压力,从而实现减速缓冲。这种装置在缓冲过程中,由于回油通道的节流面积不变,因而缓冲开始时,产生的缓冲制动力很大,其缓冲效果较差,液压冲击较大,且实现减速需较长行程。但这种装置结构简单,便于设计和降低成本。

　　图 C-4-1-7b 所示为圆锥形环状间隙式缓冲装置,由于缓冲柱塞 A 为圆锥形,因此缓冲环形间隙 δ 随柱塞位移量不同而改变,即节流面积随缓冲行程的增大而缩小,使机械能的吸收较均匀,其缓冲效果较好。

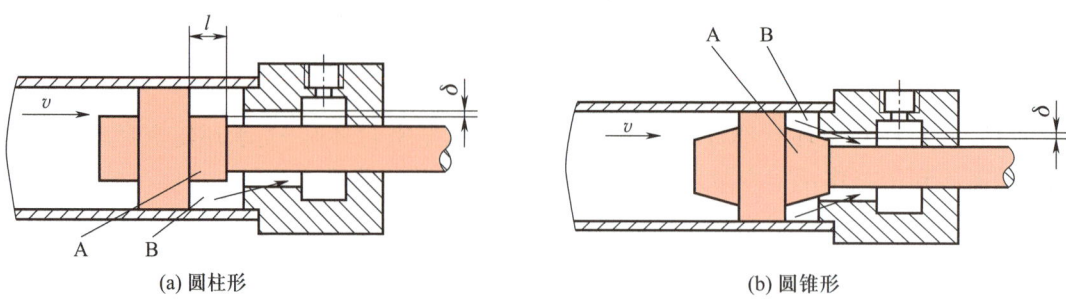

(a) 圆柱形	(b) 圆锥形

图 C-4-1-7 环状间隙式缓冲装置

2. 可变节流槽式缓冲装置

可变节流槽式缓冲装置如图 C-4-1-8 所示,在缓冲柱塞 A 上开有轴向三角形节流沟槽,节流面积随缓冲行程的增大而逐渐减小,缓冲压力变化较平缓。

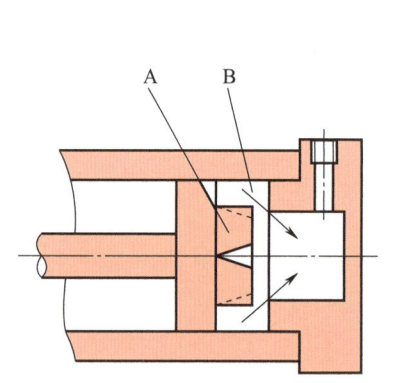

图 C-4-1-8 可变节流槽式缓冲装置

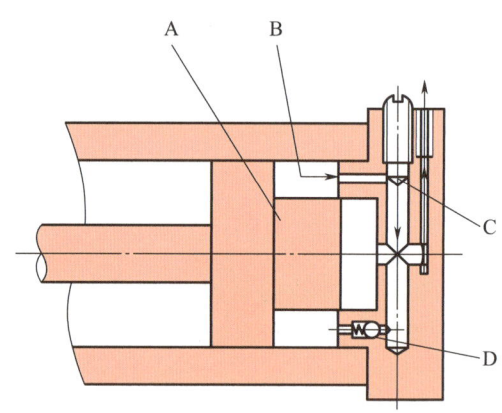

图 C-4-1-9 可调节流孔式缓冲装置

3. 可调节流孔式缓冲装置

可调节流孔式缓冲装置如图 C-4-1-9 所示,当缓冲柱塞 A 进入缸盖内孔时,回油口被柱塞堵住,只能通过节流阀 C 回油,调节节流阀的开度,可以控制不同负载对缓冲的要求。当活塞反向运动时,压力油通过单向阀 D 进入液压缸,避免产生启动缓慢的问题。

（五）排气装置

液压系统往往会混入空气,影响系统工作的稳定性,产生爬行和前冲等现象,严重时,系统无法正常工作。故在设计液压缸时,必须考虑排气问题。

对于要求不高的液压缸,往往不设专门的排气装置,而是将油口设置于缸体两端的最高处,由排出的液压油将液压缸内的空气带走;但对于速度稳定性要求较高的液压缸和大型液压缸,常在液压缸的最高处设置专门的排气装置,如排气塞、排气阀等。排气塞如图 C-4-1-10 所示,松开排气塞螺钉时,带有气泡的油液就会排出空气,空气排完后拧紧螺钉,液压缸便可正常工作。

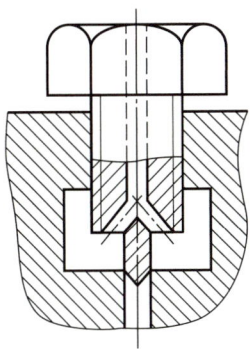

图 C-4-1-10　排气塞

三、学习结果评价

序号	评价内容	评价标准	评价结果
1	掌握结构	能掌握液压缸的共性结构。	
2	安装使用和维护	能根据机器设备液压系统对执行元件液压缸的技术需求,正确安装、使用和维护液压缸。	

工作领域 D　方向控制阀的选用及方向控制回路的组建与分析

理解方向控制阀是用以控制液压系统中油液流动方向或液流通断的控制调节装置。熟悉方向控制阀的结构类型,掌握各类方向控制阀的工作原理,理解方向控制阀图形符号的含义和中位机能的典型应用,根据工作需要,灵活选用不同类型的方向控制阀组建方向控制回路,并能排除方向控制回路常见故障。能在具体的操作中思考并形成液压技术不断革新的科学思想,养成探索、创新的科学精神。

工作任务 D-1　换向阀的选用及换向回路的组建

核心能力　正确选用普通换向阀及组建、分析方向控制回路

一、核心概念

1. 液压控制阀:液压控制阀是液压系统中的控制调节装置(元件),用来控制液流方向、压力、流量,从而控制执行元件的运动方向、输出推力(或输出转矩)、运动速度。

2. 方向控制阀:方向控制阀用以控制液压系统中油液流动方向或液流通断。

3. 换向阀:变换阀芯在阀体内的相对工作位置,使阀体各油口连通或断开,从而控制执行元件的换向或启停。

4. 换向回路:控制液压系统执行元件的启动、停止和换向,以满足机器设备的技术需求。

二、学习目标

1. 能正确识读并绘制各类换向阀图形符号及换向回路原理图。
2. 能根据工作需要选用不同类型的换向阀组建换向回路。
3. 能根据工作所需分析并操控换向回路。
4. 能排除换向回路常见故障。
5. 能在具体的操作中思考并形成液压技术不断革新的科学思想,养成探索、创新的科学精神。

三、基本知识

液压控制阀的种类很多,可按照以下特征进行分类:

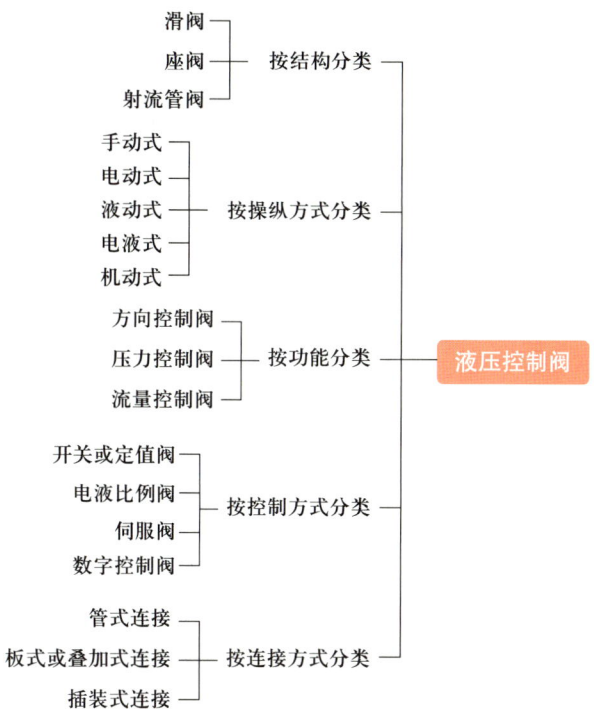

按功能分类的方向控制阀,其工作原理是利用阀芯和阀体的相对位置变化,实现油路与油路间的接通或断开,以满足液压系统对油液流动方向的要求。

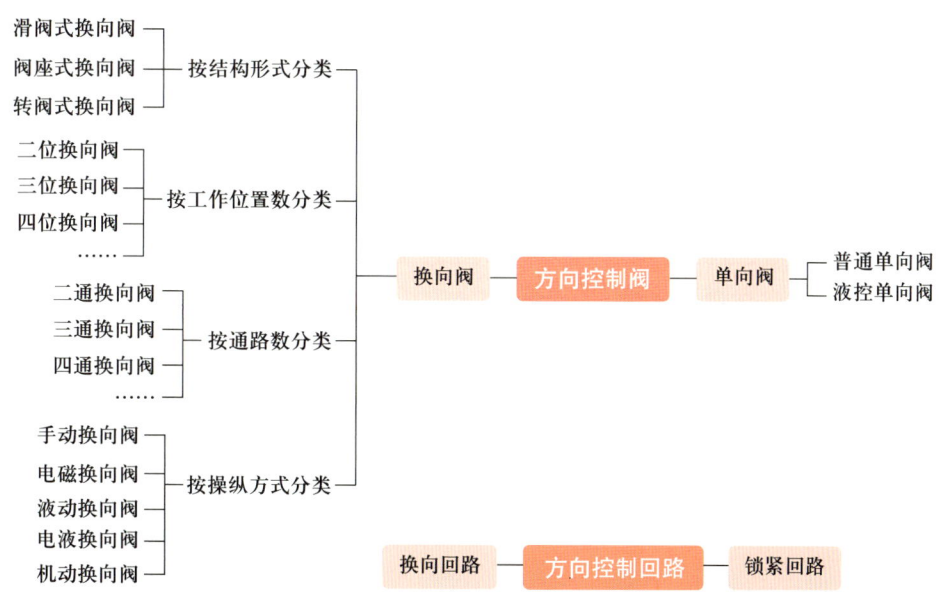

其中,方向控制阀中的换向阀在液压系统中主要完成换向或启停工作,从而控制油液的流动方向,进而控制液压系统中执行元件的运动方向。换向阀在液压系统中使用时,应换向平稳且迅速可靠,油液流经换向阀时,压力损失要小,以减小能量损失,同时制造精度要高,阀体内部泄漏要小。

(一)换向原理及图形符号

在不同结构形式的换向阀中,滑阀式换向阀应用最为广泛,滑阀式换向阀结构如图 D–1–1–1 所示。阀芯和阀体是滑阀式换向阀的结构主体,其中阀体是有多级沉割槽的圆柱孔,阀芯是有多段环形槽的圆柱体,阀芯在阀体内滑动,以完成对油液流向的控制动作,阀体上的油口 P、T、A、B 是负责与系统中其他元件连接的油口。P、T、A、B 有固定方位,P 代表进油口,T 代表回油口,A、B 代表与执行元件连接的工作油口,滑阀式换向阀图形符号如图 D–1–1–2 所示,其工作原理图如图 D–1–1–3 所示,当阀芯处于 a 图位置时,油口 P、T、A、B 互不相通,液压缸内没有油液进入,缸体内的活塞处于停止状态;当阀芯向右移动时(图 D–1–1–3b),液压泵输出的油液通过 P 口进入阀体内,再通过 A 口到达液压缸无杆腔,缸体内的活塞在无杆腔内油液的推动下向右运动,完成推力和速度的输出;当阀芯向左移动时(图 D–1–1–3c),液压泵输出的油液通过 P 口进入阀体内,再通过 B 口到达液压缸有杆腔,缸体内的活塞在有杆腔内油液的推动下向左运动,完成推力和速度的输出。

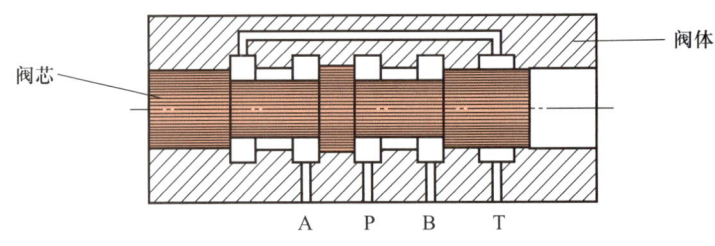

图 D–1–1–1　滑阀式换向阀结构

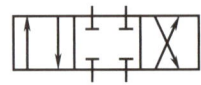

图 D–1–1–2　滑阀式换向阀图形符号

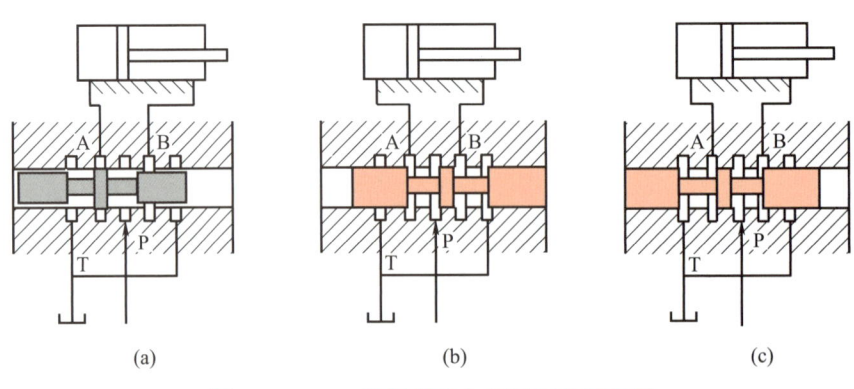

(a)　　　　　　　(b)　　　　　　　(c)

图 D–1–1–3　滑阀式换向阀的工作原理图

（二）常见换向阀主体结构形式及图形符号

按阀芯在阀体内的工作位置数和换向阀所控制的油口通路数分类，换向阀有二位二通、二位三通、二位四通、二位五通、三位四通、三位五通等换向阀（表 D-1-1-1），不同的位数和通数是由阀体上的沉割槽和阀芯上的台阶面组合形成的。

表 D-1-1-1　常见滑阀式换向阀主体部分的结构和图形符号

位数和通数	结构	图形符号
二位二通	A　P	A P
二位三通	A　P　B	A B P
二位四通	A　P　B　T	A B P T
二位五通	T_1　A　P　B　T_2	A B T_1 P T_2
三位四通	A　P　B　T	A B P T
三位五通	T_1　A　P　B　T_2	A B T_1 P T_2

换向阀的"位"代表阀芯相对于阀体的工作位置数，"通"代表阀体对外连接的主要油口数（不包括控制油口和泄漏油口）。在换向阀具体的图形符号表达中：

1. "位"用方格表示,几位即几个方格。

2. "通"用↑表示,"不通"用⊥、⊤表示,即箭头首尾和堵截符号与一个方格有几个交点即为几通。

3. 控制方式和复位弹簧的符号画在方格的两侧,复位弹簧用 W 表示。

4. 二位换向阀靠近弹簧的那一位和三位换向阀的中位为常态位,即阀芯在阀体内没有经操控方式时所处的位置,其余"位"是经操控后达到的工作位置。原理图中,油路应该连接在常态位置。

(三)三位换向阀常见的中位机能

三位换向阀常态位置时各油口的连通方式称为中位机能,不同中位机能的换向阀其阀体通用,仅以阀芯台阶形状和尺寸不同得到的不同的中位机能,三位换向阀各种不同的中位机能可满足液压系统的不同工作需求。常见的三位四通换向阀的机能型号、结构、中位图形符号、机能特点及作用见表 D-1-1-2。

表 D-1-1-2　常见的三位四通换向阀的机能型号、结构、中位图形符号、机能特点及作用

机能型号	结构	中位图形符号	机能特点及作用
O			各油口全部封闭,执行元件液压缸闭锁,动力元件液压泵不卸荷。液压缸两腔满油,从静止到启动平稳,制动时运动惯性引起液压冲击较大;换向位置精度高
H			各油口全部连通,液压泵卸荷,液压缸呈浮动状态。液压缸两腔接油箱,从静止到启动有冲击;制动时各油口互通,故较 O 型中位机能平稳,但换向位置变动大
P			回油口 T 封闭,压力油口 P 与液压缸两腔连通,可形成差动连接,制动平稳。从静止到启动较平稳;换向位置变动比 H 型的小,应用广泛
Y			压力油口 P 封闭,液压缸两腔通回油口,液压缸呈浮动状态;由于 P 口封闭,AB 两口通 T 口,故从静止到启动有冲击,制动性能介于 O 型和 H 型之间

机能型号	结构	中位图形符号	机能特点及作用
K		A B T P	液压泵卸荷,液压缸一腔封闭、一腔接回油口,液压缸处于闭锁状态
M		A B T P	液压泵卸荷,液压缸两腔封闭。从静止到启动较平稳;制动性能与 O 型相同;可用于液压泵卸荷、液压缸锁紧的液压回路
X		A B P T	各油口半开启接通,P 口保持一定的压力;换向性能介于 O 型和 H 型之间
J		A B P T	压力油口 P 和液压缸一腔 A 口封闭,液压缸一腔 B 口与回油口 T 口相通,液压缸处于停止状态
C		A B P T	压力油口 P 和液压缸一腔 A 口相通,液压缸一腔 B 口与回油口 T 封闭,液压缸处于闭锁状态
U		A B P T	压力油口 P 与回油口 T 封闭,液压泵不卸荷;液压缸两腔相通,液压缸处于浮动状态,在外力作用下可移动

在分析和选择换向阀中位机能时,通常考虑以下几点:

1. 系统保压。当进油口 P 封闭时,系统保压,液压泵能用于多缸系统。

2. 系统卸荷。进油口 P 畅通地与回油口 T 相通,系统卸荷。

3. 换向平稳性及精准性。当液压缸 A、B 两口都封闭时,换向过程中易产生液压冲击,换向不平稳,但换向精度高;当液压缸 A、B 两口都通回油口 T 时,换向过程中工作部件不易制动,换向精度低,但液压冲击小。

4. 启动平稳性。若液压缸一腔或者两腔通回油口 T,则启动时液压缸内没有充足的油液起缓冲作用,启动不平稳。

5. 液压缸浮动和在任意位置停止。当液压缸 A、B 两口互通时,卧式液压缸呈浮动状态;当 A、B 两口封闭时,可使液压缸在任意位置停止。

（四）典型换向阀示例

滑阀式换向阀广泛应用在液压传动系统中,主要由主体部分和控制阀芯运动的操纵方式组成。滑阀式换向阀的阀体上有多个对外连接油口,经操纵方式操纵阀芯在阀体内的相对移动来实现油路的启闭和换向控制。

1. 手动换向阀

手动换向阀是人为手动杠杆操纵或脚踏操纵的换向阀,主要有弹簧钢球定位式和弹簧自动复位式两种。图 D-1-1-4 所示为三位四通手动换向阀,其中图 D-1-1-4a、c 为弹簧钢球定位式手动换向阀,图 D-1-1-4b、d 所示为弹簧自动复位式手动换向阀。用手操纵手动换向阀手柄即可使阀芯在阀体内完成相对运动,从而改变换向阀的工作位置,完成对油液流向的控制。当向左拉动手柄时,阀芯右移,换向阀处于图形符号左位,即 P 口与 B 口相通、T 口与 A 口相通;当向右推动手柄时,阀芯左移,换向阀处于图形符号右位,即 P 口与 A 口相通、T 口与 B 口相通;松开手柄时,阀芯则在右侧复位弹簧的作用下复位到中位,即常态位置,P、T、A、B 四个油口互不相通,全部处于封闭状态(O 型中位机能),换向阀处于图形符号中位。

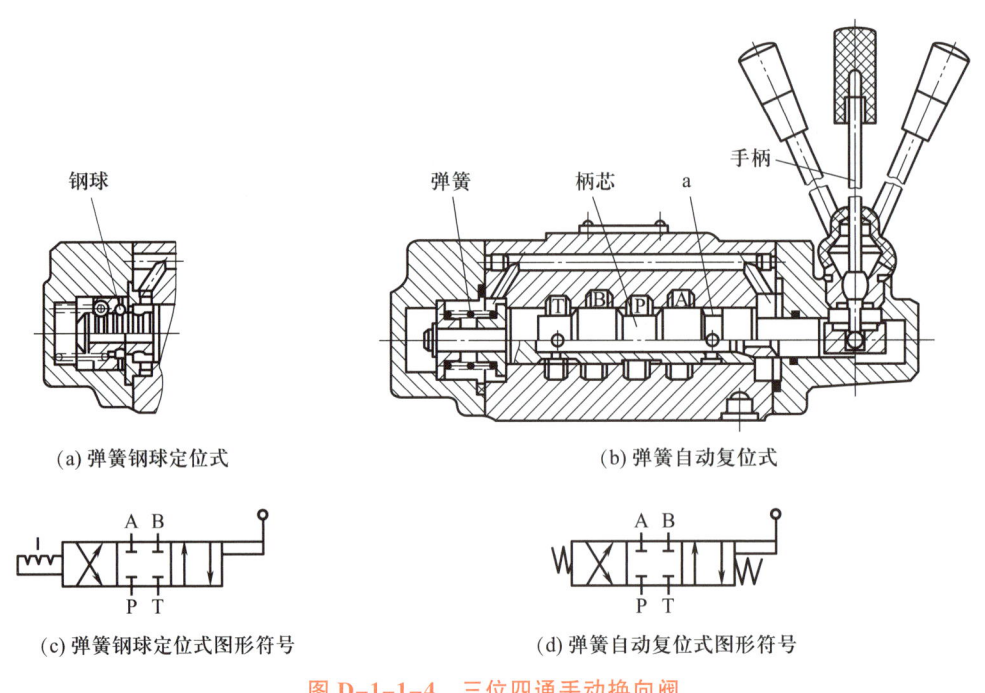

(a) 弹簧钢球定位式　　　　　　　　　(b) 弹簧自动复位式

(c) 弹簧钢球定位式图形符号　　　　　(d) 弹簧自动复位式图形符号

图 D-1-1-4　三位四通手动换向阀

2. 机动换向阀(行程阀)

机动换向阀又称行程阀,主要利用安装在工作台上的挡铁和阀体上的滚轮来迫使阀芯在阀体内移动,从而控制液压油的流动方向,最终用来控制机械运动部件的行程。机动换向阀通常是二位的,有二通、三通、四通和五通等。其中二位二通机动换向阀又分为常闭式和常开式两种。图 D-1-1-5 所示为滚轮式二位二通常闭式机动换向阀,在图示位置阀芯被弹簧复位至上端,P 口和 A 口全部封闭,机动换向阀处于图形符号下位;当挡铁在工作台的带动下向左压下机动换向阀滚轮时,阀芯向下移动,P 口和 A 口相通,机动换向阀处于图形符号上位。

动画

二位四通手动换向阀拆装动画

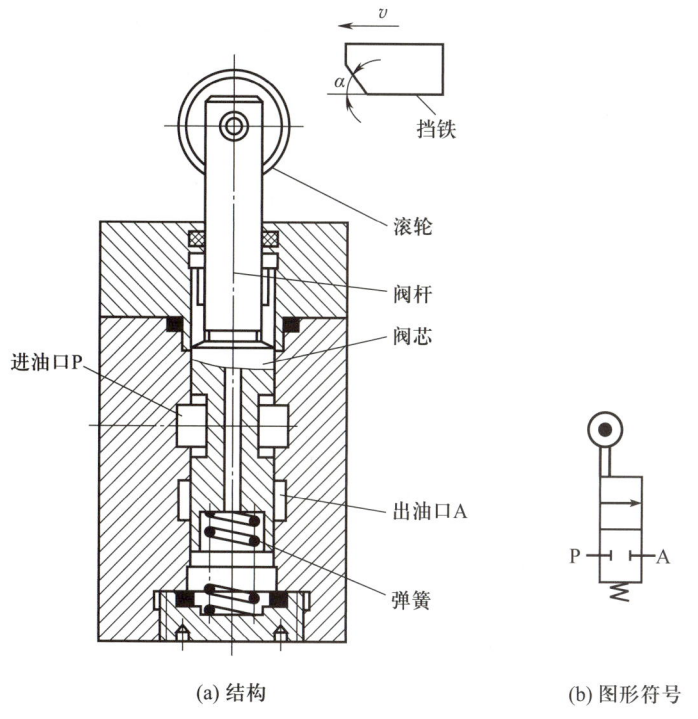

(a) 结构　　　　　　　(b) 图形符号

图 D-1-1-5　滚轮式二位二通常闭式机动换向阀

机动换向阀结构简单,动作可靠,换向位置精度高,改变挡铁的迎角,可使阀芯获得合适的换向速度,减小换向冲击。但由于机动换向阀需要工作台上的挡铁来作用滚轮使其阀芯换向,故需要将其安装在工作台旁,安装位置受限制,因此机动换向阀常应用于机床液压系统的速度换接回路中。

3. 电磁换向阀

电磁换向阀是利用电磁铁推力,推动阀芯在阀体内做相对运动,以控制油液流向。电磁换向阀常借助按钮开关、行程开关、限位开关、压力继电器等所发出的电信号进行控制,因此操纵比手动换向阀更方便,易于实现自动化。

电磁铁按使用电源的不同,可分为交流电磁铁和直流电磁铁两种。按衔铁工作腔是否有液压油又可分为"干式"和"湿式"。交流电磁铁启动力较大,不需要专门的电源,且吸合、释放快,动作时间为 0.01 ~ 0.03 s。其缺点是若电源电压下降 15% 以上,则电磁铁吸力明显减小,若衔铁不动作,干式电磁铁会在 10 ~ 15 min(湿式电磁铁为 1~1.5 h)烧坏线圈,且冲击及噪声较大,寿命低,因而在实际使用中交流电磁铁允许的切换频率一般为 10 次 /min,不得超过 30 次 /min。直流电磁铁工作较可靠,吸合、释放动作时间为 0.05 ~ 0.08 s,允许使用的切换频率较高,一般可达 120 次 /min,最高可达 300 次 /min,且冲击小、体积小、寿命长,但需有专门的直流电源,成本较高。此外,还有一种整体电磁铁,其电磁铁

视频 ●
四柱压力机换向工作的实现——电磁换向阀

动画 ●
电磁换向阀拆装动画

视频 ●
电磁换向阀讲解

是直流的,但电磁铁本身带有整流器,通入的交流电经整流后再供给直流电磁铁。还有一种油浸式电磁铁,衔铁和激磁线圈都浸在液压油中工作,它具有寿命更长、工作更平稳可靠等特点,但由于造价较高,应用面不广。

电磁换向阀的工作位置一般为二位和三位,油口通数多为二通、三通、四通、五通等。图 D–1–1–6 所示的二位三通电磁换向阀有一个电磁铁,靠弹簧复位;图 D–1–1–7 所示的三位四通电磁换向阀左右两侧都有电磁铁和复位弹簧。

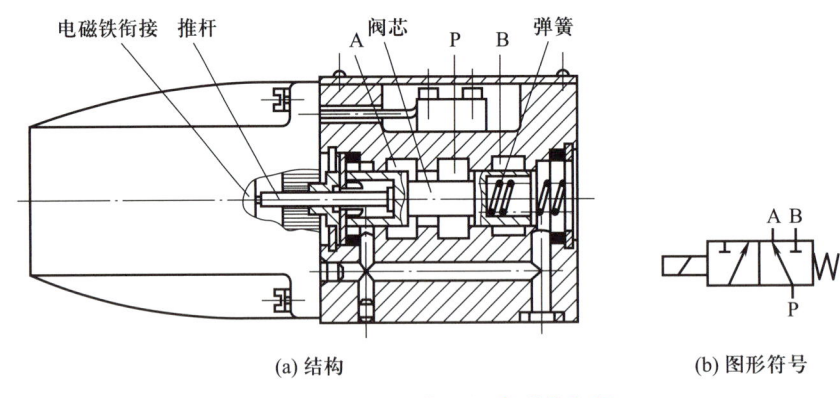

(a) 结构　　　　　　　　　　　(b) 图形符号

图 D–1–1–6　二位三通电磁换向阀

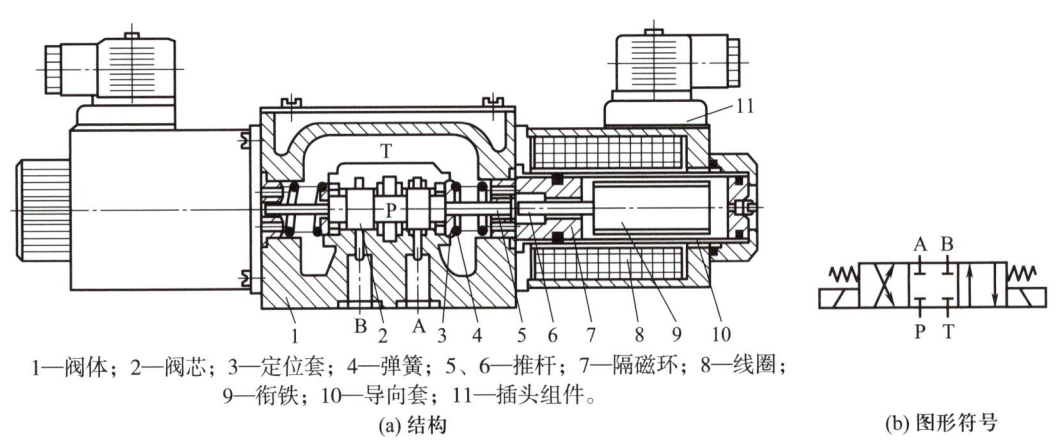

1—阀体;2—阀芯;3—定位套;4—弹簧;5、6—推杆;7—隔磁环;8—线圈;
9—衔铁;10—导向套;11—插头组件。

(a) 结构　　　　　　　　　　　(b) 图形符号

图 D–1–1–7　三位四通电磁换向阀

如图 D–1–1–7 所示,当左侧电磁铁通电时,左侧推杆便推动阀芯右移,此时 P 口与 B 口相通、T 口与 A 口相通,电磁换向阀处于图形符号左位;当右侧电磁铁通电时,右侧推杆便推动阀芯左移,此时 P 口与 A 口相通、T 口与 B 口相通,电磁换向阀处于图形符号右位;当左右两侧电磁铁全部处于断电状态时,两侧复位弹簧将电磁换向阀复位,即 P、T、A、B 四个油口互不相通(O 型中位机能),全部处于封闭状态,电磁换向阀处于图形符号中位。由于电磁换向阀控制方便,故在各种液压设备中应用广泛,但由于电磁铁推力的限制,故电磁换向阀只适用于流量不大的工作场所。

动画 •

二位四通手动换向阀讲解

4. 液动换向阀

液动换向阀利用进入液控口的压力油改变阀芯在阀体内的位置,以控制油液的流动方向。液动换向阀同电磁换向阀一样,其工作位置一般为二位和三位,油口通数多为二通、三通、四通、五通等。三位四通液动换向阀如图 D-1-1-8 所示,C_1、C_2 为对外连接的液控口,当 C_1 口进油时,油液到达液动换向阀阀芯左侧,阀芯在进入的液压油推动下向右移动,此时 P 口与 A 口相通、T 口与 B 口相通,液动换向阀处于图形符号左位;当 C_2 口进油时,油液到达液动换向阀阀芯右侧,阀芯在进入的液压油推动下向左移动,此时 P 口与 B 口相通、T 口与 A 口相通,液动换向阀处于图形符号右位;当 C_1、C_2 都没有油液进入时,两侧复位弹簧将液动换向阀复位,即 P、T、A、B 四个油口互不相通(O 型中位机能),全部处于封闭状态,液动换向阀处于图形符号中位。

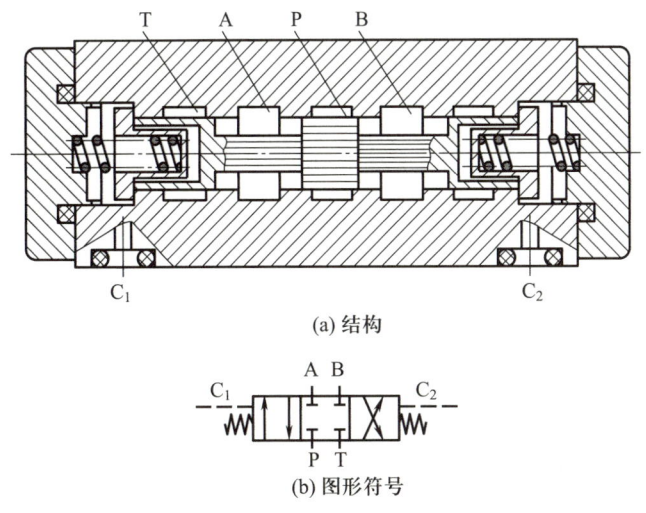

(a) 结构

(b) 图形符号

图 D-1-1-8　三位四通液动换向阀

液动换向阀比手动换向阀和电磁换向阀结构更为简单;由于液动换向阀液压驱动力大,故可用于流量大的液压系统中;但液动换向阀 C_1、C_2 两个液控口进出油需要控制,故液动换向阀常与小电磁换向阀联合使用。

5. 电液换向阀

电液换向阀是由电磁换向阀和液动换向阀组合而成的。其中,电磁换向阀为先导阀,主要控制电液换向阀中液动换向阀控制口的进出油,而液动换向阀则为电液换向阀的主阀,主要实现主油路的换向工作。因此,电液换向阀综合了电磁换向阀和液动换向阀各自的优点,具有控制方便、流量大的特点,适用于高压、大流量的工作场所。

三位四通电液换向阀如图 D-1-1-9 所示,上方为电磁换向阀(先导阀),下方为液动换向阀(主阀),当先导阀中电磁铁 3 通电时,左侧推杆推动先导阀阀芯右移,此时 P 口进入的油液与 A′口相通,A′口进入的油液到达下方主阀左侧控制口,进入的油液推动主阀阀芯右移,于是 P 口与 A 口相通、T 口与 B 口相通,电液换向阀处于图形符号的左位;当先导阀中电磁铁 5 通电时,右侧推杆推动先导阀阀芯左移,此时 P 口进入的油液与 B′口相通,B′口进入的油液到达下方主阀右侧控制口,进入的油液推动主阀阀芯左移,于是 P 口与 B

口相通、T 口与 A 口相通,电液换向阀处于图形符号的右位;当先导阀中电磁铁 3、5 都断电时,两侧复位弹簧将电磁换向阀复位,P、T、A、B 四个油口互不相通(O 型中位机能),全部处于封闭状态,电液换向阀处于图形符号中位。

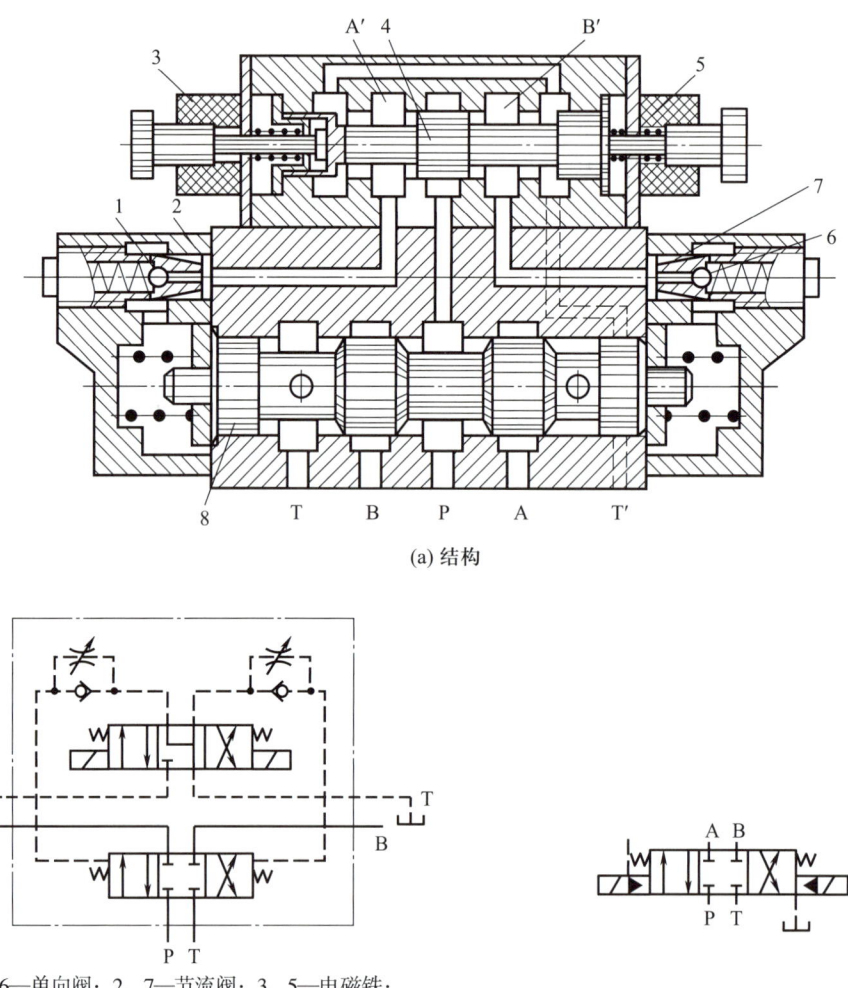

(a) 结构

1、6—单向阀;2、7—节流阀;3、5—电磁铁;
4—先导阀阀芯;8—主阀阀芯。

(b) 图形符号

(c) 简化图形符号

图 D-1-1-9 三位四通电液换向阀

(五)换向回路

换向回路主要由动力元件(液压泵)、执行元件(液压缸或者液压马达)、控制调节元件(换向阀)及辅助元件(油箱、管道、管接头等)组成,利用换向阀阀芯与阀体间的相对运动来改变液流的方向,从而实现执行元件换向工作。换向过程一般包括三个阶段,即执行元件的减速制动、短暂停留和反向启动。不同控制方式的换向阀组成不同的换向回路,由于换向阀控制方式的不同,故组成的换向回路性能也不相同,但不管什么控制方式的换向阀组成的换向回路都希望其换向

视频
电磁换向阀
实现的换向
回路

可靠、平稳、灵敏,且换向精度高。二位四通手动换向阀实现的换向回路如图 D-1-1-10a 所示,三位四通电磁换向阀实现的换向回路如图 D-1-1-10b 所示。

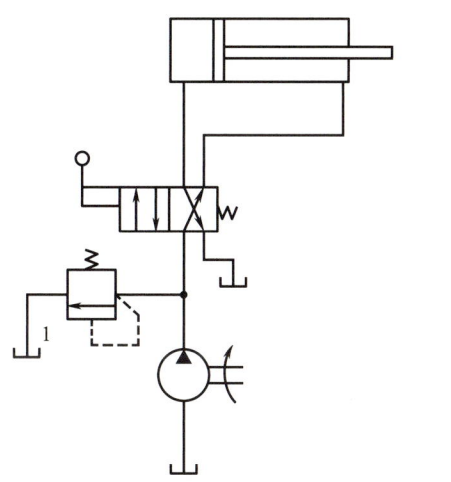 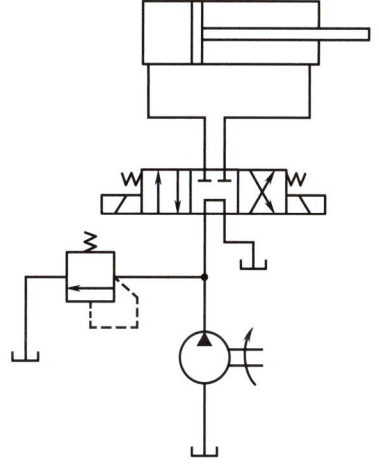

(a) 二位四通手动换向阀实现的换向回路　　　(b) 三位四通电磁换向阀实现的换向回路

图 D-1-1-10　不同操控方式下的换向阀实现的换向回路

四、能力训练

(一)操作条件

准备好模块化液压综合操作设备、电磁换向阀、液压泵、液压缸、快速接头的胶管、实验导线等。

(二)安全及注意事项

1. 工作前须戴好全胶手套。

2. 熟悉模块化液压综合操作设备的使用,掌握设备开机及关机步骤。

3. 应根据回路紧凑、油液流经顺序、管道损失最小的原则提前设计好各液压元件在操作设备上的安装位置。

4. 在模块化液压综合操作设备上安装液压元件时,须轻拿轻放,避免损坏液压元件。

5. 在模块化液压综合操作设备上安装液压元件时,须首先将元件上卡扣摁下,等元件下卡扣放置在设备 T 形导轨槽内后,再将元件的上卡扣松开。

6. 在用快速接头的胶管连接液压元件时,需首先将快速接头提起,对准液压元件接口后再迅速放下。

7. 连接导线及具体操作回路时,确保用电安全。

视频 ●

三位四通电磁换向阀换向回路管路模拟搭接

视频 ●

二位四通电磁换向阀换向回路管路模拟搭接

（三）操作过程

工序	步骤	操作方法及说明	质量标准
用电磁换向阀实现的换向回路	准备工作	操作方法及质量标准参考"工作任务 A-1　核心能力二　理解液压传动技术的组成及应用特点"中的"四、能力训练（三）操作过程"。 ＊养成认真负责的工作态度和严谨细致的工作作风。 	
	回路搭建	1. 选取模块化液压综合操作设备,并检查设备电源控制部分等与电磁换向阀实现的换向回路控制要求是否匹配。	设备功能要能满足换向回路搭建及操作实现功能。
		2. 根据电磁换向阀实现的换向回路所需液压元件,选择适宜型号的液压泵、液压缸、快速接头的胶管、机动换向阀等液压元件。	功能达到换向回路的换向需求。正确选取液压泵（1 个）、三位四通电磁换向阀（1 个）、液压缸（1 个）、快速接头的胶管（4 根）、油箱（1 个）。
		3. 在设备上设计各液压元件的安装位置。 	按照回路紧凑、油液流经顺序、管道损失最小的原则,设计各元件在设备上的安装位置。 ＊树立全局思维和减少能量损失的责任意识,形成认真负责的工作态度。

工序	步骤	操作方法及说明	质量标准
用电磁换向阀实现的换向回路	回路搭建	4. 安装液压元件的操作方法及质量标准参考"工作任务 A-1 核心能力二 理解液压传动技术的组成及应用特点"中的"四、能力训练（三）操作过程"。 * 养成规范严谨的工作作风。 5. 用快速接头的胶管连接液压元件： （1）用一根胶管从液压泵出口接出，连接三位四通电磁换向阀 P 口。 （2）用一根胶管从三位四通电磁换向阀 A 口接出，连接液压缸无杆腔。 （3）用一根胶管从液压缸有杆腔接出，连接三位四通电磁换向阀 B 口。	（1）操作时，首先将胶管的快速接头提起，然后对准液压元件接口后再迅速放下。 （2）油路选用的胶管长度合适，无过长或过短的问题。 （3）胶管与液压元件连接牢固，无松动或脱落现象，且连接好的胶管无打结、叠加现象（降低局部压力损失）。 * 梳理现场作业的正确流程，树立安全第一意识。 * 树立标准化操作意识，形成爱护设备、规范操作的职业素养。 ◎ 元件各阀口布局及图形符号 三位四通电磁换向阀阀口布局 三位四通电磁换向阀(M型中位机能)图形符号

工序	步骤	操作方法及说明	质量标准
用电磁换向阀实现的换向回路	回路搭建	 （4）用一根胶管从三位四通电磁换向阀 T 口接出，连接回油箱。 	
		6. 连接导线： （1）用一根导线从 DC24V"+"极接出，连接到"控制按钮模块挂箱"自锁按钮开关 SB7 的公共端子。 用一根导线从自锁按钮开关 SB7 动合触点端子接出，接到电磁换向阀 2YA 一端的红色接口。	

工序	步骤	操作方法及说明	质量标准
用电磁换向阀实现的换向回路	回路搭建	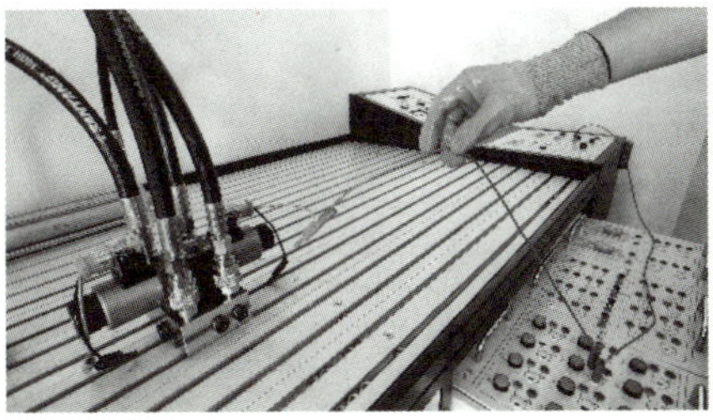 然后用一根导线从电磁换向阀 2YA 的黑色导线口接回到 DC24V "−" 极。 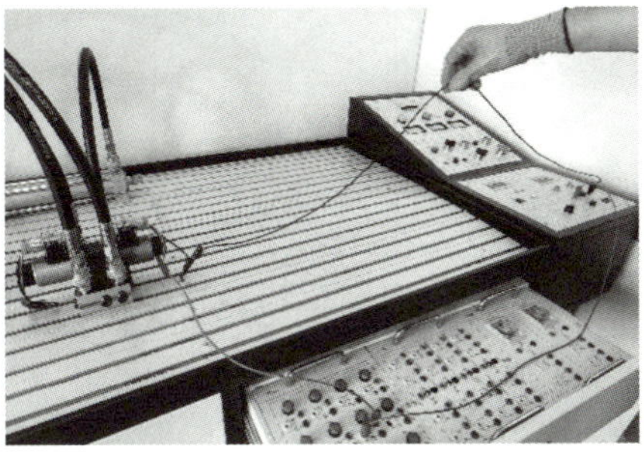 （2）用一根导线从 DC24V "+" 极接出或者从 SB7 公共端接出（图示为从 SB7 公共端接出），连接到"控制按钮模块挂箱"自锁按钮开关 SB9 的公共端子。 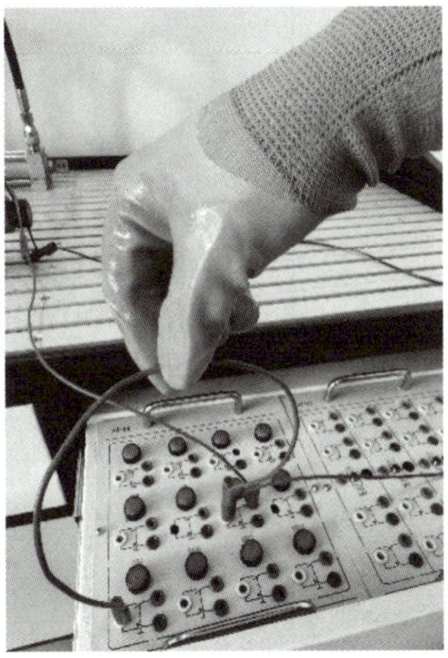 用一根导线从自锁按钮开关 SB9 的动合触点端子接出，接到电磁换向阀 1YA 的红色接口。	导线红线接正极,黑线接负极,且导线连接正确。 ＊树立安全第一,生命至上的安全用电理念。 ＊规范技能操作,彰显职业素养。

工序	步骤	操作方法及说明	质量标准
用电磁换向阀实现的换向回路	回路搭建	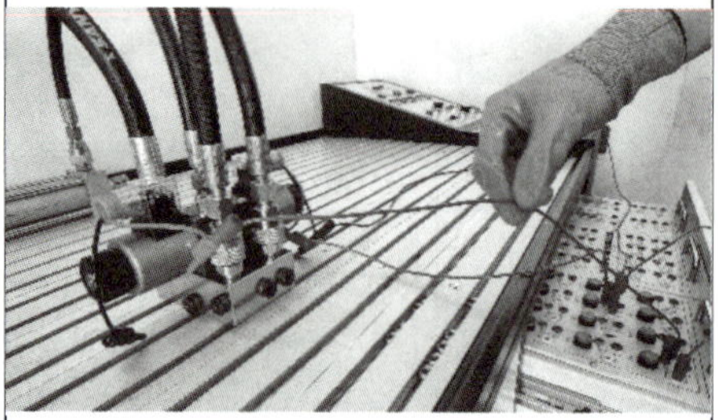 再用一根导线从电磁换向阀 1YA 的黑色导线口接回到 DC24V "−"极或者接到电磁换向阀 2YA 的黑色接口（图示为接到电磁换向阀 2YA 的黑色接口）。 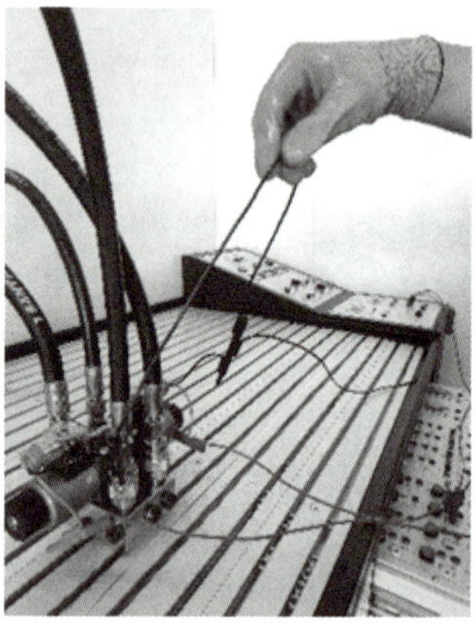 	
	回路操作	闭合或断开"控制按钮模块挂箱"自锁按钮 SB7 和 SB9,实现回路的换向工作: （1）闭合自锁按钮 SB9,三位四通电磁换向阀左侧电磁铁通电,执行元件液压缸活塞杆完成伸出动作。 （2）断开自锁按钮 SB9,闭合自锁按钮 SB7,三位四通电磁换向阀左侧电磁铁断电,右侧电磁铁通电,执行元件液压缸活塞杆完成缩回动作。 （3）同时断开自锁按钮 SB7 和 SB9,三位四通电磁换向阀左侧和右侧电磁铁同时断电,执行元件液压缸活塞杆可实现任意位置的暂停工作。	根据液压缸活塞杆伸出或缩回的换向需要,正确操作自锁按钮开关 SB7 和 SB9: SB7 闭合、SB9 断开,活塞杆缩回; SB7 断开、SB9 接通闭合,活塞杆伸出; SB7 和 SB9 同时断开,活塞杆在任意位置停止。 ＊在操作中思考并形成液压技术不断革新的科学思想,养成探索、创新的科学精神。

126

工序	步骤	操作方法及说明	质量标准
用电磁换向阀实现的换向回路	结束工作	1. 实训台控制面板关机操作方法及质量标准参考"工作任务 A-1　核心能力二　理解液压传动技术的组成及应用特点"中的"四、能力训练（三）操作过程"。	
		2. 拆除、清点导线：用食指和拇指捏着导线插头，依次拆除红色导线和黑色导线。	导线全部从设备和液压元件上完好无损地拆除完毕，并按颜色的不同进行分类，挂放在导线架上。
		3. 拆除、清点液压元件及清洁操作区域的操作方法及质量标准参考"工作任务 A-1　核心能力二　理解液压传动技术的组成及应用特点"中的"四、能力训练（三）操作过程"。 ＊养成崇尚劳动、敬业爱岗的责任担当。	

（四）学习结果评价

序号	评价内容	评价标准	评价结果
1	识读和绘制换向阀图形符号及换向回路原理图	能正确识读和绘制换向阀图形符号。 能根据工作需要识读和绘制换向回路原理图。	
2	选用换向阀组建换向回路	能完成设备、液压元件及油箱内油液状况的检查工作。 能正确选用相应液压元件。 能按照回路搭建紧凑、油液流经顺序及管道损失最小的原则设计各液压元件的安装位置。 能正确安装液压元件。 能正确连接液压元件和导线。	
3	分析和操控换向回路	能正确操作设备各控制面板。 能正确操作换向回路中的换向阀及其他液压元件。 能准确实现换向工作。 能正确拆卸液压元件并进行元件清点。 能按照设备清洁规程完成清场工作。 能及时并正确填写实训设备使用记录。	
4	换向回路常见故障的排除	能分析及排除换向阀及换向回路中的电气故障。 能分析及排除换向阀及换向回路中的机械故障。 能分析及排除换向阀及换向回路中的系统故障。	

五、课后作业

1. 试分析电磁换向阀实现的换向回路和液动换向阀实现的换向回路各自的优缺点。

2. 一水平放置的双杆活塞式液压缸,采用三位四通电磁换向阀完成换向工作,要求换向阀处于中位时,液压泵卸荷,且液压缸处于浮动。请利用换向阀中位机能实现功能,并绘制回路。

3. 利用换向阀中位机能实现执行元件液压缸的差动连接,并绘制回路。

4. 何为换向阀的"位"和"通"? 试画出二位三通手动换向阀、二位四通机动换向阀、三位四通电液换向阀、三位五通电磁换向阀图形符号。

5. 电液换向阀 P 型或 H 型中位机能时,能否正常工作?

互动练习 •

D-1-1

工作任务 D-2　单向阀的选用及锁紧回路的组建

核心能力　正确选用单向阀及组建、分析锁紧回路

一、核心概念

1. 普通单向阀:又称为止回阀,简称单向阀,它的作用是控制油液的单方向流动,反向时截止。

2. 液控单向阀:依靠控制液体压力,可以使单向阀反向流通的阀。

3. 锁紧回路:又称位置保持回路,其功能是使液压缸在不工作时切断其进、出油液通道,活塞保持在既定位置上,而不会因外力作用而移动。

二、学习目标

1. 能根据工作需要选用不同类型的单向阀组建锁紧回路。
2. 能识读并绘制各类单向阀图形符号及锁紧回路原理图。
3. 能根据工作所需分析并操控液控单向阀的锁紧回路。
4. 能排除液控单向阀锁紧回路常见故障。
5. 树立勇于探究实践的科学精神。

三、基本知识

液压系统中常见的单向阀有普通单向阀和液控单向阀两种。按照阀的连接方式可分为板式单向阀和管式单向阀两大类。

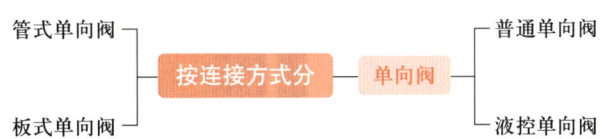

（一）普通单向阀

普通单向阀是只允许液流向一个方向流动,反向则被截止的方向阀。它要求正向液流通过时压力损失小,反向截止时密封性能好。一种管式普通单向阀的结构如图 D-2-1-1a 所示,压力油从阀体右端的 P_1 口流入时克服弹簧 3 作用在阀芯上的力,使阀芯向左移动,打开阀口,并通过阀芯上的径向孔和轴向孔从阀体左端的 P_2 口流出;当压力油从阀体右端的 P_2 口流入时,液压力和弹簧力一起使阀芯压紧在阀座上,使阀口关闭,油液无法通过。一种板式普通单向阀的结构如图 D-2-1-1b 所示。普通单向阀的图形符号如图 D-2-1-2 所示。

视频●

单向阀的结构原理及应用

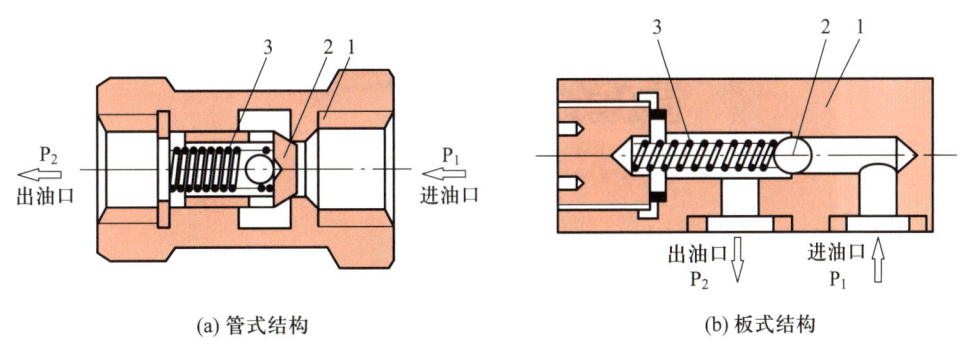

(a) 管式结构　　　　　　　　　　(b) 板式结构

1—阀体;2—阀芯;3—弹簧。

图 D-2-1-1　普通单向阀结构

图 D-2-1-2　普通单向阀图形符号

（二）液控单向阀

一种液控单向阀的结构如图 D-2-1-3 所示,当控制油口 K 处无压力油通入时,它的工作和普通单向阀一样,压力油只能从进油口 P_1 流向出油口 P_2,不能反向流动。当控制口 K 处有压力油通入时,控制活塞 1 右侧 a 腔通泄油口,在液压力作用下活塞向右移动,推动顶杆 2 顶开阀芯,使油口 P_1 和 P_2 接通,油液可以在两个方向自由流通。当控制油口不通控制油液时,液控单向阀的反向密封性能较好,多用于锁紧回路,常称为"液压锁"。液控单向阀的图形符号如图 D-2-1-4 所示。

动画●

液控单向阀拆装动画

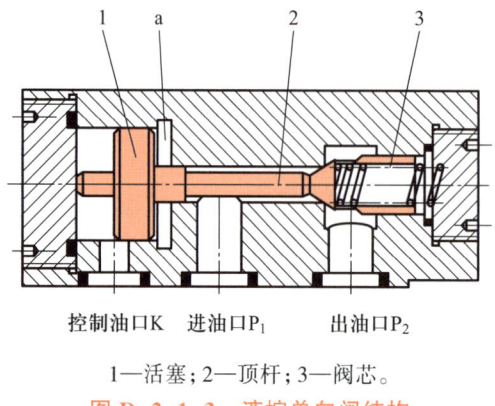

控制油口K　　进油口P₁　　　出油口P₂

1—活塞；2—顶杆；3—阀芯。

图 D-2-1-3　液控单向阀结构

k

P₁　　　　　　　　　　　P₂

图 D-2-1-4　液控单向阀图形符号

视频

液控单向阀
讲解

视频

中位机能实
现的锁紧回
路

（三）锁紧回路

锁紧回路可以使液压缸活塞在任一位置停止，并可防止其停止后因外力作用而发生漂移或窜动。锁紧回路类型多样，除利用换向阀的中位机能实现锁紧外，还可利用单向阀实现锁紧。

采用液控单向阀（又称双向液压锁）的锁紧回路如图 D-2-1-5a 所示，本回路在液压缸的进、回油路中都串接了液控单向阀，通过液控单向阀 4、5 以及 Y 型（或 H 型）三位四通电磁换向阀可使液压缸 6 的活塞锁紧在液压缸的任意位置。当三位四通电磁换向阀 3 处于右位时，液压泵供给的油液经换向阀右位、液控单向阀 4 到达液压缸无杆腔，同时压力油亦通过液控单向阀 5 液控口 X，推开液控单向阀 5，使液压缸有杆腔油液经液控单向阀 5、三位四通电磁换向阀 3 右位流回油箱，液压缸活塞杆完成伸出动作；同理，当三位四通电磁换向阀 3 处于左位时，液压缸活塞杆完成缩回动作；当换向阀处于中位时，液控单向阀 4 和 5 通过换向阀 Y 型中位机能，实现泄压，两个液控单向阀关闭，从而实现液压缸双向锁紧。该锁紧回路，其锁紧精度只受液压缸内少量的内泄漏影响，锁紧精度较高。该回路的电气控制原理图如图 D-2-1-5b 所示。

视频

肘杆式液压
机锁紧动作
的实现与工
作特性分析

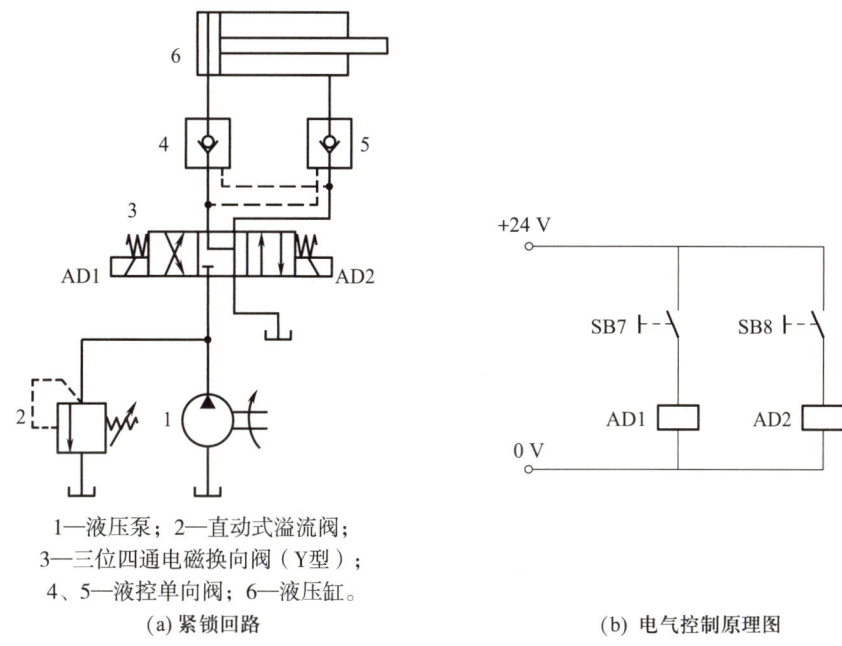

1—液压泵；2—直动式溢流阀；
3—三位四通电磁换向阀（Y型）；
4、5—液控单向阀；6—液压缸。

(a) 紧锁回路　　　　　　　　　　　　(b) 电气控制原理图

图 D-2-1-5　采用液控单向阀的锁紧回路

四、能力训练

（一）操作条件

准备好模块化液压综合操作设备、液控单向阀、三位四通电磁换向阀（Y型中位机能）、液压泵、液压缸、快速接头的胶管等。

（二）安全及注意事项

1. 工作前须戴好全胶手套。

2. 熟悉模块化液压综合操作设备的使用，掌握设备开机及关机步骤。

3. 应根据回路紧凑、油液流经顺序、管道损失最小的原则提前设计各液压元件在操作设备上的安装位置。

4. 在模块化液压综合操作设备上安装液压元件时，须轻拿轻放，避免损坏液压元件。

5. 在模块化液压综合操作设备上安装液压元件时，须首先将元件上卡扣摁下，等元件下卡扣放置在设备 T 形导轨槽内后，再将元件的上卡扣松开。

6. 在用快速接头的胶管连接液压元件时，需首先将快速接头提起，对准液压元件接口后再迅速放下。

7. 连接导线及具体操作回路时，确保用电安全。

仿真

液控单向阀
锁紧回路

131

（三）操作过程

工序	步骤	操作方法及说明	质量标准
液控单向阀实现的锁紧回路	准备工作	操作方法及质量标准参考"工作任务 A-1　核心能力二　理解液压传动技术的组成及应用特点"中的"四、能力训练（三）操作过程"。 1—液压泵；2—直动式溢流阀；3—三位四通电磁换向阀（Y 型）； 4、5—液控单向阀；6—液压缸。	
	回路搭建	1. 选取模块化液压综合操作设备，并检查设备电源控制部分等与液控单向阀实现的锁紧回路控制要求是否匹配。	设备功能要能满足锁紧回路搭建及操作实现功能。
		2. 根据液控单向阀实现的锁紧回路所需液压元件,选择适宜型号的液压泵、液压缸、快速接头的胶管、液控单向阀、电磁换向阀等液压元件。 	功能达到液控单向阀实现的锁紧回路的换向和锁紧需求。正确选取液压泵（1 个）、液控单向阀（2 个）、三位四通电磁换向阀（1 个）、四通接头（2 个）、液压缸（1 个）、快速接头的胶管（10 根）、油箱（1 个）。 备注：此设备所选液压泵为单作用叶片泵,液压缸为单杆活塞式液压缸,设备本身自带泵站六通出口（1 个）和油箱六通进口（1 个）,所选三位四通电磁换向阀中位机能为 Y 型。

续表

工序	步骤	操作方法及说明	质量标准
液控单向阀实现的锁紧回路	回路搭建	3. 按照回路紧凑、油液流经顺序、管道损失最小的原则,设计各元件在设备上的安装位置。 	各元件位置安装正确、适宜。
		4. 安装液压元件的操作方法及质量标准参考"工作任务 A-1　核心能力二　理解液压传动技术的组成及应用特点"中的"四、能力训练(三)操作过程"。	
		5. 用快速接头的胶管连接液压元件: (1)用一根胶管从液压泵出口接出,连接三位四通电磁换向阀 P 口。 (2)用一根胶管从三位四通电磁换向阀 A口接出,连接第一个四通接头。 	

工序	步骤	操作方法及说明	质量标准
液控单向阀实现的锁紧回路	回路搭建	（3）用一根胶管从第一个四通接头任意口接出,连接液控单向阀4的A口。 （4）用一根胶管从第一个四通接头接出,连接液控单向阀5的X口。 （5）用一根胶管从三位四通电磁换向阀B口接出,连接第二个四通接头。 	（1）操作时首先将胶管的快速接头提起,然后对准液压元件接口后再迅速放下。 （2）油路选用的胶管长度合适,无过长或过短的问题。 （3）胶管与液压元件连接牢固,无松动或脱落现象,且连接好的胶管无打结、叠加现象（降低局部压力损失）。 ◎元件各阀口布局及图形符号 液控单向阀阀口布局 液控单向阀图形符号

续表

工序	步骤	操作方法及说明	质量标准
液控单向阀实现的锁紧回路	回路搭建	（6）用一根胶管从第二个四通接头接出，连接液控单向阀 5 的 A 口。 （7）用一根胶管从第二个四通接头接出，连接液控单向阀 4 的 X 口。 （8）用一根胶管从液控单向阀 4 的 B 口连接液压缸无杆腔。 	 三位四通电磁换向阀阀口布局 三位四通电磁换向阀(Y型中位机能)图形符号 四通接头布局 四通接头图形符号

工序	步骤	操作方法及说明	质量标准
液控单向阀实现的锁紧回路	回路搭建	（9）用一根胶管从液压缸有杆腔接出，连接液控单向阀 5 的 B 口。 （10）用一根胶管从三位四通电磁换向阀 T 口接出，连接回油箱。 	
		6. 电磁换向阀导线连接方法及质量标准参考"工作任务 D-1　核心能力　正确选用普通换向阀及组建、分析方向控制回路"中的"四、能力训练（三）操作过程"。	
	回路操作	实训台控制面板操作方法及质量标准参考"工作任务 A-1　核心能力二　理解液压传动技术的组成及应用特点"中的"四、能力训练（三）操作过程"。	
		闭合或断开"控制按钮模块挂箱"自锁按钮开关 SB7 和 SB8，实现回路的换向工作： （1）闭合自锁按钮 SB7，三位四通电磁换向阀左侧电磁铁通电，电磁换向阀左位工作，执行元件液压缸活塞杆缩回；（2）断开自锁按钮 SB7，闭合自锁按钮 SB8，三位四通电磁换向阀左侧电磁铁断电，右侧电磁铁通电，电磁换向阀右位工作，执行元件液压缸活	执行元件液压缸活塞杆能正常完成伸出及缩回动作；当换向阀处于中位时，液控单向阀能完成液压缸活塞杆任意位置的锁紧。 *形成灵活应用知识解决问题的能力，养成严谨细致的工作作风。

续表

工序	步骤	操作方法及说明	质量标准
液控单向阀实现的锁紧回路	回路操作	塞杆开始向右伸出;(3)在执行元件液压缸运动过程中的任意位置断开按钮 SB7 和 SB8,换向阀 Y 型中位机能将液控单向阀进口卸压,2 个液控单向阀起锁紧功能,完成液压缸活塞杆运动中任意位置的锁紧工作。	
	结束工作	操作方法及质量标准参考"工作任务 A-1　核心能力二　理解液压传动技术的组成及应用特点"中的"四、能力训练(三)操作过程"。	

（四）学习结果评价

序号	评价内容	评价标准	评价结果
1	识读和绘制单向阀图形符号及锁紧回路原理图	能正确识读和绘制单向阀图形符号。 能根据工作需要,正确识读和绘制锁紧回路原理图。	
2	选用液控单向阀组建锁紧回路	能完成设备、液压元件及油箱内油液状况的检查工作。 能正确选用相应液压元件。 能按照回路搭建紧凑、油液流经顺序及管道损失最小的原则设计各液压元件的安装位置。 能正确安装各液压元件。 能正确连接各液压元件和导线。	
3	分析和操控锁紧回路	能正确操作设备各控制面板。 能正确操作换向回路中的换向阀及其他液压元件。 能准确实现锁紧工作。 能正确拆卸液压元件并进行元件清点。 能按照设备清洁规程完成清场工作。 能及时并正确填写实训设备使用记录。	
4	锁紧回路常见故障的排除	能正确分析及排除锁紧回路中的电气故障。 能正确分析及排除单向阀及锁紧回路中的机械故障。 能正确分析及排除单向阀及换向回路的系统故障。	

五、课后作业

1. 举例说明单向阀和液控单向阀在生活、生产中的应用。

2. 说明液控单向阀对执行元件的双向锁紧作用，分析为何在对应锁紧回路中三位换向阀采用 H 型或 Y 型中位机能。

互动练习 •┄┄┄┄┄

D-2-1

工作领域 E　压力控制阀的选用及压力控制回路的组建与调试

理解压力控制阀是控制液压系统压力或利用压力作为信号来控制其他元件动作的控制调节装置。熟悉压力控制阀的结构类型,掌握各类压力控制阀的工作原理,理解压力控制阀图形符号的含义和各种压力控制阀之间的异同,能根据工作需要灵活选用压力控制阀组建各类压力控制回路,实现压力的控制调节,满足工作需求,并能排除压力控制回路常见故障,能在压力控制回路搭建及故障排除中,进一步明确各种压力控制阀的作用及应用特点,掌握实现压力控制的方法,同时树立质量意识、安全意识和创新意识,形成相互协作、严谨求实的工作作风。

工作任务 E-1　溢流阀的选用及调压回路的组建与调试

核心能力一　正确选用直动式溢流阀及组建、调试调压回路

一、核心概念

1. 压力控制阀:压力控制阀是用来控制液压系统中油液压力或利用压力作为信号来控制其他元件动作的阀,简称压力阀。

2. 压力控制回路:压力控制回路利用压力控制阀来控制整个系统或局部支路的压力,以满足执行元件对力和转矩的要求。

3. 直动式溢流阀:通过其阀口的溢流,使被控回路的压力维持恒定,从而实现稳压(稳压溢流、安全保护)、调压或限压的作用。

4. 调压回路:调压回路的作用是使液压传动系统或某一支路的压力保持恒定或者不超过某个值,以满足工作压力与外负载相匹配并保持稳定的要求,或达到防止液压传动系统过载的目的。

二、学习目标

1. 能识读并绘制直动式溢流阀图形符号及单级、双向等调压回路原理图。
2. 能根据工作需要选用直动式溢流阀组建调压回路。

3. 能根据工作所需分析并操控调压回路。

4. 能排除调压回路常见故障。

5. 能在具体的操作中,树立质量意识、安全意识和创新意识。

三、基本知识

压力控制阀包括溢流阀、减压阀、顺序阀、压力继电器。它利用作用于阀芯上的液压力与弹簧力相平衡的原理进行工作。

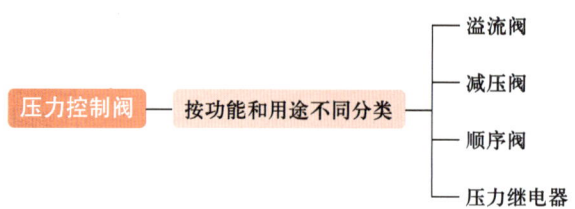

溢流阀按结构形式的不同分为直动式溢流阀和先导式溢流阀两种。在液压系统中主要起稳定压力或安全保护作用。它是液压系统中最重要的元件之一,几乎所有的液压系统都要用到溢流阀,其性能对液压系统的正常工作有重要影响。

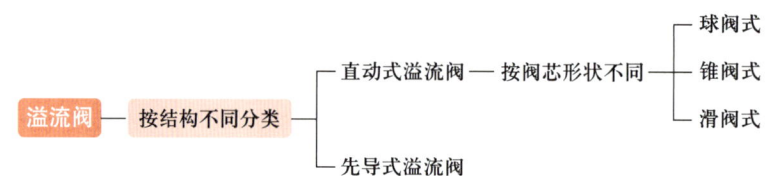

(一)直动式溢流阀工作原理及图形符号

按照阀芯形状不同,直动型溢流阀分为球阀式直动式溢流阀、锥阀式直动式溢流阀和滑阀式直动式溢流阀。球阀式直动式溢流阀应用较少;锥阀式直动式溢流阀动作灵敏,一般用作安全阀;滑阀式直动式溢流阀压力稳定性好,一般用作稳定系统的工作压力。

滑阀式直动式溢流阀的结构和图形符号如 E-1-1-1 所示。直动式溢流阀主要由阀体 5、阀芯 4、调压弹簧 2 和调压螺母 1(或称调节手柄)组成。在常态下,阀芯在调压弹簧的作用下使阀口关闭,即进油口 P 和出油口 T 是不通的,因此溢流阀为常闭型阀。

进油口 P 的压力油经孔 f 和阻尼孔 g 后作用在阀芯 4 的锥形底面 c 上。当进油口压力较低时,阀芯在调压弹簧 2 预紧力作用下处于最下端,由底端螺钉限位。由阀芯 4 与阀体 5 构成的节流口有重叠量 l 将 P 口与 T 口断开,即阀口处于关闭状态。

当进油口 P 处压力升高至作用在阀芯底面上的液压力大于弹簧预紧力时,阀芯在进油口油液的推动下开始向上运动。当阀芯上移重叠量 l 时,阀口处于开启的临界状态。若压力继续升高至阀口打开,油液将从 P 口经 T 口溢流回油箱。此时,由于溢流阀的作用,

视频 •

• 液压系统的"保护卫士"——直动型溢流阀

在流量变化时,进油口压力能基本保持恒定。

图 E-1-1-1a 所示中 L 为泄漏油口。若把 L 口堵塞,回油口 T 经连接通道 e 与泄漏油流经的弹簧腔相通,称为内泄。内泄时回油口 T 的背压将作用在阀芯上端面,这时与弹簧力相平衡的将是进出油口压差。若将泄漏油腔与 T 口的连接通道 e 堵塞,将 L 口打开,直接将泄漏油引回油箱,这种连接方式称外泄。

直动式溢流阀因液压力直接与弹簧力相平衡而工作,若压力较高、流量较大,则要求调压弹簧具有很大的弹簧力,这不仅使调节性能变差,而且结构上也难以实现。故直动式溢流阀一般只用于低压小流量的工作场所。

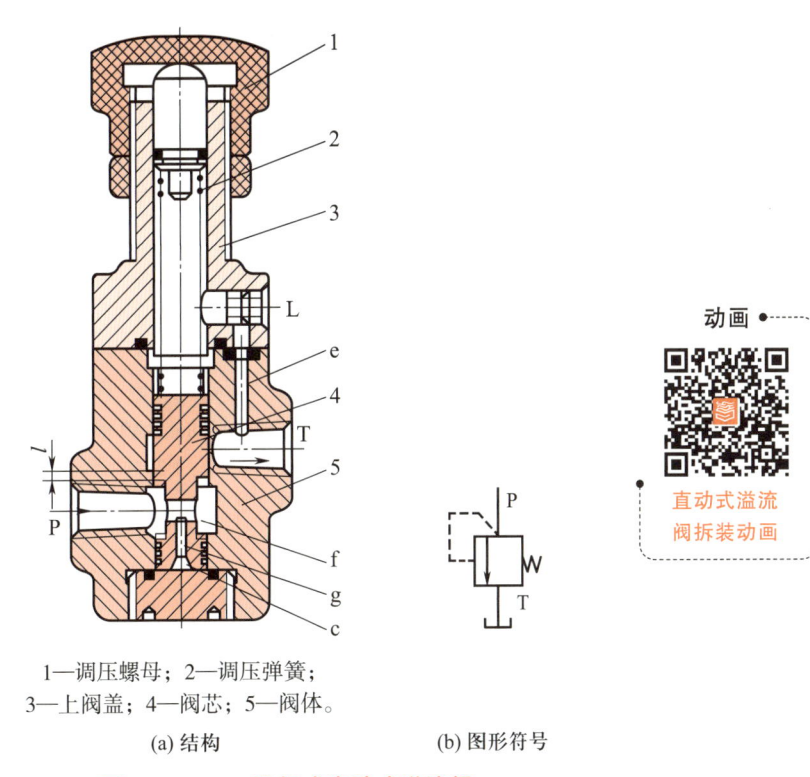

1—调压螺母；2—调压弹簧；
3—上阀盖；4—阀芯；5—阀体。

(a) 结构　　　　　(b) 图形符号

图 E-1-1-1　滑阀式直动式溢流阀

动画
直动式溢流阀拆装动画

（二）直动式溢流阀实现的调压回路

1. 单级调压回路

单级调压回路如图 E-1-1-2 所示,液压系统采用定量泵供油,进油路设有节流阀控速,溢流阀并联在定量泵的出口,此时定量泵输出的液压油一部分进入液压缸工作,另一部分经节流阀节流的油液,则需经直动式溢流阀溢流回油箱,在此过程中,溢流阀一直处于常开状态。该单级调压回路中,溢流阀不仅使定量泵出口压力保持恒定,同时起到溢流油液的作用,主要作用表现为溢流稳压、安全保护。

2. 双向调压回路

双向调压回路如图 E-1-1-3 所示,直动式溢流阀 1 的调定压力高于直动式溢流阀

仿真
单级调压回路

2 的调定压力。二位四通电磁换向阀通电时,定量泵供给的油液经换向阀左位进入液压缸无杆腔,活塞杆伸出,此时系统压力由直动式溢流阀 1 调定;二位四通电磁换向阀断电时,定量泵供给的油液经换向阀右位进入液压缸有杆腔,活塞杆缩回,此时系统压力由调定压力相对较小的直动式溢流阀 2 调定;执行元件液压缸活塞杆进给及缩回时,回路中两个直动式溢流阀进行不同压力的调节,从而实现双向调压。

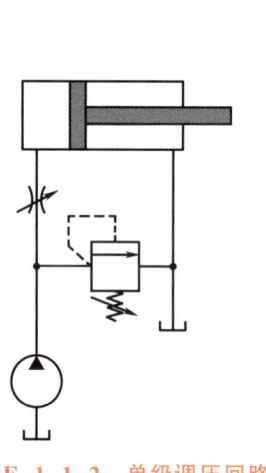

图 E-1-1-2 单级调压回路

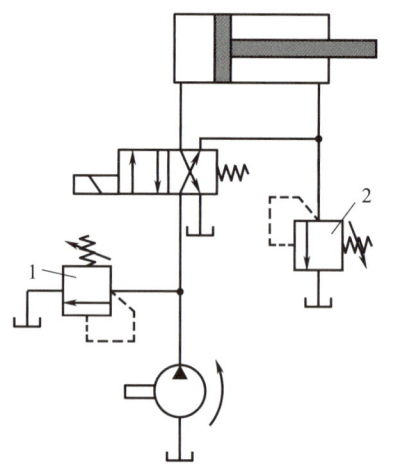

1、2—直动式溢流阀。

图 E-1-1-3 双向调压回路

四、学习结果评价

序号	评价内容	评价标准	评价结果
1	识读和绘制直动式溢流阀图形符号及溢流阀调压回路原理图	能正确识读和绘制直动式溢流阀图形符号。 能根据工作需要,正确识读和绘制溢流阀调压回路原理图。	
2	选用直动式溢流阀组建溢流阀调压回路	能完成设备、液压元件及油箱内油液状况的检查工作。 能正确选用相应液压元件。 能按照回路搭建紧凑、油液流经顺序及管道损失最小的原则设计各液压元件的安装位置。 能正确安装各液压元件。 能正确连接各液压元件和导线。	

续表

序号	评价内容	评价标准	评价结果
3	分析和操控直动式溢流阀实现的调压回路	能正确操作设备各控制面板。 能正确操作溢流阀调压回路中的直动式溢流阀及其他液压元件。 能准确实现调压工作。 能正确拆卸液压元件并进行元件清点。 能按照设备清洁规程完成清场工作。 能及时并正确填写实训设备使用记录。	
4	溢流阀调压回路常见故障的排除	能正确分析及排除直动式溢流阀及溢流阀调压回路中的电气故障。 能正确分析及排除直动式溢流阀及溢流阀调压回路中的机械故障。 能正确分析及排除直动式溢流阀及溢流阀调压回路的系统故障。	

五、课后作业

1. 有两个调整压力分别为 5 MPa 和 10 MPa 的溢流阀串联在液压泵的出口，试分析泵的出口压力为多大。如果这两个溢流阀并联在液压泵的出口，试分析泵的出口压力为多大。

2. 直动式溢流阀不适宜于作高压大流量溢流阀，请分析主要原因。

3. 如图 E-1-1-4 所示，泵的额定压力为 10 MPa，直动式溢流阀的调定压力为 5 MPa，活塞截面面积为 0.01 m^2，当液压缸受到的载荷为 3×10^4 N 时，A 处压力是多少？

4. 如图 E-1-1-5 所示，泵的额定压力是 10 MPa，直动式溢流阀的调定压力是 5 MPa，当液压缸活塞运动至顶端位置，受到极大外载荷，此时 A 处压力是多少？

5. 三个溢流阀的调定压力如图 E-1-1-6 所示。试问泵的供油压力有几级？数值各是多少？

互动练习 ●

E-1-1

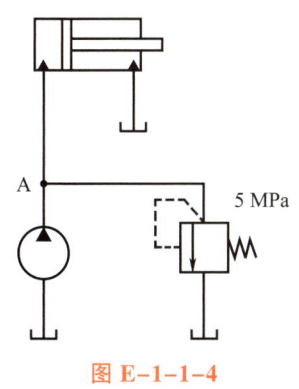

图 E-1-1-4

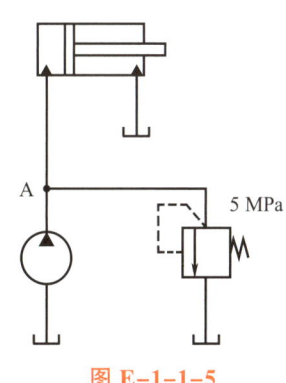

图 E-1-1-5

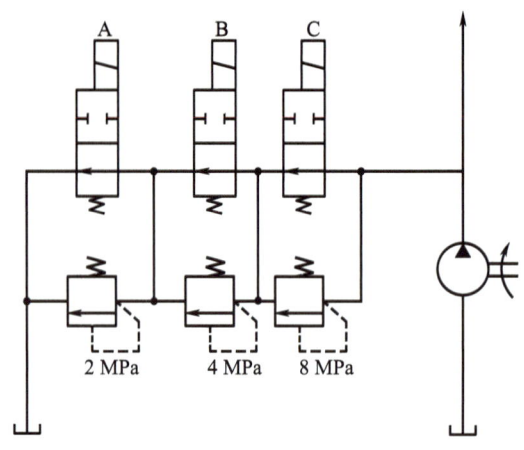

图 E-1-1-6

核心能力二 正确选用先导式溢流阀及组建、调试调压回路

一、核心概念

先导式溢流阀：由主阀和先导阀两部分组成。先导阀实际上是一个小流量的直动式溢流阀，阀芯是锥阀，用来调定压力；主阀阀芯是滑阀，用来实现溢流。先导式溢流阀一般用于中、高压液压系统。

二、学习目标

1. 能正确识读先导式溢流阀工作原理并绘制其图形符号。
2. 能选用不同类型的先导式溢流阀组建多级调压回路，并完成多级调压任务。
3. 能排除多级调压回路常见故障。
4. 能不断提升观察分析能力、合作探究能力。

三、基本知识

先导式溢流阀可实现较大压力的调节，稳压性能优于直动型溢流阀，但其灵敏度要低于直动式溢流阀。

（一）先导式溢流阀工作原理

先导式溢流阀的结构如图 E-1-2-1a 所示，由图可知，先导式溢流阀由主阀和先导阀两部分组成，下面的为主阀，上面横向的为先导阀，其工作原理为：液压油从进油口 P 进入，通过主阀阀芯阻尼孔 2、流道 a，到达先导阀阀芯 4 前端面，当压力较低时，先导阀阀芯 4 无法开启，作用在主阀阀芯上的液压力合力不足以抵抗主阀弹簧 3 的力，此时主阀溢流口处于关闭状态。当进油口 P 压力增大时，主阀阀芯上的阻尼孔 2、流道 a、先导阀阀座上的动态阻尼孔 8 及先导阀阀芯前容腔的压力也相应增加，当压力增大到刚好能够克服先导阀弹簧预紧力时先导阀便开启，此时液压油由进

视频

先导型溢流阀的结构原理及应用

油口 P 经阻尼孔 2、流道 a、阻尼孔 8、开启的先导阀和通道 b 流到出油口 T;该流量在阻尼孔 2 两端产生压差,当压差作用在主阀阀芯上的合力正好与主阀弹簧力平衡时,主阀阀芯处于开启的临界状态。当进油口 P 的压力继续增加时,流经阻尼孔的流量也将继续增大,直至阻尼孔 2 两端压差足以克服主阀弹簧力使主阀阀芯打开,从 P 口输入的流量将分成两部分,少量流量经先导阀后流向出油口 T,大部分则经主阀溢流到 T 口。

因流经先导阀的流量极小,故主阀阀芯上腔的压力基本上与先导阀弹簧预紧力所确定的先导阀阀芯前容腔压力相等,而主阀上阻尼孔 2 两端用以打开主阀阀芯的压差仅需克服主阀弹簧的作用力、主阀阀芯重力及液动力等,该值并不大,故可以认为溢流阀进口处压力基本上由先导阀弹簧预紧力所确定。调节手轮 6 可以调节先导阀弹簧的预紧力,从而调定系统压力。先导式溢流阀的图形符号如图 E-1-2-1b 所示。

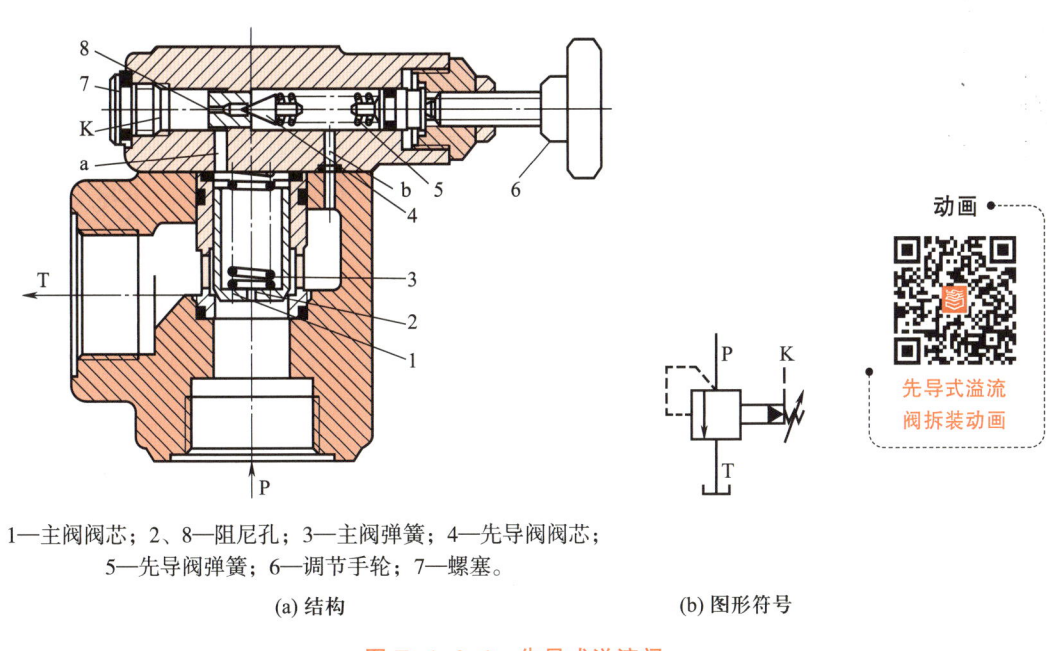

1—主阀阀芯;　2、8—阻尼孔;　3—主阀弹簧;　4—先导阀阀芯;
5—先导阀弹簧;　6—调节手轮;　7—螺塞。

(a) 结构　　　　　　　　　(b) 图形符号

图 E-1-2-1　先导式溢流阀

(二) 先导式溢流阀实现的调压回路

上述对先导式溢流阀工作原理的分析中,先导阀的远程控制口 K 是封闭的,利用 K 口,可以实现以下功能:

1. 远程调压

将先导式溢流阀的远程控制口 K 通过二位二通电磁换向阀连接到另一个直动式溢流阀(称为远程调压阀)的进油口,并使远程调压阀的调定压力小于先导式溢流阀的调定压力,当二位二通电磁换向阀的电磁铁不通电时,其右位工作,先导式溢流阀的远程控制口 K 与远程调压阀连通,当先导式溢流阀主阀阀芯上腔的油压达到远程调压阀的压力时,远程调压阀(即直动式溢流阀)阀口打开,开始调压,即实现远程调压,如图 E-1-2-2 所示。

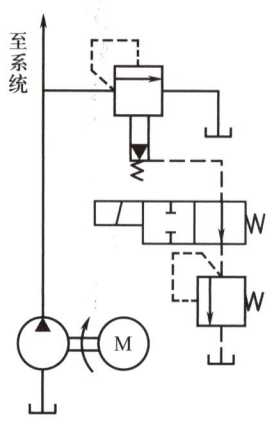

图 E-1-2-2 远程调压

2. 多级调压

如图 E-1-2-3 所示，先导式溢流阀 1 的远程控制口 K 串联三位四通电磁换向阀 4 的 P 口，阀 4 连接两个直动式溢流阀 2 和 3，控制三位四通电磁换向阀左右电磁铁的通电、断电状态，可实现系统三级压力的调节，即可借助先导式溢流阀的远程控制口 K 实现多级调压。当三位四通电磁换向阀两侧电磁铁断电，处于中位时，系统压力最高，由先导式溢流阀 1 调节；当三位四通电磁换向阀左侧通电时，系统压力由阀 2 调节；当三位四通电磁换向阀右侧通电时，系统压力由阀 3 调节。

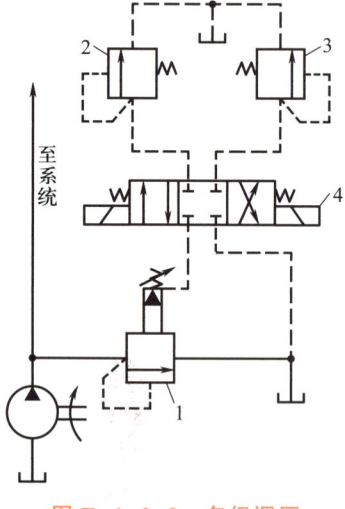

图 E-1-2-3 多级调压

四、学习结果评价

序号	评价内容	评价标准	评价结果
1	识读和绘制先导式溢流阀图形符号及先导式溢流阀多级调压回路原理图	能正确识读和绘制先导式溢流阀图形符号。 能根据工作需要,正确识读和绘制先导式溢流阀多级调压回路原理图。	
2	选用先导式溢流阀组建先导式溢流阀多级调压回路	能完成设备、液压元件及油箱内油液状况的检查工作。 能正确选用相应液压元件。 能按照回路搭建紧凑、油液流经顺序及管道损失最小的原则设计各液压元件安装位置。 能正确安装各液压元件。 能正确连接各液压元件和导线。	
3	分析和操控先导式溢流阀多级调压回路	能正确操作设备各控制面板。 能正确操作先导式溢流阀多级调压回路中的先导式溢流阀、直动式溢流阀及其他液压元件。 能准确实现多级调压工作。 能正确拆卸液压元件并进行元件清点。 能按照设备清洁规程完成清场工作。 能及时并正确填写实训设备使用记录。	
4	先导式溢流阀调压回路常见故障的排除	能正确分析及排除先导式溢流阀及先导式溢流阀多级调压回路中的电气故障。 能正确分析及排除先导式溢流阀及先导式溢流阀多级调压回路中的机械故障。 能正确分析及排除先导式溢流阀及先导式溢流阀多级调压回路的系统故障。	

五、课后作业

1. 将先导式溢流阀的远程控制口直接接油箱,试分析回路运动状态。

2. 如图 E-1-2-4 所示,泵的额定压力是 10 MPa,先导式溢流阀的先导阀调定压力是 5 MPa,活塞截面面积为 0.01 m^2,重物的重力 $W=3×10^4$ N 时,液压系统能否举起重物?

3. 如图 E-1-2-5 所示,泵的额定压力是 10 MPa,先导式溢流阀的

互动练习

E-1-2

先导阀调定压力是 5 MPa,直动式溢流阀调定压力是 4 Mpa,活塞截面面积为 0.01 m²,重物的重力 $W=3\times10^4$ N 时,重物上升时 A 处压力是多少?

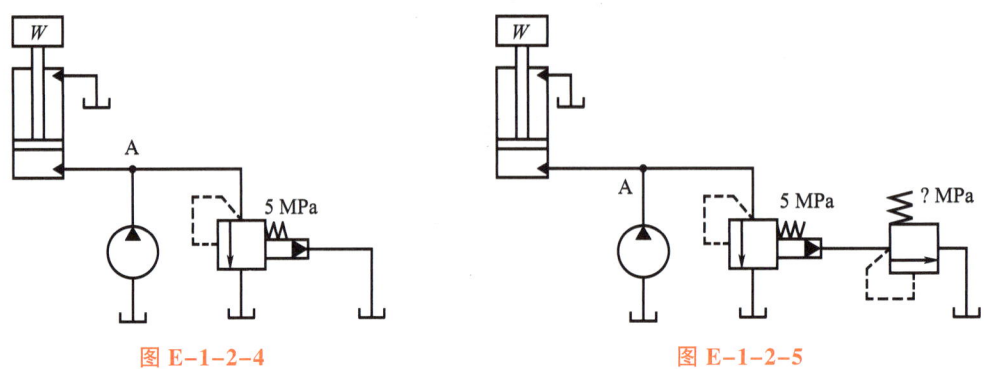

图 E-1-2-4 图 E-1-2-5

工作任务 E-2 减压阀的选用及减压回路的设计与调试

核心能力 正确选用减压阀及设计、调试减压回路

一、核心概念

1. 减压阀:是利用液流流过缝隙产生压力损失,使其出口压力低于进口压力的压力控制阀。

2. 减压回路:液压系统中,往往只有一个液压泵,但却有多个支路,且各支路所要求的油液压力不同,这时便可用减压阀使某一支路获得低于系统压力的稳定工作压力。这种回路称为减压回路。

二、学习目标

1. 能识读减压阀工作原理并绘制其图形符号。

2. 能根据工作需要选用不同类型的减压阀组建减压回路。

3. 能根据工作所需分析并操控减压回路。

4. 能排除减压回路常见故障。

5. 能树立质量意识、安全意识和创新意识。

三、基本知识

减压阀用在液压系统中获得压力低于系统压力的二次油路上,如夹紧回路、润滑回路和控制回路。减压阀出口压力还与出口负载有关,当负载压力低于减压阀调定压力时,出口压力由负载决定,此时减压阀不起减压作用。

减压阀按结构不同可分为直动式减压阀和先导式减压阀两大类,先导式减压阀性能较好,最为常用;按调整要求不同减压阀可以分为定值减压阀、定比减压阀和定差减压阀三种。三种减压阀中定值减压阀应用最广,它使出油口压力低于进油口压力,并能保持出口压力近似恒定。

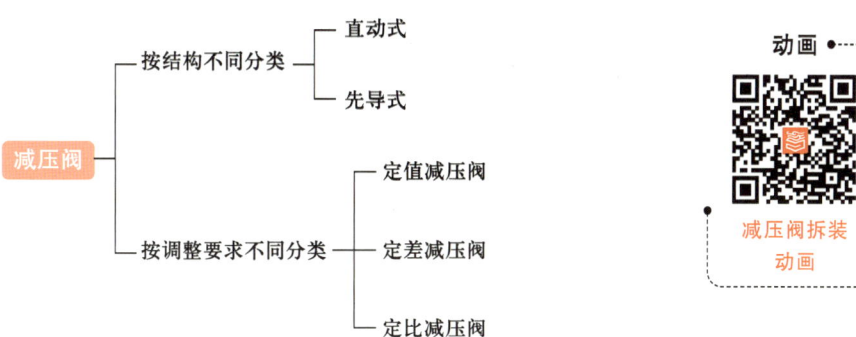

动画 ●

减压阀拆装动画

（一）减压阀工作原理及图形符号

先导式减压阀结构如图 E-2-1-1a 所示,先导式减压阀图形符号如图 E-2-1-1b 所示,直动式减压阀图形符号如图 E-2-1-1c 所示。

先导式减压阀主要利用油液流经减压口时产生压力损失,使阀出口压力低于进口压力来完成减压工作。液压系统主油路的高压油液由进油口 P_1 进入减压阀,经减压口从出油口 P_2 输出;同时,出油口 P_2 的部分油液经通道 a_2 进入主阀阀芯 7 下端油腔,又经阻尼孔 9 进入先导阀阀芯 3 的右侧油腔,给锥阀一个向左的液压推力,该液压推力与先导阀调压弹簧 11 的弹簧力相平衡,从而控制出油口 P_2 的压力基本保持调定压力。

视频 ●

减压阀的结构及工作原理

当出油口 P_2 的油液压力低于先导阀的调定压力时,先导阀芯关闭,主阀芯上、下两腔压力相等,主阀芯在弹簧作用下处于最下端,减压口开度最大,阀处于非工作状态,即常开状态,此时减压阀不减压;当出油口 P_2 的油液压力达到先导阀调定压力时,先导阀芯左移,阀口打开,主阀弹簧腔的油液便由泄油口流回油箱,由于油液在主阀芯阻尼孔内流动,使主阀芯两端产生压力差;此压差小于主阀芯重力、摩擦力、主阀弹簧弹力之和时,主阀芯处于最下端,减压口开度最大,此时减压阀不减压。此压差大于主阀芯重力、摩擦力、主阀弹簧弹力之和时,主阀芯抬起,减压口减小,压降增大,使出油口压力下降到调定值。

（二）先导式减压阀与先导式溢流阀比较

先导式减压阀与先导式溢流阀结构有相似之处,都是由先导阀和主阀两部分组成的,两阀的主要零件可相互通用。不同之处在于:

1. 减压阀为出口压力控制,保证出口压力为定值;溢流阀为进口压力控制,保证进口压力恒定。

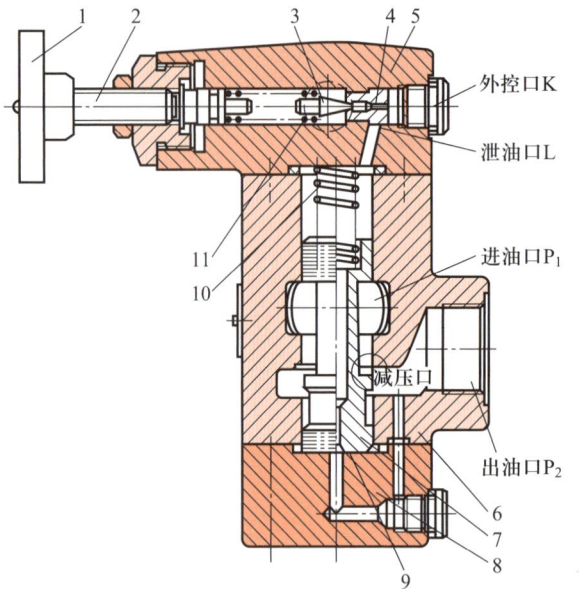

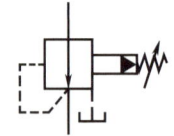

(b) 先导式减压阀图形符号

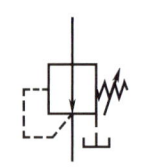

(c) 直动式减压阀图形符号

1—手轮；2—调节螺钉；3—先导阀阀芯；4—先导阀阀座；
5—先导阀阀体；6—主阀阀体；7—主阀阀芯；8—端盖；
9—阻尼孔；10—主阀弹簧；11—先导阀调压弹簧。

(a) 先导式减压阀结构

图 E-2-1-1　减压阀

2. 减压阀阀口常开，溢流阀阀口常闭。

3. 减压阀进、出油口均通压力油，因此有单独的泄油口；溢流阀弹簧腔的泄漏油经阀体内流道内泄至出口。

4. 减压阀与溢流阀一样有遥控口，可实现泄压或远程调压。

（三）减压回路

减压阀用在液压系统中以获得低于主系统的压力或用在二次油路上使出口压力稳定。当泵的输出压力是高压而支路要求低压时，可以采用减压回路，如机床液压系统中的定位、夹紧、分度以及液压元件的控制油路等。

夹紧油路上的减压回路如图 E-2-1-2 所示，当负载所建立的压力大于直动式减压阀的调定压力时，直动式减压阀开始减压，并保持减压阀出口压力恒定。

某二级减压回路如图 E-2-1-3 所示，液压泵 1 用来提供压力油，直动式溢流阀 4 起安全保护功能。调压时，将先导式减压阀 5 的远控口通过二位二通电磁换向阀 3 连接远控溢流阀 2，调节先导式减压阀 5 和远控溢流阀 2 为不同的压力，通过切换二位二通电磁换向阀电磁铁的通电与断电，可切换负载 6 的两种工作压力。

视频 •

减压回路的分析

仿真 •

直动式减压阀减压回路实验

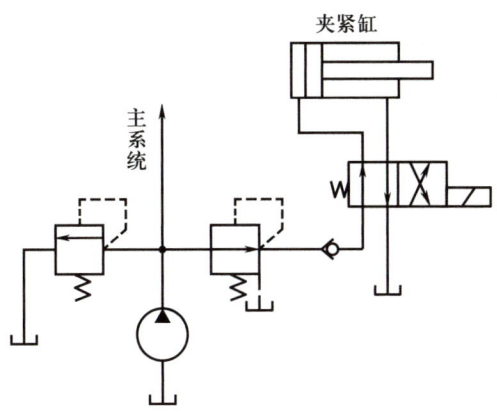

图 E-2-1-2　夹紧油路上的减压回路

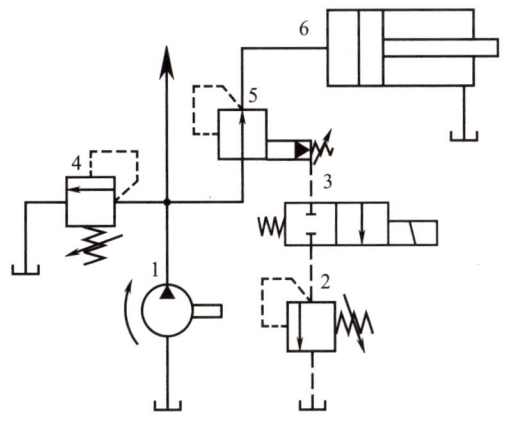

1—液压泵；2—远控溢流阀；3—二位二通电磁换向阀；4—直动式溢流阀；
5—先导式减压阀；6—负载（液压缸）。

图 E-2-1-3　二级减压回路

拓展阅读 ●┈

情境 E-2-1

四、学习结果评价

序号	评价内容	评价标准	评价结果
1	识读和绘制减压阀图形符号及减压回路原理图	能正确识读和绘制减压阀图形符号。 能根据工作需要，正确识读和绘制减压回路原理图。	
2	选用减压阀组建减压回路	能完成设备、液压元件及油箱内油液状况的检查工作。 能正确选用相应液压元件。 能按照回路搭建紧凑、油液流经顺序及管道损失最小的原则设计各液压元件安装位置。 能正确安装各液压元件。 能正确连接各液压元件和导线。	

续表

序号	评价内容	评价标准	评价结果
3	分析和操控减压回路	能正确操作设备各控制面板。 能正确操作减压回路中的直动式减压阀及其他液压元件。 能准确实现减压工作。 能正确拆卸液压元件并进行元件清点。 能按照设备清洁规程完成清场工作。 能及时并正确填写实训设备使用记录。	
4	减压回路常见故障的排除	能正确分析及排除直动式减压阀及减压回路中的电气故障。 能正确分析及排除直动式减压阀及减压回路中的机械故障。 能正确分析及排除直动式减压阀及减压回路中的系统故障。	

五、课后作业

1. 如图 E-2-1-4 所示,泵的额定压力是 10 MPa,溢流阀的调定压力是 5 MPa,直动式减压阀的调定压力是 3 MPa,液压缸受到的外载荷为 0。请问 A 点和 B 点的压力各是多少?

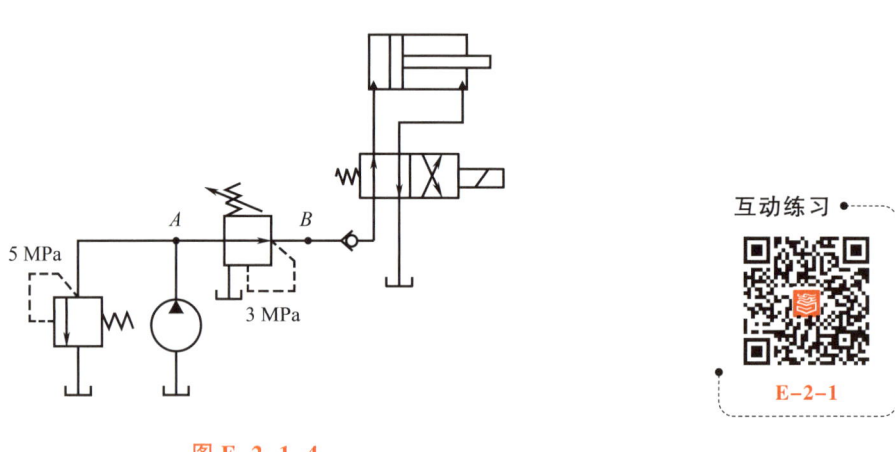

互动练习

E-2-1

图 E-2-1-4

2. 如图 E-2-1-5 所示,泵的额定压力是 10 MPa,溢流阀的调定压力是 5 MPa,直动式减压阀的调定压力分别是 3 MPa 和 2 MPa,液压缸受到极大的外载荷时,请问 A 点、B 点和 C 点的压力各是多少?

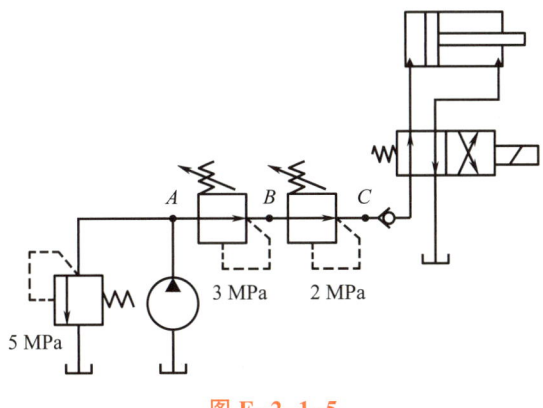

图 E-2-1-5

工作任务 E-3　顺序阀、压力继电器的选用及顺序动作回路的设计与调试

核心能力　正确选用顺序阀、压力继电器及设计、调试顺序动作回路

一、核心概念

1. 顺序阀：以压力为控制信号，自动接通或断开某一支路的液压阀，控制各执行元件动作的先后顺序。

2. 顺序动作回路：使几个执行元件严格按照预定顺序运动的一种回路。

3. 压力继电器：是一种将油液的压力信号转换成电信号的电液控制元件。当油液压力达到压力继电器的调定压力时，压力继电器发出电信号，以控制电磁铁、电磁离合器、继电器等元件动作，使油路换向、执行元件实现顺序动作等。

二、学习目标

1. 能识读顺序阀、压力继电器工作原理并绘制其图形符号。
2. 能选用不同类型的顺序阀、压力继电器组建顺序动作回路。
3. 能组建、分析并操控顺序动作回路。
4. 能排除顺序动作回路常见故障。
5. 能分析问题，对于同一问题寻求多种方法解决。

三、基本知识

顺序阀是依靠系统中的压力变化来控制阀口的启闭，进而控制液压系统中各执行元件动作的先后顺序。

153

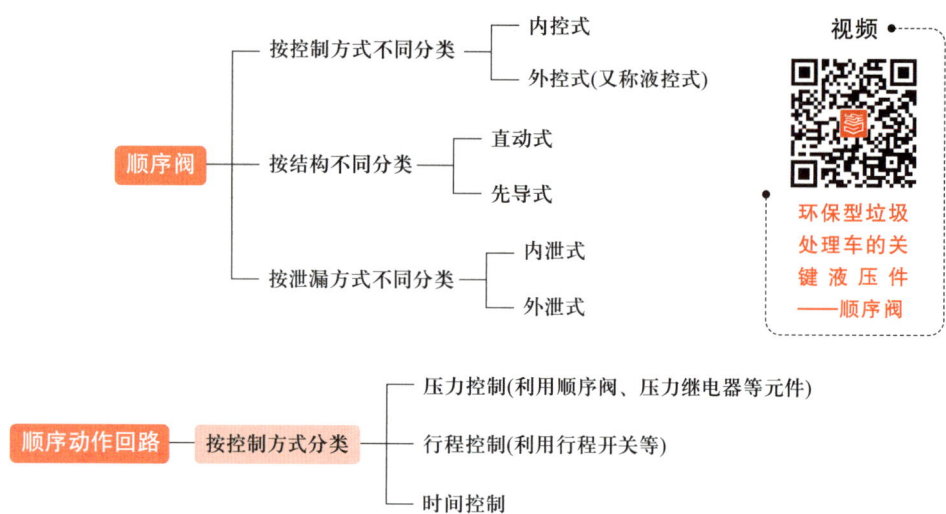

视频

环保型垃圾处理车的关键液压件——顺序阀

（一）直动式顺序阀工作原理

直动式顺序阀结构如图 E-3-1-1a 所示。常态下，进油口 P_1 与出油口 P_2 不相通。液压油从进油口 P_1 进入，经阀体 3 和下阀盖 1 的油道流至活塞 2 的底部。

当油液压力低于弹簧 5 的调定压力时，阀口关闭；当油液压力高于弹簧 5 的调定压力时，活塞 2 在油液压力作用下克服弹簧力，将阀芯 4 顶起，从而进油口 P_1 与出油口 P_2 相通，液压油经阀口流出。此时弹簧腔的泄漏油经外泄油口 L 流回油箱，即此顺序阀的控制油液是从进油口引入的，故此种顺序阀称为内控外泄式顺序阀。

若将外泄油口 L 堵塞，弹簧腔与出油口 P_2 相通，此种顺序阀称为内控内泄式顺序阀；若将图 E-3-1-1a 中的下阀盖 1 旋转 90° 安装，将进油口 P_1 堵塞，外控口 K 的螺塞取下，接通控制油路，则阀的开启由外部压力油控制，便构成外控外泄式顺序阀；若再将图 E-3-1-1a 中的下阀盖 1 旋转 180° 安装，并将外泄油口 L 堵塞，则弹簧腔与出油口 P_2 相通，便构成外控内泄式顺序阀。直动式顺序阀的图形符号如图 E-3-1-1b 所示。

用一个单向阀和顺序阀并联可组成单向顺序阀。这种阀的特点是当液流反向流动时，可从单向阀顺利通过，不受顺序阀的限制。

（二）先导式顺序阀工作原理

先导式顺序阀的结构和图形符号如图 E-3-1-2 所示，先导式顺序阀和先导式溢流阀的结构大体相似，工作原理基本相同，在此不再赘述。先导式顺序阀同样也有内控外泄式、外控外泄式和外控内泄式等不同的控制方式，以备不同的场合选用。

顺序阀的结构与溢流阀相似。两者的主要差别是：

1. 顺序阀的出口通常与负载油路相通，而溢流阀的出口则与回油箱相通。

2. 由于溢流阀出油口接油箱，溢流阀的泄漏油和先导控制油可内泄也可外泄；而顺序阀出油口油液为压力油时，先导式顺序阀调压弹簧中的泄漏油和先导控制油必须采用外泄，内泄阀将无法开启。

3. 溢流阀的进口压力调定后是不变的，而顺序阀的进口压力在阀开启后将随出口负载增加而改变。

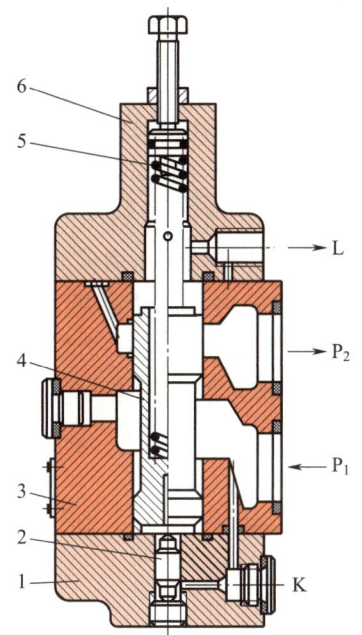

1—下阀盖；2—活塞；3—阀体；4—阀芯；5—弹簧；6—上阀盖。

(a) 结构

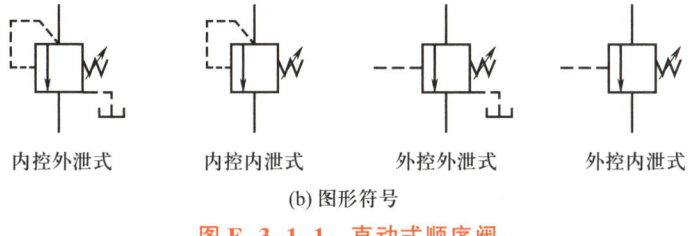

内控外泄式　　　内控内泄式　　　外控外泄式　　　外控内泄式

(b) 图形符号

图 E-3-1-1　直动式顺序阀

视频 •

顺序阀的结构及工作原理分析

动画 •

顺序阀拆装动画

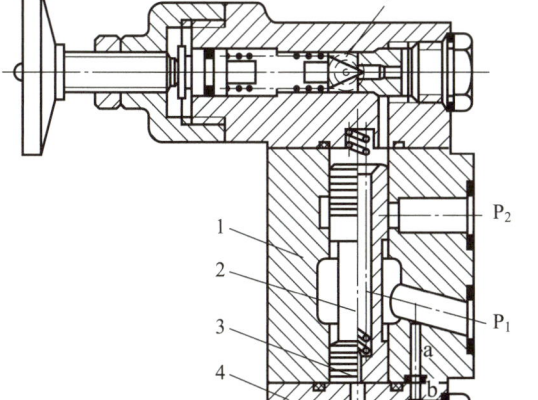

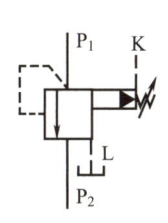

1—阀体；2—阀芯；3—阻尼孔；4—盖板。

(a) 结构　　　　　　　　(b) 图形符号

图 E-3-1-2　先导式顺序阀

155

（三）压力继电器工作原理

压力继电器是利用液体压力信号来启闭电气触点的液压电气转换元件。它在油液压力达到其设定压力时，发出电信号，控制电气元件动作，实现泵的加载或卸荷、执行元件的顺序动作、系统的安全保护和连锁等功能。

最常用的单触点柱塞式压力继电器的结构和图形符号如图 E-3-1-3 所示。压力油从进油口 P 进入，作用在柱塞 1 底部，当系统压力达到调定压力值时，液压力克服弹簧力，推动柱塞 1 上移，通过顶杆推动微动开关 3 闭合，发出电信号。调节螺帽 2 可改变弹簧的压缩量，相应调节发出电信号时的控制油压力。当进油口压力降低到调定值以下时，弹簧使柱塞下移，压力继电器复位切断电信号。压力继电器发出信号时的压力称为开启压力，切断电信号时的压力称为闭合压力。

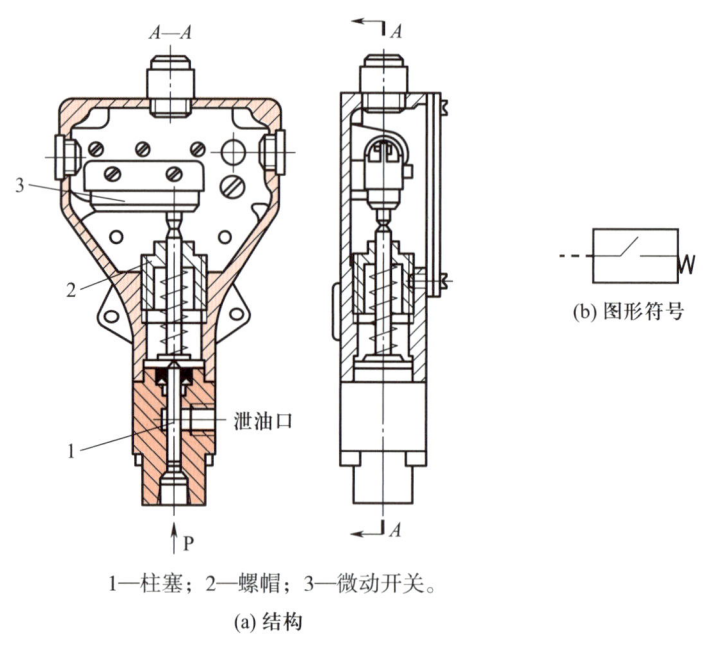

1—柱塞；2—螺帽；3—微动开关。

(a) 结构　　(b) 图形符号

图 E-3-1-3　单触点柱塞式压力继电器

（四）顺序动作回路

1. 顺序阀控制的顺序动作回路

顺序阀控制的顺序动作回路如图 E-3-1-4 所示。此回路中两个液压缸分别为夹紧液压缸和钻孔液压缸。其动作顺序为：① 夹紧液压缸 1 夹紧工件；② 钻孔液压缸 2 进给；③ 钻孔液压缸 2 退回；④ 夹紧液压缸 1 退回。其回路工作过程为：开始工作前，夹紧液压缸 1 和钻孔液压缸 2 活塞杆均处于最左端，当手动换向阀处于左位时，夹紧液压缸 1 的活塞杆开始伸出，直至夹紧工件，实现动作①；夹紧工件的同时压力继续上升，直至达到顺序阀 3 的调定压力，顺序阀打开，钻孔液压缸 2 的活塞杆伸出进行钻孔加工，实现动作②；钻孔完成后，将手动换向阀切换至右位，此时钻孔液压缸 2 的活塞杆缩回，实现动作③；当缩回后

视频●

液压挤压送料机顺序动作回路的分析

达到一定压力时,顺序阀 4 打开,夹紧液压缸 1 的活塞杆缩回将夹具松开,实现动作④。这样即可利用两个单向顺序阀实现预定要求的多缸顺序动作回路。

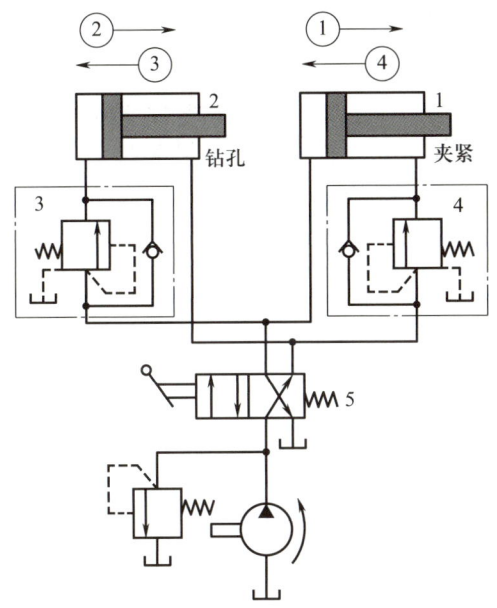

1—夹紧液压缸;2—钻孔液压缸;3、4—顺序阀;5—二位四通手动换向阀。

图 E-3-1-4　顺序阀控制的顺序动作回路

仿真 ●

顺序阀控制
顺序动作回
路

2. 压力继电器控制的顺序动作回路

压力继电器控制的顺序动作回路如图 E-3-1-5 所示。

按下启动按钮,电磁铁 1YA 通电,电磁换向阀 2 切换到左位,液压缸 4 活塞杆向右伸出(即动作①),当液压缸 4 活塞杆运动到最右端后,回路压力升高,当升至压力继电器 1K 的设定压力时,压力继电器 1K 发出电信号,使电磁铁 3YA 通电,电磁换向阀 3 切换到左位,液压缸 5 活塞杆向右伸出(即动作②)。

视频 ●

压力继电器
控制的顺序
动作回路

按下返回按钮,1YA、3YA 同时断电,且 4YA 通电,电磁换向阀 2 切换到中位、电磁换向阀 3 切换到右位,此时液压缸 4 锁定在最右端位置、液压缸 5 活塞杆开始向左缩回(即动作③),当液压缸 5 活塞杆缩回至最左端后,回路压力升高,当升至压力继电器 2K 的设定压力时,压力继电器 2K 发出电信号,使 2YA 通电,电磁换向阀 2 切换到右位,液压缸 4 活塞杆缩回至最左端(即动作④)。

仿真 ●

压力继电器
控制顺序动
作回路

3. 行程阀控制的顺序动作回路

行程阀控制的顺序动作回路如图 E-3-1-6 所示。初始状态下,两液压缸活塞杆均处于最左端,按下启动按钮,电磁换向阀 3 的电磁铁通电,使电磁换向阀 3 切换到左位,液压缸 1 活塞杆向右伸出(即动作①),当活塞杆上的行程挡块压下行程阀 4 后,行程阀 4 切换到上位,液压缸 2 活塞杆开始向右伸出(即动作②),直至两个液压缸活塞杆先后到达最右端。

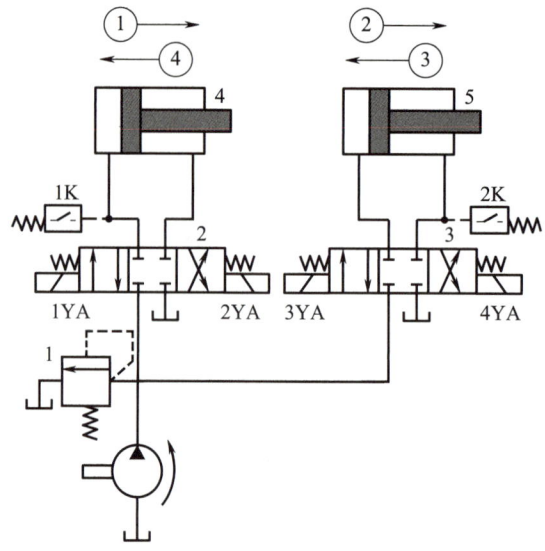

1—溢流阀；2、3—电磁换向阀；4、5—液压缸。

图 E-3-1-5　压力继电器控制的顺序动作回路

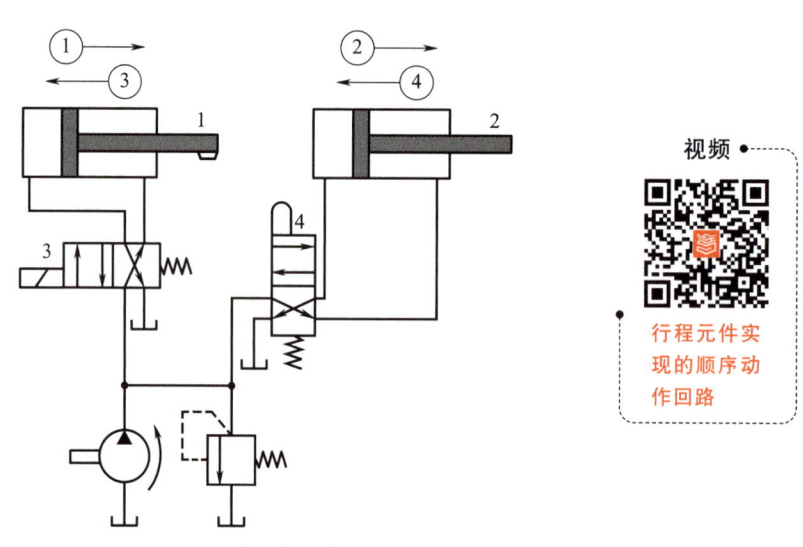

视频 ●┄┄┄┄

行程元件实现的顺序动作回路

1、2—液压缸；3—电磁换向阀；4—行程阀。

图 E-3-1-6　行程阀控制的顺序动作回路

　　按下返回按钮，电磁换向阀 3 切换到右位，液压缸 1 活塞杆开始缩回（即动作③），当其行程挡块离开行程阀 4 后，行程阀 4 自动复位，行程阀 4 切换到下位工作，这时液压缸 2 活塞杆才开始向左缩回（即动作④），直至两个液压缸的活塞杆都到达最左端。这种回路动作可靠，但动作经确定后，要改变动作顺序较为困难，且管路较长，能量损耗大，布置较麻烦。

　　4. 行程开关控制的顺序动作回路

　　行程开关控制的顺序动作回路如图 E-3-1-7 所示。按下启动按钮，电磁铁 1YA 通电，液压缸 1 活塞杆向右伸出（即动作①），当活塞杆上的行程挡块压下行程开关 2st 后，行程开关 2st 发出电信号,使电磁铁 2YA 通电,随后液压缸 2 活塞杆向右伸出(即动作②),当液压缸 2 活塞杆上的行程挡块压下行程开关 3st 后,行程开关 3st 发出电信号,使 1YA 断电,随后液压缸 1 活塞杆向左退回(即动作③),当其上的行程挡块压下行程开关 1st 时,使 2YA 断电,然后液压缸 2 活塞杆开始退回(即动作④)。

仿真 •

行程开关控制顺序动作回路

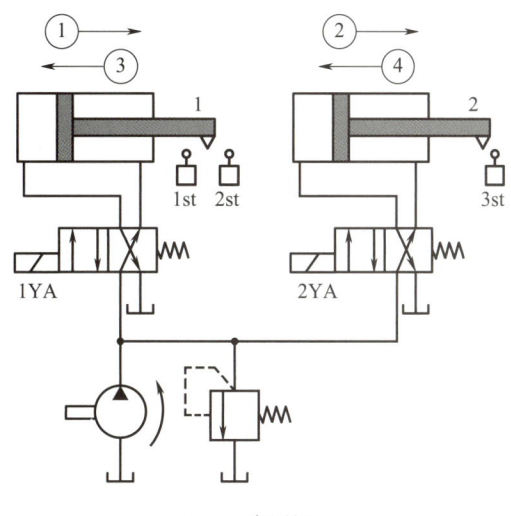

1、2—液压缸。

图 E-3-1-7　行程开关控制的顺序动作回路

　　此种回路,通过调节行程挡块或行程开关的位置即可调整液压缸的行程,通过改变电控系统即可任意改变动作顺序,因此得到了广泛应用。

四、能力训练

(一)操作条件

　　准备好模块化液压综合操作设备、直动式顺序阀、直动式溢流阀、二位四通电磁换向阀、压力表、液压泵、液压缸、快速接头的胶管、实验导线等。

(二)安全及注意事项

　　1. 工作前须戴好全胶手套。

　　2. 熟悉模块化液压综合操作设备的使用,掌握设备开机及关机步骤。

　　3. 应根据回路紧凑、油液流经顺序、管路能量损失最小的原则提前设计各液压元件在操作设备上的安装位置。

　　4. 在模块化液压综合操作设备上安装液压元件时,须轻拿轻放,避免损坏液压元件。

　　5. 在模块化液压综合操作设备上安装液压元件时,须首先将元件上卡扣摁下,等元件下卡扣放置在设备 T 形导轨槽内后,再将元件的上卡扣松开。

　　6. 在用快速接头的胶管连接液压元件时,需首先将快速接头提起,对准液压元件接口后再迅速放下。

　　7. 连接导线及具体操作回路时,确保用电安全。

（三）操作过程

工序	步骤	操作方法及说明	质量标准
顺序阀顺序动作回路	准备工作	操作方法及质量标准参考"工作任务 A-1　核心能力二　理解液压传动技术的组成及应用特点"中的"四、能力训练（三）操作过程"。 1—液压泵；2—溢流阀；3—二位四通电磁换向阀； 4—单向顺序阀；5、6—液压缸。	
	回路搭建	1. 选取模块化液压综合操作设备，并检查设备电源控制部分等与直动式顺序阀顺序动作回路控制要求是否匹配。	设备功能要能满足顺序阀顺序动作回路搭建及操作实现功能。
		2. 根据直动式顺序阀顺序动作回路所需液压元件，选择适宜型号的液压泵、液压缸、快速接头的胶管、直动式顺序阀、直动式溢流阀、电磁换向阀、压力表、三通/四通接头等液压元件。 	功能达到顺序阀顺序动作回路的动作控制要求。正确选取液压泵（1个）、直动式顺序阀（1个）、直动式溢流阀（1个）、二位四通电磁换向阀（1个）、三通（1个）、四通（1个）、液压缸（2个）、快速接头的胶管（11根）、油箱（1个）。

工序	步骤	操作方法及说明	质量标准
顺序阀顺序动作回路	回路搭建	3. 在设备上设计各液压元件的安装位置。 4. 安装液压元件的操作方法及质量标准参考"工作任务 A-1　核心能力二理解液压传动技术的组成及应用特点"中的"四、能力训练(三)操作过程"。 5. 用快速接头的胶管连接各液压元件： (1)用一根胶管从泵站六通的任意出口接出,连接二位四通电磁换向阀 P 口。 (2)用一根胶管从泵站六通的其余出口接出,连接直动式溢流阀 A 口。 	按照回路紧凑、油液流经顺序、管道损失最小的原则,设计各液压元件在设备上的安装位置。 (1)操作时首先将胶管的快速接头提起,然后对准液压元件接口后再迅速放下。 (2)油路选用的胶管长度合适,无过长或过短的问题。 (3)胶管与液压元件连接牢固,无松动或脱落现象,且连接好的胶管无打结、叠加现象(降低局部压力损失)。

工序	步骤	操作方法及说明	质量标准
顺序阀顺序动作回路	回路搭建	（3）将压力表安装在泵站六通的其余出口上。 （4）用一根胶管从二位四通电磁换向阀 A 口接出，连接三通。 （5）用一根胶管从三通的其余接口接出，连接液压缸 5 有杆腔。 	◎ 元件各阀口布局及图形符号 二位四通电磁换向阀阀口布局 二位四通电磁换向阀图形符号 直动式溢流阀阀口布局 直动式溢流阀图形符号

续表

工序	步骤	操作方法及说明	质量标准
顺序阀顺序动作回路	回路搭建	（6）用一根胶管从三通的最后一个接口接出，连接液压缸 6 的有杆腔。 （7）用一根胶管从液压缸 5 无杆腔接出，连接四通。 （8）用一根胶管从液压缸 6 无杆腔接出，连接直动式顺序阀 A 口。 	 直动式顺序阀阀口布局 直动式顺序阀图形符号

工序	步骤	操作方法及说明	质量标准
顺序阀顺序动作回路	回路搭建	（9）用一根胶管从直动式顺序阀 P 口接出,连接四通剩余三接口的任意一个。 （10）用一根胶管从四通剩余两接口的任一个接口接出,连接二位四通电磁换向阀 B 口。 （11）将压力表安装在四通的剩余接口上。 	

续表

工序	步骤	操作方法及说明	质量标准
顺序阀顺序动作回路	回路搭建	（12）用一根胶管从二位四通电磁换向阀 T 口接出，连接回油箱。 （13）用一根胶管从直动式溢流阀 T 口接出，连接回油箱。 6. 电磁换向阀导线连接方法及质量标准参考"工作任务 D-1　核心能力　正确选用普通换向阀及组建、分析方向控制回路"中的"四、能力训练（三）操作过程"。	
	回路操作	实训台控制面板操作方法及质量标准参考"工作任务 A-1　核心能力二　理解液压传动技术的组成及应用特点"中的"四、能力训练（三）操作过程"。 （1）逆时针旋转液压泵站上的直动式溢流阀至最大开启状态，启动液压泵，顺时针旋转液压泵站上的直动式溢流阀，同时观察两压力表的示值，使泵站上的压力表显示 4 MPa 即可。 （2）调整直动式顺序阀的调定压力小于直动式溢流阀的调定压力，并且大于液压缸 5 的最高工作压力。闭合按钮开关 SB7，电磁铁 1YA 通电，二位四通电磁换向阀切换到左位，液压缸 5 活塞杆前进，到达终点后，	闭合按钮开关 SB7，液压缸 5 活塞杆前进，到达终点后，液压缸 6 活塞杆再前进，实现双缸前进顺序动作；断开按钮开关 SB7，液压缸 5 和液压缸 6 的活塞杆同时缩回。

续表

工序	步骤	操作方法及说明	质量标准
顺序阀顺序动作回路	回路操作	回路中压力升高,顺序阀 4 接通液压缸 6,其活塞杆伸出,完成双缸前进顺序动作。 (3)断开按钮开关 SB7,二位三通电磁换向阀切换到右位,液压缸 5 和液压缸 6 的活塞杆同时缩回。 	
	结束工作	操作方法及质量标准参考"工作任务 A-1 核心能力二 理解液压传动技术的组成及应用特点"中的"四、能力训练(三)操作过程"。	

(四)学习结果评价

序号	评价内容	评价标准	评价结果
1	识读和绘制直动式顺序阀图形符号及直动式顺序阀顺序动作回路原理图	能正确识读和绘制直动式顺序阀图形符号。 能根据工作需要,正确识读和绘制直动式顺序阀顺序动作回路原理图。	

续表

序号	评价内容	评价标准	评价结果
2	选用直动式顺序阀组建直动式顺序阀顺序动作回路	能完成设备、液压元件及油箱内油液状况的检查工作。 　　能正确选用相应液压元件。 　　能按照回路搭建紧凑、油液流经顺序及管道损失最小的原则设计各液压元件安装位置。 　　能正确安装各液压元件。 　　能正确连接各液压元件和导线。	
3	分析和操控直动式顺序阀顺序动作回路	能正确操作设备各控制面板。 　　能正确操作直动式顺序阀顺序动作回路中的直动式溢流阀、直动式顺序阀及其他液压元件。 　　能准确实现顺序动作。 　　能正确拆卸液压元件并进行元件清点。 　　能按照设备清洁规程完成清场工作。 　　能及时并正确填写实训设备使用记录。	
4	直动式顺序阀顺序动作回路常见故障的排除	能正确分析及排除直动式溢流阀及直动式顺序阀顺序动作回路中的电气故障。 　　能正确分析及排除直动式溢流及直动式顺序阀顺序动作回路中的机械故障。 　　能正确分析及排除直动式溢流阀及直动式顺序阀顺序动作回路的系统故障。	

五、课后作业

1. 液压系统如图 E-3-1-8 所示,泵的额定压力是 10 MPa,溢流阀的调定压力是 5 MPa,直动式顺序阀的调定压力是 6 MPa,液压缸受到极大的外载荷。试问 A 点和 B 点的压力各是多少?

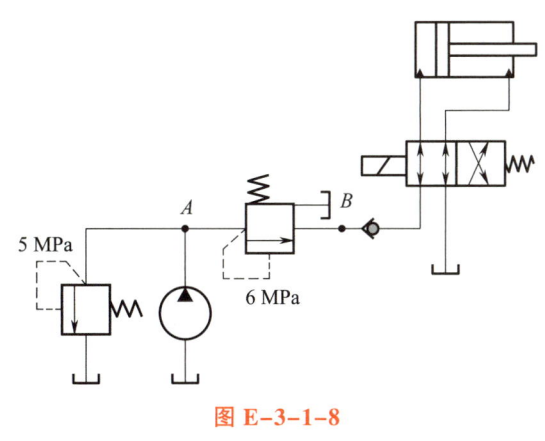

图 E-3-1-8

互动练习 ●

E-3-1

167

2. 液压系统如图 E-3-1-9 所示,泵的额定压力是 10 MPa,溢流阀的调定压力分别是 5 MPa 和 2 MPa,先导式顺序阀的调定压力是 3 MPa。活塞截面面积为 0.01 m^2,当液压缸受到的载荷为 4×10^4 N 时,试问 A 点和 B 点的压力各是多少?

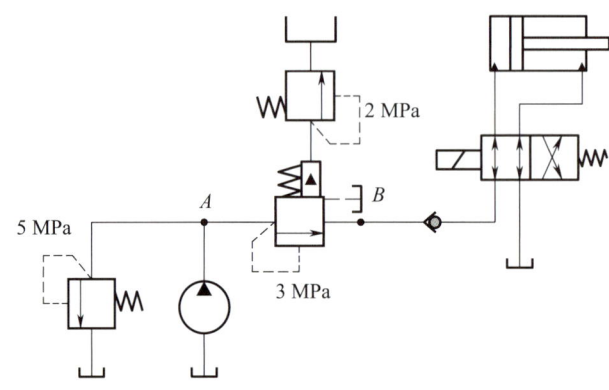

图 E-3-1-9

3. 液压系统如图 E-3-1-10 所示,液压缸的有效面积 $A_1 = A_2 = 100 \ cm^2$,左侧液压缸负载 $F = 35\ 000$ N,右侧液压缸运动时负载为零。不计摩擦阻力、惯性力和管路损失,溢流阀、顺序阀和减压阀的调定压力分别为 4 MPa、3 MPa 和 2 MPa。求在下列三种情况下,A、B 和 C 点的压力。

(1)液压泵启动后,两换向阀处于中位。

(2)1Y 通电,左侧液压缸活塞杆移动时及活塞杆运动到终点时。

(3)1YA 断电、2YA 通电,右侧液压缸活塞杆运动时及活塞杆碰到固定挡块时。

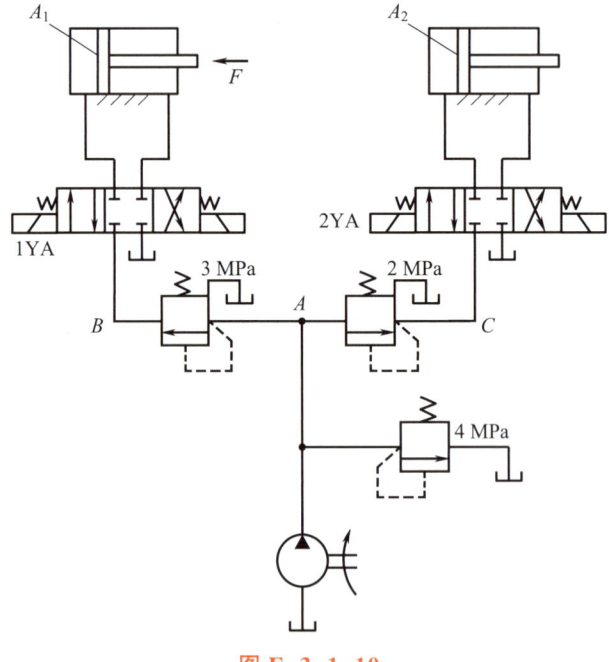

图 E-3-1-10

工作任务 E-4　电液比例控制阀的选用及比例溢流调压控制回路的设计与调试

核心能力　正确选用电液比例控制阀及设计、调试比例溢流调压控制回路

一、核心概念

电液比例控制阀：简称比例阀，是一种按输入的电气信号连接，按比例对油液的压力、流量或方向进行控制的液压阀。与手动调节的普通液压阀相比，比例阀能提高系统参数的控制水平。

二、学习目标

1. 能识读各种比例阀工作原理并绘制其图形符号。
2. 能选用不同类型的比例阀组建比例溢流调压控制回路。
3. 能分析并操控比例溢流调压控制回路。
4. 能排除比例溢流调压控制回路常见故障。
5. 能拓宽思路，大胆创新，提高创新创造能力。

三、基本知识

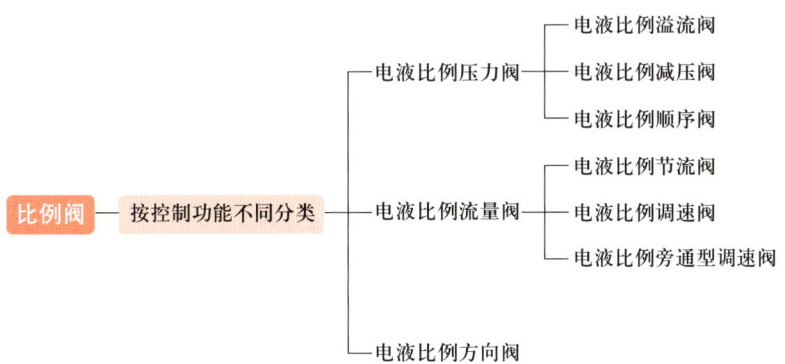

```
                                          ┌─ 电液比例溢流阀
                        ┌─ 电液比例压力阀 ─┼─ 电液比例减压阀
                        │                 └─ 电液比例顺序阀
                        │
                        │                 ┌─ 电液比例节流阀
比例阀 ─ 按控制功能不同分类 ─┼─ 电液比例流量阀 ─┼─ 电液比例调速阀
                        │                 └─ 电液比例旁通型调速阀
                        │
                        └─ 电液比例方向阀
```

（一）比例压力阀工作原理

电液比例压力先导阀如图 E-4-1-1 所示，它分别与普通溢流阀、减压阀、顺序阀的主阀组合即可构成电液比例溢流阀、电液比例减压阀和电液比例顺序阀。比例压力阀的基本工作原理是：通过改变比例压力先导阀中输入比例电磁铁 1 中电流的大小，即可改变电磁吸力，从而改变先导阀前腔压力，进而对主阀的进口或出口压力实现控制。如果输入信号连续地、按比

例或按一定程序变化,则比例压力阀所调节的系统压力也连续地、按比例或按一定程序变化。与普通压力先导阀不同的是,与作用在阀芯 4 上的液压力进行比较的是电磁吸力,而不是弹簧弹力,这里的弹簧为传力弹簧 3,没有压缩量。电液比例溢流阀图形符号如图 E-4-1-2 所示。

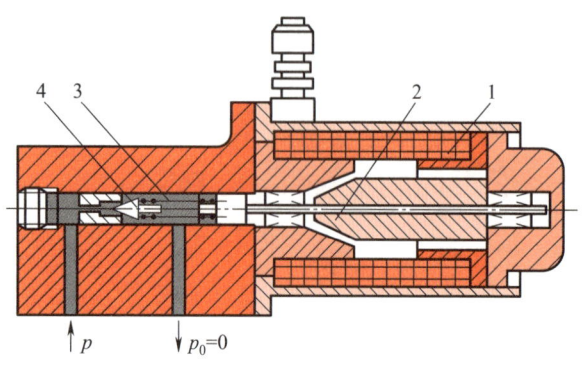

1—比例电磁铁;2—推杆;3—传力弹簧;4—阀芯。

图 E-4-1-1　电液比例压力先导阀结构

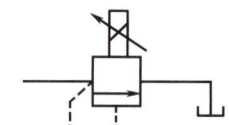

图 E-4-1-2　电液比例溢流阀图形符号

(二)比例流量阀工作原理

比例流量阀基本工作原理是,用比例电磁铁来调节阀口的通流面积,使输出流量与输入的电信号成比例。

位移–弹簧力反馈型电液比例二通节流阀的结构如图 E-4-1-3 所示。主阀芯 5 为插装阀结构。当比例电磁铁输入一定电流时,产生的电磁吸力推动先导阀芯 2 下移,先导阀阀口开启,主阀进油口压力油经阻尼孔 R1 和 R2、先导阀阀口流至主阀出口。因阻尼 R1 作用,使主阀芯上下腔产生压力差,致使主阀芯克服弹簧力上移,主阀口开启。主阀芯向上位移使反馈弹簧 4 受压缩,当反馈弹簧力与先导阀芯上端电磁吸力相等时,先导阀芯和主阀芯受力平衡,主阀阀口大小与输入电流大小成比例。改变输入电流大小,即可改变阀口大小,在系统中起节流调速作用。

此种阀的特点是:输入电流为零时,阀口是关闭的;主阀的位移量不受比例电磁铁行程的限制,阀口开度可以设计得较大,即阀的通流能力较大。

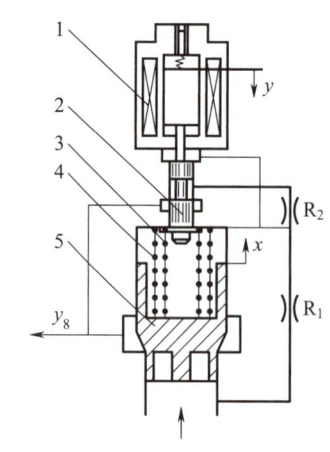

1—比例电磁铁;2—先导阀芯;3—复位弹簧;
4—反馈弹簧;5—主阀芯。

图 E-4-1-3　电液比例二通节流阀结构

(三)比例方向阀工作原理

电液比例方向阀的结构如图 E-4-1-4 所示,由前置级(电液比例双向减压阀)和放大级(液动比例双向节流阀)两部分组成。前置级由比例电磁铁 4 或 8 控制双向减压阀阀芯 1 位移。当比例电磁铁 4 或 8 输入电流时,减压阀阀芯移动,减压开口一定,经阀口减压后得到稳定的控制压力。放大级由阀体,主阀芯 5,左右端盖,阻尼螺钉 6、7 和弹簧等零件组成。控制压力油经阻尼孔作用在主阀芯的端面时,液压力将克服弹簧力使阀芯移动,开启阀口,沟通油道。主阀开口大小取决于输入电流的大小。

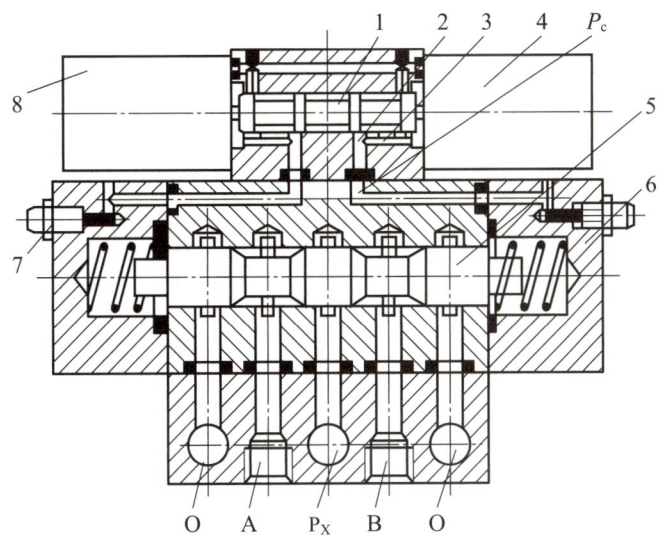

1—双向减压阀阀芯；2、3—流道；4、8—比例电磁铁；5—主阀芯；6、7—阻尼螺钉。

图 E-4-1-4 电液比例方向阀结构

该阀通过改变比例电磁铁的输入电流,不仅可以改变阀的工作液流方向,而且可以控制阀口大小实现流量调节,即具有换向、节流复合功能。

（四）比例控制回路

比例溢流阀调压控制回路及电气控制原理图如图 E-4-1-5 所示。按下按钮 SB2 或 SB3,可调节比例溢流阀的输入电压,从而实现比例溢流阀阀口开度的调节,进而实现控制回路压力的调节。按下按钮 SB7 可实现电压变化幅值的切换。

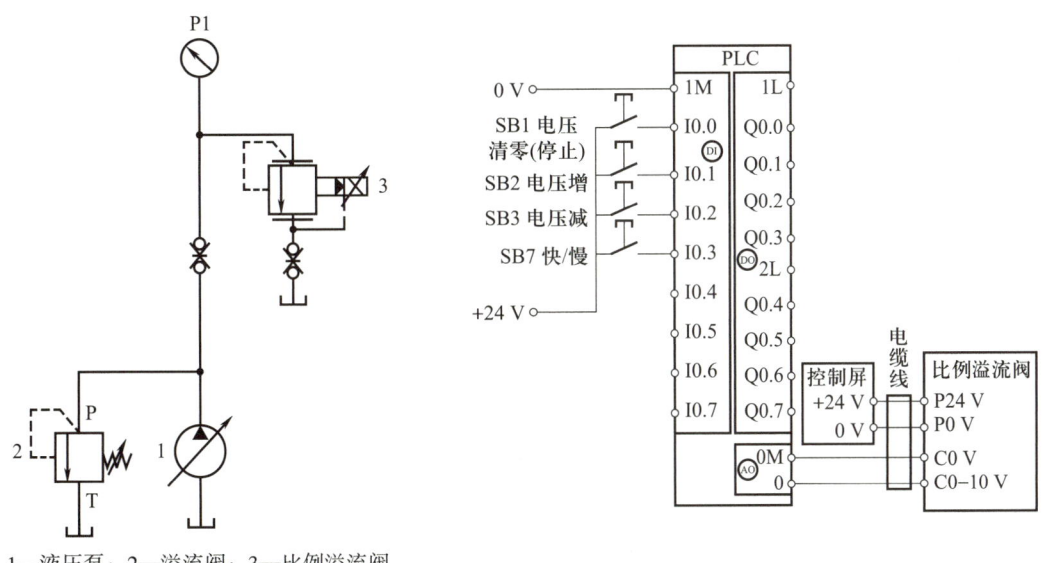

1—液压泵；2—溢流阀；3—比例溢流阀。

(a) 调压控制回路　　　　　　　　　(b) 电气控制原理图

图 E-4-1-5 比例溢流阀调压控制回路及电气控制原理图

比例方向阀控制换向回路及电气控制原理图如图 E-4-1-6 所示。按下按钮 SB2 或 SB3,可调节比例换向阀的输入电压,从而实现比例换向阀阀芯位移的调节,进而实现回路的方向控制。按下按钮 SB7 可实现电压变化幅值的切换。

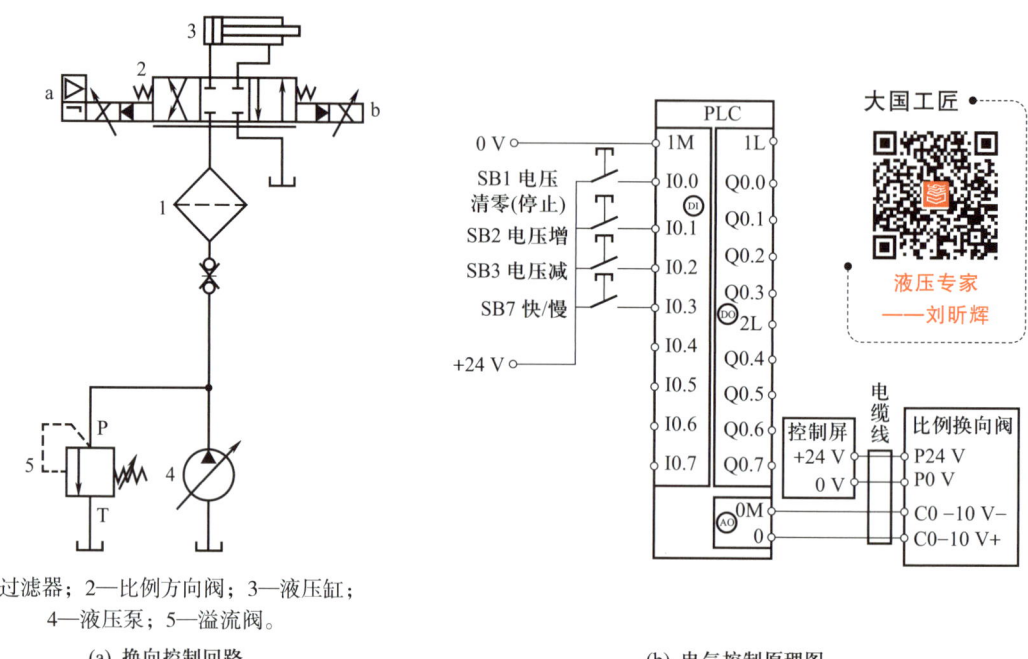

1—过滤器；2—比例方向阀；3—液压缸；
4—液压泵；5—溢流阀。

(a) 换向控制回路　　　　　　(b) 电气控制原理图

图 E-4-1-6　比例方向阀控制换向回路及电气控制原理图

比例调速阀控制回路如图 E-4-1-7 所示,通过调节比例调速阀的输入电流,可调节比例调速阀的阀口开度,进而实现回路调速。

四、能力训练

（一）操作条件

准备好模块化液压综合操作设备、比例溢流阀、液压泵泵站、快速接头的胶管、实验导线等。

（二）安全及注意事项

1. 工作前须戴好全胶手套。

2. 熟悉模块化液压综合操作设备的使用,掌握设备开机及关机步骤。

3. 应根据回路紧凑、油液流经顺序、管道损失最小的原则提前设计各液压元件在操作设备上的安装位置。

4. 在模块化液压综合操作设备上安装液压元件时,须轻拿轻放,避免损坏液压元件。

5. 在模块化液压综合操作设备上安装液压元件

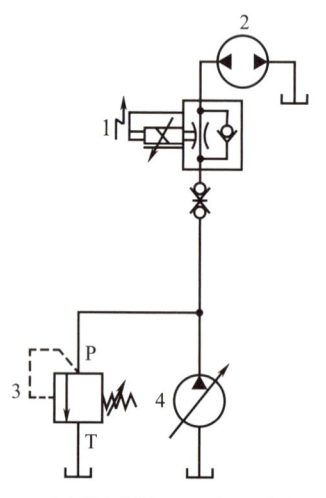

1—比例调速阀；2—液压马达；
3—溢流阀；4—液压泵。

图 E-4-1-7　比例调速阀控制回路

时,需首先将元件上卡扣摁下,等元件下卡扣放置在设备 T 形导轨槽内后,再将元件的上卡扣松开。

6. 在连接液压元件时,须首先将快速接头提起,对准液压元件接口后再迅速放下。

7. 连接导线及具体操作回路时,确保用电安全。

(三)操作过程

工序	步骤	操作方法及说明	质量标准
比例溢流调压控制回路	准备工作	操作方法及质量标准参考"工作任务　A-1　核心能力二　理解液压传动技术的组成及应用特点"中的"四、能力训练(三)操作过程"。 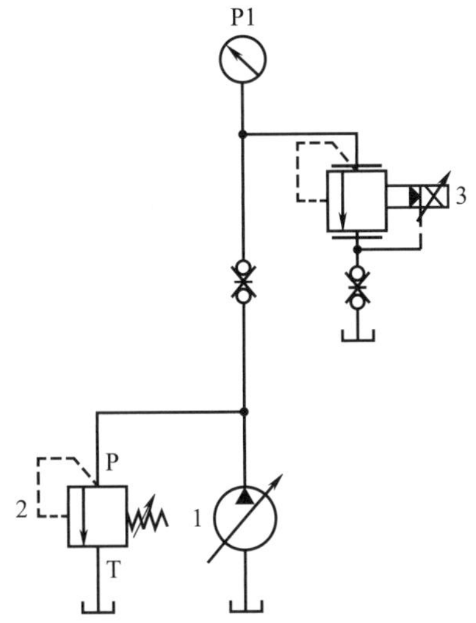 1—液压泵　2—溢流阀　3—比例溢流阀。 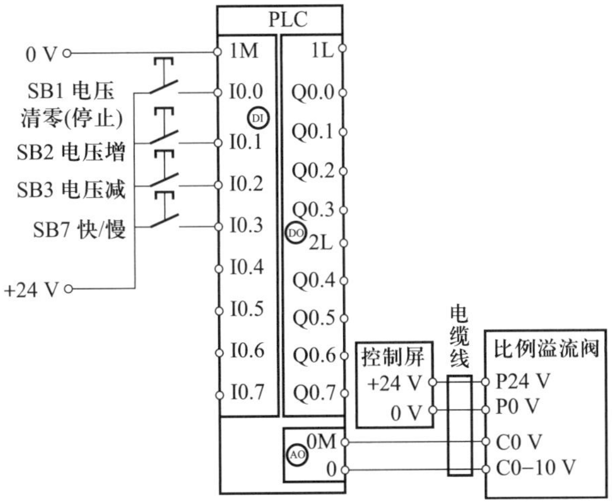 	
	回路搭建	1. 选取模块化液压综合操作设备,并检查设备电源控制部分等与比例溢流调压控制回路控制要求是否匹配。	设备功能要能满足比例溢流调压控制回路搭建及操作实现功能。

173

续表

工序	步骤	操作方法及说明	质量标准
比例溢流调压控制回路	回路搭建	2. 根据比例溢流调压控制回路所需,选择适宜型号的液压泵、快速接头的胶管、比例溢流阀等液压元件。 	功能达到比例溢流调压控制回路的换向需求。正确选取液压泵(1个)、比例溢流阀、快速接头的胶管(2根)、压力表(1个)、油箱(1个)。
		3. 在设备上设计各液压元件的安装位置。 	按照回路紧凑、油液流经顺序、管道损失最小的原则,设计各元件在设备上的安装位置。
		4. 安装液压元件的操作方法及质量标准参考"工作任务 A-1　核心能力二　理解液压传动技术的组成及应用特点"中的"四、能力训练(三)操作过程"。	
		5. 用快速接头的胶管连接各液压元件: (1)用一根胶管从液压泵六通出口之一接出,连接比例溢流阀 P 口。 	(1)操作时首先将胶管的快速接头提起,然后对准液压元件接口后再迅速放下。

续表

工序	步骤	操作方法及说明	质量标准
比例溢流调压控制回路	回路搭建	（2）用一根胶管从比例溢流阀 T 口接出，连接回油箱。 （3）将压力表安装在液压泵六通出口剩余接口中的任一个上。 	（2）油路选用的胶管长度合适，无过长或过短的问题。 （3）胶管与液压元件连接牢固，无松动或脱落现象，且连接好的胶管无打结、叠加现象（降低局部压力损失）。
		6. 连接导线： （1）用一根导线从 DC0 V 端子接出，连接到 PLC 的 1M 公共端。 	红色导线接正极，黑色导线接负极，且导线连接正确。

续表

工序	步骤	操作方法及说明	质量标准
比例溢流调压控制回路	回路搭建	（2）用一根导线从 DC24 V"+"端子接出，连接到按钮开关 SB1 的公共端。 （3）用一根导线从按钮开关 SB1 的另一端接出，连接到 PLC 数字量输入接口的 I0.0 端子。 （4）用一根导线从 DC24 V"+"端子接出，连接到按钮开关 SB2 的公共端。 （5）用一根导线从按钮开关 SB2 的另一端接出，连接到 PLC 数字量输入接口的 I0.1 端子。 	

工序	步骤	操作方法及说明	质量标准
比例溢流调压控制回路	回路搭建	（6）用一根导线从 DC24 V "+" 端子接出，连接到按钮开关 SB3 的公共端。 （7）用一根导线从按钮开关 SB3 的另一端接出，连接到 PLC 数字量输入接口的 I0.2 端子。 （8）用一根导线从 DC24 V "+" 端子接出，连接到按钮 SB7 的公共端。 （9）用一根导线从按钮 SB7 的另一端接出，连接到 PLC 数字量输入接口的 I0.2 口。 	

工序	步骤	操作方法及说明	质量标准
比例溢流调压控制回路	回路搭建	（10）用一根导线从 DC24 V "+" 端子接出，连接到比例溢流阀 P24 V 端子。 （11）用一根导线从 DC0 V 接出，连接到比例溢流阀 P0 V 端子。 （12）用一根导线从 PLC 模拟量输出接口 0M 接出，连接到比例溢流阀 C0 V 端子。 （13）用一根导线从 PLC 模拟量输出接口 0M 接出，连接到比例溢流阀 C0~10 V 接口。 	

续表

工序	步骤	操作方法及说明	质量标准
比例溢流调压控制回路	回路搭建	7. PLC 模块连接及程序调试： （1）用一根网线两端分别连接 PLC 网口和计算机网口。 （2）闭合 PLC 电源开关。 （3）打开提前安装好的 PLC200smart 软件，并打开比例溢流阀程序，点击下载，点击通信接口，找到 PLC 的地址，双击此地址，点击下载，将程序下载到 PLC 中，然后点击 RUN 运行。	确保计算机与 PLC 连通，保证程序能够下载到 PLC。
		实训台控制面板操作方法及质量标准参考"工作任务 A-1　核心能力二　理解液压传动技术的组成及应用特点"中的"四、能力训练（三）操作过程"。	
	回路操作	（1）逆时针旋转液压泵站上的直动式溢流阀至最大开启状态。 （2）启动液压泵，顺时针旋转液压泵站上的直动式溢流阀使压力到达 3~4 MPa。 （3）按一下按钮 SB1，实现电压清零。 （4）不断按下电压增加按钮 SB2，观察压力表，会发现压力在不断降低；反之，不断按下电压减按钮 SB3，观察压力表，会发现压力在不断升高。	注意观察压力表读数变化。

工序	步骤	操作方法及说明	质量标准
比例溢流调压控制回路	回路操作	（5）要改变电压变幅值,可按下按钮开关 SB7,进行电压每步幅值的切换。	
	结束工作	操作方法及质量标准参考"工作任务 A-1　核心能力二　理解液压传动技术的组成及应用特点"中的"四、能力训练（三）操作过程"。	

（四）学习结果评价

序号	评价内容	评价标准	评价结果
1	识读和绘制比例阀图形符号及比例溢流阀调压控制回路原理图	能正确识读和绘制比例阀图形符号。 能根据工作需要,正确识读和绘制比例溢流阀和比例溢流阀调压控制回路原理图。	

续表

序号	评价内容	评价标准	评价结果
2	选用比例换向阀组建比例溢流阀调压控制回路	能完成设备、液压元件及油箱内油液状况的检查工作。 能正确选用相应液压元件。 能按照回路搭建紧凑、油液流经顺序及管道损失最小的原则设计各液压元件安装位置。 能正确安装各液压元件。 能正确连接各液压元件和导线。	
3	分析和操控比例溢流调压控制回路	能正确操作设备各控制面板。 能正确操作比例溢流调压控制回路中的比例溢流阀及其他液压元件。 能准确实现比例换向动作。 能正确拆卸液压元件并进行元件清点。 能按照设备清洁规程完成清场工作。 能及时并正确填写实训设备使用记录。	
4	比例溢流调压控制回路常见故障的排除	能正确分析及排除比例溢流阀及比例溢流阀调压控制回路中的电气故障。 能正确分析及排除比例溢流阀及比例溢流阀调压控制回路中的机械故障。	

工作任务 E-5　叠加阀的选用及叠加回路的设计与调试

核心能力　正确选用叠加阀及设计、调试叠加回路

一、核心概念

　　叠加阀：是一种可以互相叠装的液压阀。它以板式阀为基础，每个叠加阀不仅起到单个阀的功能，而且还能沟通阀与阀的流道。

二、学习目标

　　1. 能识读各种叠加阀工作原理并绘制其图形符号。
　　2. 能根据工作需要选用不同类型的叠加阀并组建叠加回路。
　　3. 能根据工作所需分析并操控叠加回路。
　　4. 能排除叠加回路常见故障。
　　5. 能理解技术的革新历程，树立探究实践的科学精神。

三、基本知识

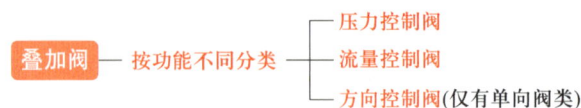

（一）叠加阀结构分析

由叠加阀组成的叠加阀组及其液压回路如图 E-5-1-1 所示，电磁换向阀安装在最上方，对外连接油口开在最下边的底板上，其他的阀通过螺栓连接在换向阀和底板之间。一个叠加阀组一般控制一个执行元件。如系统中有几个执行元件需要集中控制，可将几个叠加阀组竖立并排安装在多联底板块上。

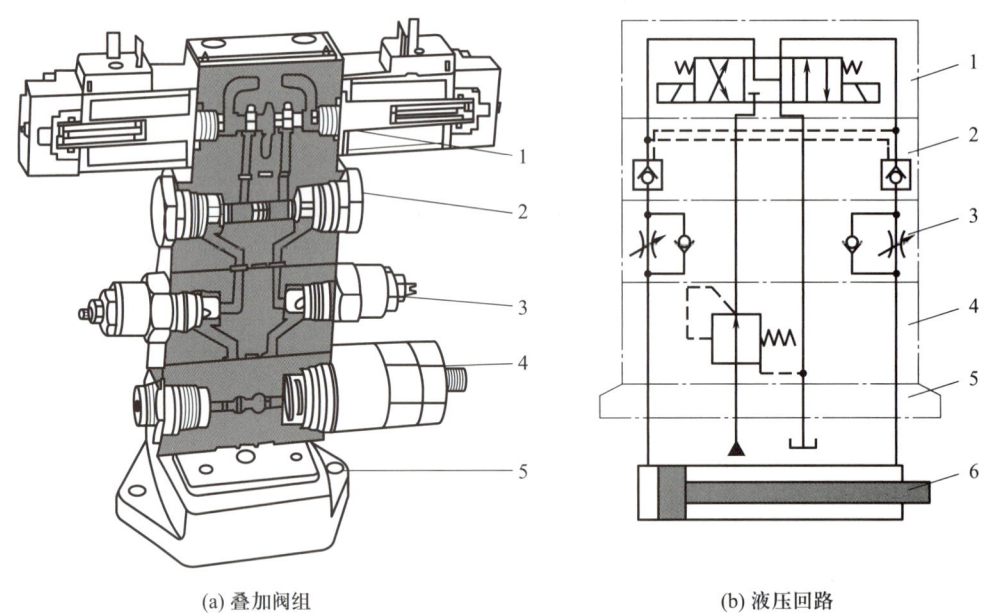

(a) 叠加阀组　　　　　　　　　　　　　　　　　　　(b) 液压回路

1—电磁换向阀；2—液控单向阀；3—单向节流阀；4—减压阀；5—底板；6—液压缸。

图 E-5-1-1　由叠加阀组成的叠加阀组及其液压回路

叠加阀中各元件之间无管连接，因而结构紧凑，安装及装配周期短。叠加阀选用标准化元件，设计中仅需按工艺要求绘制液压系统原理图，即可进行组装，因而设计工作量小，目前已广泛应用于冶金、机床、工程机械等领域。

叠加式溢流阀的结构和图形符号如图 E-5-1-2 所示，它由主阀和先导阀两大部分组成，其中先导阀为锥阀，主阀为锥阀式单向阀。其工作原理是：液压油由主阀阀芯右端的进油口 P 进入 e 腔，依次经阀芯上阻尼孔 d、主阀阀芯 6 左端 b 腔、小孔 a 作用于锥阀阀芯 3 上。当系统压力高于溢流阀的调定压力时，锥阀阀芯 3 打开，b 腔的油液经锥阀口及孔 c 由出油口 T 流回油箱。主阀阀芯 6 右腔的油经阻尼孔向左流动，于是主阀阀芯的两端油液产生压差，此压差使主阀阀芯克服主阀弹簧 5 的预压力而左移，主阀阀口打开，实现了至出油口 T 的溢流。调节弹簧锥阀 2 便可调节溢流阀的溢流压力。

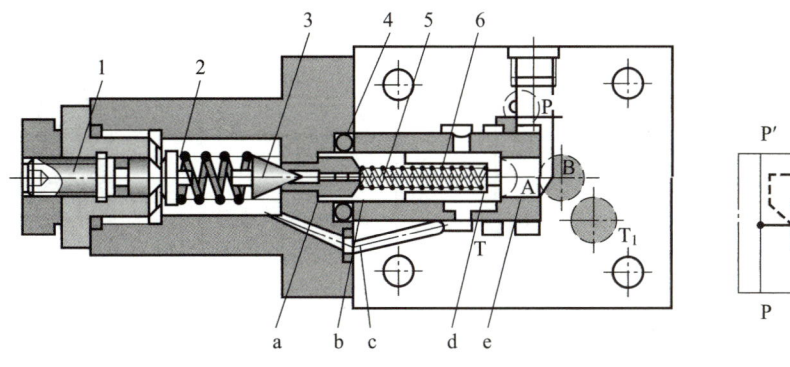 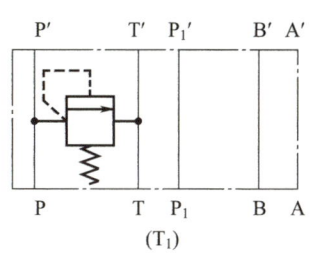

1—推杆；2—锥阀弹簧；3—锥阀阀芯；4—阀座；5—主阀弹簧；6—主阀阀芯。

(a) 结构　　　　　　　　　　　　　　　　　(b) 图形符号

图 E-5-1-2　叠加式溢流阀

（二）叠加阀的应用举例

利用双联泵实现的执行元件快上、慢上、快下三种动作的液压系统原理图如图 E-5-1-3a 所示，可实现相同功能的叠加回路原理图如图 E-5-1-3b 所示，通过对比可以发现，用叠加阀组成的液压回路结构更加紧凑，系统组装更加方便。

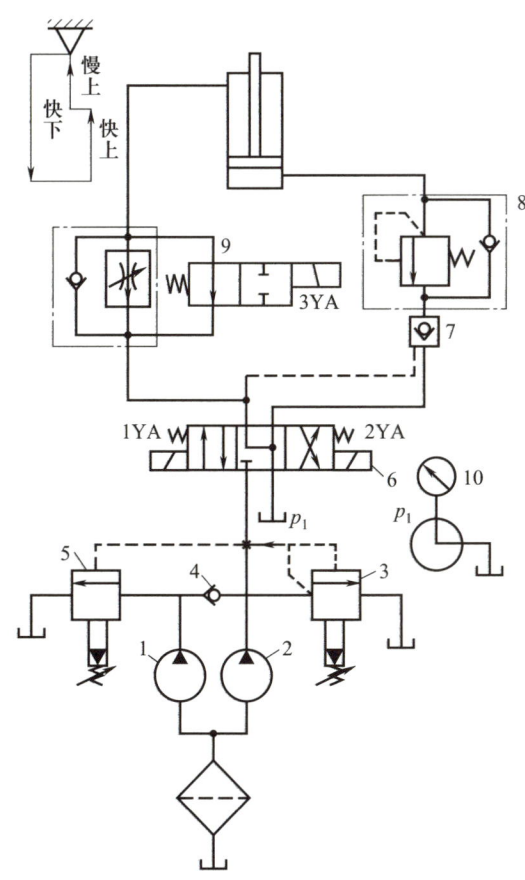

1、2—双联泵；3—溢流阀；4—单向阀；5—卸荷阀；6—电磁换向阀；7—液控单向阀；
8—单向顺序阀；9—换向阀；10—压力表。

(a) 利用双联泵组成的液压系统原理图

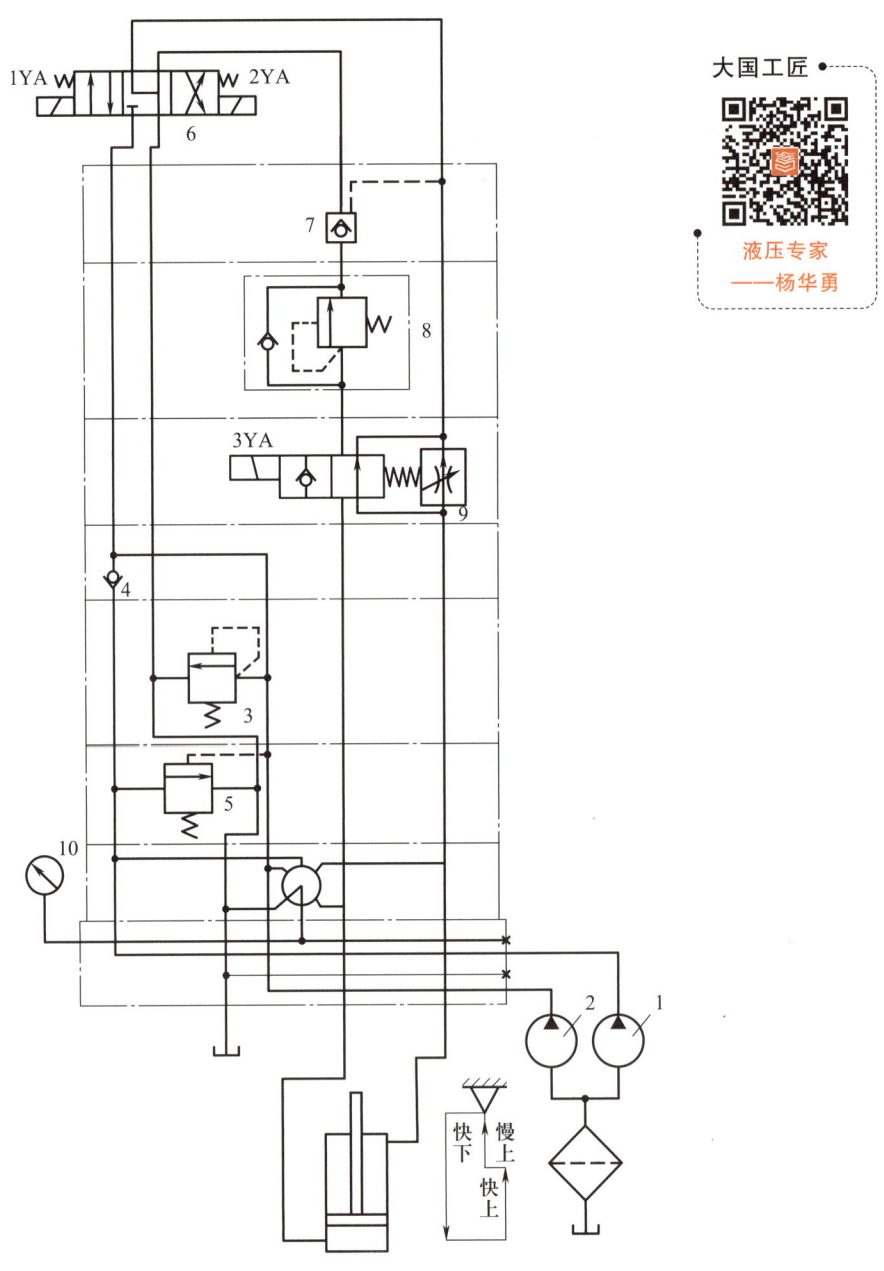

大国工匠

液压专家
——杨华勇

1、2—双联泵；3—溢流阀；4—单向阀；5—卸荷阀；6—电磁换向阀；7—液控单向阀；
8—单向顺序阀；9—换向阀；10—压力表。

(b) 叠加回路原理图

图 E-5-1-3 叠加阀的应用举例

（三）叠加回路

1. 单级调压回路

在泵站出口处接叠加式溢流阀，即可组成单级调压回路，如图 E-5-1-4 所示。调节叠加式溢流阀 1 的压力，即可改变泵的输出压力。当溢流阀的调定压力确定后，液压泵就在溢流阀的调定压力下工作，从而实现对液压系统调压和稳压控制。

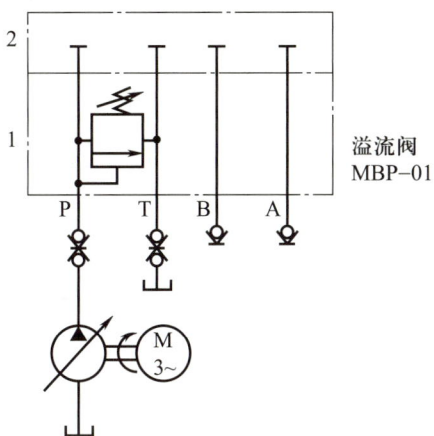

1—叠加式溢流阀；2—叠加式顶板。

图 E-5-1-4　单级调压回路

2. 叠加减压回路

叠加减压回路如图 E-5-1-5 所示，液压泵供油最高压力由电磁溢流阀根据主油路的需要来调节。油路经叠加式减压阀 1 后，若要使负载获得较低的压力，则可由叠加式减压阀 1 调节，并可保持压力恒定。

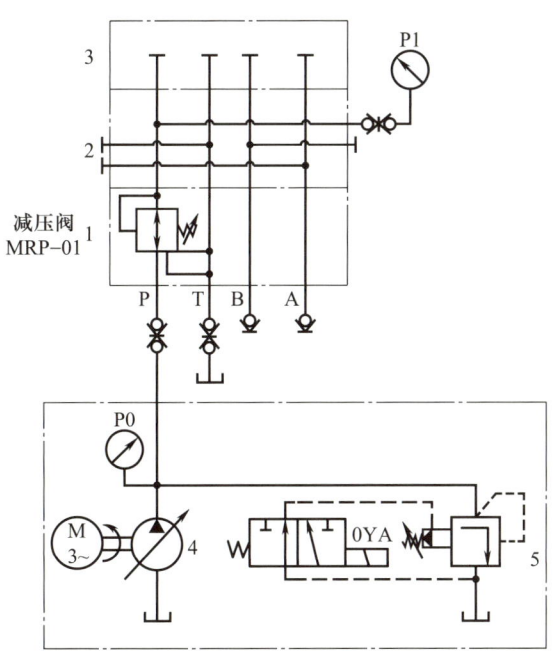

1—叠加式减压阀；2—压力表连接板；3—叠加式顶板；4—变量叶片泵；5—泵站电磁溢流阀；
P0—泵站耐震压力表；P1—压力表。

图 E-5-1-5　叠加减压回路

3. 叠加顺序动作回路

叠加式顺序阀控制顺序动作回路如图 E-5-1-6a 所示，叠加式顺序阀控制原理图如图 E-5-1-6b 所示,按下按钮 SB1,电磁铁 1YA、3YA 通电,液压缸 5 活塞杆伸出,到达终点后,回路中压力升高,叠加式顺序阀 3 接通,液压缸 6 工作,其活塞杆右行到终点,完成两液压缸顺序伸出动作。按下按钮 SB2,再按下按钮 SB3,两液压缸活塞杆缩回。

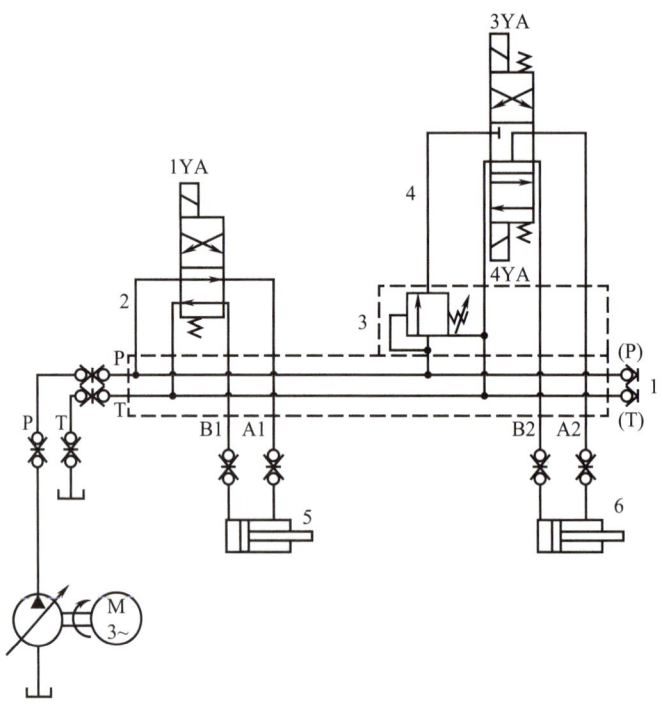

1—叠加阀基础板；2—二位四通电磁换向阀；3—叠加式顺序阀；4—三位四通电磁换向阀；5、6—液压缸。

(a) 叠加式顺序阀控制顺序动作回路

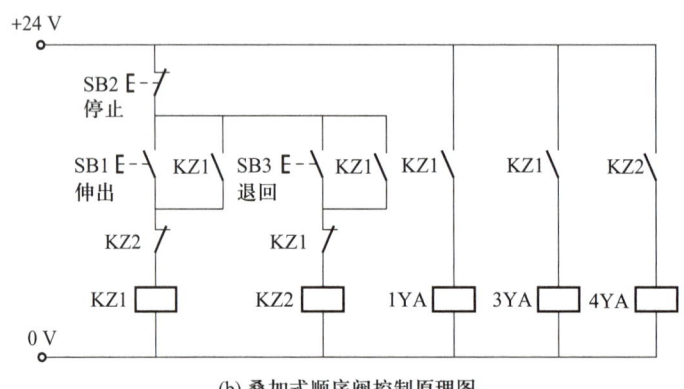

(b) 叠加式顺序阀控制原理图

图 E-5-1-6　叠加顺序动作回路

四、能力训练

（一）操作条件

准备好模块化液压综合操作设备、叠加阀基础板、二位四通电磁换向阀、液压泵泵站、液压缸、快速接头的胶管、实验导线等。

（二）安全及注意事项

1. 工作前须戴好全胶手套。

2. 熟悉模块化液压综合操作设备的使用,掌握设备开机及关机步骤。

3. 应根据回路紧凑、油液流经顺序、管道损失最小的原则提前设计各液压元件在操作设备上的安装位置。

4. 在模块化液压综合操作设备上安装液压元件时,须轻拿轻放,避免损坏液压元件。

5. 在模块化液压综合操作设备上安装液压元件时,须首先将元件上卡扣摁下,等元件下卡扣放置在设备 T 形导轨槽内后,再将元件的上卡扣松开。

6. 在连接液压元件时,需首先将快速接头提起,对准液压元件接口后再迅速放下。

7. 连接导线及具体操作回路时,确保用电安全。

（三）操作过程

工序	步骤	操作方法及说明	质量标准
叠加阀换向控制回路	准备工作	操作方法及质量标准参考"工作任务 A-1　核心能力二　理解液压传动技术的组成及应用特点"中的"四、能力训练（三）操作过程"。 	
	回路搭建	1. 选取模块化液压综合操作设备,并检查设备电源控制部分等与叠加阀换向控制回路控制要求是否匹配。	设备功能要能满足叠加阀换向控制回路搭建及操作实现功能。

续表

工序	步骤	操作方法及说明	质量标准
叠加阀换向控制回路	回路搭建	2. 根据叠加阀换向控制回路所需,选择适宜型号的液压泵、液压缸、快速接头的胶管、叠加阀基础板、二位四通电磁换向阀等液压元件。	功能达到叠加阀换向控制回路的换向需求。正确选取液压泵(1个)、二位四通电磁换向阀(1个)、液压缸(1个)、快速接头的胶管(4根)、油箱(1个)。
		3. 在设备上设计各液压元件的安装位置。	按照回路紧凑、油液流经顺序、管道损失最小的原则,设计各元件在设备上的安装位置。
		4. 安装液压元件的操作方法及质量标准参考"工作任务 A-1　核心能力二　理解液压传动技术的组成和应用特点"中的"四、能力训练(三)操作过程"。	
		5. 用快速接头的胶管连接各液压元件: (1)用一根胶管从液压泵六通出口之一接出,连接叠加阀基础板 P 口。	(1)操作时首先将胶管的快速接头提起,然后对准液压元件接口后再迅速放下。

工序	步骤	操作方法及说明	质量标准
叠加阀换向控制回路	回路搭建	（2）用一根胶管从叠加阀基础板 A 口接出，连接液压缸有杆腔。 （3）用一根胶管从液压缸无杆腔接出，连接叠加阀基础板 B 口。 （4）用一根胶管从叠加阀基础板 T 口接出，连接回油箱。 	（2）油路选用的胶管长度合适，无过长或过短的问题。 （3）胶管与液压元件连接牢固，无松动或脱落现象，且连接好的胶管无打结、叠加现象（降低局部压力损失）。 ◎元件各阀口布局及简图 叠加阀基础板阀口布局 叠加阀基础板简图 叠加阀顶板布局 叠加阀顶板简图
	回路操作	实训台控制面板操作方法及质量标准参考"工作任务 A-1　核心能力二　理解液压传动技术的组成及应用特点"中的"四、能力训练（三）操作过程"。 （1）逆时针旋转液压泵站上的直动式溢流阀至最大开启状态。	

续表

工序	步骤	操作方法及说明	质量标准
叠加阀换向控制回路	回路操作	（2）启动液压泵，顺时针旋转液压泵站上的直动式溢流阀使压力到达 3～4 MPa。 （3）闭合按钮开关 SB1，二位四通电磁换向阀切换到上位，液压泵供给的油液经电磁换向阀上位、叠加阀基础板到达执行元件液压缸的无杆腔，执行元件液压缸活塞杆伸出。 （4）断开按钮 SB2，二位四通电磁换向阀切换到下位，液压泵供给的油液经电磁换向阀下位、叠加阀基础板到达执行元件液压缸的有杆腔，执行元件液压缸活塞杆缩回。 	闭合按钮 SB1，活塞杆伸出；断开按钮 SB1，活塞杆缩回。
	结束工作	操作方法及质量标准参考"工作任务 A-1　核心能力二　理解液压传动技术的组成和应用特点"中的"四、能力训练（三）操作过程"。	

（四）学习结果评价

序号	评价内容	评价标准	评价结果
1	识读和绘制叠加阀图形符号及叠加阀换向控制回路原理图	能正确识读和绘制叠加阀图形符号。 能根据工作需要，正确识读和绘制叠加阀换向控制回路原理图。	

续表

序号	评价内容	评价标准	评价结果
2	选用叠加阀组建换向控制回路	能完成设备、液压元件及油箱内油液状况的检查工作。 能正确选用相应液压元件。 能按照回路搭建紧凑、油液流经顺序及管道损失最小的原则设计各液压元件安装位置。 能正确安装各液压元件。 能正确连接各液压元件和导线。	
3	分析和操控叠加阀换向控制回路	能正确操作设备各控制面板。 能正确操作叠加阀换向控制回路中的叠加阀及其他液压元件。 能准确实现预定动作。 能正确拆卸液压元件并进行元件清点。 能按照设备清洁规程完成清场工作。 能及时并正确填写实训设备使用记录。	
4	叠加阀换向控制回路常见故障的排除	能正确分析及排除叠加阀换向控制回路中的电气故障。 能正确分析及排除叠加阀换向控制回路中的机械故障。 能正确分析及排除叠加阀换向控制回路的系统故障。	

工作任务 E-6　插装阀的选用及插装回路的设计与调试

核心能力　正确选用插装阀及设计、调试插装回路

一、核心概念

插装阀：是将插装阀基本组件（阀芯、阀套、弹簧和密封圈）插入特定加工的阀块，再配以盖板和不同的先导阀组成的一种多功能的复合阀。

二、学习目标

1. 能识读各种插装阀工作原理并绘制其图形符号。
2. 能根据工作需要选用不同类型的插装阀并组建插装回路。
3. 能根据工作所需分析并操控插装回路。
4. 能排除插装回路常见故障。

5. 能理解技术的革新历程,树立发散思维、大胆创新的科学精神。

三、基本知识

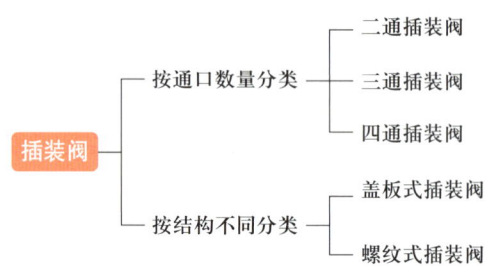

（一）插装阀结构及工作原理分析

下面以盖板式二通插装阀为例,对插装阀的结构进行分析。盖板式二通插装阀结构如图 E-6-1-1 所示,它主要由插装件和控制盖板两部分构成。其中插装件由阀套 1、阀芯 2 和弹簧 3 以及密封件等组成,它有多种面积比和弹簧刚度,主要功能是控制主油路中油流的方向、压力和流量。控制盖板 4 内加工有各种控制油道,与先导控制阀组合后可以控制插装件的工作状态。先导控制阀采用小通径电磁滑阀或球阀,通过电信号或其他信号控制插装阀的启闭,从而实现各种控制功能。

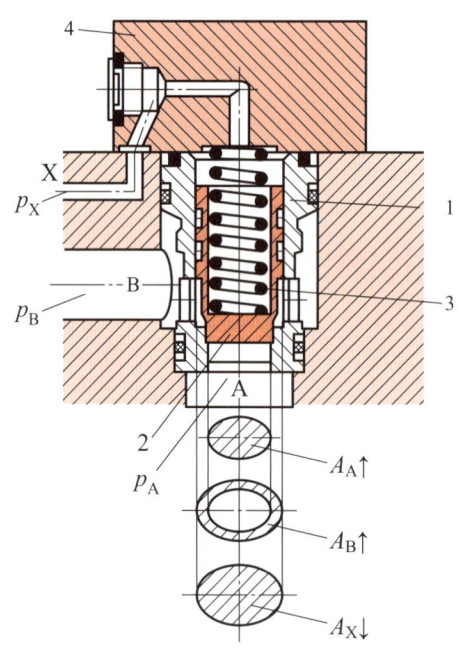

1—阀套；2—阀芯；3—弹簧；4—控制盖板。

图 E-6-1-1　盖板式二通插装阀结构

下面对其工作原理进行分析。图 E-6-1-1 中 A、B 为主油路通口,X 为控制油路通口。设 A、B、X 油口的压力及其作用面积分别为 p_A、p_B、p_X 和 A_A、A_B、A_X,$A_X=A_A+A_B$,F_s 为弹簧作用力。如不考虑阀芯的质量、液动力和摩擦力等的影响,则:

当 $p_A A_A + p_B A_B > p_X A_X + F_s$ 时，阀芯开启，油路 A、B 接通；当 $p_A A_A + p_B A_B < p_X A_X + F_s$ 时，阀芯关闭，A、B 不通。可见，只要改变控制油口 X 的压力 p_X 就可以控制油口 A、B 的通断。因此，插装阀通过不同的控制盖板与各种先导阀组合，便可构成方向控制阀、压力控制阀和流量控制阀。

ISO1219—2—2012 规定了插装阀的图形符号。但各厂商都仍沿用着各自的图形符号。部分 TJ 型插装件图形符号可见表 E-6-1-1。

表 E-6-1-1　部分 TJ 型插装件图形符号

插装件类型	图形符号	用途
基本型插装件	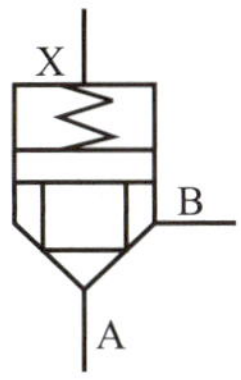	用于方向控制
阀芯带阻尼孔的插装件	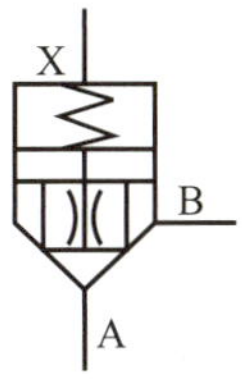	用于方向及压力控制；也可用于 B→A 单向阀
阀芯带 2 或 4 个三角形节流窗口尾部的插装件		用于方向及流量控制

（二）插装阀的应用

（1）插装阀作方向控制阀

插装阀用作方向控制阀举例如图 E-6-1-2 所示。图 E-6-1-2a 所示为单向阀。当 $p_A > p_B$ 时，阀芯关闭，A、B 不通；而当 $p_B > p_A$ 时，阀芯开启，油液可从 B 流向 A。

图 E-6-1-2b 所示为插装阀用作二位三通阀。当电磁铁断电时，A、T 接通；电磁铁通电时，A、P 接通。

图 E-6-1-2c 所示为插装阀用作二位二通阀。当电磁铁断电时，阀芯开启，A、B 接通；电磁铁通电时，阀芯关闭，A→B 不通、B→A 可通，相当于一个单向阀。

图 E-6-1-2d 所示为插装阀用作二位四通阀。电磁铁断电时，P 和 B 接通、A 和 T 接通；电磁铁通电时，P 和 A 接通、B 和 T 接通。

（2）插装阀作压力控制阀

对插装阀的控制腔 X 的压力进行控制，便可构成压力控制阀。插装阀用作压力控制阀举例如图 E-6-1-3 所示。

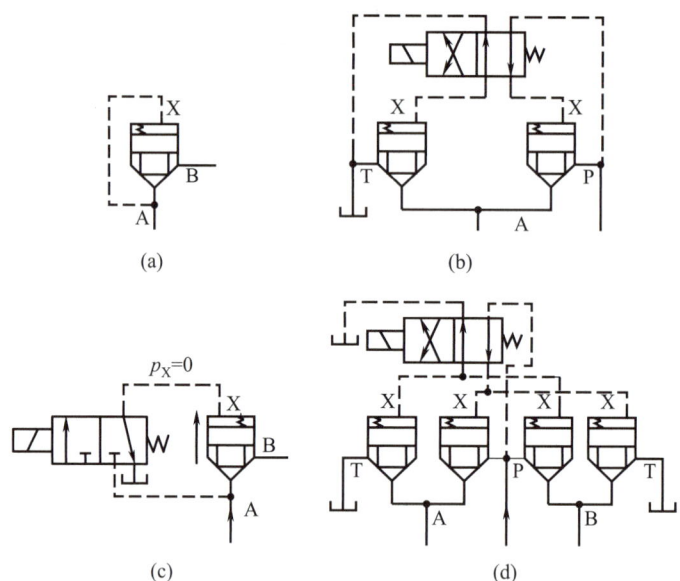

图 E-6-1-2　插装阀作方向控制阀举例

图 E-6-1-3a 所示为压力控制阀,如 B 接油箱,则插装阀起溢流阀作用;B 接另一油口,则插装阀起顺序阀作用。

图 E-6-1-3b 所示为压力控制阀,用常开式滑阀阀芯作减压阀,B 为一次压力油 p_1 进口,A 为出口。由于控制油取自 A 口,因而能得到恒定的二次压力 p_2,故这里的插装阀用作减压阀。

图 E-6-1-3c 所示为压力控制阀,插装阀的控制腔再接一个二位二通电磁阀,当电磁铁通电时,插装阀便用作卸荷阀。

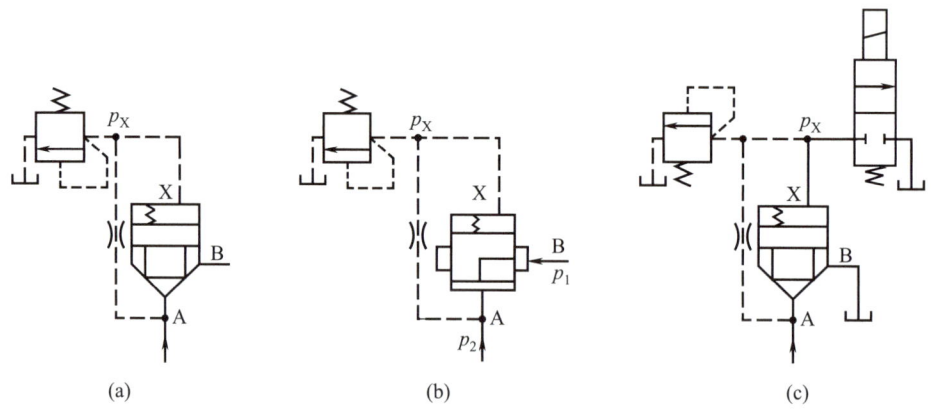

图 E-6-1-3　插装阀作压力控制阀举例

（3）插装阀作流量控制阀

插装阀用作流量控制阀举例如图 E-6-1-4 所示,图 E-6-1-4a 所示为插装阀用作节流阀,图 E-6-1-4b 所示为插装阀用作调速阀。

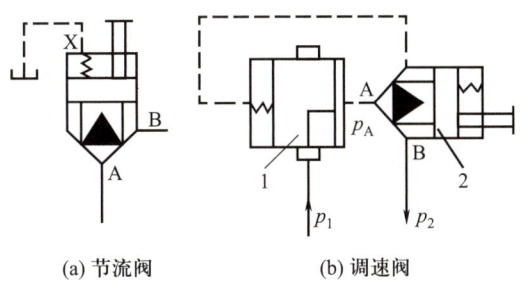

(a) 节流阀　　　　　　(b) 调速阀

1—定差减压阀；2—节流阀。

图 E-6-1-4　插装阀作流量控制阀举例

（三）插装回路

1. 方向控制插装回路

插装阀可与二位三通、二位四通电磁换向阀一起对液压缸进行控制。如图 E-6-1-5 所示，当二位三通电磁换向阀 3 的电磁铁 DT1 断电时，方向控制插装阀 4 的 X 口接油箱，此时通过控制二位四通电磁换向阀 2 可实现液压缸换位；液压缸活塞杆伸出或缩回过程中，如果二位三通电磁换向阀 3 的电磁铁 DT1 通电，则方向控制插装阀 4 的 X 口和 A1 接通，液压缸活塞杆停止动作。

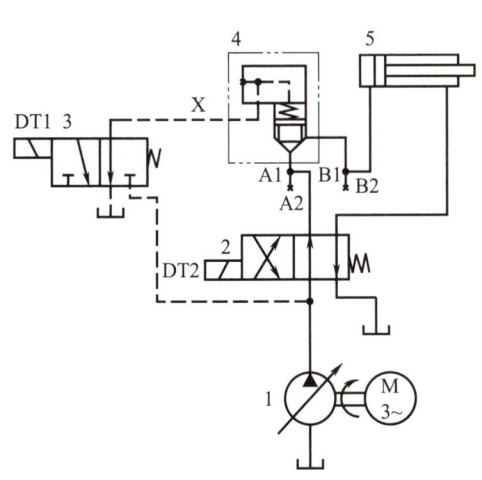

1—液压泵；2—二位四通电磁换向阀；
3—二位三通电磁换向阀；4—方向控制插装阀；
5—液压缸。

图 E-6-1-5　方向控制插装回路

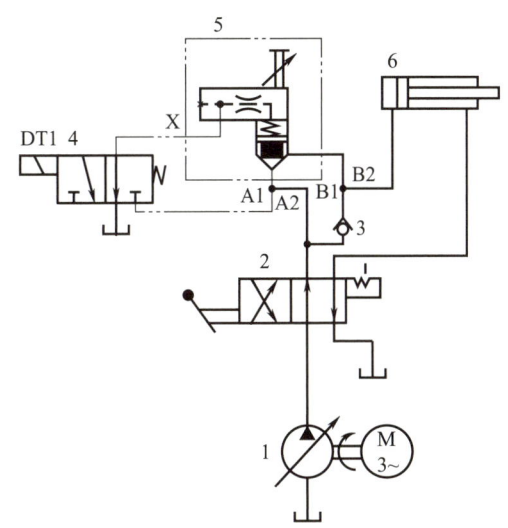

1—液压泵；2—二位四通手动换向阀；3—单向阀；
4—二位三通电磁换向阀；5—流量插装阀；6—液压缸。

图 E-6-1-6　进油节流调速回路

2. 流量插装回路

流量插装阀与其他类型阀一起可组成进油节流调速回路、双向进油节流调速回路等。

图 E-6-1-6 所示为进油节流调速回路，当二位三通换向阀 4 的电磁铁 DT1 断电时，流量插装阀 5 的 X 口与油箱相通，此时调节流量插装阀 5 可调节液压缸 6 的活塞杆伸出速度；当二位三通换向阀 4 的电磁铁 DT1 通电时，流量插装阀 5 的 X 口与 A1 相通，液压缸活塞杆停止动作。

四、能力训练

（一）操作条件

准备好模块化液压综合操作设备、方向控制插装阀、液压泵泵站、液压缸、快速接头的胶管、实验导线等。

（二）安全及注意事项

1. 工作前须戴好全胶手套。

2. 熟悉模块化液压综合操作设备的使用,掌握设备开机及关机步骤。

3. 安装位置应根据回路紧凑、油液流经顺序、管道损失最小的原则提前设计各液压元件在操作设备上的安装位置。

4. 在模块化液压综合操作设备上安装液压元件时,须轻拿轻放,避免损坏液压元件。

5. 在模块化液压综合操作设备上安装液压元件时,须首先将元件上卡扣摁下,等元件下卡扣放置在设备 T 形导轨槽内后,再将元件的上卡扣松开。

6. 连接液压元件时,需首先将快速接头提起,对准液压元件接口后再迅速放下。

7. 连接导线及具体操作回路时,确保用电安全。

（三）操作过程

工序	步骤	操作方法及说明	质量标准
方向控制插装阀换向回路	准备工作	操作方法及质量标准参考"工作任务 A-1　核心能力二　理解液压传动技术的组成及应用特点"中的"四、能力训练（三）操作过程"。 1—液压泵;2—二位四通电磁换向阀;3—二位三通电磁换向阀; 4—方向控制插装阀;5—液压缸。	
	回路搭建	1. 选取模块化液压综合操作设备,并检查设备电源控制部分等与方向控制插装阀换向回路控制要求是否匹配。	设备功能要能满足方向控制插装阀换向回路搭建及操作实现功能。

工序	步骤	操作方法及说明	质量标准
方向控制插装阀换向回路	回路搭建	2. 根据方向控制插装阀换向回路所需，选择适宜型号的液压泵、液压缸、快速接头的胶管、方向控制插装阀、二位三通电磁换向阀、二位四通电磁换向阀等液压元件。 	功能达到方向控制插装阀换向回路的换向需求。正确选取液压泵（1个）、方向控制插装阀（1个）、二位三通电磁换向阀（1个）、二位四通电磁换向阀（1个）、液压缸（1个）、快速接头的胶管（8根）、油箱（1个）。
		3. 在设备上设计各液压元件的安装位置。 	按照回路紧凑、油液流经顺序、管道损失最小的原则，设计各元件在设备上的安装位置。
		4. 安装液压元件的操作方法及质量标准参考"工作任务 A-1　核心能力二　理解液压传动技术的组成及应用特点"中的"四、能力训练（三）操作过程"。	
		5. 用快速接头的胶管连接各液压元件： （1）用一根胶管从液压泵六通出口之一接出，连接二位四通电磁换向阀 P 口。 	（1）操作时首先将胶管的快速接头提起，然后对准液压元件接口后再迅速放下。

工序	步骤	操作方法及说明	质量标准
方向控制插装阀换向回路	回路搭建	（2）用一根胶管从二位四通电磁换向阀 A 口接出，连接方向控制插装阀 A1 口。 （3）用一根胶管从方向控制插装阀 B1 口接出，连接液压缸无杆腔。 （4）用一根胶管从液压缸有杆腔接出，连接二位四通电磁换向阀 B 口。	（2）油路选用的胶管长度合适，无过长或过短的问题。 （3）胶管与液压元件连接牢固，无松动或脱落现象，且连接好的胶管无打结、叠加现象（降低局部压力损失）。 ◎元件各阀口布局及图形符号 二位四通电磁换向阀阀口布局 二位四通电磁换向阀图形符号 方向控制插装阀阀口布局

续表

工序	步骤	操作方法及说明	质量标准
方向控制插装阀换向回路	回路搭建	（5）用一根胶管从二位四通电磁换向阀 T 口接出，连接回油箱。 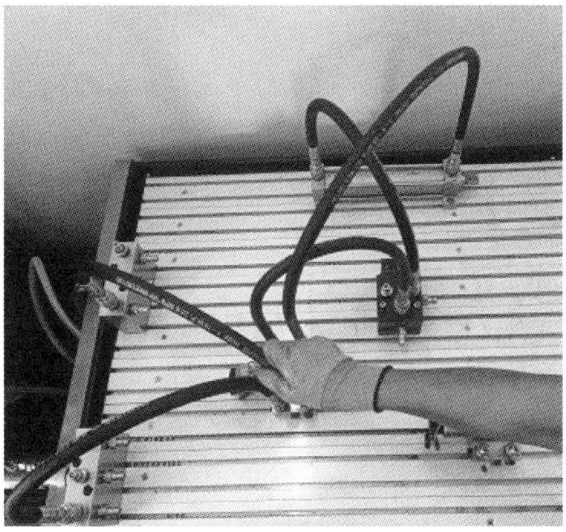 （6）用一根胶管从液压泵六通出口之一接出，连接二位三通电磁换向阀 P 口。 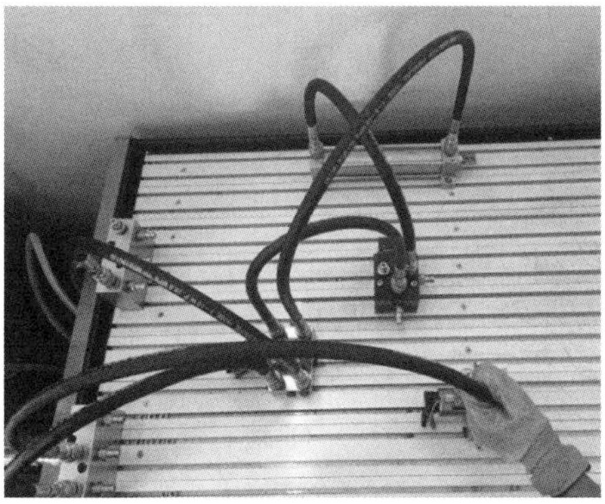 （7）用一根胶管从二位三通电磁换向阀 A 口接出，连接方向控制插装阀 X 口。 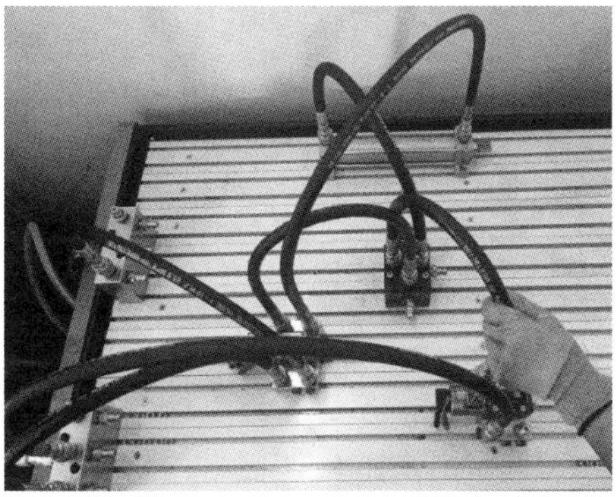 	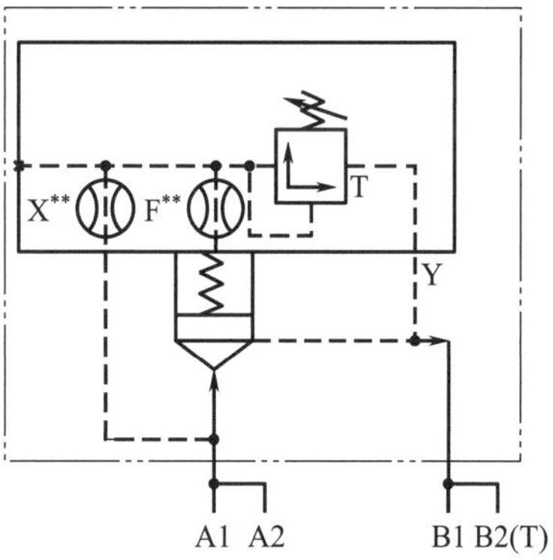 方向控制插装阀图形符号 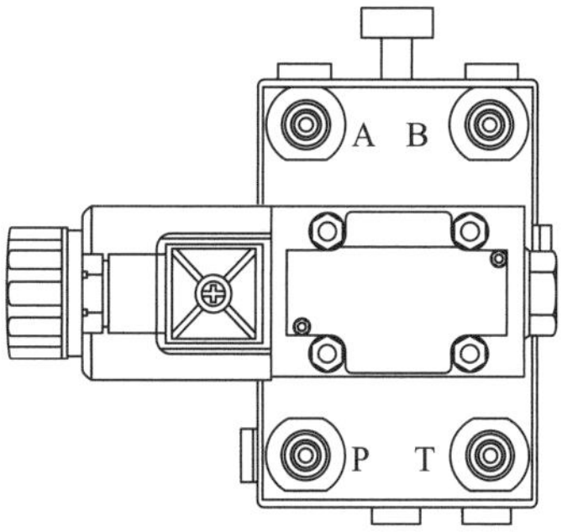 二位三通电磁换向阀阀口布局 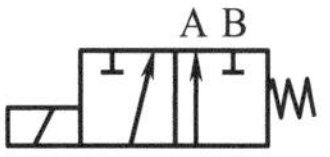 二位三通电磁换向阀图形符号

199

工序	步骤	操作方法及说明	质量标准
方向控制插装阀换向回路	回路搭建	（8）用一根胶管从二位三通电磁换向阀T口接出，连接回油箱。 6. 电磁换向阀导线连接方法及质量标准参考"工作任务 D-1 核心能力 正确选用普通换向阀及组建、分析方向控制回路"中的"四、能力训练（三）操作过程"。	
	回路操作	实训台控制面板操作方法及质量标准参考"工作任务 A-1 核心能力二 理解液压传动技术的组成及应用特点"中的"四、能力训练（三）操作过程"。 （1）逆时针旋转液压泵站上的直动式溢流阀至最大开启状态。 （2）启动液压泵，顺时针旋转液压泵站上的直动式溢流阀使压力到达 3～4 MPa。 （3）断开按钮开关 SB7，二位三通电磁换向阀的电磁铁右位工作，方向控制插装阀的 X 口与油箱相通，此时二位四通电磁换向阀切换到右位工作，执行元件液压缸活塞杆伸出。 若断开按钮开关 SB8，二位四通电磁换向阀切换到左位，执行元件液压缸活塞杆缩回。	根据活塞杆伸出或缩回的换向需要，正确操纵按钮开关 SB7 和 SB8，即 SB7 断开、SB8 断开，活塞杆伸出；SB7 断开、SB8 闭合，活塞杆缩回；SB7 闭合、SB8 断开，活塞杆在任意位置停止。

工序	步骤	操作方法及说明	质量标准
方向控制插装阀换向回路	回路操作	 （4）闭合按钮 SB7，二位三通电磁换向阀切换到左位，方向控制插装阀的 X 口与 A1 相通，液压缸活塞杆停止动作。	
	结束工作	操作方法及质量标准参考"工作任务 A-1　核心能力二　理解液压传动技术的组成及应用特点"中的"四、能力训练（三）操作过程"。	

（四）学习结果评价

序号	评价内容	评价标准	评价结果
1	识读和绘制插装阀图形符号及方向控制插装回路原理图	能正确识读和绘制插装阀图形符号。 能根据工作需要，正确识读和绘制方向控制插装回路原理图。	
2	选用液压元件组建方向控制插装阀换向回路	能完成设备、液压元件及油箱内油液状况的检查工作。 能正确选用相应液压元件。 能按照回路搭建紧凑、油液流经顺序及管道损失最小的原则设计各液压元件安装位置。 能正确安装各液压元件。 能正确连接各液压元件和导线。	
3	分析和操控方向控制插装阀换向回路	能正确操作设备各控制面板。 能正确操作方向控制插装阀换向回路中的插装阀及其他液压元件。 能准确实现预定动作。 能正确拆卸液压元件并进行元件清点。 能按照设备清洁规程完成清场工作。 能及时并正确填写实训设备使用记录。	

续表

序号	评价内容	评价标准	评价结果
4	方向控制插装阀换向回路常见故障的排除	能正确分析及排除方向控制插装阀换向回路的电气故障。 能正确分析及排除方向控制插装阀换向回路的机械故障。 能正确分析及排除方向控制插装阀换向回路的系统故障。	

工作领域 F　流量控制阀的选用及速度控制回路的组建与分析

在通流截面一定的情况下,执行元件的运动速度取决于流量。能正确识读各种流量阀的工作原理图,并绘制各种流量阀的图形符号,明确节流阀和调速阀之间的异同,根据工作需要,正确选用流量阀搭建各种速度控制回路,并掌握实现速度控制的要求及常见故障排除方法,加深进一步理解。能在具体的操作中思考,培养创新意识和解决实际问题的能力,具有良好的团队合作精神与竞争意识。激发学生的求知欲,让学生扎实掌握专业知识,学一门会一门、干一行爱一行,努力做到"让勤奋学习成为青春飞扬的动力,让增长本领成为青春搏击的能力"。

工作任务 F-1　流量控制阀的选用及节流调速回路的组建与分析

核心能力一　正确选用节流阀及组建、分析节流调速回路

一、核心概念

1. 流量控制阀:流量控制阀的作用是通过改变控制口的大小来改变液阻,从而调节通过阀口的流量,达到改变执行元件速度的目的。

2. 调速回路:是用来调节执行元件工作行程速度的回路。液压缸的运动速度 $v = \dfrac{q}{A}$,液压马达的转速 $n = \dfrac{q}{V_m}$(式中,q 为输入执行元件的流量,A 为液压缸的有效作用面积,V_m 为液压马达的排量)。

3. 调速回路有三种:节流调速回路、容积调速回路、容积节流调速回路。

4. 节流调速回路:采用定量泵供油,由流量控制阀改变进入执行元件的流量,以实现调节执行元件运动速度的目的。

5. 容积调速回路:采用变量泵或者变量马达实现调速的方法。

6. 容积节流调速回路:采用变量泵和流量阀相配合的调速方法。

二、学习目标

1. 能识读并绘制节流阀图形符号及节流阀节流调速回路原理图。
2. 能根据工作需要使用节流阀及其他液压元件组建节流调速回路。
3. 能根据工作所需分析并操控节流阀节流调速回路。
4. 能排除节流阀节流调速回路常见故障。
5. 树立勇于探究实践的科学精神,形成针对不同技术需求,探索问题的辩证思维能力。

三、基本知识

液压系统中执行元件的有效作用面积一定时,其运动速度取决于输入执行元件的流量,而流量控制阀主要就是通过改变阀口通流面积来调节输出流量,进而改变执行元件的运动速度。流量控制阀有节流阀、调速阀、溢流节流阀和分流集流阀等多种,其中,节流阀是最基本的流量控制阀。

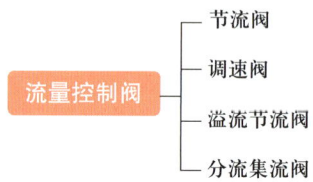

（一）节流阀的流量特性

节流阀的流量特性取决于节流阀的结构形式。节流阀节流口为小孔形状,在液压系统中,小孔分为薄壁小孔、细长孔和短孔三种。当小孔的长度 l、直径 d 的比值 $l/d \leqslant 0.5$ 时,称为薄壁小孔;当 $l/d>4$ 时,称为细长孔;当 $0.5<l/d \leqslant 4$ 时,称为短孔。

油液流经小孔时的流量计算公式可归纳为一个通用公式,即

$$q_V=CA_{\mathrm{T}}\Delta p^{m} \tag{F-1-1-1}$$

式中:C——由孔的形状、尺寸和液体性质决定的系数。对细长孔,$C=\dfrac{d^2}{32\mu l}$,μ 为液体的动力黏度;对薄壁小孔和短孔,$C=C_q\sqrt{2/\rho}$,C_q 为流量系数,ρ 为液体密度;

A_{T}——小孔的通流面积;

Δp——小孔两端的压力差;

m——由孔的长径比决定的指数,细长孔 $m=1$,薄壁小孔 $m=0.5$,短孔 $0.5<m<1$。

但无论节流口采用何种形式,节流口都介于理想薄壁小孔和细长孔之间,其流量特性可用公式(F-1-1-1)表示,即小孔流量通用公式表达。由小孔流量通用公式(F-1-1-1)可知,当系数 C、压力差 Δp 和指数 m 一定时,只要改变小孔的通流面积 A_{T},就可调节节流口的流量。

（二）节流阀的结构

一种典型的节流阀如图 F-1-1-1 所示,由结构图可知,节流阀结构简单,制造容易,体积小。油液从进油口 P_1 进入,经阀芯上的三角槽节流口,由出油口 P_2 流出。调节手柄可

使推杆推动阀芯作轴向移动,从而改变节流阀口的通流面积,进而调节了通过节流阀的流量。

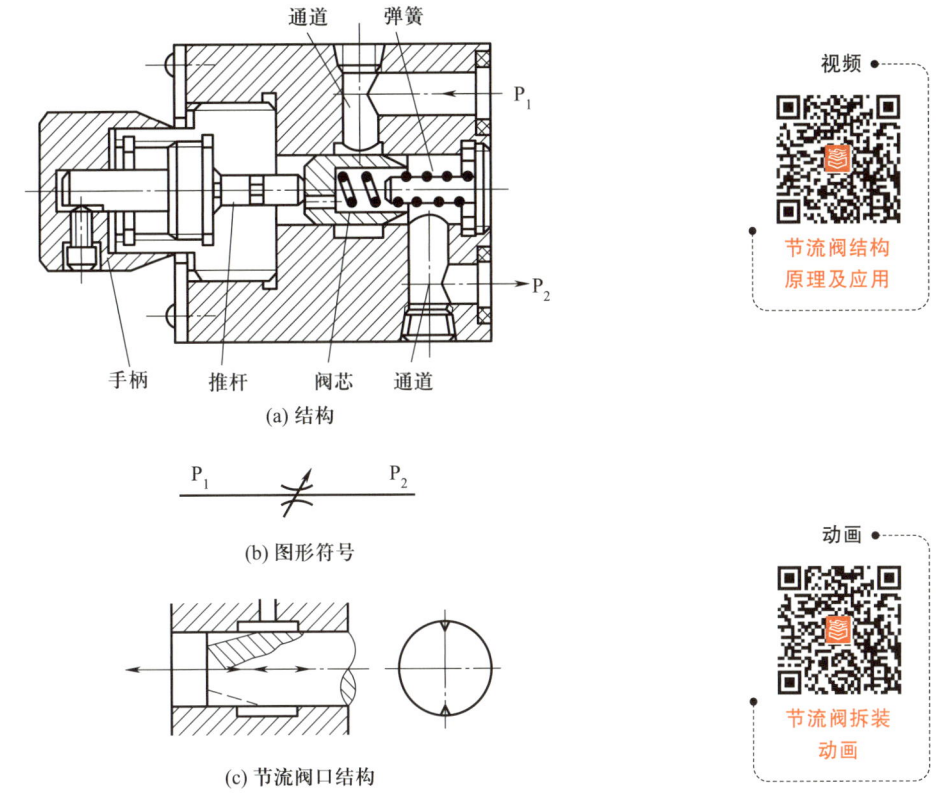

视频

节流阀结构原理及应用

(a) 结构

(b) 图形符号

动画

节流阀拆装动画

(c) 节流阀口结构

图 F-1-1-1　节流阀

（三）分流集流阀

分流集流阀是用来保证多个执行元件速度同步的流量控制阀,又称为同步阀。分流集流阀是分流阀、集流阀和分流集流阀的总称。下面简单介绍分流阀的工作原。分流阀安装在执行元件的进口,保证进入执行元件的流量相等。图 F-1-1-2 所示为分流阀的结构。它由两个固定节流孔 1、2,阀体 5,阀芯 6 和两个对中弹簧 7 等主要零件组成。对中弹簧保证阀芯处于中间位置,两个可变节流口 3、4 的过流面积相等（液阻相等）。阀芯的中间台肩将阀分成完全对称的左、右两部分,位于左边的油室 a 通过阀芯上的轴向小孔与阀芯右端弹簧腔相通,位于右边的油室通过阀芯上的另一轴向小孔与阀芯左端弹簧腔相通。液压泵供给的油液压力为 p_p,经过液阻相等的固定节流孔 1 和 2 后,压力分别为 p_1 和 p_2,然后经可变节流口 3 和 4 分成两条并联支路 I 和 II（压力分别为 p_3 和 p_4）,通往两个几何尺寸完全相同的执行元件。当两个执行元件的负载相等时,两出口压力 $p_3=p_4$,则两条支路的进出口压力差相等,因此输出流量相等,两执行元件同步。

若执行元件的负载变化导致出口压力 p_3 增大,势必引起 p_1 增大,使输出流量 $q_1<q_2$,导致执行元件的速度不同步。同时由于 $p_1>p_2$,压力差使阀芯向左移动,可变节流口 3 的通流面积增大、液阻减小,于是 p_1 减小;可变节流口 4 的通流面积减小,液阻增大,于是 p_2 增大。直至 $p_1=p_2$，阀芯受力重新平衡，阀芯稳定在新的位置。此时，两个可变节流口的通流面积不相等，两个可变节流口的液阻也不等，但恰好能保证两个固定节流口前后的压力差相等，保证两个出油口的流量相等。使两个执行元件的速度恢复同步。

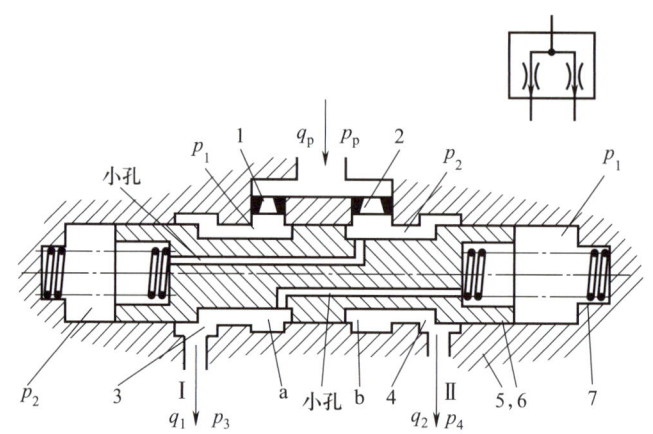

1、2—固定节流孔；3、4—可变节流口；5—阀体；6—阀芯；7—弹簧。

图 F-1-1-2　分流阀结构

（四）节流调速回路

节流调速回路由定量泵供油，通过调节流量控制阀面积来调节进入执行元件的流量，进而实现执行元件运动速度的调节。根据流量控制阀在回路中安装位置的不同，可分为进油路节流调速回路、回油路节流调速回路和旁油路节流调速回路三种形式。

1. 进油路节流调速回路

进油路节流调速回路如图 F-1-1-3 所示。节流阀串联在定量泵和执行元件液压缸之间，由节流阀控制进入液压缸的流量，从而达到控制液压缸运动速度的目的。回路中，定量泵供给的油液一部分通过溢流阀溢流回油箱，因此，定量泵出口的压力为溢流阀的调定压力，并基本保持定值。

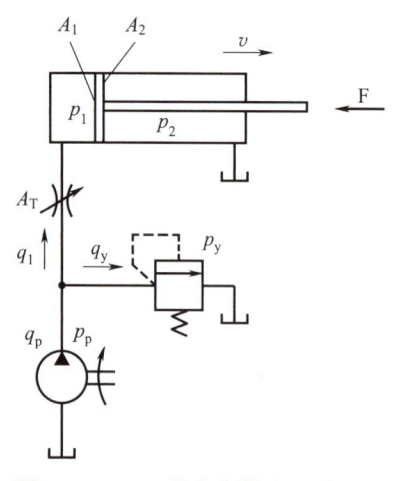

视频 ●

节流阀进油路节流调速回路工作特性分析

图 F-1-1-3　进油路节流调速回路

（1）速度 - 负载特性

由图 F-1-1-3 可知，执行元件液压缸的运动速度 v 由进入液压缸的流量决定，回路中，节流阀具体调节进入液压缸的流量，故执行元件液压缸的运动速度与通过节流阀的流量 q_1 和液压缸无杆腔的有效作用面积 A_1 有关。即

$$v = \frac{q_1}{A_1} \tag{F-1-1-2}$$

进入液压缸的流量 q_1 为通过节流阀的流量，而通过节流阀的流量由节流孔的流量特性公式（F-1-1-1）决定。

当液压缸稳定运动时，作用于液压缸活塞上的力可表达为

$$p_1 A_1 = p_2 A_2 + F \tag{F-1-1-3}$$

式中：F——负载力；

p_1——液压缸无杆腔压力；

p_2——液压缸回油腔压力，此处回油管直接接入油箱，$p_2 \approx 0$；

A_1、A_2——分别为液压缸无杆腔和有杆腔的有效作用面积。

公式（F-1-1-3）可调节为

$$p_1 = \frac{F}{A_1} \tag{F-1-1-4}$$

将式（F-1-1-4）代入式（F-1-1-3），得

$$\Delta p = p_y - \frac{F}{A_1} \tag{F-1-1-5}$$

假设节流阀口为薄壁小孔，则油液通过节流阀的流量为（节流阀口为短孔或细长孔同理推导，仅参数不同）

$$q_1 = C_q \sqrt{2/\rho} \cdot A_T \cdot \sqrt{p_y - \frac{F}{A_1}} \tag{F-1-1-6}$$

将式（F-1-1-6）代入式（F-1-1-2）可得

$$v = \frac{C_q \sqrt{2/\rho} \cdot A_T \cdot \sqrt{p_y - \dfrac{F}{A_1}}}{A_1} \tag{F-1-1-7}$$

式（F-1-1-7）为进油路节流调速回路的速度 - 负载特性方程。式中，当进油路节流调速回路执行元件所推负载 F 恒定时，其运动速度 v 仅与节流阀阀口 A_T 通流面积有关，即将节流阀 A_T 调大时，回路中执行元件液压缸活塞杆运动速度 v 变大；节流阀 A_T 调小时，回路中执行元件液压缸活塞杆运动速度 v 变小，因此这种回路的调速范围较大，调节 A_T 可在回路运动中实现无级调速。而当节流阀阀口 A_T 通流面积调定不变时，进油路节流调速回路中执行元件液压缸活塞杆的运动速度 v 随负载 F 变化而变化，负载 F 增大，速度 v 变小，负载 F 变小，速度 v 增大，故进油路节流调速回路速度负载特性软，即轻载时刚性好。

以 v 为纵坐标、F 为横坐标、A_T 为参变量，可由式（F-1-1-7）绘制出进油路节流调速回路的速度 - 负载特性曲线，如图 F-1-1-4 所示。速度 - 负载特性曲线表明，曲线越陡，

仿真

单向节流阀进油节流调速回路

说明负载变化对速度的影响越大,即速度刚性差;曲线越平缓,刚性越好。

（2）最大承载能力

进油路节流调速回路中泵出口压力 p_p 等于溢流阀调定压力 p_y,即 $p_p = p_y =$ 常量,故不论节流阀阀口 A_T 如何变化,其最大承载能力是不变的,即

$$F_{max} = p_p A_1 \qquad （F-1-1-8）$$

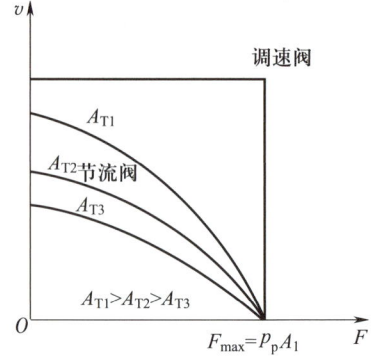

因此,进油路节流调速回路称为恒推力调速回路（或恒转矩调速回路）。

（3）功率和效率

进油路节流调速回路的输入功率为回路中液压泵的输出功率,即液压泵的输出功率为

图 F-1-1-4　进油路节油调速回路
的速度 - 负载特性曲线

$$P_p = p_p q_p = 常量$$

该回路的输出功率为回路中液压缸的输出功率,即液压缸的输出功率为

$$P_1 = Fv = F \frac{q_1}{A_1} = p_1 q_1 \qquad （F-1-1-9）$$

该回路的功率损失为

$$\begin{aligned}
\Delta P &= P_p - P_1 \\
&= p_p q_p - p_1 q_1 \\
&= p_p (q_1 + q_y) - (p_p - \Delta p) q_1 \\
&= p_p q_1 + p_p q_y - p_p q_1 + \Delta p q_1
\end{aligned}$$

即

$$\Delta P = p_p q_y + \Delta p q_1 \qquad （F-1-1-10）$$

式中：p_p——液压泵的输出压力,此压力等于溢流阀的调定压力 p_y;

　　q_y——溢流阀溢流量;

　　Δp——节流阀进出口两端的压力差;

　　q_1——通过节流阀的流量,即液压缸的输入流量。

由式（F-1-1-10）可知,进油路节流调速回路的功率损失由两部分组成,即溢流阀的溢流损失 $p_p q_y$ 和节流阀的节流损失 $\Delta p q_1$。

该回路的工作效率为

$$\eta = \frac{P_1}{P_p} = \frac{p_1 q_1}{p_p q_p} \qquad （F-1-1-11）$$

该回路中存在两部分功率损失,故这种调速回路效率较低,适用于轻载、低速、负载变化不大和速度稳定性要求不高的小功率液压系统。

2. 回油路节流调速回路

将节流阀串联在执行元件的回油路上,可组成回油路节流调速回路,如图 F-1-1-5 所示。将节流阀放置在回油路上,用节流阀来控制从液压缸回油腔流出的流量,也就控制了进入液压缸的流量,达到调速的目的。定量泵供给的多余的油液经溢流阀溢流回油箱,此回路中,泵的

仿真 •

单向节流阀
回油路节流
调速回路

出口压力 p_p 依然为溢流阀的调整压力并基本稳定。

由图 F-1-1-5 可知,液压缸的运动速度由进入液压缸的流量决定,同时也由排出液压缸的流量决定,所以回油路节流调速回路中执行元件液压缸的运动速度为

$$v = \frac{q_1}{A_1} = \frac{q_2}{A_2} \qquad (F-1-1-12)$$

液压缸的输出流量 q_2 为通过节流阀的流量,而通过节流阀的流量由节流孔的流量特性方程式(F-1-1-1)决定。由于此回路中节流阀出口直接连接油箱,所以 $\Delta p = p_2$,p_2 为液压缸有杆腔压力,根据液压缸活塞受力平衡方程,可得

$$p_1 A_1 = p_2 A_2 + F \qquad (F-1-1-13)$$

式(F-1-1-13)中,$p_1 = p_p = p_y$,所以

$$p_2 = \frac{p_p A_1 - F}{A_2} \qquad (F-1-1-14)$$

将式(F-1-1-14)代入式(F-1-1-1),得

$$q_1 = C A_T \left(\frac{p_p A_1 - F}{A_2} \right)^m \qquad (F-1-1-15)$$

将式(F-1-1-15)代入式(F-1-1-12),得

$$v = \frac{C A_T \left(\dfrac{p_p A_1 - F}{A_2} \right)^m}{A_2} \qquad (F-1-1-16)$$

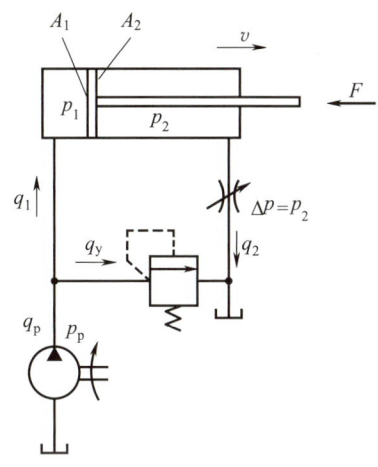

图 F-1-1-5　回油路节流调速回路

比较式(F-1-1-7)和式(F-1-1-16)可以发现,回油路节流调速回路与进油路节流调速回路在速度-负载特性方面基本相同,并且如果当执行元件液压缸为双杆活塞式液压缸,且两腔有效作用面积相同时,那么这两种调速回路的速度-负载特性将完全相同,功率特性也一致。但它们在以下几方面的性能有明显差别。

(1)**承受负值负载的能力**。回油路节流调速回路的节流阀在液压缸的回油腔能形成一定的背压,因而,在负值负载(与液压缸活塞杆运动方向相同的负载)时,背压能阻止工作部件前冲,即能在负值负载下工作。

(2)**运动平稳性**。在回油路节流调速回路中,由于有背压力存在,它可以起到阻尼作用;而在进油路节流调速回路中则没有背压力存在。因此,回油路节流调速回路的运动平稳性好一些,但是在使用单出杆液压缸的场合,无杆腔的进油量大于有杆腔的回油量,故在缸径、缸速均相同的情况下,进油路节流调速回路的节流阀通流面积较大,低速时不易堵塞。因此,进油路节流调速回路能获得更低的稳定速度。

(3)**启动性能**。回油路节流调速回路中,若停车时间较长,液压缸回油腔的油液会泄漏回油箱,且进油路没有节流阀控制流量,再加之重新启动时背压不能立即建立,会引起液压缸的前冲现象,对于进油路节流调速回路,由于进油路有节流阀控制进入液压缸的流

量,故可避免启动冲击。

（4）油液发热对回路的影响。进油路节流调速回路中,通过节流阀产生的节流功率损失转变为热量,一部分由元件散发出去,另一部分使油液温度升高,直接进入液压缸,会使缸的内外泄漏增加,速度稳定性不好,而出油路节流调速回路中油液经节流阀升温后,直接回油箱,经冷却后再进入系统,对系统泄漏影响较小。

（5）实现压力控制的方便性。进油路节流调速回路中,进油腔的压力将随负载的变化而变化,当工作部件碰到挡铁而停止后,其压力将升到溢流阀的调定压力,可利用这一压力变化来实现压力控制;而在回油路节流调速回路中,只有回油腔的压力才会随负载而变化,当工作部件碰到挡铁后,其压力将降至零,虽然也可以利用这一压力变化来实现压力控制,但其可靠性差,一般不采用。

3. 旁油路节流调速回路

旁油路节流调速回路如图 F-1-1-6 所示。它是将节流阀安装在与执行元件并联的支路上,用它来调节从支路流回油箱的流量,从而控制进入液压缸的流量,调节节流阀阀口的大小即可达到调速的目的。回路中溢流阀作安全阀用,泵的工作压力不是恒定的,它随负载的变化而发生变化,故这种调速方法又称为变压式节流调速。

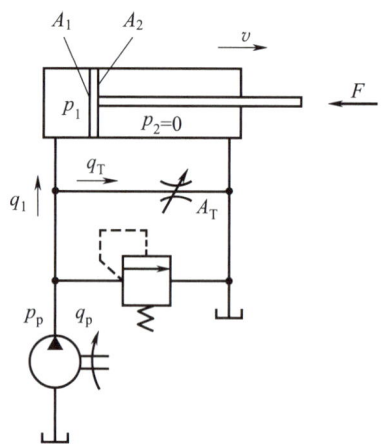

图 F-1-1-6　旁油路节流调速回路

（1）速度 – 负载特性

旁油路节流调速回路的速度 – 负载特性方程为

$$v=\frac{q_1}{A_1}=\frac{q_\mathrm{p}-q_\mathrm{T}}{A_1}=\frac{q_\mathrm{p}-CA_\mathrm{T}\Delta p^m}{A_1}=\frac{q_\mathrm{p}-CA_\mathrm{T}p_1^m}{A_1}=\frac{q_\mathrm{p}-CA_\mathrm{T}\left(\dfrac{F}{A_1}\right)^m}{A_1} \quad （F-1-1-17）$$

根据式（F-1-1-17）,选取不同的 A_T 值可作出一组速度 – 负载特性曲线,如图 F-1-1-7 所示。

分析曲线可知,旁油路节流调速回路有以下特点:

① 开大节流阀阀口,活塞运动速度减小;关小节流阀阀口,活塞运

动速度增加。

② 当节流阀通流面积 A_T 不变、负载增加时，活塞运动速度减小，其刚度比进、回油路节流调速更软。

③ 当节流阀通流面积一定时，负载越大，速度刚度越大。

④ 当负载一定时，节流阀通流面积 A_T 越小（即活塞运动速度越高），速度刚度越大。

⑤ 速度 - 负载特性曲线在横坐标上并不汇交，其最大承载能力随节流阀通流面积 A_T 的增加而减小，即低速承载能力差，调速范围小。

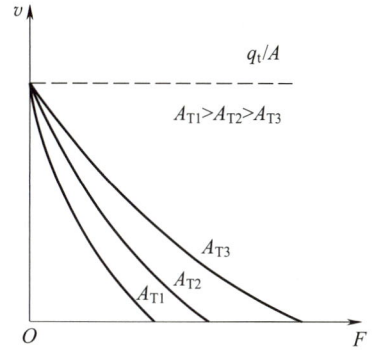

图 F-1-1-7　旁油路节流调速回路的速度 - 负载特性曲线

（2）功率与效率

旁油路节流调速回路的输入功率为液压泵的输出功率，液压泵的输出功率为

$$P_p = p_p q_p = p_1 q_p$$

该回路的输出功率为回路中液压缸的输出功率，液压缸的输出功率为

$$P_1 = Fv = F\frac{q_1}{A_1} = p_1 q_1$$

故回路的功率损失为

$$\Delta P = P_p - P_1$$
$$= p_1 q_p - p_1 q_1$$
$$= p_1 (q_p - q_1)$$
$$= p_1 q_T$$

即
$$\Delta P = \Delta p q_T \tag{F-1-1-18}$$

式中：Δp——节流阀进出口两端的压力差；

　　　q_T——通过节流阀的流量。

由式（F-1-1-18）可知，旁油路节流调速回路的功率损失仅为节流阀的节流损失 $\Delta p q_T$，无溢流阀损失，因此本回路的工作效率较前两种节流调速回路要高。

回路的工作效率为

$$\eta = \frac{P_1}{P_p} = \frac{p_1 q_1}{p_1 q_p} = \frac{q_1}{q_p} \tag{F-1-1-19}$$

因此，旁油路节流调速回路速度 - 负载特性较软，低速承载能力差，故一般用于高速、重载、对速度平稳性要求很低的较大功率场合，如牛头刨床主运动系统、输送机械液压系统、大型拉床液压系统、龙门刨床液压系统等。

四、能力训练

在上述节流调速回路速度调节的基础上，加换向阀可实现执行元件的换向工作，如图 F-1-1-8 所示。

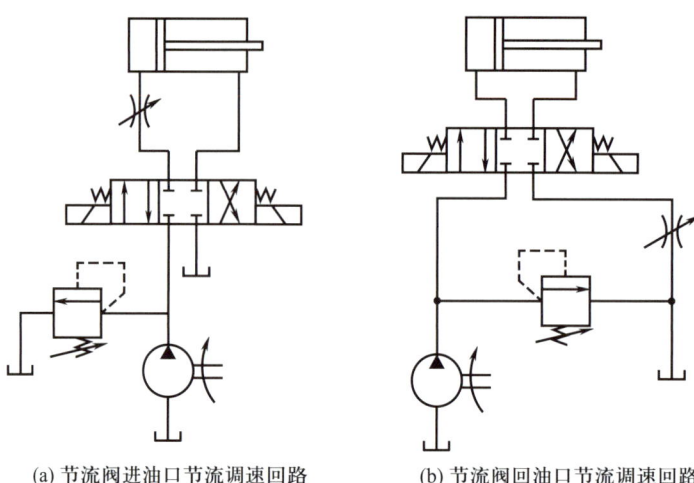

(a) 节流阀进油口节流调速回路　　　　(b) 节流阀回油口节流调速回路

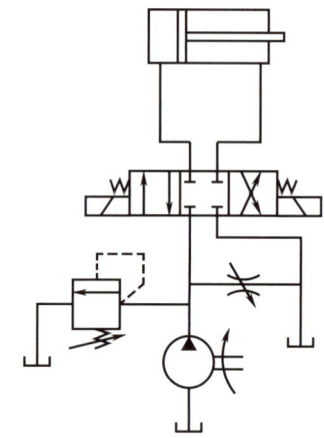

(c) 节流阀旁路节流调速回路

图 F-1-1-8　加换向阀的节流调速回路

（一）操作条件

准备好模块化液压综合操作设备、节流阀、电磁换向阀、液压泵、液压缸、快速接头的胶管、实验导线等。

（二）安全及注意事项

1. 工作前须戴好全胶手套。

2. 熟悉模块化液压综合操作设备的使用,掌握设备开机及关机步骤。

3. 应根据回路紧凑、油液流经顺序、管路损失最小的原则提前设计各液压元件在操作设备上的安装位置。

4. 在模块化液压综合操作设备上安装液压元件时,须轻拿轻放,避免损坏液压元件。

5. 在模块化液压综合操作设备上安装液压元件时,须首先将元件上卡扣摁下,等元件下卡扣放置在设备 T 形导轨槽内后,再将元件的上卡扣松开。

6. 连接液压元件时,需首先将快速接头提起,对准液压元件接口后再迅速放下。

7. 连接导线及具体操作回路时,确保用电安全。

（三）操作过程

工序	步骤	操作方法及说明	质量标准
节流阀进油路节流调速回路	准备工作	操作方法及质量标准参考"工作任务 A-1　核心能力二　理解液压传动技术的组成及应用特点"中的"四、能力训练（三）操作过程"。	
	回路搭建	1. 选取模块化液压综合操作设备,并检查设备电源控制部分等与节流阀进油路节流调速回路控制要求是否匹配。	设备功能要能满足节流阀进油路节流调速回路搭建及操作实现功能。
		2. 根据节流阀进油路节流调速回路所需,选择适宜型号的液压泵、液压缸、快速接头的胶管、电磁换向阀、节流阀等液压元件。	功能达到节流阀进油路节流调速回路的节流需求。正确选取液压泵（1个）、三位四通电磁换向阀（1个）、液压缸（1个）、节流阀（1个）、溢流阀（1个）、快速接头的胶管（5根）、油箱（1个）。

续表

工序	步骤	操作方法及说明	质量标准
节流阀进油路节流调速回路	回路搭建	3. 在设备上设计各液压元件的安装位置。 4. 安装各液压元件的操作方法及质量标准参考"工作任务 A-1　核心能力二　理解液压传动技术的组成和应用特点"中的"四、能力训练（三）操作过程"。 *形成规范、严谨的操作习惯,养成吃苦耐劳的职业素养。 5. 用快速接头的胶管连接各液压元件: （1）用一根胶管从液压泵出口接出,连接三位四通电磁换向阀 P 口。 （2）用一根胶管从三位四通电磁换向阀 A 口接出,连接节流阀进口。	按照回路紧凑、油液流经顺序、管道损失最小的原则,设计各元件在设备上的安装位置。 （1）操作时首先将胶管的快速接头提起,然后对准液压元件接口后再迅速放下。 （2）油路选用的胶管长度合适,无过长或过短的问题。 （3）胶管与液压元件连接牢固,无松动或脱落现象,且连接好的胶管无打结、叠加现象（降低局部压力损失）。 *树立安全文明生产意识和效率意识。 *养成脚踏实地、勤于苦练、精益求精的精神。

工序	步骤	操作方法及说明	质量标准
节流阀进油路节流调速回路	回路搭建	（3）用一根胶管从节流阀出口接出，连接液压缸无杆腔。 （4）用一根胶管从液压缸有杆腔接出，连接三位四通电磁换向阀 B 口。 （5）用一根胶管从三位四通电磁换向阀 T 口接出。连接回油箱。	

续表

工序	步骤	操作方法及说明	质量标准
节流阀进油路节流调速回路	回路搭建	6. 电磁换向阀导线连接方法及质量标准参考"工作任务 D–1　核心能力　正确选用普通换向阀及组建、分析方向控制回路"中的"四、能力训练（三）操作过程"。 *树立安全用电的意识，养成遵守工作规范的行为习惯，提升工程素养。	
	回路操作	1. 实训台控制面板操作方法及质量标准参考"工作任务 A–1　核心能力二　理解液压传动技术的组成及应用特点"中的"四、能力训练（三）操作过程"。 2. 闭合或断开"控制按钮模块挂箱"自锁按钮开关，实现回路的换向工作的操作方法及质量标准参考"D–1–1 能正确选用普通换向阀及组建、分析方向控制回路"中的"四、能力训练（三）操作过程"。 3. 调节节流阀调节手柄，实现回路速度控制：当执行元件液压缸活塞杆伸出时，如将节流阀调节手柄关小，执行元件液压缸活塞杆运动速度将变小，反之变大。	根据执行元件液压缸活塞杆伸出或缩回时的速度控制需要，正确操纵节流阀调节手柄，即手柄调节开大，活塞杆运动速度变快，手柄调节开小，活塞杆运动速度变慢。 *树立勇于探究实践的科学精神，形成针对不同技术需求，探索问题的辩证思维能力。
	结束工作	操作方法及质量标准参考"工作任务 A–1　核心能力二　理解液压传动技术的组成及应用特点"中的"四、能力训练（三）操作过程"。 *形成吃苦耐劳的劳动观念，树立认真负责的敬业精神。 *养成崇尚劳动、敬业爱岗的责任担当。	

2. 节流阀回油路节流调速回路

操作过程同上，仅节流阀安装位置不同。

3. 节流阀旁油路节流调速回路

操作过程同上，除节流阀安装位置不同外，节流阀阀口开度对执行元件运动速度的影响与节流阀进油路节流调速回路正好相反。

（四）学习结果评价

序号	评价内容	评价标准	评价结果
1	识读和绘制节流阀图形符号及节流阀节流调速回路原理图	能正确识读和绘制节流阀图形符号。 能根据工作需要,正确识读和绘制节流阀节流调速回路原理图。	
2	选择节流阀安装位置,组建节流调速回路	能完成设备、液压元件及油箱内油液状况的检查工作。 能正确选用相应液压元件。 能按照回路搭建紧凑、油液流经顺序及管道损失最小等的原则设计各液压元件安装位置。 能正确安装各液压元件。 能正确连接各液压元件和导线。	
3	分析和操控节流调速回路	能正确操作设备各控制面板。 能正确操作节流调速回路中的节流阀及其他液压元件。 能准确实现调速工作。 能正确拆卸液压元件并进行元件清点。 能按照设备清洁规程完成清场工作。 能及时并正确填写实训设备使用记录。	
4	节流阀节流调速回路常见故障的排除	能正确分析并排除节流阀及节流阀节流调速回路的电气故障。 能正确分析并排除节流阀及节流阀节流调速回路的机械故障。 能正确分析并排除节流阀及节流阀节流调速回路的系统故障。	

五、课后作业

1. 节流阀进油路节流调速回路、节流阀回油路节流调速回路和节流阀旁油路节流调速回路在速度调节中各有何特点？这三种回路存在的共同问题是什么？

2. 影响节流阀流量稳定性的因素有哪些？

3. 图 F-1-1-9 所示的液压泵输出流量 q_V=8 L/min,液压缸无杆腔有效作用面积 A_1=50 cm², 有杆腔有效作用面积 A_2=25 cm², 溢流阀调定压力为 2.4 MPa, 负载为 10 kN, 节流阀阀口为薄壁小孔,流量系数为 0.62, 节流阀通流面积 A_T=0.06 cm², 油液密度为 900 kg/m³, 背压阀的调定压力为 p_b=0.3 MPa。试求：回路中活塞的运动速度 v 和液压泵的工作压力分别为多少？

4. 图 F-1-1-10 所示的液压泵输出流量 q_V=10 L/min, 液压缸无杆腔面积 A_1=50 cm², 有杆腔有效作用面积 A_2=25 cm², 溢流阀调定压力为 2.4 MPa, 负载为 10 kN, 节流阀阀口为薄壁小孔,流量系数为 0.62, 节流阀通流面积 A_T=0.01 cm², 油液密度为 900 kg/m³。试求：

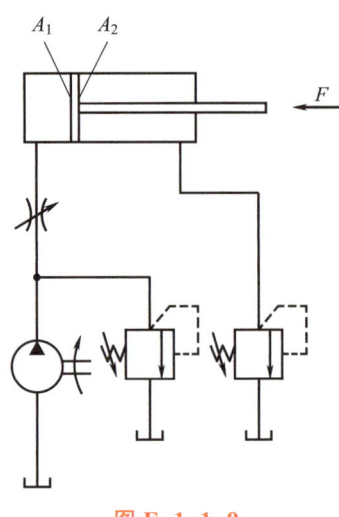
图 F-1-1-9

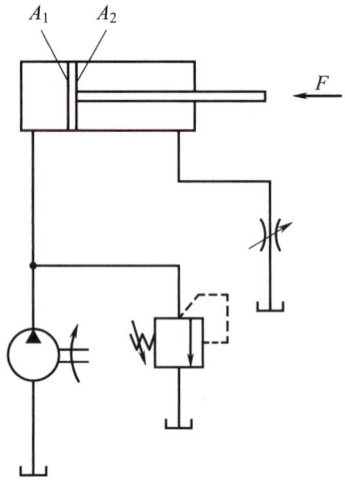
F-1-1-10

（1）液压缸的运动速度 v；

（2）溢流阀的功率损失 ΔP_y；

（3）回路的效率。

5. 如图 F-1-1-11 所示，液压缸活塞杆碰到挡铁。已知液压泵供油压力为 3 MPa，油液密度为 900 kg/m³，节流阀 1 和节流阀 2 的通流面积分别为 $A_{T1}=0.03$ cm²、$A_{T2}=0.01$ cm²，流量系数均为 $C_q=0.64$（节流孔为薄壁小孔），求液压缸的无杆腔压力和流回油箱的流量各为多少？

6. 图 F-1-1-12 中的液压缸完全相同，负载 $F_2>F_1$。已知节流阀能调节缸速，不计损失，试判断图 a 和图 b 中哪个液压缸活塞杆先动、哪个液压缸活塞杆运动速度快，为什么？

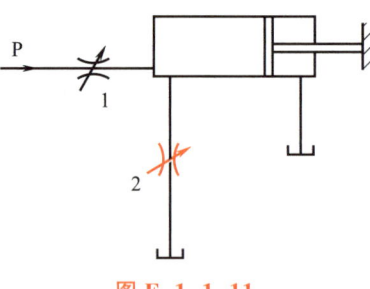
图 F-1-1-11

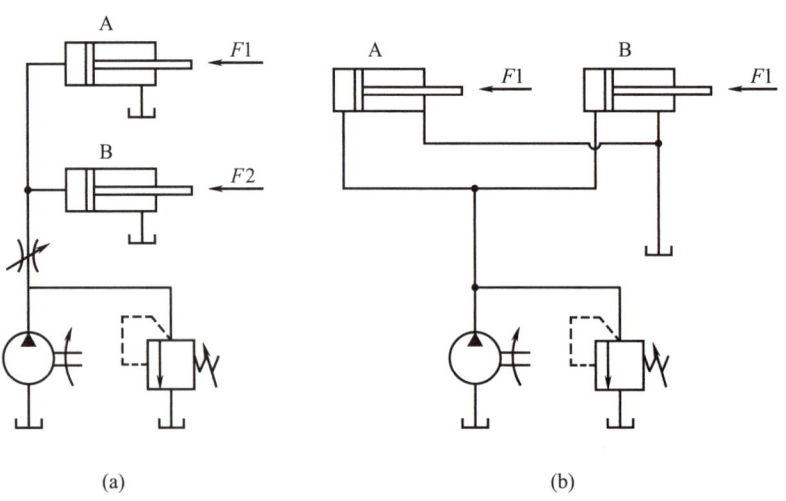

(a)　　　　　　　　　　(b)

图 F-1-1-12

核心能力二 正确选用调速阀及 组建、分析节流调速回路

一、核心概念

调速阀:由定差减压阀和节流阀串联而成。

二、学习目标

1. 能识读并绘制调速阀图形符号及调速阀节流调速回路原理图。
2. 能根据工作需要使用调速阀及其他液压元件组建节流调速回路。
3. 能根据工作所需分析并操控调速阀节流调速回路。
4. 能排除调速阀节流调速回路常见故障。
5. 树立创新驱动意识和辩证思维意识。

三、基本知识

(一)调速阀工作原理及流量特性

调速阀内的定差减压阀能自动保持节流阀前、后的压力差不变,从而使通过节流阀的流量不受负载变化的影响。

调速阀的工作原理图及图形符号如图 F-1-2-1a 所示。调速阀的进口压力 p_1 由溢流阀调节,工作时基本保持恒定。压力油 p_1 进入调速阀后,先经定差减压阀的减压口 X 后压力降为 p_2,然后经节流阀流出,其压力调整为 p_3。节流阀进口压力为 p_2 的油液经阀内的通道 e 和 f,分别进入定差减压阀的 d 腔和 c 腔;而节流阀出口压力为 p_3 的油液经阀内通道 a 进入定差减压阀的 b 腔。当定差减压阀阀芯在弹簧力 F_x、液压力 p_2 和 p_3 的作用下处于某一平衡位置时(忽略摩擦力和液动力),其受力平衡方程为

$$p_2A_1+p_2A_2=p_3A+F_x \qquad (F\text{-}1\text{-}2\text{-}1)$$

式中,A、A_1、A_2——定差减压阀 b 腔、c 腔、d 腔内油液作用于阀芯的有效面积,且 $A=A_1+A_2$。

式(F-1-2-1)整理可得

$$p_2-p_3=\Delta p=\frac{F_x}{A} \qquad (F\text{-}1\text{-}2\text{-}2)$$

弹簧刚度较低,且工作过程中减压阀阀芯位移较小,可认为弹簧力 F_x 基本保持不变,故节流阀两端压差不变,可保持通过节流阀的流量稳定。

若调速阀出口处油压 p_3 由于负载变化而增加,作用在阀芯左端的力也随之增大,阀芯失去平衡而下移,于是定差减压阀阀口 X 增大,液阻减小(即减压阀的减压作用减小),使 p_2 也随之增加,直到阀芯在新的位置上得到平衡为止。因此,当 p_3 增大时,p_2 也增大,其差值 $\Delta p=p_2-p_3$ 基本保持不变。同理,当 p_3 减小时,p_2 也随之减小,故 $\Delta p=p_2-p_3$ 仍保持不变。由于定差减压阀自动调节液阻,使节流阀前后的压差保持不变,从而保持了流量的稳定。图 F-1-2-1b、c 所示为调速阀的详细图形符号和简化图形符号。

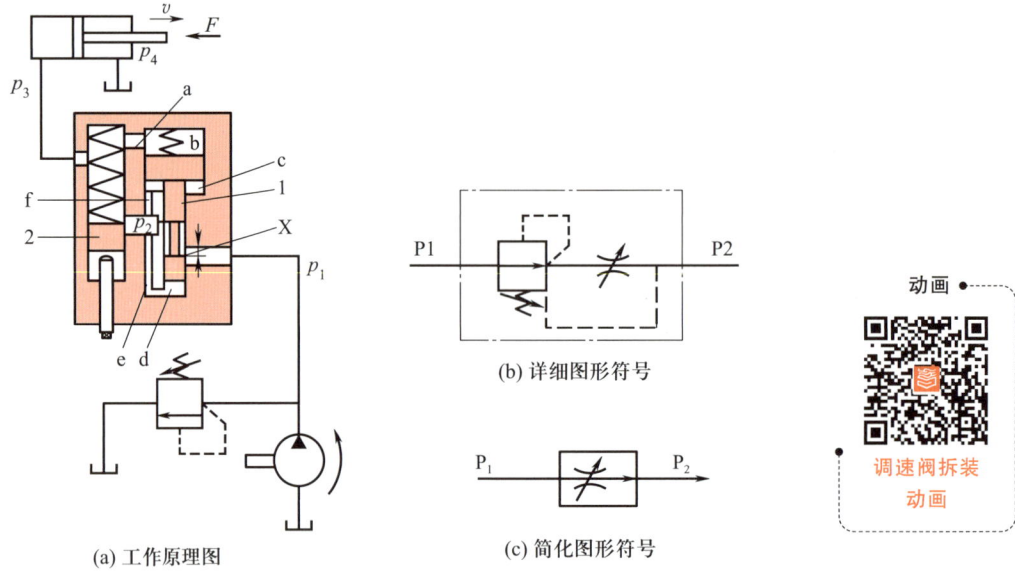

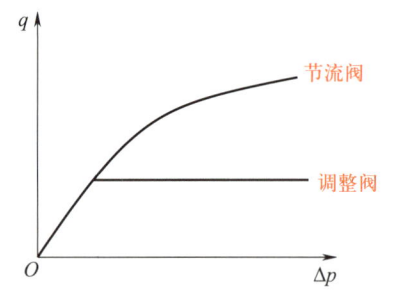

(a) 工作原理图　　　　(c) 简化图形符号

图 F-1-2-1　调速阀工作原理图及图形符号

调速阀与节流阀的特性比较如图 F-1-2-2 所示。从图中可看出，节流阀的流量随压差的变化有较大的变化，而调速阀在节流阀进、出口压力差 Δp 大于一定数值（Δp_{min}）后，流量基本恒定不变。调速阀在压差<Δp_{min} 区域内，压差不足以克服定差减压阀阀芯上的弹簧力，在弹簧力的作用下，减压口全开，减压阀不起减压作用，此时其流量特性与节流阀相同。因此，要使调速阀正常工作，就必须保证有一个最小压力差（中低压调速阀为 0.5 MPa，高压调速阀为 1 MPa）。

（二）溢流节流阀结构原理及流量特性

溢流节流阀由压差式溢流阀和节流阀并联而成，它也能保持节流阀前、后压差基本不变，从而使通过节流阀的流量基本上不受负载变化的影响。图 F-1-2-3a 所示为溢流节流阀的工作原理图，其中 3 为差压式溢流阀阀芯，4 为节流阀阀芯。液压泵输出的油液压力为 p_1，进入阀后，一部分油液经节流阀进入执行元件，压力为 p_2；另一部分油液经溢流阀的溢流口流回油箱。节流阀进口的压力即为泵的供油压力 p_1，而节流阀出口的压力 p_2 决定于负载，两端的压差 $\Delta p=p_1-p_2$。溢流阀的 b 腔和 c 腔与节流阀进口相通，其压力为 p_1。当执行元件在某一负载下工作时，溢流阀阀芯处于某一平衡状态，溢流阀开度为 h。若负载增加，p_2 增大，a 腔的压力也相应增大，此时阀芯 3 向下移动，溢流口开度 h 减小，溢流阻力增加，泵的供油压力 p_1 也随之增大，从而使节流阀两端压差 $\Delta p=p_1-p_2$ 基本保持不变。同理，如果负载减小，p_2 减小，溢流阀的自动调节作用将使 p_1 减小，$\Delta p=p_1-p_2$ 仍能保持不变。图中安全阀 2 平时关闭，只有当负载增加到使 p_2 超过安全阀弹簧的调整压力时才打开，溢流阀阀芯上腔经安全阀通油箱，溢流阀阀芯向上移动而阀口开大，液压泵的油液经溢流阀全部溢回油箱，以防止系统过载。图 F-1-2-3b、c 所示为溢流节流阀的详细图形符号和简化图形符号。

图 F-1-2-2　调速阀和节流阀特性比较

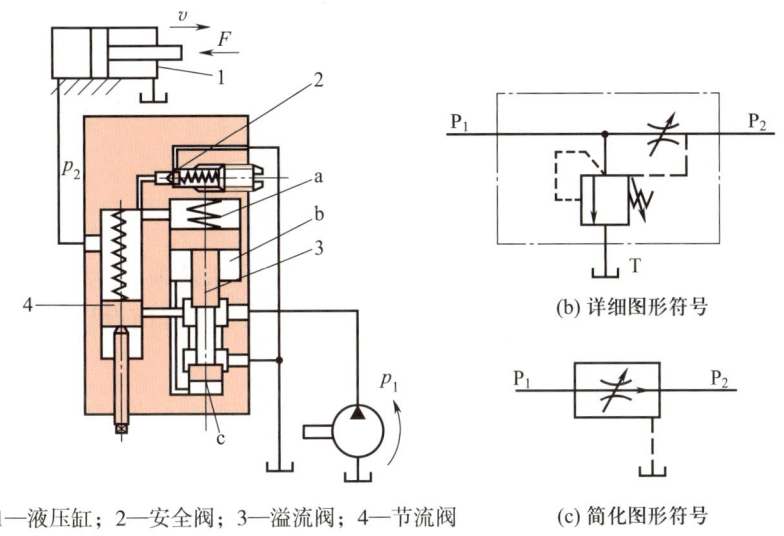

1—液压缸；2—安全阀；3—溢流阀；4—节流阀

(a) 工作原理图

(b) 详细图形符号

(c) 简化图形符号

图 F-1-2-3　溢流节流阀工作原理图及图形符号

（三）调速阀节流调速回路

采用节流阀的节流调速回路,速度负载特性较软,运动速度随负载的变化而变化,运动平稳性比较差,主要原因是节流阀进出口两端的压力差会随负载的变化而变化。为了克服这个缺点,回路中的节流阀可由调速阀来代替,如图 F-1-2-4 所示。由于调速阀本身能在负载变化的条件下保证节流阀进、出油口间的压差基本不变,因而使用调速阀后,节流调速回路的速度负载特性将得到很好的改善。调速阀旁路节流调速回路的承载能力也不因活塞速度降低而减小。但由于调速阀的最小压差比节流阀的压差大,故其调速回路的功率损失比节流阀调速回路要大一些。

视频

调速阀节流调速回路工作特性分析

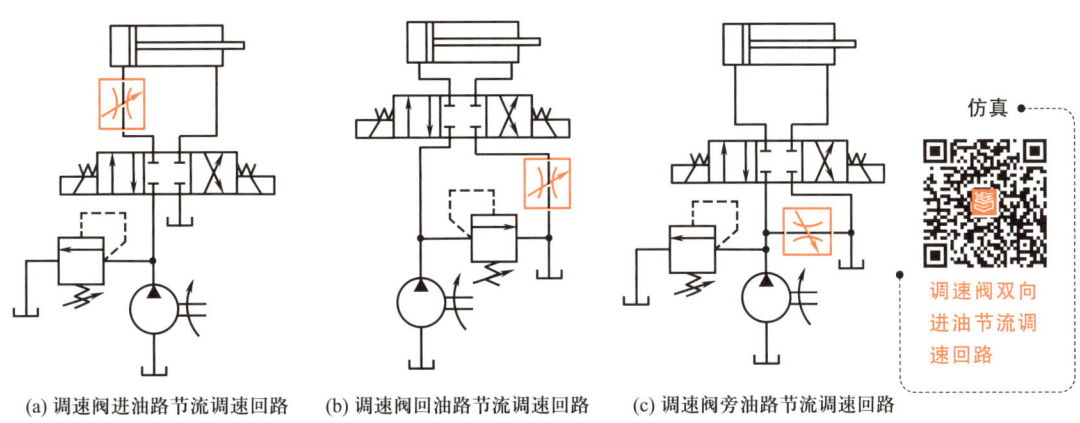

(a) 调速阀进油路节流调速回路　　(b) 调速阀回油路节流调速回路　　(c) 调速阀旁油路节流调速回路

仿真

调速阀双向进油节流调速回路

图 F-1-2-4　调速阀节流调速回路

四、能力训练

（一）操作条件

准备好模块化液压综合操作设备、调速阀、电磁换向阀、液压泵、液压缸、快速接头的胶管、实验导线等。

（二）安全及注意事项

1. 工作前须戴好全胶手套。

2. 熟悉模块化液压综合操作设备的使用，掌握设备开机及关机步骤。

3. 应根据回路紧凑、油液流经顺序、管道损失最小的原则提前设计各液压元件在操作设备上的安装位置。

4. 在模块化液压综合操作设备上安装液压元件时，须轻拿轻放，避免损坏液压元件。

5. 在模块化液压综合操作设备上安装液压元件时，须首先将元件上卡扣摁下，等元件下卡扣放置在设备 T 形导轨槽内后，再将元件的上卡扣松开。

6. 在连接液压元件时，需首先将快速接头提起，对准液压元件接口后再迅速放下。

7. 连接导线及具体操作回路时，确保用电安全。

（三）操作过程

工序	步骤	操作方法及说明	质量标准
调速阀旁路节流调速回路	准备工作	操作方法及质量标准参考"工作任务 A-1　核心能力二　理解液压传动技术的组成及应用特点"中的"四、能力训练（三）操作过程"。 	
	回路搭建	1. 选取模块化液压综合操作设备，并检查设备电源控制部分等与调速阀实现的节流调速回路控制要求是否匹配。	设备功能要能满足调速阀旁路节流调速回路搭建及操作实现功能。

续表

工序	步骤	操作方法及说明	质量标准
调速阀旁路节流调速回路	回路搭建	2. 根据调速阀节流调速回路所需,选择适宜型号的液压泵、液压缸、快速接头的胶管、电磁换向阀、调速阀、溢流阀等液压元件。	功能达到调速阀旁油路节流调速回路的控速需求。正确选取液压泵(1个)、三位四通电磁换向阀(1个)、液压缸(1个)、调速阀(1个)、溢流阀(1个)、压力表(1个)、快速接头的胶管(6根)、油箱(1个)。
		3. 在设备上设计各液压元件的安装位置。 	按照回路紧凑、油液流经顺序、管道损失最小的原则,设计各元件在设备上的安装位置。
		4. 安装液压元件的操作方法及质量标准参考"工作任务 A-1 核心能力二 理解液压传动技术的组成及应用特点"中的"四、能力训练(三)操作过程"。	
		5. 用快速接头的胶管连接各液压元件: (1)用三根胶管从液压泵出口接出,连接三位四通电磁换向阀 P 口。 (2)用一根胶管从三位四通电磁换向阀 A 口接出,连接液压缸无杆腔。	(1)操作时首先将胶管的快速接头提起,然后对准液压元件接口后再迅速放下。 (2)油路选用的胶管长度合适,无过长或过短的问题。 (3)胶管与液压元件连接牢固,无松动或脱落现象,且连接好的胶管无打结、叠加现象(降低局部压力损失)。 *操作中树立规范操作意识和精益求精的探索精神。

工序	步骤	操作方法及说明	质量标准
调速阀旁路节流调速回路	回路搭建	 （3）用一根胶管从液压缸有杆腔接出连接三位四通电磁换向阀 B 口。 （4）用一根胶管从三位四通电磁换向阀 T 口接出，连接回油箱。 （5）用一根胶管从液压泵出口接出，连接调速阀进口。	

工序	步骤	操作方法及说明	质量标准
调速阀旁路节流调速回路	回路搭建	 （6）用一根胶管从调速阀出口接出，连接回油箱。 	
		6. 电磁换向阀导线连接方法及质量标准参考"工作任务 D-1　核心能力　正确选用普通换向阀及组建、分析方向控制回路"中的"四、能力训练（三）操作过程"。 ＊树立安全用电责任意识。	
	回路操作	1. 实训台控制面板操作方法及质量标准参考"工作任务 A-1　核心能力二理解液压传动技术的组成及应用特点"中的"四、能力训练（三）操作过程"。 2. 将调速阀钥匙逆时针方向旋动，锁住调速阀的调节手柄。 	调速阀调节手柄顶端的钥匙，逆时针方向旋转到底，处于不动状态。 ＊形成严谨、规范的操作习惯。

工序	步骤	操作方法及说明	质量标准
调速阀旁路节流调速回路	回路操作	3. 实现回路的换向工作的操作方法及质量标准参考"工作任务 D-1 核心能力 正确选用普通换向阀及组建、分析方向控制回路"中的"四、能力训练（三）操作过程"，实现回路速度控制的操作方法及质量标准参考"工作任务 F-1 核心能力二 正确选用节流阀及组建、分析节流调速回路"中的"四、能力训练（三）操作过程"。  * 在操作中，通过与节流阀节流调速回路建立对比，形成创新意识和辩证思维意识。	
	结束工作	操作方法及质量标准参考"工作任务 A-1 核心能力二 理解液压传动技术的组成及应用特点"中的"四、能力训练（三）操作过程"。	

2. 调速阀进油路节流调速回路

操作过程同上，除调速阀安装位置不同外，调速阀调节手柄大小调节下的执行元件运动速度的变化与调速阀旁油路节流调速回路正好相反。

3. 调速阀回油路节流调速回路

操作过程同上，除调速阀安装位置不同外，调速阀调节手柄大小调节下的执行元件运动速度的变化与调速阀旁油路节流调速回路正好相反。

拓展阅读 ●

情境 F-1-2

（四）学习结果评价

序号	评价内容	评价标准	评价结果
1	识读和绘制调速阀图形符号及调速阀节流调速回路原理图	能正确识读和绘制调速阀图形符号。 能根据工作需要，正确识读和绘制调速阀节流调速回路原理图。	

续表

序号	评价内容	评价标准	评价结果
2	选择调速阀安装位置,组建节流调速回路	能完成设备、液压元件及油箱内油液状况的检查工作。 能正确选用相应液压元件。 能按照回路搭建紧凑、油液流经顺序及管道损失最小的原则设计各液压元件安装位置。 能正确安装各液压元件。 能正确连接各液压元件和导线。	
3	分析和操控节流调速回路	能正确操作设备各控制面板。 能正确操作节流调速回路中的调速阀及其他液压元件。 能准确实现调速工作。 能正确拆卸液压元件并进行元件清点。 能按照设备清洁规程完成清场工作。 能及时并正确填写实训设备使用记录。	
4	调速阀节流调速回路常见故障的排除	能正确分析并排除调速阀及调速阀节流调速回路的电气故障。 能正确分析并排除调速阀及调速阀节流调速回路的机械故障。 能正确分析并排除调速阀及调速阀节流调速回路的系统故障。	

互动练习 ●

F-1-2

五、课后作业

1. 节流调速回路中,假设搭建中将调速阀进出口接反,回路运动中将出现什么情况?

2. 调速阀与节流阀有哪些性能差异?各适用于什么场合?

3. 图 F-1-2-5 所示为调速阀进油路节流调速回路,回油路中加入背压阀。已知液压泵输出流量 q_V=30 L/min,液压缸无杆腔和有杆腔的有效作用面积分别为 A_1=50 cm²、A_2=20 cm²,负载为 F=10 kN,背压阀的调定压力为 p_b=0.6 MPa,不计任何损失。试问:

(1)预使液压缸活塞杆运动速度恒定,不计调压偏压,溢流阀最小调定压力 p_y 为多大?

(2)卸荷时能量损失多少?

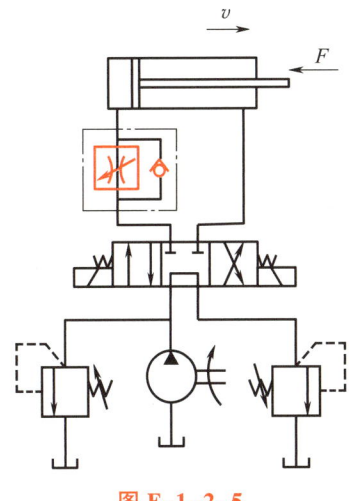

图 F-1-2-5

工作任务 F-2　速度控制回路的组建与分析

核心能力一　正确组建、分析快慢速换接回路

一、核心概念

　　速度换接回路：使执行元件在一个工作循环中从一种运动速度变换到另一种运动速度。速度换接回路应具有较高的速度换接平稳性。

二、学习目标

　　1. 能识读并绘制快慢速换接回路原理图。
　　2. 能根据工作需要选用元件组建快慢速换接回路。
　　3. 能根据工作所需分析并操控快慢速换接回路。
　　4. 能排除快慢速换接回路常见故障。
　　5. 树立质量意识、安全意识和创新意识，不断提升观察分析能力、合作探究能力。

三、基本知识

（一）电磁换向阀与调速阀实现的快慢速换接回路

　　采用二位二通电磁阀与调速阀并联的快慢速换接回路如图 F-2-1-1 所示。这种回路可实现快进→工进→快退→停止的工作循环。当电磁铁 1YA 通电时，液压泵的压力油经主阀（三位四通电磁换向阀）左位、二位二通电磁阀右位进入液压缸无杆腔中，当刚体固定时，液压油推动液压缸内的活塞杆伸出，液压缸有杆腔内油液受到挤压，顺着管道经主

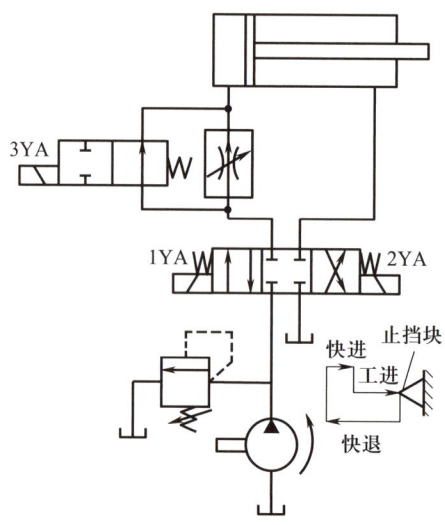

图 F-2-1-1　采用二位二通电磁阀与调速阀并联的快慢速换接回路

阀（三位四通电磁换向阀）左位流回油箱，实现工作部件的快速运动；当 1YA 和 3YA 同时通电时，油路切换，此时液压泵供给的压力油经主阀（三位四通电磁换向阀）左位、调速阀进入液压缸无杆腔，将快进换接为工作进给；当工进结束后，运动部件碰至止挡块停留时，1YA 和 3YA 断电，2YA 通电，液压泵供给的油液经主阀（三位四通电磁换向阀）右位进入液压缸有杆腔，推动活塞杆带动工作部件快速退回，无杆腔油液经二位二通电磁换向阀、主阀（三位四通电磁换向阀）右位流回油箱。

（二）行程阀与单向节流阀实现的快慢速换接回路

组合机床液压系统中常用的采用行程阀和单向节流阀的快慢速换接回路如图 F-2-1-2 所示。在图示状态下，泵供给的油液经二位四通电磁换向阀右位进入液压缸无杆腔，液压缸内的活塞和活塞杆在油液的推动下向右移动，有杆腔内的油液受到挤压，顺着管道经二位二通行程阀下位、二位四通手动换向阀右位流回油箱，实现液压缸活塞杆快进；当执行元件液压缸活塞杆所连接的挡铁将行程阀压下时，行程阀关闭，液压缸有杆腔油液只能经节流阀、二位四通手动换向阀右位流回油箱，实现液压缸活塞杆慢速运动（即工进）；当拉动手柄时，二位四通手动换向阀切换成左位泵供给的油液经二位四通手动换向阀、单向阀进入液压缸有杆腔，无杆腔内的油液受到挤压，顺着管道经二位四通手动换向阀左位流回油箱，实现液压缸活塞杆缩回（即快退）。采用行程阀实现的快慢速换接回路，速度换接平稳，动作可靠，换接精度较好，但缺点是行程阀必须安装在液压缸附近。

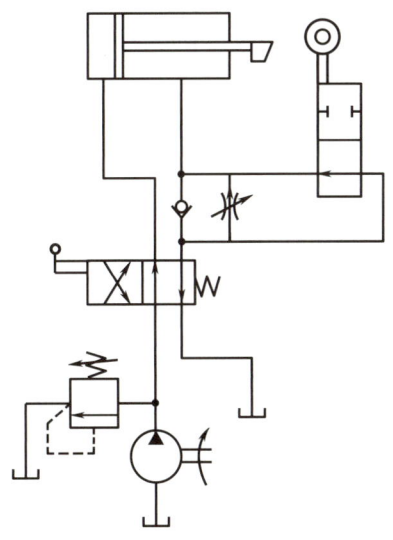

视频

机动换向阀实现的快慢速换接回路的设计与分析

图 F-2-1-2 采用行程阀和单向节流阀的快慢速换接回路

四、能力训练

（一）操作条件

准备好模块化液压综合操作设备、调速阀、三位四通电磁换向阀、二位二通电磁换向阀（或二位三通电磁换向阀）、液压泵、液压缸、快速接头的胶管、实验导线等。

（二）安全及注意事项

1. 工作前须戴好全胶手套。

2. 熟悉模块化液压综合操作设备的使用,掌握设备开机及关机步骤。

3. 应根据回路紧凑、油液流经顺序、管道损失最小的原则提前设计各液压元件在操作设备上的安装位置。

4. 在模块化液压综合操作设备上安装液压元件时,须轻拿轻放,避免损坏液压元件。

5. 在模块化液压综合操作设备上安装液压元件时,须首先将元件上卡扣摁下,等元件下卡扣放置在设备 T 形导轨槽内后,再将元件的上卡扣松开。

6. 在连接液压元件时,需首先将快速接头提起,对准液压元件接口后再迅速放下。

7. 连接导线及具体操作回路时,确保用电安全。

（三）操作过程

工序	步骤	操作方法及说明	质量标准
二位二通电磁换向阀和调速阀的快慢速换接回路	准备工作	操作方法及质量标准参考"工作任务 A–1　核心能力二　理解液压传动技术的组成及应用特点"中的"四、能力训练（三）操作过程"。 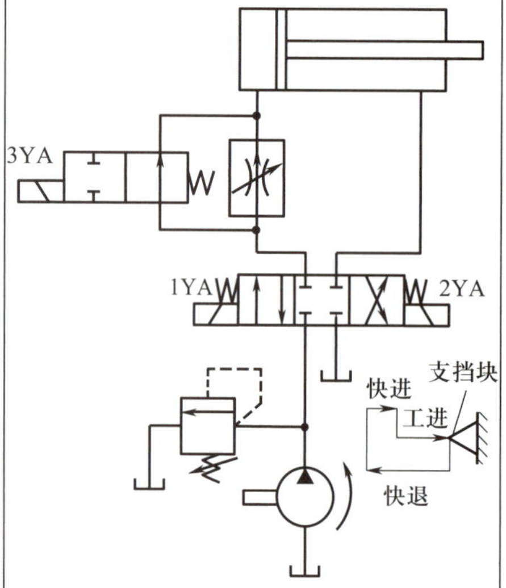 *树立安全意识,养成严谨细致的工作作风。	
	回路搭建	1. 选取模块化液压综合操作设备,并检查设备电源控制部分等与快慢速换接回路控制要求是否匹配。	设备功能要能满足快慢速换接回路搭建及操作实现功能。 *提升观察分析辨析能力。 ★回路的实际连接中,用二位三通电磁换向阀代替二位二通电磁换向阀使用。

工序	步骤	操作方法及说明	质量标准
二位二通电磁换向阀和调速阀的快慢速换接回路	回路搭建	2. 根据二位二通电磁换向阀和调速阀的快慢速换接回路所需,选择适宜型号的液压泵、液压缸、快速接头的胶管、电磁换向阀、调速阀等液压元件。	功能达到二位二通电磁换向阀和调速阀的快慢速换接回路的速度换接需求。正确选取液压泵(1个)、三位四通电磁换向阀(1个)、液压缸(1个)、调速阀(1个)、二位二通电磁换向阀(1个)、溢流阀(1个)、压力表(1个)、快速接头的胶管(9根)、油箱(1个)、三通接头(2个)。
		3. 在设备上设计各液压元件的安装位置。 	按照回路紧凑、油液流经顺序、管道损失最小的原则,设计各元件在设备上的安装位置。 *建立液压回路整体设计思维意识和节约能源、消除能量浪费的意识。
		4. 安装各液压元件的操作方法及质量标准参考"工作任务 A-1 核心能力二 理解液压传动技术的组成及应用特点"中的"四、能力训练(三)操作过程"。 *提升标准化操作的职业素养,培养工匠精神。	
		5. 用快速接头的胶管连接各液压元件: (1)用一根胶管从液压泵出口接出,连接三位四通电磁换向阀 P 口。 	(1)操作时首先将胶管的快速接头提起,然后对准液压元件接口后再迅速放下。 (2)油路选用的胶管长度合适,无过长或过短的问题。 (3)胶管与液压元件连接牢固,无松动或脱落现象,且连接好的胶管无打结、叠加现象(降低局部压力损失)。 *树立安全第一意识,不断提升精益求精的工匠精神和职业素养。

工序	步骤	操作方法及说明	质量标准
二位二通电磁换向阀和调速阀的快慢速换接回路	回路搭建	（2）用一根胶管从三位四通电磁换向阀 A 口接出,连接第一支三通接头任意口。 （3）用两根胶管分别从第一只三通接头接出,分别连接二位三通电磁换向阀 P 口和调速阀 A 口。 （4）用一根胶管从二位三通电磁换向阀 A 口接出,连接第二只三通接头任意口。	◎元件各阀口布局及图形符号 二位三通电磁换向阀阀口布局 二位三通电磁换向阀图形符号 调速阀(单向调速阀)阀口布局 调速阀(单向调速阀)图形符号

工序	步骤	操作方法及说明	质量标准
二位二通电磁换向阀和调速阀的快慢速换接回路	回路搭建	 （5）用两根胶管分别从第二只三通接头接出，分别连接调速阀 B 口和液压缸无杆腔。 	

续表

工序	步骤	操作方法及说明	质量标准
二位二通电磁换向阀和调速阀的快慢速换接回路	回路搭建	（6）用一根胶管从液压缸有杆腔接出,连接三位四通电磁换向阀 B 口。 （7）用一根胶管从三位四通电磁换向阀 T 口接出,连接回油箱。 	
		6. 连接导线:电磁换向阀导线连接方法及质量标准参考"工作任务 D-1 核心能力二 正确选用普通换向阀及组建、分析方向控制回路"中的"四、能力训练(三)操作过程"。	
	回路操作	1. 实训台控制面板操作方法及质量标准参考"工作任务 A-1 核心能力二 理解液压传动技术的组成及应用特点"中的"四、能力训练(三)操作过程"。	

续表

工序	步骤	操作方法及说明	质量标准
二位二通电磁换向阀和调速阀的快慢速换接回路	回路操作	2. 电磁铁动作顺序操作见下表： 表中："+"代表通电，"—"代表断电。	根据执行元件液压缸活塞杆伸出或缩回时的速度换接控制需要，正确操纵电磁换向阀电磁铁的通电与断电及调速阀调节手柄，完成回路的快慢速度换接及速度的调节。 *树立质量意识，不断提升观察分析能力、合作探究能力，持续增强创新能力。
	结束工作	操作方法及质量标准参考"工作任务A-1　核心能力二　理解液压传动技术的组成及应用特点"中的"四、能力训练（三）操作过程"。 *养成崇尚劳动、敬业爱岗的责任担当。	

电磁铁动作顺序操作表：

电磁铁动作顺序	1YA	2YA	3YA
快进	+	—	—
工进	+	—	+
快退	—	+	—
原位停止	—	—	—

（四）学习结果评价

序号	评价内容	评价标准	评价结果
1	识读和绘制快慢速换接回路原理图	能根据工作需要，正确识读和绘制快慢速换接回路原理图。	
2	正确选择元件，搭建快慢速换接回路	能完成设备、液压元件及油箱内油液状况的检查工作。 能正确选用相应液压元件。 能按照回路搭建紧凑、油液流经顺序及管道损失最小的原则设计各液压元件安装位置。 能正确安装各液压元件。 能正确连接各液压元件和导线。	
3	分析和操控快慢速换接回路	能正确操作设备各控制面板。 能正确操作快慢速换接回路中的各个液压元件。 能准确实现速度换接及控制工作。 能正确拆卸液压元件并进行元件清点。 能按照设备清洁规程完成清场工作。 能及时并正确填写实训设备使用记录。	
4	快慢速换接回路常见故障的排除	能正确分析并排除快慢速换接回路的电气故障。 能正确分析并排除快慢速换接回路的机械故障。 能正确分析并排除快慢速换接回路的系统故障。	

五、课后作业

1. 图 F-2-1-3 所示为快慢速换接回路，回油路中已知液压缸有效作用面积为 A_1=30 cm²，工进时运动速度 v_1=600 mm/min，承受的切削负载力 F=6 000 N。快进时运动速度 v_2=12 m/min。卸荷阀的卸荷压力 Δp=0.2 MPa，节流阀两端压差为 0.6 MPa，不计任何损失。试计算单泵供油和双泵供油液的情况下在工进时的回路效率为多大。

互动练习 ●

F-2-1

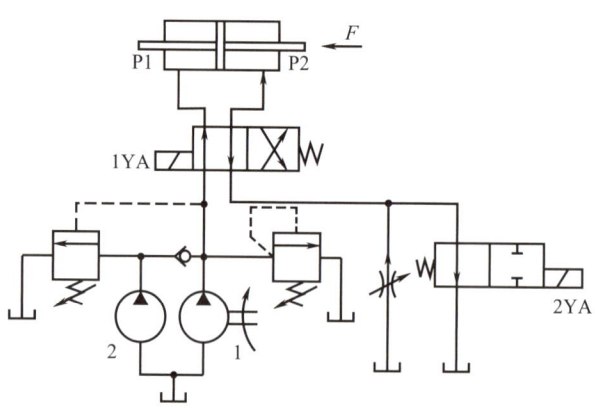

1—高压小流量泵；2—低压大流量泵。

图 F-2-1-3

2. 图 F-2-1-4 所示为快慢速换接回路。已知液压泵的排量 V_p=100 mL/r，转速 n_p=900 r/min，容积效率 η_{Vp}=0.9；溢流阀调定压力 p_y=6 MPa；液压马达排量 V_M=150 mL/r，容积效率 η_{VM}=0.7，机械效率 η_{mM}=0.9，负载转矩 T=16 N·m；节流阀最大开度 A_{max}=0.2 cm²，孔口为薄壁小孔，流量系数 C_q=0.62，油液密度 ρ=900 kg/m³，不计损失。试求：

（1）通过节流阀的流量 q_{max} 和液压马达的最大转速 n_{max} 各为多少？此时的输出功率 P 和回路效率 η 各为多少？

（2）若将 p_y 提高到 8 MPa，q_{max} 将为多大？

3. 如图 F-2-1-5 所示，液压缸工作进给时压力 p=5.5 MPa，流量 q=2 L/min。由于快进需要，现采用 YB-25 或 YB4/25 两种泵对系统供油，液压泵的总效率 η_p=0.8，溢流阀调定压力 p_y=6 MPa，双联泵中低压泵卸荷压力 p_L=0.12 MPa，不计损失，试计算分别采用不同液压泵时的系统效率。

4. 回路搭建：利用一个单杆活塞式液压缸、一个液压泵、一个溢流阀、一个压力表、一个三位四通换向阀、一个二位三通换向阀、一个单向节流阀，设计搭建一个快慢速换接回路，要求单向节流阀在回路的回油路上控速。

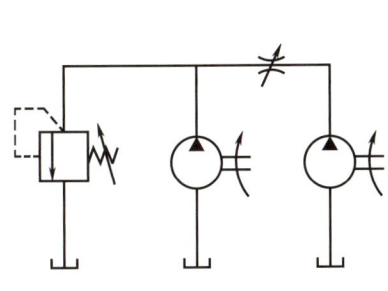

图 F-2-1-4

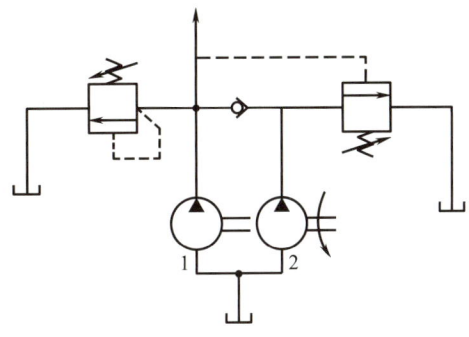

1—高压小流量泵；2—低压大流量泵。

图 F-2-1-5

核心能力二　正确设计、分析两种
慢速换接回路

一、核心概念

两种慢速换接回路：某些机械设备在工作行程中有两种工进速度换接，一般第一进给速度稍快于第二进给速度。

二、学习目标

1. 能识读并绘制两种慢速换接回路原理图。
2. 能根据工作需要选用元件组建两种慢速换接回路。
3. 能根据工作所需分析并操控两种慢速换接回路。
4. 能排除两种慢速换接回路常见故障。
5. 能进行不同类型的两种慢速换接回路运动特性对比分析，提升创新精神和辩证思维意识。

三、基本知识

（一）两个调速阀串联的两种慢速换接回路

采用两个调速阀串联的两种慢速换接回路如图 F-2-2-1 所示。在两种慢速换接回路中，一般第一进给速度稍快于第二进给速度，故当两个调速阀串联时，如图所示，调速阀 A 的开口量需大于调速阀 B 的开口量。当电磁铁 1YA 通电时，液压泵供给的油液经主阀（三位四通电磁换向阀）左位、调速阀 A 和二位二通电磁换向阀左位进入液压缸无杆腔，有杆腔油液经主阀（三位四通电磁换向阀）左位流回油箱，实现液压缸活塞杆的第一次工进；当电磁铁 1YA 和电磁铁 3YA 同时通电时，进油路油液经主阀（三位四通电磁换向阀）左位、调速阀 A 和调速阀 B 进入液压缸无杆腔，有杆腔油液依然经主阀（三位四通电磁换向阀）左位流回油箱，实现液压缸活塞杆的第二次工进；当电磁铁 1YA 和电磁铁 3YA 同时断

视频

两个调速阀串联的两种慢速控制的速度换接回路

237

电、电磁铁 2YA 通电时,进油路油液经主阀(三位四通电磁换向阀)右位 B 进入液压缸有杆腔,无杆腔油液经单向阀流回油箱,实现液压缸活塞杆的快退。采用两个调速阀串联的两种慢速换接回路平稳可靠。

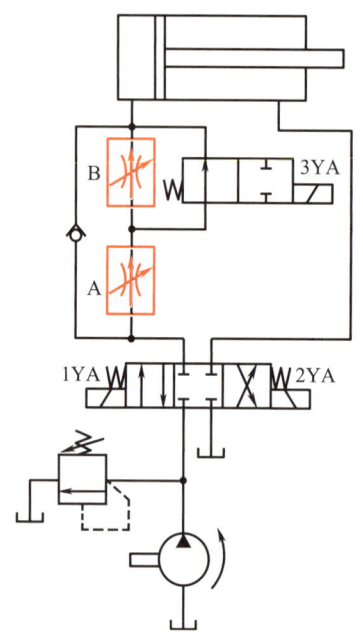

图 F-2-2-1　采用两个调速阀串联的两种慢速换接回路

(二)两个调速阀并联的两种慢速换接回路

采用两个调速阀并联的两种慢速换接回路如图 F-2-2-2 所示,且提前调整调速阀 A 的开口量大于调速阀 B 的开口量。在图 F-2-2-2a 回路中,当电磁铁 1YA 通电,2YA、3YA、4YA 断电时,液压泵供给的油液经主阀(三位四通电磁换向阀)左位、二位二通电磁换向阀左位,进入液压缸无杆腔,有杆腔油液经主阀(三位四通电磁换向阀)左位流回油箱,实现液压缸活塞杆的快进;当电磁铁 1YA、3YA 通电,4YA、1YA 断电时,液压泵供给的油液经主阀(三位四通电磁换向阀)左位、调速阀 A、二位三通电磁换向阀左位,进入液压缸无杆腔,有杆腔油液经主阀(三位四通电磁换向阀)左位流回油箱,实现液压缸活塞杆的第一次工进;当电磁铁 1YA、3YA、4YA 通电,1YA 断电时,液压泵供给的油液经主阀(三位四通电磁换向阀)左位、调速阀 B、二位三通电磁换向阀右位,进入液压缸无杆腔,有杆腔油液经主阀(三位四通电磁换向阀)左位流回油箱,实现液压缸活塞杆的第二次工进;当电磁铁 1YA、3YA、4YA 断电,1YA 通电时,液压泵供给的油液经主阀(三位四通电磁换向阀)右位,进入液压缸有杆腔,无杆腔油液经二位二通电磁换向阀左位、主阀(三位四通电磁换向阀)右位流回油箱,实现液压缸活塞杆的快退。

图 F-2-2-2a 这种回路在进行工进一和工进二的调整中,两种慢速

仿真

两个调速阀串联的慢速换接回路

视频

两个调速阀并联的两种慢速控制的速度换接回路

仿真

两个调速阀并联的速度换接回路

运动的速度互不影响,但因调速阀 A 和调速阀 B 任意一个工作时,另一个调速阀内定差减压阀阀口将会开到最大,故换接容易产生前冲现象。将回路改为图 F-2-2-2b 的方式,可避免液压缸的前冲现象,但功率损失增大。

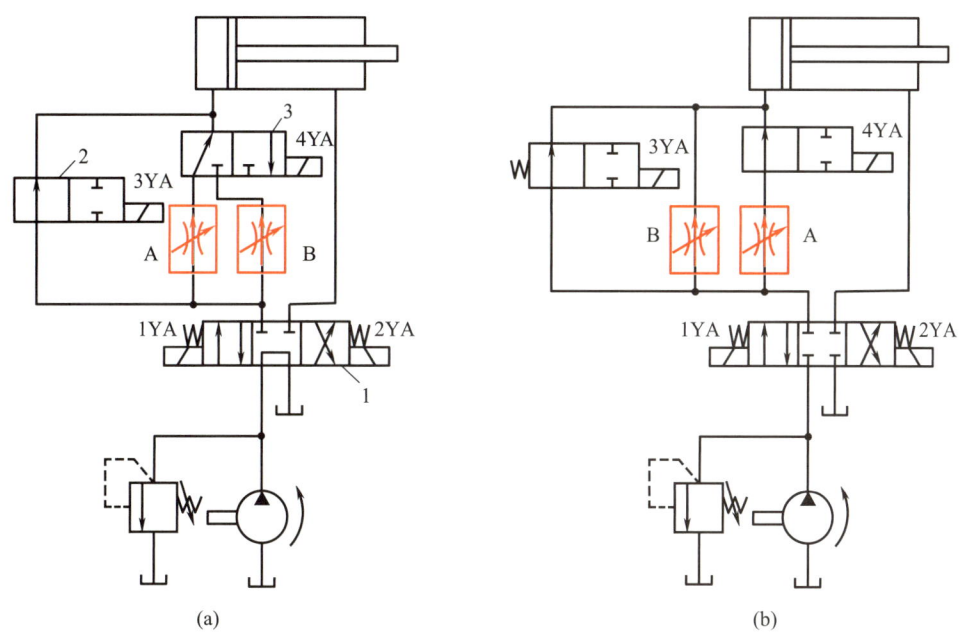

1—三位四通电磁换向阀;2—二位二通电磁换向阀;3—二位三通电磁换向阀;A、B—调速阀。

图 F-2-2-2　采用两个调速阀并联的两种慢速换接回路

四、能力训练

(一)操作条件

准备好模块化液压综合操作设备、三位四通电磁换向阀、调速阀、二位二通电磁换向阀(或二位三通电磁换向阀)、液压泵、液压缸、溢流阀、压力表、快速接头的胶管、实验导线等。

(二)安全及注意事项

1. 工作前须戴好全胶手套。

2. 熟悉模块化液压综合操作设备的使用,掌握设备开机及关机步骤。

3. 应根据回路紧凑、油液流经顺序、管道损失最小的原则提前设计各液压元件在操作设备上的安装位置。

4. 在模块化液压综合操作设备上安装液压元件时,须轻拿轻放,避免损坏液压元件。

5. 在模块化液压综合操作设备上安装液压元件时,须首先将元件上卡扣摁下,等元件下卡扣放置在设备 T 形导轨槽内后,再将元件的上卡扣松开。

6. 在连接液压元件时,需首先将快速接头提起,对准液压元件接口后再迅速放下。

7. 连接导线及具体操作回路时,确保用电安全。

（三）操作过程

工序	步骤	操作方法及说明	质量标准
两个调速阀并联实现的两种慢速换接回路	准备工作	操作方法及质量标准参考"工作任务 A–1 核心能力二 理解液压传动技术的组成及应用特点"中的"四、能力训练（三）操作过程"。 1—三位四通电磁换向阀；2—二位二通电磁换向阀；3—二位三通电磁换向阀；A、B—调速阀。	
	回路搭建	1. 选取模块化液压综合操作设备，并检查设备电源控制部分等与两个调速阀并联实现的两种慢速换接回路控制要求是否匹配。	设备功能要能满足两种慢速换接回路搭建及操作实现功能。 ★回路的实际连接中，用二位三通电磁换向阀代替二位二通电磁换向阀使用。
		2. 根据两个调速阀并联实现的两种慢速换接回路所需，选择适宜型号的液压泵、液压缸、调速阀、快速接头的胶管、电磁换向阀等液压元件。	功能达到两个调速阀并联实现的两种慢速换接回路的速度换接需求。正确选取液压泵（1个）、三位四通电磁换向阀（1个）、液压缸（1个）、调速阀（2个）、二位三通电磁换向阀（2个）、溢流阀（1个）、压力表（1个）、快速接头的胶管（12根）、油箱（1个）、三通接头（1个）、四通接头（1个）

工序	步骤	操作方法及说明	质量标准
两个调速阀并联实现的两种慢速换接回路	回路搭建	3. 在设备上设计各液压元件的安装位置。 4. 安装各液压元件的操作方法及质量标准参考"工作任务 A-1　核心能力二　理解液压传动技术的组成及应用特点"中的"四、能力训练（三）操作过程"。 5. 用快速接头的胶管连接各液压元件： （1）用一根胶管从液压泵出口接出，连接三位四通电磁换向阀 P 口。 （2）用一根胶管从三位四通电磁换向阀 A 口接出，连接四通接头。 （3）用三根胶管分别从四通接头接出，分别连接调速阀 A 和调速阀 B 进口以及二位三通电磁换向阀 P 口。	按照回路紧凑、油液流经顺序、管道损失最小的原则，设计各元件在设备上的安装位置。 　（1）操作时首先将胶管的快速接头提起，然后对准液压元件接口后再迅速放下。 　（2）油路选用的胶管长度合适，无过长或过短的问题。 　（3）胶管与液压元件连接牢固，无松动或脱落现象，且连接好的胶管无打结、叠加现象（降低局部压力损失）。 *形成规范化、标准化操作观念，养成认真、负责、严谨细致的工作作风。

工序	步骤	操作方法及说明	质量标准
两个调速阀并联实现的两种慢速换接回路	回路搭建		◎元件各阀口布局及图形符号 二位三通电磁换向阀阀口布局 二位三通电磁换向阀图形符号 调速阀(单向调速阀)阀口布局 调速阀(单向调速阀)图形符号

工序	步骤	操作方法及说明	质量标准
两个调速阀并联实现的两种慢速换接回路	回路搭建	（4）用一根胶管从调速阀 A 出口接出，连接二位三通电磁换向阀 A 口。 （5）用一根胶管从调速阀 B 口接出，连接二位三通电磁换向阀 B 口。 （6）用一根胶管从二位三通电磁换向阀 T 口接出，连接三通接头任意口。 	

续表

工序	步骤	操作方法及说明	质量标准
两个调速阀并联实现的两种慢速换接回路	回路搭建	（7）用一根胶管从三通接头接出，连接二位三通电磁换向阀 A 口。 （8）用一根胶管从三通接头接出，连接液压缸无杆腔。 （9）用一根胶管从液压缸有杆腔接出，连接三位四通电磁换向阀 B 口。 	

工序	步骤	操作方法及说明	质量标准
两个调速阀并联实现的两种慢速换接回路	回路搭建	（10）用一根胶管从三位四通电磁换向阀 T 口接出，连接回油箱。 6. 电磁换向阀导线连接方法及质量标准参考"工作任务 D-1　核心能力　正确选用普通换向阀及组建、分析方向控制回路"中的"四、能力训练（三）操作过程"。 * 形成安全用电意识，树立良好的职业道德。	
	回路操作	1. 操作方法及质量标准参考"工作任务 A-1　核心能力二　理解液压传动技术的组成及应用特点"中的"四、通力训练（三）操作过程"。 2. 电磁铁动作顺序操作见下表：	

电磁铁动作顺序	1YA	2YA	3YA	4YA
快进	+	−	−	−
工进①	+	−	+	−
工进②	+	−	+	+
快退	−	+	−	−
原位停止	−	−	−	−

注："+"表示通电，"−"表示断电。

* 能进行不同类型的两种慢速换接回路运动特性对比分析，提升创新精神和辩证思维意识。

工序	步骤	操作方法及说明	质量标准
	结束工作	操作方法及质量标准参考"工作任务 A-1　核心能力二　理解液压传动技术的组成及应用特点"中的"四、能力训练（三）操作过程"。 * 养成崇尚劳动、敬业爱岗的责任担当。 * 树立规范化、标准化管理理念。	

（四）学习结果评价

序号	评价内容	评价标准	评价结果
1	识读和绘制两种慢速换接回路原理图	能根据工作需要,正确识读和绘制两种慢速换接回路原理图。	
2	正确选择元件,搭建两种慢速换接回路	能完成设备、液压元件及油箱内油液状况的检查工作。 能正确选用相应液压元件。 能按照回路搭建紧凑、油液流经顺序及管道损失最小的原则设计各液压元件安装位置。 能正确安装各液压元件。 能正确连接各液压元件和导线。	
3	分析和操控两种慢速换接回路	能正确操作设备各控制面板。 能正确操作两种慢速换接回路中的各个液压元件。 能准确实现两种慢速换接及控制工作。 能正确拆卸液压元件并进行元件清点。 能按照设备清洁规程完成清场工作。 能及时并正确填写实训设备使用记录。	
4	两种慢速换接回路常见故障的排除	能正确分析并排除两种慢速换接回路的电气故障。 能正确分析并排除两种慢速换接回路的机械故障。 能正确分析并排除两种慢速换接回路的系统故障。	

五、课后作业

1. 如何利用两个调速阀实现两种不同速度的换接?

2. 图 F-2-2-3 所示为两种慢速换接回路,请填写该回路电磁铁动作顺序表。

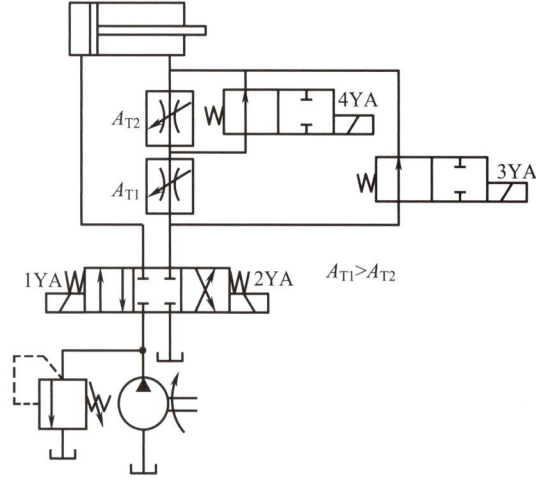

图 F-2-2-3

电磁铁动作顺序	1YA	2YA	3YA	4YA
快进				
工进①				
工进②				
快退				
原位停止				

3. 对图 F-2-2-4 所示回路进行改良设计。要求:(1)让两个调速阀安装在回油路中;(2)让回路实现快进 – 工进① – 工进② – 快退 – 停止工作循环。

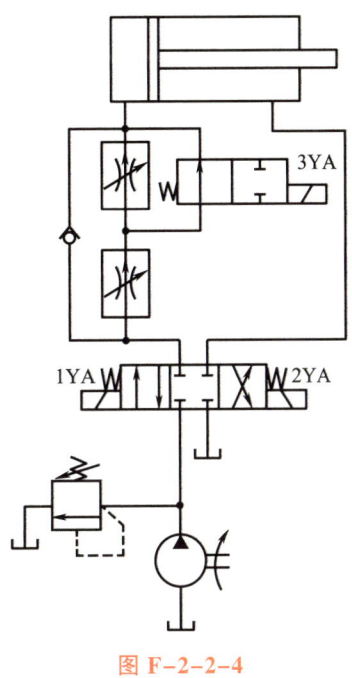

图 F-2-2-4

工作任务 F-3　容积调速回路及容积节流调速回路的组建与分析

核心能力　正确组建、分析容积调速回路和容积节流调速回路

一、核心概念

1. **容积调速**:采用变量泵或变量马达实现调速的方法。
2. **容积节流调速**:采用变量泵和流量阀相配合的调速方法。

二、学习目标

1. 能识读并绘制容积调速回路和容积节流调速回路原理图。
2. 能根据工作需要选用元件组建容积调速回路和容积节流调速回路。
3. 能根据工作所需分析并操控容积调速回路和容积节流调速回路。
4. 能排除容积调速回路和容积节流调速回路常见故障。
5. 理解技术的革新历程,树立探究实践的科学精神。

三、基本知识

(一) 容积调速回路

节流调速回路由于有节流阀和溢流阀的功率损失,故导致回路工作效率低,发热大,故只适用于小功率液压调速系统。而采用变量泵或变量马达的容积调速回路,无溢流阀和节流阀造成的损失,工作效率高,发热小,因此在大功率的调速系统中,多采用容积调速回路。

视频

液压电梯之容积调速回路

根据油路的循环方式不同,容积调速回路分为开式和闭式两种回路。

开式回路是液压泵从油箱吸油,油液经管道输送到执行元件的进油腔,执行元件的回油腔的油液流回到油箱,在此循环中,油液能通过油箱进行散热、沉淀杂质、溢出空气等,但缺点是空气易侵入油液,造成运动不平稳,产生振动和噪音等。而闭式回路中,液压泵将液压油输送到执行元件进油腔,执行元件回油腔输出的油液再次吸入液压泵中,油液在系统内封闭循环,闭式回路中油气隔绝,结构紧凑,运动平稳,噪声小;但由于油液循环使用,故散热条件差。

根据液压泵和液压马达(或液压缸)组合方式的不同,容积调速回路有三种基本形式,即变量泵与定量执行元件组成的容积调速回路、定量泵与变量马达组成的容积调速回路和变量泵与变量马达组成的容积调速回路。

1. 变量泵和定量执行元件(液压缸或液压马达)组成的容积调速回路

变量泵和液压缸组成的容积调速回路(开式回路)如图 F-3-1-1a 所示,变量泵和定量马达组成的容积调速回路(闭式回路)如图 F-3-1-1b 所示。这两种回路都是以调节变量泵的输出流量来进行执行元件运动速度的调节,两个回路中所安装的溢流阀都作为安全阀使用,即正常工作时阀口关闭,保护安全时,阀口打开。

在图 F-3-1-1b 所示变量泵和定量马达组成的容积调速回路(闭式回路)中,阀 1 为辅助泵,其压力由溢流阀 6 调定。在两个回路中,变量泵输出流量全部输送到执行元件中(液压缸的进油腔或液压马达中),若不计损失,则

图 F-3-1-1a 中液压缸的运动速度为

$$v = \frac{q_p}{A} = \frac{V_p n_p}{A} \qquad (F-3-1-1)$$

图 F-3-1-1b 中液压马达的运动速度为

$$n_M = \frac{q_p}{A} = \frac{V_p n_p}{V_M} \qquad (F-3-1-2)$$

式中：q_p——变量泵的输出流量；

$\qquad$ A——液压缸进油腔有效作用面积；

$\qquad$ V_p——变量泵的排量；

$\qquad$ n_p——变量泵的转速；

$\qquad$ V_M——液压马达的排量。

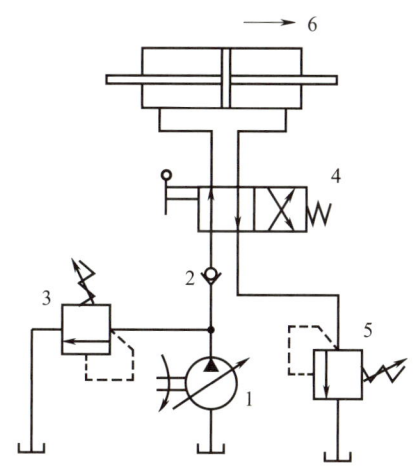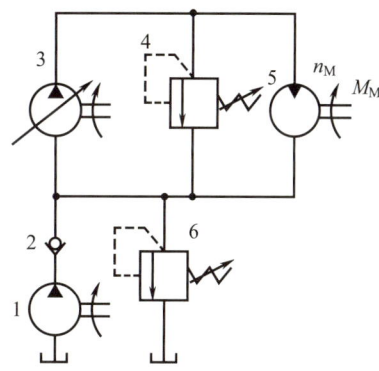

1、6—液压泵；2—单向阀；3、5—溢流阀；
4—二位四通手动换向阀。

1、3—液压泵；2—单向阀；4、6—溢
流阀；5—定量液压马达。

(a) 变量泵和液压缸组成的容积调速回路　　　　(b) 变量泵和定量马达组成的容积调速回路

图 F-3-1-1　变量泵和定量执行元件组成的容积调速回路

该回路的调速特性曲线如图 F-3-1-2 所示，变量泵和定量执行元件（液压马达或液压缸）组成的容积调速回路的特点：

（1）通过调节变量泵的排量 V_p 来实现对液压缸（或液压马达）速度的控制。由于变量泵排量 V_p 可调节，因此回路速度的调节范围是比较大的。

（2）若不计回路损失，液压马达的转矩 $T=p_p V_M/(2\pi)$，液压缸的推力 $F=p_p A$。由于变量泵的输出压力 p_p 由回路中溢流阀调定，而液压马达是定量马达，故其排量 V_M 是固定不变的，液压缸进油腔有效作用面积也是固定不变的。因此，在变量泵和定量执行元件（液压马达或液压缸）组成的容积调速回路中，液压马达（液压缸）输出的转矩（推力）是固定的，因此该回路又称为恒转矩（恒推力）调速回路。

（3）若不计系统损失，液压马达（液压缸）的输出功率 P_M 等于液压泵的输出功率 P_p，即 $P_M=P_p=p_p q_p=p_p V_p n_p=p_p V_M n_M$，由公式可知，回路的输出功率随马达的转速 n_M 的改变呈线性变化。

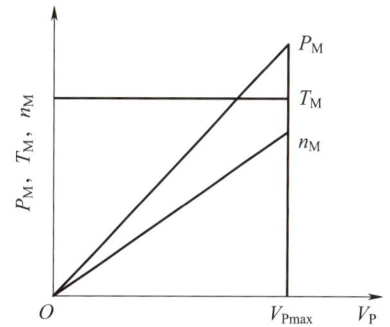

图 F-3-1-2　变量泵和定量执行元件组成的容积调速回路的调速特性曲线

2. 定量泵和变量马达组成的容积调速回路

定量泵和变量马达组成的容积调速回路如图 F-3-1-3 所示。定量泵的排量 V_p 为常数,输出流量不变,改变变量马达的排量 V_M,便可改变其运转速度。根据 $n_M = \dfrac{q_p}{V_M}$ 可知,变量马达的运转速度 n_M 与 V_M 成反比变化,改变 V_M 即可改变 n_M,但 V_M 不能太小,即 T_M 不能减小到不能带动负载,故定量泵和变量马达调速回路的调速范围较小。若不计损失,由于回路中定量泵输出流量 q_p 不可调,且液压泵供油压力 p_p 由溢流阀 4 调定,则变量马达的输出功率 $P_M = P_p = p_p q_p$,故定量泵和变量马达调速回路为恒功率调速回路。该回路的调速特性曲线如图 F-3-1-4 所示。

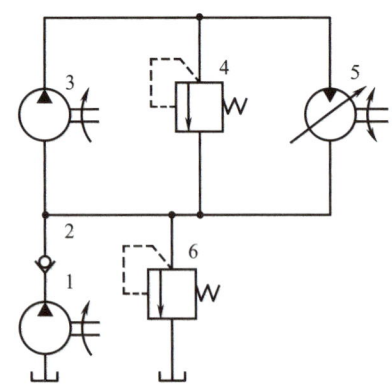

1、3—液压泵;2—单向阀;4、6—溢流阀;5—变量马达。

图 F-3-1-3　定量泵和变量马达组成的容积调速回路

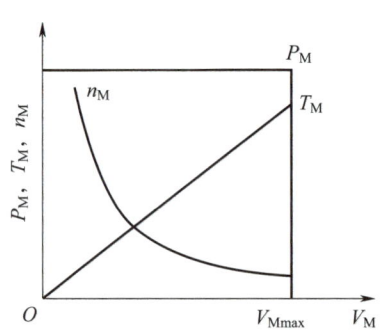

图 F-3-1-4　定量泵和变量马达组成的容积调速回路的调速特性曲线

3. 变量泵和变量马达组成的容积调速回路

双向变量泵和双向变量马达组成的容积调速回路如图 F-3-1-5 所示。双向变量泵 1 可完成正向和反向供油,双向变量马达便可实现正向和反向转动。此回路中,单向阀 4 和单向阀 5 用于辅助定量泵 3 的双向补油工作,单向阀 6 和单向阀 7 用于溢流阀 8 的双向过载保护。调节变量泵或变量马达,均可达到调节转速的目的,故该回路是上述两种回路的综合,调速范围大,一般用于大功率的液压系统。

(二)容积节流调速回路

容积节流调速回路由变量泵和节流阀或调速阀组合而成,如图 F-3-1-6a 所示。容积调速回路虽然无溢流阀损失,效率高,发热小,但随着负载增大,容积效率将下降,因此低速时,速度稳定性较低,故在机床的进给系统中,为了减少发热并满足速度的稳定性,常采用容积

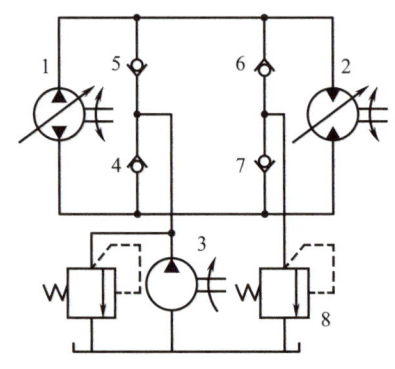

1—双向变量泵;2—液压马达;3—辅助定量泵;
4、5、6、7—单向阀;8—溢流阀。

图 F-3-1-5　双向变量泵和双向变量马达组成的容积调速回路

节流调速回路。容积节流调速回路效率高,发热小,速度稳定性较容积调速回路要好。

当二位二通电磁换向阀 3 通电时,限压式变量叶片泵 1 供给的油液经调速阀 2 进入液压缸 4 的无杆腔,有杆腔油液经背压阀 5 流回油箱,此时执行元件液压缸 4 的运动速度由调速阀中的节流阀调定。限压式变量叶片泵 1 的输出流量 q_p 与进入液压缸 4 无杆腔的流量 q_1 相适应。当 $q_p < q_1$ 时,限压式变量叶片泵的供油压力 p_p 下降,此时限压式变量叶片泵会自动使 $q_p = q_1$;而当 $q_p > q_1$ 时,限压式变量叶片泵的供油压力 p_p 上升,使限压式变量叶片泵的流量自动减少到 $q_p \approx q_1$。由此可见,该回路中能将进入液压缸的流量保持恒定,同时使限压式变量叶片泵的供油流量和供油压力基本保持恒定,从而控制限压式变量叶片泵输出的流量和进入液压缸的流量相匹配。图 F-3-1-6b 所示为限压式变量泵和调速阀组成的容积节流调速回路工作特性曲线。

视频 •
限压式变量泵和调速阀的容积节流调速回路

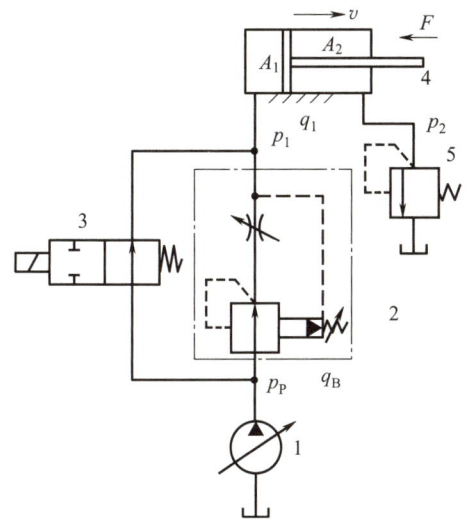
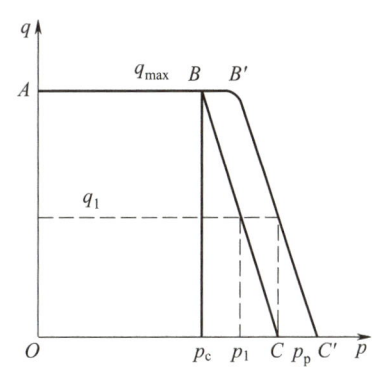

1—限压式变量叶片泵；2—调速阀；
3—二位二通电磁换向阀；
4—液压缸；5—背压阀。

(a) 容积节流调速回路　　　　　(b) 容积节流调速回路工作特性曲线

图 F-3-1-6　限压式变量泵和调速阀组成的容积节流调速回路

四、学习结果评价

序号	评价内容	评价标准	评价结果
1	识读和绘制容积调速回路和容积节流调速回路原理图	能根据工作需要,正确识读和绘制容积调速回路和容积节流调速回路原理图。	

续表

序号	评价内容	评价标准	评价结果
2	正确选择元件，搭建容积调速回路和容积节流调速回路	能完成设备、液压元件及油箱内油液状况的检查工作。 能正确选用相应液压元件。 能按照回路搭建紧凑、油液流经顺序及管道损失最小的原则设计各液压元件安装位置。 能正确安装各液压元件。 能正确连接各液压元件和导线。	
3	分析和操控容积调速回路和容积节流调速回路	能正确操作设备各控制面板。 能正确操作容积调速回路和容积节流调速回路中的各个液压元件。 能准确实现容积调速回路和容积节流调速回路控制工作。 能正确拆卸液压元件并进行元件清点。 能按照设备清洁规程完成清场工作。 能及时并正确填写实训设备使用记录。	
4	容积调速回路和容积节流调速回路常见故障的排除	能正确分析并排除容积调速回路和容积节流调速回路的电气故障。 能正确分析并排除容积调速回路和容积节流调速回路的机械故障。 能正确分析并排除容积调速回路和容积节流调速回路的系统故障。	

五、课后作业

1. 图 F-3-1-7 所示为容积调速回路，试分析普通单向阀 A 和液控单向阀 B 在该回路中的功能和作用。当执行元件液压缸活塞杆伸出和缩回运动时，为保证系统的安全（即为系统提供过载保护），溢流阀应安装在回路的哪个位置？试作图表示。

互动练习

F-3-1

2. 图 F-3-1-8 所示为变量泵和定量马达组成的容积调速回路，变量泵的最大排量 $V_{\max}=110 \times 10^{-6}$ m³/r、转速 $n=1\ 000$ r/min，机械效率 $\eta_{\mathrm{m}}=0.9$，总效率 $\eta=0.85$。定量马达的排量 $V=145 \times 10^{-6}$ m³/r，机械效率 $\eta_{\mathrm{m}}=0.9$，总效率 $\eta=0.85$。该容积调速回路允许最大工作压力 $p=8.5$ MPa。试问：

（1）定量马达的最大转速及在该转速下的输出功率分别为多大？

（2）该回路的工作效率为多少？

3. 图 F-3-1-9 所示液压回路可实现"快进—工进①—工进②—快退—原位停止"工作循环，其中，工进①的速度比工进②的速度要快。

（1）试问这是什么调速回路？试分析该回路有何特点。

（2）试比较调速阀 A 与调速阀 B 的开口量。

（3）作出该回路的电磁铁动作顺序表。

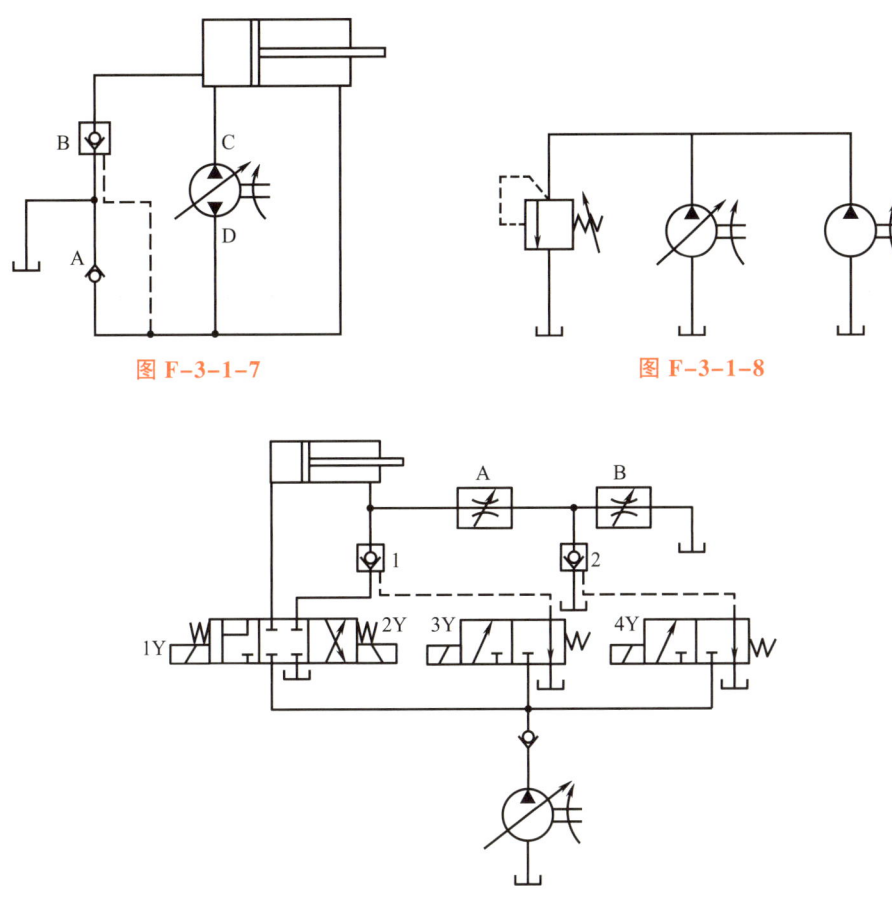

图 F-3-1-7　　　　　　　　　　　　　　图 F-3-1-8

1、2—单向阀；A、B—调速阀。

图 F-3-1-9

工作领域 G　其他典型回路的组建与分析

能根据工作需要,正确选用液压元件组建卸荷回路、平衡回路、同步运动回路、互不干扰回路等,掌握各种液压回路的工作原理及作用特点,并能根据技术需求,灵活完成各回路的操控,并能排除回路典型故障。理解不同技术实现的控制工作,树立科学思维,养成辩证看待问题的能力,掌握相关新工艺和新技术,提高创新创造能力。

工作任务 G-1　各类元件的综合选用及卸荷回路的组建与分析

核心能力　正确选用液压元件,分析、组建卸荷回路

一、核心概念

1. 卸荷回路:在系统执行元件短时间停止工作期间,不需频繁启闭驱动泵的电动机,而使泵在很小的输出功率下运转的回路。

2. 泵的输出功率:等于压力乘以流量,即 $P=pq$,因此卸荷回路有流量卸荷和压力卸荷两种方法。

二、学习目标

1. 能识读并绘制卸荷回路原理图。
2. 能根据工作需要选用元件组建卸荷回路。
3. 能根据工作所需分析并操控卸荷回路。
4. 能排除卸荷回路常见故障。
5. 能理解不同技术实现的卸荷工作,掌握相关新工艺和新技术,提高创新创造能力。

三、基本知识

流量卸荷法用于变量泵,使液压泵仅为补偿泄漏而以最小流量运转,此方法简单,但液压泵处于高压状态,磨损较严重;压力卸荷法是将液压泵的出口直接接回油箱,液压泵

254

在零压或接近零压的状态下工作。

（一）采用三位换向阀中位机能实现的卸荷回路

视频·

换向阀中位
机能实现的
卸荷回路

采用换向阀中位机能实现的卸荷回路如图 G-1-1-1 所示。图 G-1-1-1a 是当换向阀滑阀中位机能为 H、M 或者 K 型的三位换向阀处于中位时，液压泵卸荷。这种卸荷回路实现的卸荷，方法简单，但由于换向阀滑阀结构限制，故该卸荷回路只适用于单执行元件系统和流量较小的场合，且该回路液压泵卸荷时，回路中溢流阀是关闭的，故当回路重新启动时，因溢流阀有不灵敏区，会造成压力冲击。图 G-1-1-1b 将换向阀改为装有换向时间调节器的电液换向阀，则可用于流量较大（$q_V=40$ L/min）的系统，卸荷效果较好。为保证控制油路能获得必需的控制压力，需要在液压泵的出口或电液换向阀回油口处设置背压阀，以便系统卸荷重新启动时，保持启动压力。

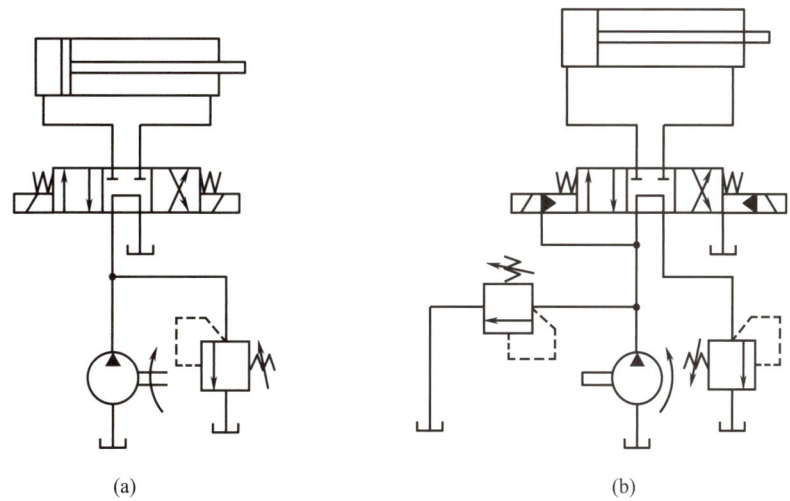

(a)　　　　　　　　　　　(b)

图 G-1-1-1　采用换向阀中位机能实现的卸荷回路

（二）采用二位二通电磁换向阀实现的卸荷回路

采用二位二通电磁换向阀实现的卸荷回路如图 G-1-1-2 所示，当二位二通电磁换向阀电磁铁通电时，液压泵供给的油液直接通过二位二通电磁换向阀流回油箱，液压泵卸荷。这种回路中，因油液全部通过二位二通电磁换向阀流回油箱，故二位二通电磁换向阀的流量规格需要与液压泵的额定流量相匹配。再加之由于受电磁铁吸力的限制，利用二位二通电磁换向阀实现的卸荷回路仅适用于流量小于 40 L/min 的场合。

（三）采用电磁溢流阀实现的卸荷回路

采用电磁溢流阀实现的卸荷回路如图 G-1-1-3 所示，电磁溢流阀是先导式溢流阀和二位二通电磁换向阀组合而成的复合阀，是将先导式溢流阀的远程控制口连接二位二通电磁换向阀后再连接油箱，在实际工作中，当二位二通电磁换向阀电磁铁通电时，先导式溢流阀的远程控制口直接接油箱，实现泵的卸荷。

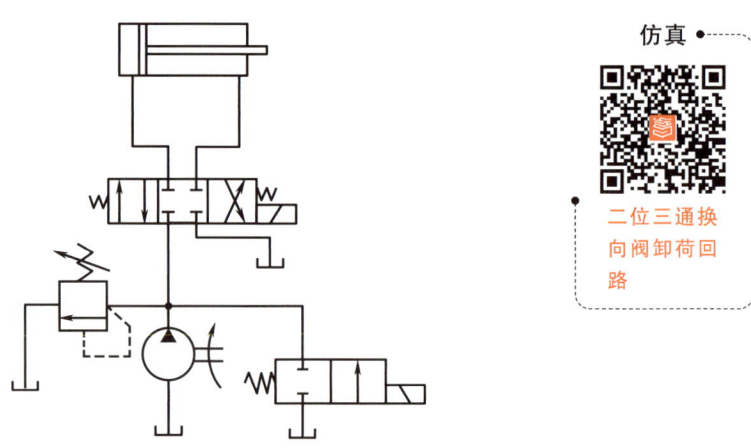

图 G-1-1-2　采用二位二通电磁换向阀实现的卸荷回路

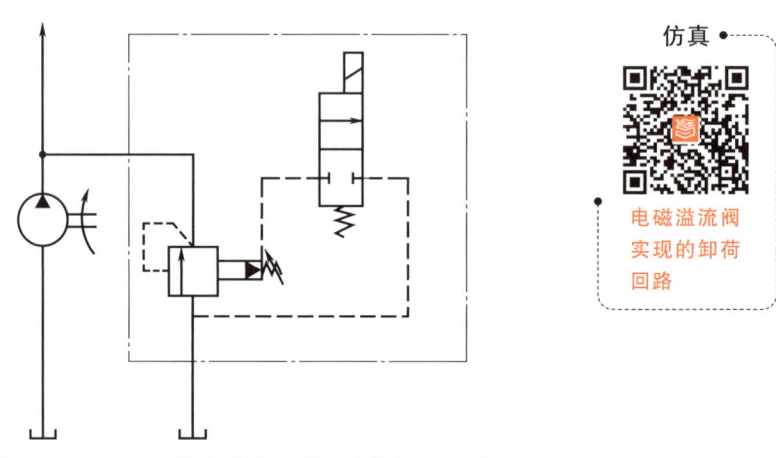

图 G-1-1-3　采用电磁溢流阀实现的卸荷回路

（四）采用直动式顺序阀实现的卸荷回路

采用直动式顺序阀实现的卸荷回路如图 G-1-1-4 所示。该回路由双泵供油,一个液压泵为高压小排量液压泵,另一个为低压大排量液压泵,回路中将直动式顺序阀的出油口直接连接油箱,同时将直动式顺序阀控制口设计为外控。当系统压力低于直动式顺序阀的调定压力时,直动式顺序阀关闭,双泵供给的油液往液压缸排放,回路实现快进;当系统压力高于直动式顺序阀的调定压力时,直动式顺序阀打开,低压大排量液压泵被顺序阀卸荷,仅高压小排量液压泵供给的油液往液压缸排放,回路实现工进。

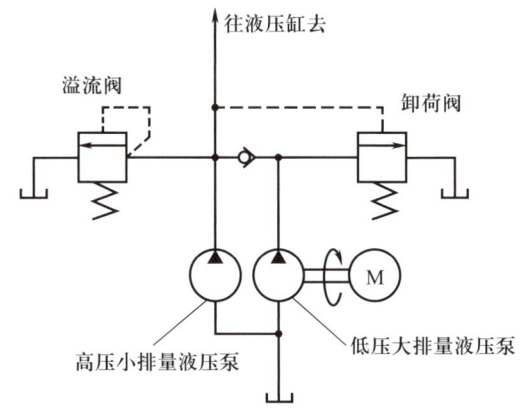

图 G-1-1-4　采用直动式顺序阀
实现的卸荷回路

四、能力训练

（一）操作条件

准备好模块化液压综合操作设备、三位四通电磁换向阀、先导式溢流阀、压力表、二位二通电磁换向阀（或二位三通电磁换向阀）、液压泵、液压缸、快速接头的胶管、实验导线等。

（二）安全及注意事项

1. 工作前须戴好全胶手套。

2. 熟悉模块化液压综合操作设备的使用,掌握设备开机及关机步骤。

3. 应根据回路紧凑、油液流经顺序、管路损失最小的原则提前设计各液压元件在操作设备上的安装位置。

4. 在模块化液压综合操作设备上安装液压元件时,须轻拿轻放,避免损坏液压元件。

5. 在模块化液压综合操作设备上安装液压元件时,须首先将元件上卡扣撅下,等元件下卡扣放置在设备 T 形导轨槽内后,再将元件的上卡扣松开。

6. 在连接液压元件时,需首先将快速接头提起,对准液压元件接口后再迅速放下。

7. 连接导线及具体操作回路时,确保用电安全。

（三）操作过程

工序	步骤	操作方法及说明	质量标准
采用电磁溢流阀实现的卸荷回路	准备工作	操作方法及质量标准参考"工作任务 A-1　核心能力二　理解液压传动技术的组成及应用特点"中的"四、能力训练（三）操作过程"。 	
	回路搭建	1. 选取模块化液压综合操作设备,并检查设备电源控制部分等与采用电磁溢流阀实现的卸荷回路控制要求是否匹配。	设备功能要能满足电磁溢流阀实现的卸荷回路搭建及操作实现功能。 ★回路的实际连接中,用二位三通电磁换向阀代替二位二通电磁换向阀使用。

工序	步骤	操作方法及说明	质量标准
采用电磁溢流阀实现的卸荷回路	回路搭建	2. 根据采用电磁溢流阀实现的卸荷回路所需,选择适宜型号的液压泵、液压缸、先导式溢流阀、二位三通电磁换向阀、快速接头的胶管等液压元件。	功能达到采用电磁溢流阀实现的卸荷回路的卸荷需求。正确选取液压泵(1个)、O型中位机能的三位四通电磁换向阀(1个)、液压缸(1个)、先导式溢流阀(1个)、压力表(1个)、二位三通电磁换向阀(1个)、快速接头的胶管(8根)、油箱(1个)
		3. 在设备上设计各液压元件的安装位置。 	按照回路紧凑、油液流经顺序、管道损失最小的原则,设计各元件在设备上的安装位置。
		4. 操作方法及质量标准参考"工作任务 A-1　核心能力二　理解液压传动技术的组成及应用特点"中的"四、能力训练(三)操作过程"。	
		5. 用快速接头的胶管连接各液压元件: (1)用一根胶管从液压泵出口接出,连接三位四通电磁换向阀 P 口。 	(1)操作时首先将胶管的快速接头提起,然后对准液压元件接口后再迅速放下。 (2)油路选用的胶管长度合适,无过长或过短的问题。 (3)胶管与液压元件连接牢固,无松动或脱落现象,且连接好的胶管无打结、叠加现象(降低局部压力损失)。

续表

工序	步骤	操作方法及说明	质量标准
采用电磁溢流阀实现的卸荷回路	回路搭建	（2）用一根胶管从三位四通电磁换向阀 A 口接出，连接液压缸无杆腔。 （3）用一根胶管从液压缸有杆腔接出，连接三位四通电磁换向阀 B 口。 （4）用一根胶管从三位四通电磁换向阀 T 口接出，连接回油箱。 	◎元件各阀口布局及图形符号 二位三通电磁换向阀阀口布局 二位三通电磁换向阀图形符号 先导型溢流阀阀口布局 先导式溢流阀图形符号

工序	步骤	操作方法及说明	质量标准
采用电磁溢流阀实现的卸荷回路	回路搭建	（5）将压力表串联在先导式溢流阀进口，即 A 口处。 （6）用一根胶管从液压泵出口接出，连接先导式溢流阀 A 口。 （7）用一根胶管从先导式溢流阀 X 口接出，连接二位三通电磁换向阀 P 口。 （8）用一根胶管从二位三通电磁换向阀 B 口接出，连接回油箱。 	

续表

工序	步骤	操作方法及说明	质量标准
采用电磁溢流阀实现的卸荷回路	回路搭建	（9）用一根胶管从先导式溢流阀 B 口接出,连接回油箱。 6. 电磁换向阀导线连接方法及质量标准参考"工作任务 D-1　核心能力　正确选用普通换向阀及组建、分析方向控制回路"中的"四、能力训练(三)操作过程"。	
	回路操作	1. 实训台控制面板操作方法及质量标准参考"工作任务 A-1　核心能力二　理解液压传动技术的组成及应用特点"中的"四、能力训练(三)操作过程"。	
		2. 闭合按钮,二位三通电磁换向阀的电磁铁通电,液压泵完成卸荷工作;断开按钮,二位三通电磁换向阀的电磁铁断电,溢流阀起稳压保护功能。	根据液压泵卸荷工作需要,正确操纵电磁换向阀电磁铁的通电与断电,完成液压泵的卸荷工作。
	结束工作	操作方法及质量标准参考"工作任务 A-1　核心能力二　理解液压传动技术的组成及应用特点"中的"四、能力训练(三)操作过程"。	

（四）学习结果评价

序号	评价内容	评价标准	评价结果
1	识读和绘制卸荷回路原理图	能根据工作需要,正确识读和绘制卸荷回路原理图。	
2	正确选择元件,搭建卸荷回路	能完成设备、液压元件及油箱内油液状况的检查工作。 能正确选用相应液压元件。 能按照回路搭建紧凑、油液流经顺序及管道损失最小的原则设计各液压元件安装位置。 能正确安装各液压元件。 能正确连接各液压元件和导线。	

续表

序号	评价内容	评价标准	评价结果
3	分析和操控卸荷回路	能正确操作设备各控制面板。 能正确操作卸荷回路中的各个液压元件。 能准确实现卸荷控制工作。 能正确拆卸液压元件并进行元件清点。 能按照设备清洁规程完成清场工作。 能及时并正确填写实训设备使用记录。	
4	正确分析及排除卸荷回路常见故障	能正确分析并排除卸荷回路的电气故障。 能正确分析并排除卸荷回路的机械故障。 能正确分析并排除卸荷回路的系统故障。	

五、课后作业

1. 卸荷回路的作用是什么？

2. 图 G-1-1-5 所示为一个液压系统, 当液压缸固定时, 活塞杆带动负载实现"快进—工进—快退—原位停止—油泵卸荷"五步工作循环, 根据工作循环, 试列出各电磁铁动作顺序表(电磁铁通电填"+", 电磁铁断电填"–")。

互动练习 •

G-1-1

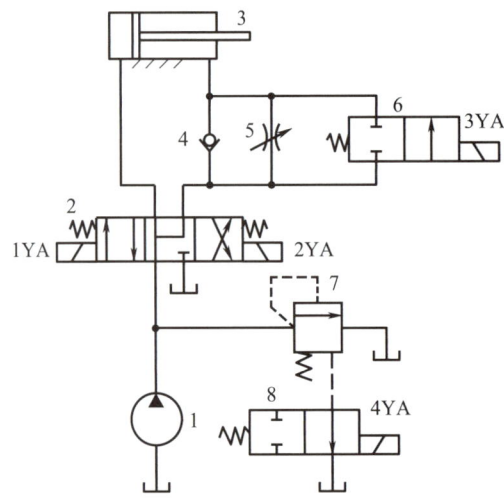

1—液压泵; 2—三位四通电磁换向阀; 3—液压缸; 4—单向阀; 5—节流阀;
6、8—二位二通电磁换向阀; 7—溢流阀。

图 G-1-1-5

电磁铁动作顺序	1YA	2YA	3YA	4YA
快进				
工进				

电磁铁动作顺序	1YA	2YA	3YA	4YA
快退				
原位停止				
油泵卸荷				

3. 回路改正设计。如图 G-1-1-6 所示回路,压力继电器用来控制液压缸缩回动作,电磁溢流阀实现液压泵卸荷工作,请简要分析回路出现问题的原因,并基于此回路,重新绘制正确回路。

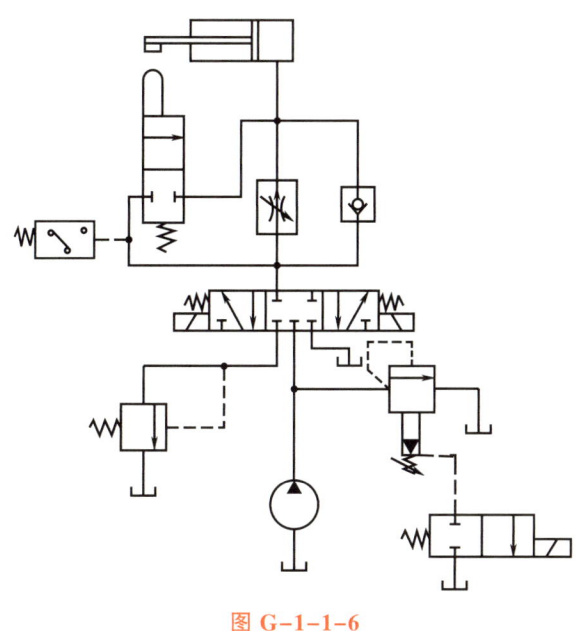

图 G-1-1-6

工作任务 G-2　各类元件的综合选用及平衡回路的搭建与分析

核心能力　正确选用液压元件,分析、搭建平衡回路

一、核心概念

平衡回路:为了防止立式液压缸及工作部件因自身重力而自行下降,可在液压缸内活塞及活塞杆下行的回路上设置产生一定背压的液压元件,阻止活塞下落。

二、学习目标

1. 能识读并绘制平衡回路原理图。
2. 能根据工作需要选用元件组建平衡回路。
3. 能根据工作所需分析并操控平衡回路。
4. 能排除平衡回路常见故障。
5. 能归纳总结不同技术需求下，获得正确解决方法和结论的意识，树立科学思维。

三、基本知识

平衡回路主要有举重上升、承重静止、负载下行三种工况，要使立式液压缸在承重运动时能在任一点上静止，或在负载下行时，运动部件下行速度可控，承受负值负载的能力好。

（一）采用单向顺序阀的平衡回路

仿真 ●

采用单向顺序阀的平衡回路

采用单向顺序阀的平衡回路如图 G-2-1-1 所示，当主换向阀（三位四通电磁换向阀）在右位时，高压油推开单向阀，开始往立式缸下腔输送，使重物上升，上腔油液受到挤压，顺势通过管道往油箱中排放，但由于主换向阀（阀芯为滑阀结构）和普通单向阀泄漏严重，使重物上升时，不能按预期的速度和时间到达终点。当主换向阀（三位四通电磁换向阀）在中位时，液压泵经换向阀 M 型中位机能实现卸荷，重物静止，但由于液压缸两腔封闭，普通单向阀进口处高压油仍存在一定的压力，不能及时卸荷，造成普通单向阀不能及时关闭，直至由于换向阀泄漏使控制油液压力下降到一定值后，普通单向阀才能关闭，故降低了承重静止的精度。当主换向阀（三位四通电磁换向阀）在左位时，单向顺序阀就起到背压的作用，即调整顺序阀的开启压力，使其与液压缸下腔作用面积的乘积稍大于垂直运动部件的重力，即可防止活塞因重力下滑。但若工作负载减小，由于顺序阀压力已调定，故系统的功率损失将增大，效率降低。因此该回路不适合速度稳定性要求高，负载变化大的场合。

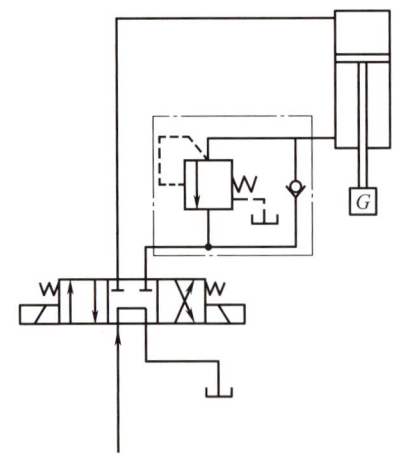

图 G-2-1-1　采用单向顺序阀的平衡回路

（二）采用液控单向阀和单向节流阀实现的平衡回路

采用液控单向阀和单向节流阀实现的平衡回路如图 G-2-1-2 所示,回路中安装有液控单向阀,其锥面密封性好,故泄漏较单向顺序阀的平衡回路少,因此该回路在承重静止工作中锁紧性能好。回路中的单向节流阀用于防止液压缸下行时产生冲击,也可控制油液的流量,起到调节执行元件运动速度的作用。同时回路实现承重静止时,换向阀 H 型中位机能能将液控单向阀进口处的高压油及时卸荷,使液控单向阀及时关闭,故采用液控单向阀和单向节流阀实现的平衡回路中主换向阀中位机能的选用也非常重要。

仿真 •

采用液控单向阀和单向节流阀的平衡回路

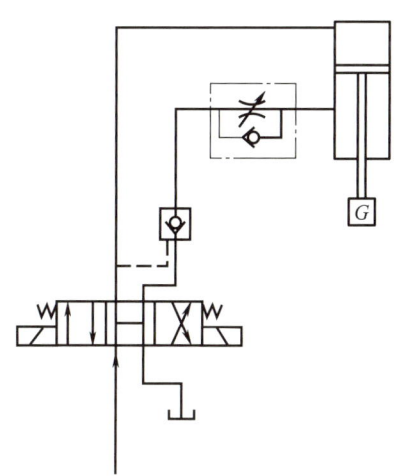

视频 •

采用液控单向阀和单向节流阀的平衡回路

图 G-2-1-2　采用液控单向阀和单向节流阀实现的平衡回路

四、能力训练

（一）操作条件

准备好模块化液压综合操作设备、三位四通电磁换向阀、先导式溢流阀、压力表、液压泵、液压缸、单向顺序阀、快速接头的胶管、实验导线等。

（二）安全及注意事项

1. 工作前须戴好全胶手套。

2. 熟悉模块化液压综合操作设备的使用,掌握设备开机及关机步骤。

3. 应根据回路紧凑、油液流经顺序、管道损失最小的原则提前设计各液压元件在操作设备上的安装位置。

4. 在模块化液压综合操作设备上安装液压元件时,须轻拿轻放,避免损坏液压元件。

5. 在模块化液压综合操作设备上安装液压元件时,须首先将元件上卡扣摁下,等元件下卡扣放置在设备 T 形导轨槽内后,再将元件的上卡扣松开。

6. 在连接液压元件时,需首先将快速接头提起,对准液压元件接口后再迅速放下。

7. 连接导线及具体操作回路时,确保用电安全。

（三）操作过程

工序	步骤	操作方法及说明	质量标准
采用单向顺序阀的平衡回路	准备工作	操作方法及质量标准参考"工作任务 A-1　核心能力二　理解液压传动技术的组成及应用特点"中的"四、能力训练（三）操作过程"。 *具备认真负责的工作态度和严谨细致的工作作风。	
	回路搭建	1. 选取模块化液压综合操作设备，并检查设备电源控制部分等与采用单向顺序阀的平衡回路控制要求是否匹配。	设备功能要能满足采用单向顺序阀的平衡回路搭建及操作实现功能。 *做到有高度的责任心，形成良好的职业素养。
		2. 根据采用单向顺序阀的平衡回路所需，选择适宜型号的液压泵、液压缸、直动式溢流阀、单向顺序阀、三位四通电磁换向阀、快速接头的胶管等液压元件。	功能达到采用单向顺序阀的平衡回路在举重上升、承重静止和负重下行工作中的需求。正确选取液压泵（1个）、M型中位机能的三位四通电磁换向阀（1个）、液压缸（1个）、直动式溢流阀（1个）、单向顺序阀（1个）、快速接头的胶管（5根）、油箱（1个）。 *培养严谨、细致的工作作风，树立减少能量损失（节约）意识。

工序	步骤	操作方法及说明	质量标准
采用单向顺序阀的平衡回路	回路搭建	3. 在设备上设计各液压元件的安装位置。 	按照回路紧凑、油液流经顺序、管道损失最小的原则，设计各元件在设备上的安装位置。 ＊树立减少能量损失的意识，提升质量意识、效率意识。
		4. 安装各液压元件的操作方法及质量标准参考"工作任务 A-1　核心能力二　理解液压传动技术的组成及应用特点"中的"四、能力训练（三）操作过程"。 ＊做到独立思考，形成举一反三的能力和规范、严谨的工作作风。	
		5. 用快速接头的胶管连接各液压元件： （1）用一根胶管从液压泵出口接出，连接三位四通电磁换向阀 P 口。 （2）用一根胶管从三位四通电磁换向阀 A 口接出，连接液压缸无杆腔。 	（1）操作时首先将胶管的快速接头提起，然后对准液压元件接口后再迅速放下。 （2）油路选用的胶管长度合适，无过长或过短的问题。 （3）胶管与液压元件连接牢固，无松动或脱落现象，且连接好的胶管无打结、叠加现象（降低局部压力损失）。 ＊树立标准意识，具备科学严谨、一丝不苟、精益求精、积极乐观的职业素养。 ＊形成科学规范的操作意识和行为。

工序	步骤	操作方法及说明	质量标准
采用单向顺序阀的平衡回路	回路搭建	（3）用一根胶管从液压缸有杆腔接出，连接单向顺序阀的 P 口。 （4）用一根胶管从单向顺序阀的 A 口接出，连接三位四通电磁换向阀 B 口。 （5）用一根胶管从三位四通电磁换向阀 T 口接出，连接油箱。 	◎元件各阀口布局及图形符号 单向顺序阀阀口布局 单向顺序阀图形符号
		6. 电磁换向阀导线连接方法及质量标准参考"工作任务 D-1　核心能力　正确选用普通换向阀及组建、分析方向控制回路"中的"四、能力训练（三）操作过程"。	
	回路操作	1. 实训台控制面板关机操作方法及质量标准参考"工作任务 A-1　核心能力二　理解液压传动技术的组成及应用特点"中的"四、能力训练（三）操作过程"。	

续表

工序	步骤	操作方法及说明	质量标准
采用单向顺序阀的平衡回路	回路操作	2. 调整顺序阀的开启压力,使其与液压缸下腔作用面积的乘积稍大于垂直运动部件的重力,即在负重下行时,防止活塞因重力下滑,至少应满足 $$p_s A_2 > G$$ 式中:p_s——顺序阀的开启压力(即回油腔的背压力),Pa; 　　A_2——液压缸有杆腔有效作用面积,m^2; 　　G——重物的重力,N。	达到单向顺序阀开启压力的保证条件: 　若液压缸无杆腔压力为 p_1,无杆腔有效作用面积为 A_1,则缸均匀下降的条件为 $$p_1 A_1 + G = p_s A_2$$ $$p_1 A_2 \varphi + G = p_s A_2$$ 即　　　　$$p_1 \varphi + p_G = p_s$$ 式中:p_1——进油腔压力(无杆腔压力),Pa; 　　φ——活塞的往复速比; 　　p_G——负载所建立的压力, $p_G = G/A_2$,Pa; 　　p_s——顺序阀的开启压力(即回油腔的背压力),Pa。
		3. 闭合 SB4 按钮,执行元件液压缸活塞杆完成负重下行动作;断开 SB4 按钮、闭合 SB5 按钮,执行元件液压缸活塞杆完成举重上升动作;断开 SB4 和 SB5 按钮,回路实现承重静止工作。	根据回路举重上升 – 承重静止 – 负重下行的不同工作需要,正确操纵电磁换向阀电磁铁的通电与断电,完成回路工作。 *树立安全意识、培养标准化操作的职业素养。
	结束工作	操作方法及质量标准参考"工作任务 A-1　核心能力二　理解液压传动技术的组成及应用特点"中的"四、能力训练(三)操作过程"。 *树立爱岗敬业、吃苦耐劳的职业素养和崇尚劳动、热爱劳动的精神。	

(四)学习结果评价

序号	评价内容	评价标准	评价结果
1	识读和绘制平衡回路原理图	能根据工作需要,正确识读和绘制平衡回路原理图。	
2	正确选择元件,搭建平衡回路	能完成设备、液压元件及油箱内油液状况的检查工作。 能正确选用相应液压元件。 能按照回路搭建紧凑、油液流经顺序及管道损失最小的原则设计各液压元件安装位置。 能正确安装各液压元件。 能正确连接各液压元件和导线。	

续表

序号	评价内容	评价标准	评价结果
3	分析和操控平衡回路	能正确操作设备各控制面板。 能正确操作平衡回路中的各个液压元件。 能准确实现平衡回路控制工作。 能正确拆卸液压元件并进行元件清点。 能按照设备清洁规程完成清场工作。 能及时并正确填写实训设备使用记录。	
4	正确分析及排除平衡回路常见故障	能正确分析并排除平衡回路的电气故障。 能正确分析并排除平衡回路的机械故障。 能正确分析并排除平衡回路的系统故障。	

五、课后作业

1. 平衡回路的作用是什么？

2. 试分析图 G-2-1-3 所示两种平衡回路的优缺点。

互动练习 •

G-2-1

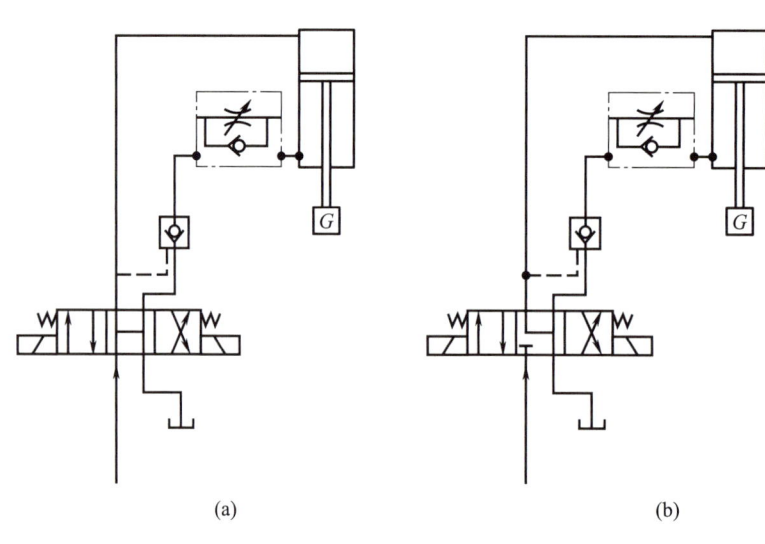

(a)   (b)

图 G-2-1-3

3. 如何提高平衡回路承重静止和负重下行的承载性能和运动稳定性？

工作任务 G-3　各类元件的综合选用及快速运动回路的搭建与分析

核心能力　正确选用液压元件，分析、搭建快速运动回路

一、核心概念

快速运动回路：使执行元件获得必要高的速度，以提高系统的工作效率或充分利用功率。

二、学习目标

1. 能正确识读并绘制快速运动回路原理图。
2. 能根据工作需要选用元件组建快速运动回路。
3. 能根据工作所需分析并操控快速运动回路。
4. 能排除快速运动回路常见故障。
5. 掌握不同方式下实现快速运动回路的优点和缺点，锻炼辩证看待问题的能力。

三、基本知识

设备的工作循环一般分为快进—工进—快退，往往只有部分工作时间要求有较高的运动速度。在快进和快退中，由于空载或者负载较轻，故所需工作压力低，但流量要求大；工作进给时，由于负载力大，运动速度低，故所需工作压力较高，但流量小。设备在这种工况下，液压回路中若用一个定量泵向系统提供油液，则慢速运动时将使液压泵输出的大部分流量从溢流阀流回油箱，造成较大的功率损失，能量损失较大，油温升高。为克服工进时出现的这些问题，同时又满足快速运动时的要求，可在系统中单独设置快速运动回路。

（一）双泵供油快速运动回路

双泵供油快速运动回路如图 G-3-1-1 所示。高压小流量液压泵 1 和低压大流量液压泵 2 组成了双联泵动力源，外控顺序阀 3 和溢流阀 7 分别调定双泵供油和高压小流量液压泵 1 单独供油时的最高工作压力。当三位四通电磁换向阀（主阀）4 左侧电磁铁通电、二位二通电磁换向阀 6 电磁铁通电时，回路中的压力低于外控顺序阀 3 的调定压力，双联泵同时向回路中供油，液压缸无杆腔不断有油液进入，液压缸缸体伸出，完成快进运动；当三位四通电磁换向阀（主阀）4 左侧电磁铁通电、二位二通电磁换向阀 6 电磁铁断电时，液压缸回油路油液经节流阀 5，其流动阻力增大而引起系统压力升高，此时外控顺序阀 3 将低压大流量液压泵 2 卸荷，单向阀 8 关闭，此时回路中只有高压小流量液压泵 1 往回路中供油，实现液压缸的慢速运动（工进），高压小流量液压泵 1 的最高工作压力由溢流阀 7 调

视频

双泵供油快速回路

定,同时需注意,外控顺序阀 3 的调定压力至少应比溢流阀 7 的调定压力低 10%;工进结束后,当三位四通电磁换向阀(主阀)4 右侧电磁铁通电、二位二通电磁换向阀 6 电磁铁通电时,双联泵同时向回路中供油,液压缸有杆腔不断有油液进入,液压缸缸体缩回,完成快退运动。

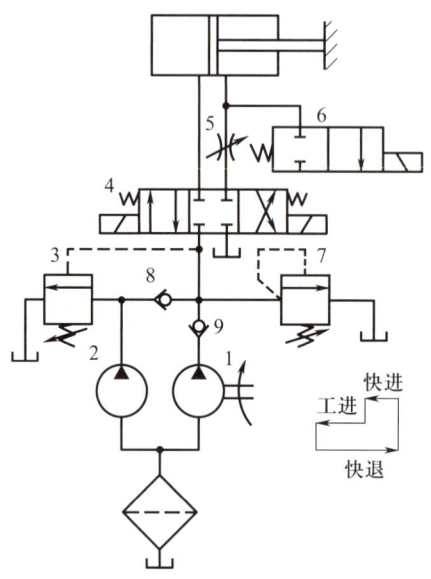

1—高压小流量液压泵;2—低压大流量液压泵;3—外控顺序阀;
4—三位四通电磁换向阀(主阀);5—节流阀;6—二位二通电磁换向阀;
7—溢流阀;8、9—单向阀。

图 G-3-1-1　双泵供油快速运动回路

(二)液压缸差动连接快速运动回路

液压缸差动连接快速运动回路如图 G-3-1-2 所示。三位四通电磁换向阀(主阀)1 左侧电磁铁通电、二位三通电磁换向阀 3 断电时,液压泵供给的油液经主阀左位、二位

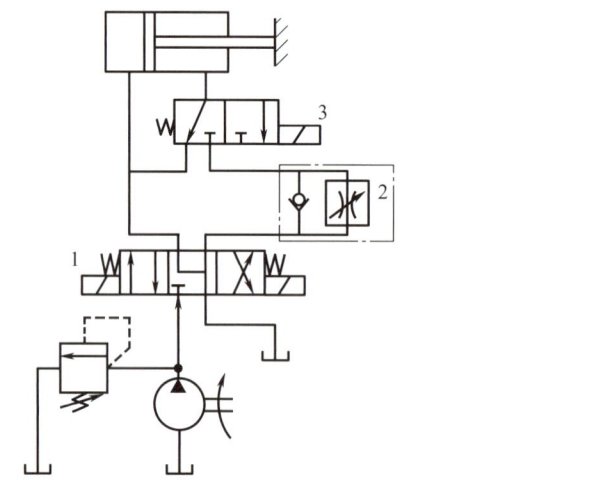

视频 ●

差动连接实现的快速运动回路

1—三位四通电磁换向阀(主阀);2—单向调速阀;3—二位三通电磁换向阀。

图 G-3-1-2　液压缸差动连接快速运动回路

三通电磁换向阀左位同时到达液压缸两个油腔,由于两腔压力相等,但无杆腔有效作用面积大于有杆腔有效作用面积,故无杆腔油液形成的向左的推动力大于有杆腔油液形成的向右的推动力,此时液压缸缸体向左运动,有杆腔排出的油液和液压泵输出的油液一起流入液压缸无杆腔,相当于在不增加泵流量的前提下,增加了进入无杆腔油液的量,使液压缸快速向左运动。这种回路结构简单,但液压缸的速度加快有限,有时仍不能满足快速运动的需求。同时在这种差动连接回路中,液压阀和管道规格应按差动时的较大流量选用,否则压力损失过大,严重时溢流阀在快进时也开启,功率损失过大,系统则无法正常工作。

（三）采用蓄能器的快速运动回路

采用蓄能器的快速运动回路如图 G-3-1-3 所示。当三位四通电磁换向阀 5（主阀）处于中位时,液压泵 1 经单向阀 3 向蓄能器 4 充油,当蓄能器 4 将油液储存满后,回路中油液压力逐渐升高,当达到卸荷阀 2 的调定压力时,卸荷阀 2 阀口打开,液压泵卸荷。当回路中三位四通电磁换向阀 5（主阀）左侧或者右侧电磁铁通电时,蓄能器和液压泵同时向液压缸供油,实现快速运动。

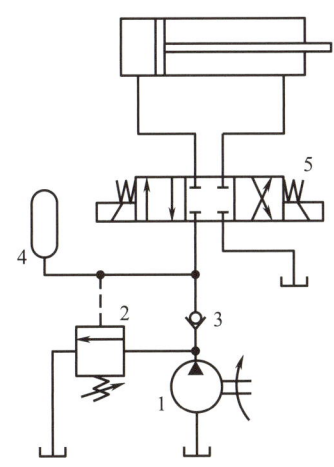

1—液压泵；2—卸荷阀；3—单向阀；4—蓄能器；5—三位四通电磁换向阀（主阀）。

图 G-3-1-3　采用蓄能器的快速运动回路

视频
蓄能器实现的快速运动回路

视频
魔法舞台——液压同步运动回路

视频
多缸快慢速互不干扰回路

四、能力训练

（一）操作条件

准备好模块化液压综合操作设备、三位四通电磁换向阀、直动式溢流阀、单向调速阀、压力表、二位三通电磁换向阀、液压泵、液压缸、快速接头的胶管、实验导线等。

（二）安全及注意事项

1. 工作前须戴好全胶手套。

2. 熟悉模块化液压综合操作设备的使用,掌握设备开机及关机步骤。

3. 应根据回路紧凑、油液流经顺序、管道损失最小的原则提前设计各液压元件在操作设备上的安装位置。

4. 在模块化液压综合操作设备上安装液压元件时,须轻拿轻放,避免损坏液压元件。

5. 在模块化液压综合操作设备上安装液压元件时,须首先将元件上卡扣摁下,等元件下卡扣放置在设备 T 形导轨槽内后,再将元件的上卡扣松开。

6. 在连接液压元件时,需首先将快速接头提起,对准液压元件接口后再迅速放下。

7. 连接导线及具体操作回路时,确保用电安全。

仿真 •

差动连接回路

（三）操作过程

工序	步骤	操作方法及说明	质量标准
液压缸差动连接快速运动回路	准备工作	操作方法及质量标准参考"工作任务 A–1　核心能力二　理解液压传动技术的组成及应用特点"中的"四、能力训练（三）操作过程"。 1—三位四通电磁换向阀；2—单向调速阀；3—二位三通电磁换向阀。	
	回路搭建	1. 选取模块化液压综合操作设备,并检查设备电源控制部分等与液压缸差动连接快速运动回路控制要求是否匹配。	设备功能要能满足液压缸差动连接快速运动回路搭建及操作实现功能。
		2. 根据液压缸差动连接快速运动回路所需,选择适宜型号的液压泵、液压缸、直动式溢流阀、单向调速阀、三位四通电磁换向阀、二位三通电磁换向阀、快速接头的胶管等液压元件。	功能达到液压缸差动连接快速运动回路工作中的需求。正确选取液压泵（1 个）、Y 型中位机能的三位四通电磁换向阀（1 个）、液压缸（1 个）、直动式溢流阀（1 个）、单向调速阀（1 个）、快速接头的胶管（8 根）、油箱（1 个）、三通接头（1 个）

续表

工序	步骤	操作方法及说明	质量标准
液压缸差动连接快速运动回路	回路搭建	3. 在设备上设计各液压元件的安装位置。 	按照回路紧凑、油液流经顺序、管道损失最小的原则,设计各元件在设备上的安装位置。
		4. 安装液压元件的操作方法及质量标准参考"工作任务 A-1 核心能力二 理解液压传动技术的组成及应用特点"中的"四、能力训练(三)操作过程"。	
		5. 用快速接头的胶管连接各液压元件: (1)用一根胶管从液压泵出口接出,连接三位四通电磁换向阀 P 口。 (2)用一根胶管从三位四通电磁换向阀 A 口接出,连接三通接头。 	(1)操作时首先将胶管的快速接头提起,然后对准液压元件接口后再迅速放下。 (2)油路选用的胶管长度合适,无过长或过短的问题。 (3)胶管与液压元件连接牢固,无松动或脱落现象,且连接好的胶管无打结、叠加现象(降低局部压力损失)。 *不断巩固基础理论,通过案例实操,形成规范、严谨的工作作风。 *理解差动连接下实现快速运动回路的优点和缺点,锻炼辩证看待问题的能力。

工序	步骤	操作方法及说明	质量标准
液压缸差动连接快速运动回路	回路搭建	（3）用两根管道分别从三通接头接出，分别连接二位三通电磁换向阀 A 口和液压缸无杆腔。 （4）用一根胶管从二位三通电磁换向阀 B 口接出，连接调速阀 A 口。 （5）用一根胶管从调速阀 B 口接出，连接三位四通电磁换向阀 B 口。 	◎元件各阀口布局及图形符号 二位三通电磁换向阀阀口布局 二位三通电磁换向阀图形符号 调速阀(单向调速阀)阀口布局 调速阀(单向调速阀)图形符号

工序	步骤	操作方法及说明	质量标准
液压缸差动连接快速运动回路	回路搭建	（6）用一根胶管从二位三通电磁换向阀 P 口接出，连接液压缸有杆腔。 （7）用一根胶管从三位四通电磁换向阀 T 口接出。连接回油箱。 	
		6. 电磁换向阀导线连接方法及质量标准参考"工作任务 D-1　核心能力　正确选用普通换向阀及组建、分析方向控制回路"中的"四、能力训练（三）操作过程"。	
	回路操作	1. 实训台控制面板关机操作方法及质量标准参考"工作任务 A-1　核心能力二　理解液压传动技术的组成及应用特点"中的"四、能力训练（三）操作过程"。	

续表

工序	步骤	操作方法及说明	质量标准
液压缸差动连接快速运动回路	回路操作	2. 电磁铁动作顺序见下表： 表中："+"代表电磁铁通电，"－"代表断电。	根据快速运动回路工作需要，正确操纵电磁换向阀电磁铁的通电与断电，完成快速运动。 　在回路运动中，将调速阀调节手柄关小，执行元件液压缸运动速度将变小，反之变大。 *树立质量意识，不断提升观察分析能力、合作探究能力，持续增强创新能力。
	结束工作	操作方法及质量标准参考"工作任务 A-1　核心能力二　理解液压传动技术的组成及应用特点"中的"四、能力训练（三）操作过程"。	

电磁铁动作顺序表：

电磁铁动作顺序	1YA	2YA	3YA
快进	+	－	－
工进	+	－	+
快退	－	+	+
原位停止	－	－	－

（四）学习结果评价

序号	评价内容	评价标准	评价结果
1	识读和绘制快速运动回路原理图	能根据工作需要，正确识读和绘制快速运动回路原理图。	
2	正确选择元件，搭建快速运动回路	能完成设备、液压元件及油箱内油液状况的检查工作。 　能正确选用相应液压元件。 　能按照回路搭建紧凑、油液流经顺序及管道损失最小的原则设计各液压元件安装位置。 　能正确安装各液压元件。 　能正确连接各液压元件和导线。	
3	分析和操控快速运动回路	能正确操作设备各控制面板。 　能正确操作快速运动回路中的各个液压元件。 　能准确实现快速运动回路控制工作。 　能正确拆卸液压元件并进行元件清点。 　能按照设备清洁规程完成清场工作。 　能及时并正确填写实训设备使用记录。	
4	正确分析及排除快速运动回路常见故障	能正确分析并排除快速运动回路的电气故障。 　能正确分析并排除快速运动回路的机械故障。 　能正确分析并排除快速运动回路的系统故障。	

五、课后作业

1. 快速运动回路的作用是什么？

2. 图 G-3-1-4 所示为双向差动回路。A_1、A_2 和 A_3 分别为液压缸左右腔和柱塞缸的有效作用面积，且 $A_1 > A_2$，$A_2 + A_3 > A_1$。输入流量为 q。试问图示状态液压缸活塞杆的运动方向及正反速度各为多少？

互动练习 •

G-3-1

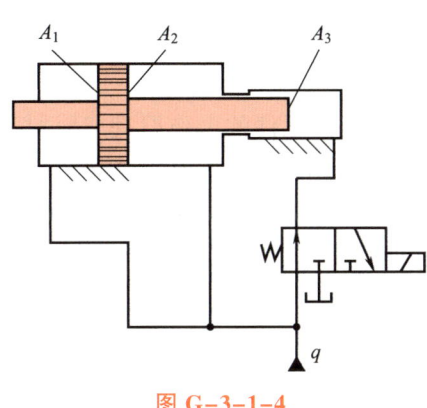

图 G-3-1-4

工作领域 H　液压辅助元件的选用、装调与维护

　　了解液压辅助元件的分类,熟悉各类辅助元件的工作原理、适用场合,从而能够对其正确选用、装调和维护。液压系统中,液压辅助元件包括油管、管接头、油箱、热交换器、过滤器等。从工作原理上看,它们是起辅助作用的,但却是液压系统正常工作必不可少的。能根据不同需求,选择合适的元件,形成探究意识、批判性思维及不断探索的科学素养。

工作任务　液压辅助元件的选用、装调与维护

核心能力　正确选用相应液压辅助元件,并能正确安装和调试

一、核心概念

　　液压辅助装置:在液压系统中起辅助作用的装置,它是液压系统不可缺少的组成部分。

二、学习目标

1. 能正确识读常用液压辅助元件的实物并绘制其图形符号。
2. 能根据工作需要选用不同类型的液压辅助元件。
3. 能根据工作所需安装并调试选用的辅助元件。
4. 能排除常用液压辅助元件常见故障。
5. 能形成探究意识、批判性思维及不断探索的科学素养。

三、基本知识

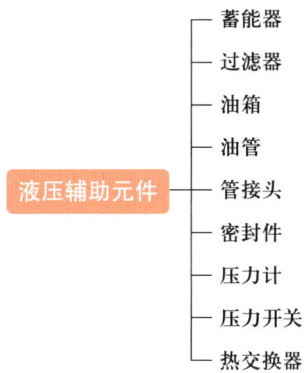

液压辅助元件 —— 蓄能器
　　　　　　　—— 过滤器
　　　　　　　—— 油箱
　　　　　　　—— 油管
　　　　　　　—— 管接头
　　　　　　　—— 密封件
　　　　　　　—— 压力计
　　　　　　　—— 压力开关
　　　　　　　—— 热交换器

（一）油箱

1. 油箱的功用与分类

油箱的基本功用是储存工作介质,散发系统工作中产生的热量,分离油液中混入的空气,沉淀污染物及杂质。油箱实物图如图 H-1-1a 所示。

油箱的结构如图 H-1-1b 所示,油箱中安装有很多辅件,如过滤器、空气滤清器及油面指示器等。

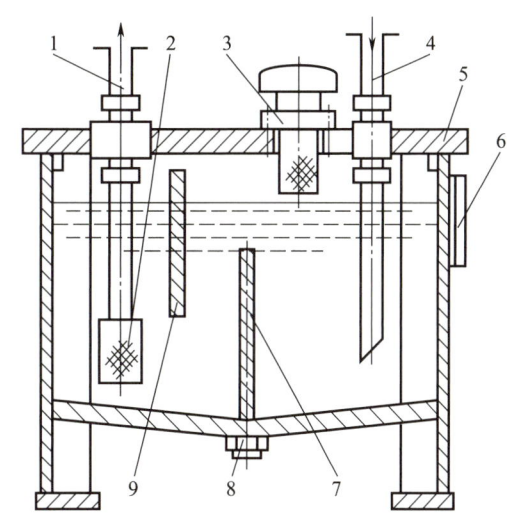

1—吸油管;2—网式过滤器;3—空气滤清器;4—回油管;
5—顶盖;6—油面指示器;7、9—隔板;8—放油塞。

(a) 油箱实物图　　　　　　　(b) 油箱结构

图 H-1-1　油箱

根据油箱液面是否与大气相通,可以分为开式油箱和闭式油箱,其中常用的固定油箱一般都是开式油箱。开式油箱又可分为整体式油箱和分离式油箱两种。

整体式油箱通常利用机械设备机体部分作为油箱。特点是结构紧凑,各种漏油容易回收,但散热性差,另外维修也不方便。分离式油箱是一个单独装置,它可以减少油箱发热对设备性能的影响,布置灵活,维修、维护方便。

闭式油箱的液面不与大气接触,飞机均采用闭式油箱。

2. 油箱结构设计要点

在设计油箱时的要点及需要注意的问题如下:

（1）油箱一般为长六面体形箱体,其长、宽、高之比可依主机总体布置决定,一般在 1:1:1 到 1:2:3 之间。

（2）油箱内常设两三块隔板。

（3）油箱顶盖板上应设置通气孔,通气孔处应设置空气滤清器,在箱壁的易见部位应设置表示油面高度的油面指示器。在油箱的侧壁应开设用于安装、清洗、维护的窗口。

（4）泵的吸油管口所装过滤器,其底面与油箱底面应保持一定距离,其侧面离箱壁应有 3 倍管径的距离,回油管口应插入最低油面以下,离箱底距离大于管径的 2～3 倍,回油管口应切成 45°斜口。

（5）油箱的内壁必须进行加工处理。

（二）蓄能器

1. 蓄能器的功用与分类

蓄能器是液压系统中的储能元件,它储存多余的油液,并在需要时释放出来供给系统。目前常用的是利用气体膨胀和压缩进行工作的充气式蓄能器。蓄能器实物图如图 H-1-2 所示。

视频 ●

汽车舒适性的关键液压元件蓄能器——其结构原理及应用

图 H-1-2　蓄能器实物图

蓄能器根据储存能量方式的不同分为重力加载式（重锤式）蓄能器、弹簧加载式（弹簧式）蓄能器、气体加载式（隔离式）蓄能器三类。其中最常用的是气体加载式蓄能器,气体加载式蓄能器又可分为活塞式和气囊式两种。

重力加载式蓄能器结构如图 H-1-3 所示,重力加载式蓄能器利用重物的位能变化存储和释放能量。它的特点是结构简单,压力恒定;但体积大,笨重,运动惯性大,反应不灵敏,密封处易泄漏,摩擦损失大,常用于大型固定设备的液压系统。

弹簧加载式蓄能器结构如图 H-1-4 所示,弹簧加载式蓄能器利用弹簧的压缩能存储和释放能量,产生的压力取决于弹簧的刚度和压缩量。它的特点是结构简单,反应较灵敏,但容量小,有噪声,不宜用于高压和循环频率较高的工作场合,一般用于小容量或低压系统作缓冲之用。

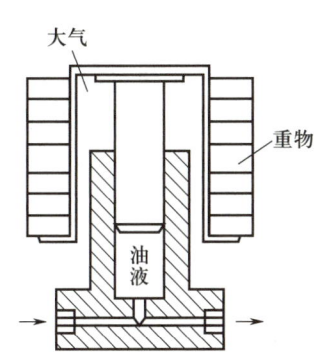

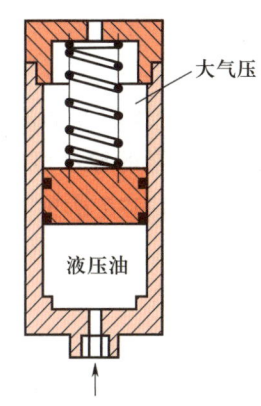

图 H-1-3　重力加载式蓄能器结构　　　图 H-1-4　弹簧加载式蓄能器结构

活塞式蓄能器结构如图 H-1-5 所示,活塞 1 的上部为压缩气体(一般为氮气),下部是高压油。活塞 1 随下部压力油的储存和释放而在缸筒 2 内来回滑动。这种蓄能器结构简单、寿命长,主要用于大体积和大流量工况。因活塞有一定的惯性和 O 形密封圈存在较大的摩擦力,故反应不够灵敏,不宜用于吸收脉动和液压冲击以及低压系统。此外,活塞的密封件磨损后,会使气液混合,影响系统工作稳定性。

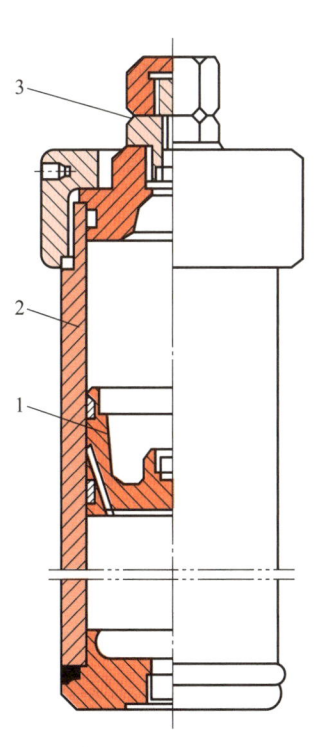

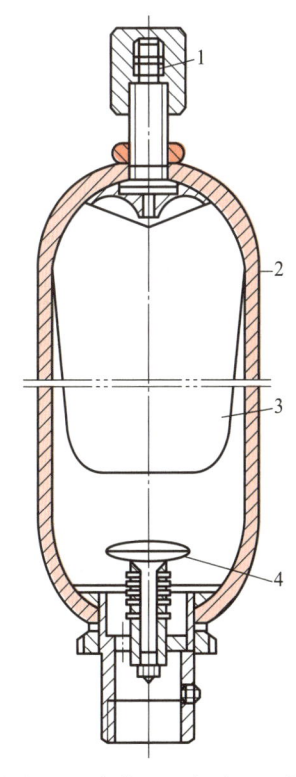

1—活塞;2—缸筒;3—螺栓。　　　　　1—充气阀;2—壳体;3—气囊;4—提升阀。

图 H-1-5　活塞式蓄能器结构　　　　图 H-1-6　气囊式蓄能器结构

气囊式蓄能器结构如图 H-1-6 所示,气囊式蓄能器中气体和油液用气囊隔开,气囊惯性小,反应灵敏,应用范围非常广泛,但气囊式的使用寿命一般不如活塞式的长。

283

2. 蓄能器的应用

（1）作辅助动力源或紧急动力源

在工作循环不同阶段需要的流量变化很大时,常采用蓄能器和一个流量较小的泵组成油源。另外,当驱动泵的原动机发生故障时,蓄能器可作紧急动力源。蓄能器作紧急动力源的液压系统如图 H-1-7 所示。

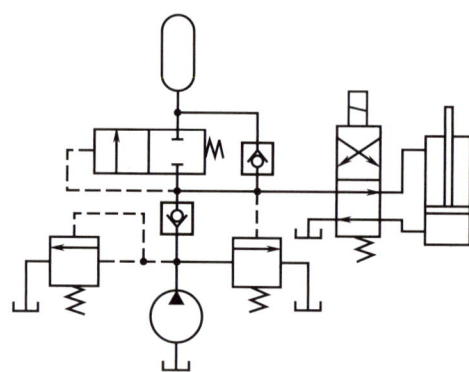

图 H-1-7　蓄能器作紧急动力源的液压系统

（2）保压和补充泄漏

需要较长时间保压而泵卸载时,可利用蓄能器释放储存的压力油,补充系统泄漏,保持系统压力。用蓄能器补充泄漏和保持恒压的液压系统如图 H-1-8 所示。

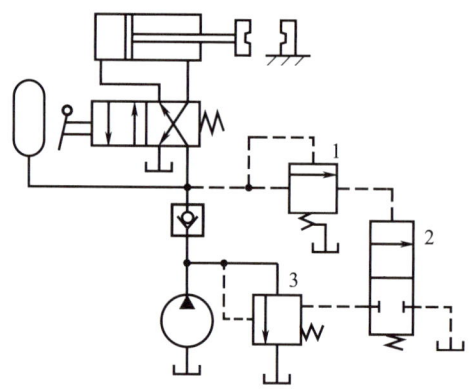

1—顺序阀；2—二位二通换向阀；3—溢流阀。
图 H-1-8　用蓄能器补充泄漏和保持恒压的液压系统

（3）吸收冲击和消除压力脉动

在压力冲击处和泵的出口安装蓄能器可吸收压力冲击峰值和压力脉动,提高系统工作的平稳性。用蓄能器吸收系统的液压冲击回路如图 H-1-9 所示。

3. 蓄能器的安装与使用

（1）搬运和装拆时应先将充气阀打开,排出充入的气体。

（2）油口向下竖直安装。

（3）液压泵与蓄能器之间应设置单向阀,蓄能器与液压系统连接处应设置截止阀。

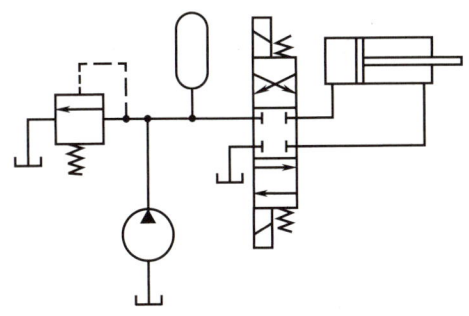

图 H-1-9　用蓄能器吸收系统的液压冲击回路

（4）用于吸收液压冲击和脉动的蓄能器,应尽可能地装在冲击源或脉动源附近。

（5）蓄能器的充气压力应在系统最低工作压力的90%和系统最高工作压力的25%之间选取。蓄能器的容量应根据其用途不同而用不同的方法确定,必要时可参阅液压设计手册通过计算确定。

（三）过滤器

1. 过滤器的功用及分类

在适当的部位安装过滤器,可以清除油液中的固体杂质,使油液保持清洁,延长液压元件使用寿命,保证液压系统工作的可靠性。因此,过滤器作为液压系统必不可少的辅助元件,具有十分重要的地位。

按滤芯材料和结构形式的不同,过滤器可分为网式、线隙式、纸芯式、烧结式过滤器、磁性过滤器及复式过滤器等。

网式过滤器结构如图 H-1-10 所示,网式过滤器结构简单,通流能力大,清洗方便,压力降小,但过滤精度低,常用于液压系统的吸油管路。

视频

吸油过滤器讲解

视频

压油过滤器讲解

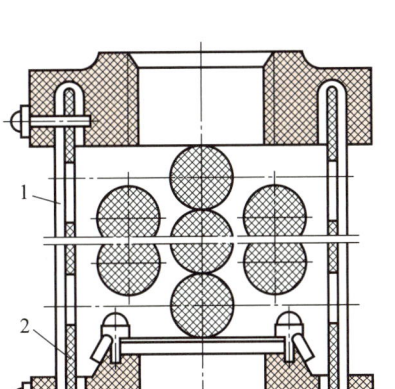

1—筒形骨架；2—铜丝网。

图 H-1-10　网式过滤器结构

线隙式过滤器结构如图 H-1-11 所示,线隙式过滤器结构简单,通流能力大,过滤精度比网式过滤器高,但不易清洗,一般用于低压回路或辅助回路。

纸芯式过滤器结构图如图 H-1-12 所示,纸芯式过滤器又称为纸质过滤器,纸质过滤器的过滤精度高,可在高压下工作,结构紧凑,重量轻,通流能力大,但易堵塞,无法清洗,滤芯需经常更换。一般用于要求过滤质量高的液压系统。

纸芯式过滤器的滤芯能承受的压力差较小(0.35 MPa),为了保证过滤器正常工作,不致因污染物逐渐聚积在滤芯上引起压差增大而压破纸芯,过滤器顶部通常装有污染指示器。

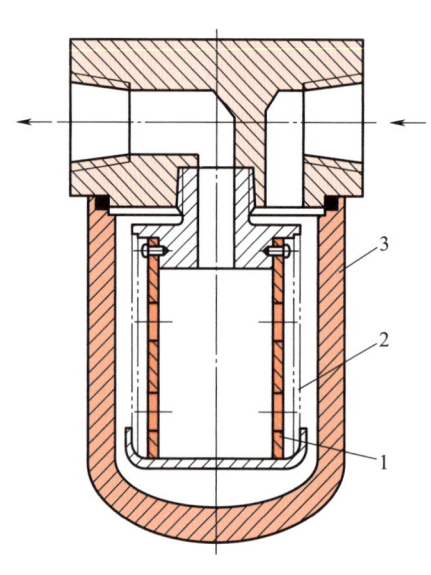

1—心架;2—线圈;3—壳体。

图 H-1-11　线隙式过滤器结构

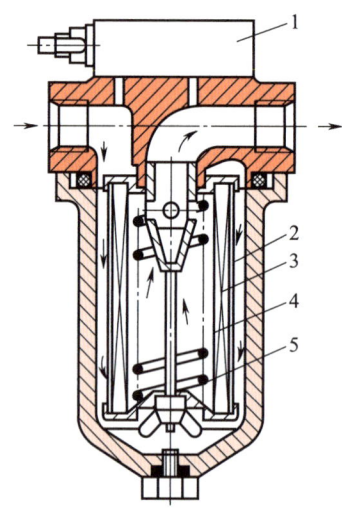

1—污染指示器;2—滤芯外层;
3—滤芯中层;4—滤芯里层;
5—支承弹簧。

图 H-1-12　纸芯式过滤器结构

金属烧结式过滤器结构如图 H-1-13 所示。烧结式过滤器的过滤精度高,滤芯的强度高,抗冲击性能好,能在较高温度下工作,有良好的耐蚀性,且制造简单;缺点是易堵塞,难清洗,使用中烧结颗粒可能会脱落。一般用于要求过滤质量较高的液压系统中。

磁性过滤器的工作原理是利用磁铁吸附油液中的铁质微粒。

复式过滤器是上述几类过滤器的组合。适用于回油路上的纸质磁性过滤器结构如图 H-1-14 所示。

几种过滤器的图形符号如图 H-1-15 所示。

2. 过滤器的选用及安装

在选用过滤器时要遵循以下几点:

（1）过滤精度应满足系统要求。

过滤精度是指过滤器滤去杂质的颗粒尺寸的大小,以其外观直径的公称尺寸表示,力度越小,精度越高。$d \geqslant 100\ \mu m$ 为粗滤器,$100\ \mu m \geqslant d \geqslant 10\ \mu m$ 为普通滤器;$10\ \mu m \geqslant d \geqslant 5\ \mu m$ 为精滤器,$5\ \mu m \geqslant d \geqslant 1\ \mu m$ 为特精滤器。不同液压系统对过滤器的过滤精度要求见参照表 H-1-1。

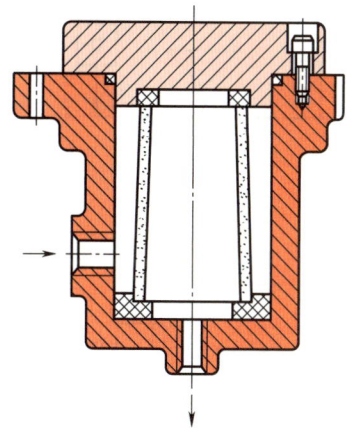

图 H-1-13　金属烧结式过滤器结构

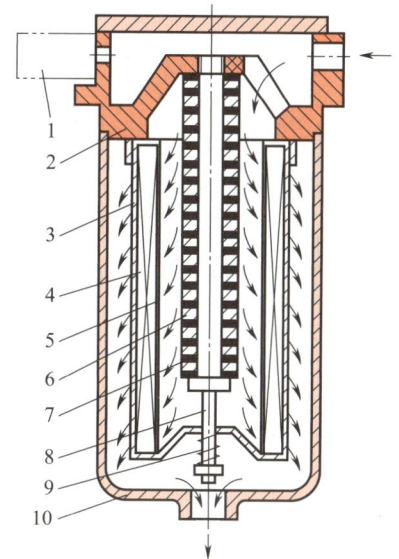

1—污染指示器；2—滤芯座；3—外筒；4—滤纸；
5—内筒；6—磁环；7—尼龙隔套；8—拉杆；
9—弹簧；10—壳体。

图 H-1-14　纸质磁性过滤器结构

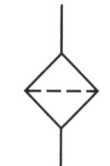  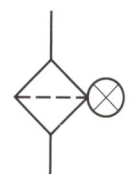

（a）过滤器（一般符号）　（b）磁性过滤器　（c）污染指示过滤器

图 H-1-15　过滤器的图形符号

表 H-1-1　不同液压系统对过滤器的过滤精度要求

系统类别	润滑系统	传动系统			伺服系统
工作压力 p/MPa	0～2.5	<14	14～32	>32	≤ 21
过滤精度 /μm	≤ 100	25～30	≤ 25	≤ 10	≤ 5

（2）有足够的通流能力。

通流能力指在一定压力降下允许通过过滤器的最大流量,应结合过滤器在系统中的安装位置选取。

（3）有一定的机械强度,不因液压力而破坏。

（4）满足一些特殊要求,如耐腐蚀、磁性、不停机更换滤芯等。

（5）清洗更换方便。

在液压系统中,过滤器的作用与其在管路中的安装位置有关。液压系统中过滤器的各种安装位置如图 H-1-16 所示。

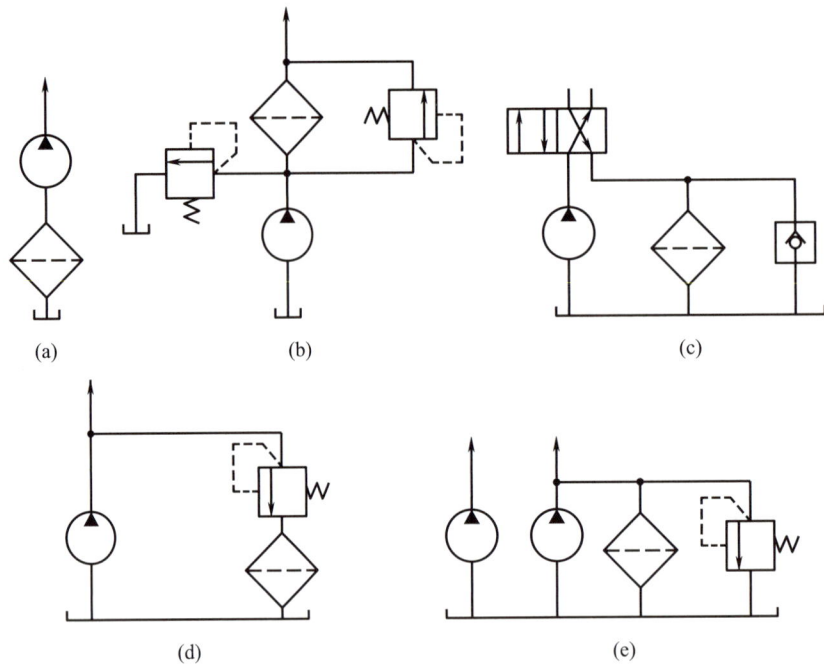

图 H-1-16　过滤器安装位置

　① 安装在泵的吸油口。图 H-1-16a 中过滤器位于泵的吸油管路上,用于保护泵,此时可选择粗滤器,但要求有较大的通流能力,防止产生气穴现象。

　② 安装在泵的出口。图 H-1-16b 中过滤器位于泵的出口处,此时须选择精滤器,以保护泵以外的元件。要求能承受油路上的工作压力和压力冲击。

　③ 安装在系统的回油路上。图 H-1-16c 中过滤器安装在系统的回油路上滤去系统生成的污物,此时可采用滤芯强度低的过滤器。为防止过滤器阻塞,一般要并联安全阀。

　④ 安装在系统的支路上。图 H-1-16d 中过滤器安装在系统的支路上,当泵的流量较大时,为避免选用过大的过滤器,在支路上安装小规格的过滤器。

　⑤ 安装在独立的过滤系统中。图 H-1-16e 中过滤器安装在独立的过滤系统中,通过不断循环,专门滤去油箱中的污物。

　安装过滤器应注意:过滤器只能单向使用。

（四）管件及接头

1. 油管的分类及功用

　油管用于在液压系统中输送油液,连接液压元件。液压传动系统中常用的油管有硬油管和软油管,飞机液压系统以使用硬油管为主。与软油管相比较,硬油管质量小且耐高压,飞机上常用的硬油管有不锈钢管和铝合金管。不锈钢管强度大、耐高温、耐蚀性好,广泛用于高压油路。铝合金管质量小,经表面氧化处理后有一定的耐蚀性,但强度较低,多用于低压回路。

　软油管可以分为金属软管（纯铜管、黄铜管）、不锈钢软管、耐油橡胶软管、耐油尼龙软

288

管、耐油氟塑料软管等多种,其中橡胶软管应用最多。软油管用来连接在工作中有较大位移的活动附件(如作动筒或助力器等)、振动较大且需要吸收压力脉动的附件(如液压泵),以及硬油管无法弯曲和安装的部位等。

视频 ● 液压管讲解

2. 油管的安装要求

（1）管路应尽量短,横平竖直,转弯少。表 H-1-2 为硬油管装配时允许的最小弯曲半径。

（2）管路尽量避免交叉,平行管的间距要大于 10 mm,以防止接触振动,并便于安装管接头。

（3）软油管直线安装时要有 30% 左右的余量,以适应油温的变化、受拉和振动的需要。弯曲半径要大于软油管外径的 9 倍,弯曲处到管接头的距离不小于外径的 6 倍。

（4）要防止油管内、外表面被腐蚀。

（5）油管在飞机上的固定必须可靠。

表 H-1-2　硬油管装配时允许的最小弯曲半径　　mm

硬油管外径	6	8	10	12	15	18	20	25
最小弯曲半径	20	25	30	40	45	50	60	75

3. 管接头

管接头是油管与液压元件、油管与油管之间可拆卸的连接件。管接头与其他液压元件用国家标准米制锥螺纹和普通细牙螺纹连接。常用的管接头有扩口式接头、高压卡套式接头、快卸自封式接头、扣压式接头等。

视频 ● 液压管接头 讲解

扩口式管接头结构如图 H-1-17 所示,它依靠扩口部分的锥面实现连接和密封,结构简单,重复使用性好,一般用于低于 8 MPa 的中低压系统。

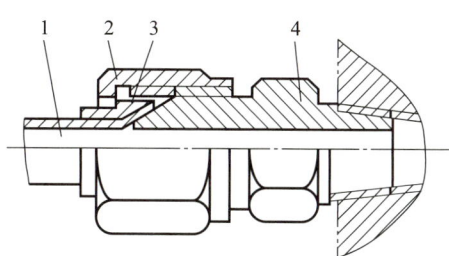

1—油管；2—螺母；3—管套；4—接头体。

图 H-1-17　扩口式管接头结构

高压卡套式管接头结构如图 H-1-18 所示,这种管接头连接利用卡套的变形卡住管子并实现密封,适用于高压、有压力冲击和易振动的场合。

289

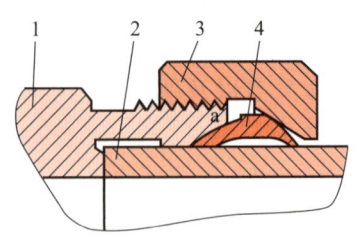

1—接头体；2—油管；3—螺母；4—卡套。

图 H-1-18　高压卡套式管接头结构

快卸自封式管接头结构如图 H-1-19 所示，用于经常接通或断开处，结构复杂，压力损失大。

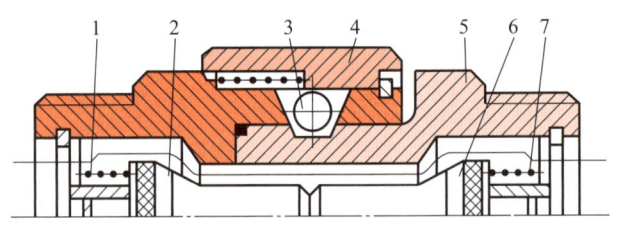

1、7—弹簧；2、6—阀芯；3—钢球；4—外套；5—接头体。

图 H-1-19　快卸自封式管接头结构

扣压式管接头结构如图 H-1-20 所示，这种管接头的连接和密封部分与普通的管接头相同，只是把接管加长，成为接头体 2，并和接头外套 1 一起将软管夹住（需在专用设备上扣压而成），使管接头和胶管连成一体。

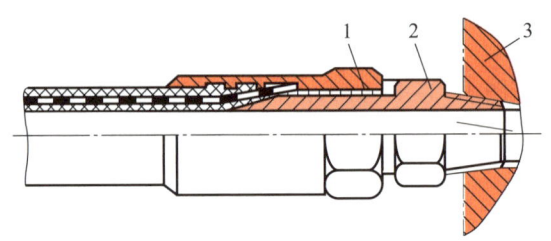

1—接头外套；2—接头体；3—本体。

图 H-1-20　扣压式管接头结构

（五）热交换器

液压系统能量损失转换为热量以后，会使油液温度升高。若长时间油温过高，油液黏度下降，泄漏增加，密封老化，油液氧化，严重影响系统正常工作；相反，若油温过低，油液黏度过大，则设备启动困难，压力损失加大并引起过大的振动。因此，需要使用冷却器和加热器（统称热交换器）将油温控制在正常工作温度（20 ~ 65 ℃）。

（1）冷却器

冷却器按其使用冷却介质的不同分为风冷、水冷和氨冷等多种形式，一般液压系统中多采用风冷和水冷。风冷式冷却器有自然通风冷却和风扇强制吹风冷却两种。水冷式冷却器有多种结构形式,最简单的一种是蛇形管冷却器。

蛇形管冷却器结构如图 H-1-21 所示,这种冷却方式的效率低,耗水量大,运转费用较高,但由于结构比较简单,故应用较为普遍。

多管式冷却器结构如图 H-1-22 所示,这种冷却方式冷却效果较好,它采用强制对流方式进行冷却,这种冷却器的传热效率较高,结构紧凑,因此应用也比较普遍。

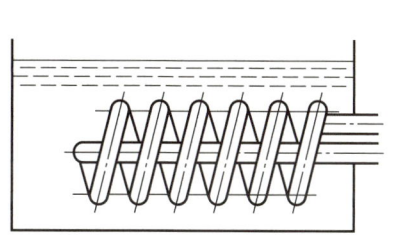

图 H-1-21　蛇形管冷却器结构

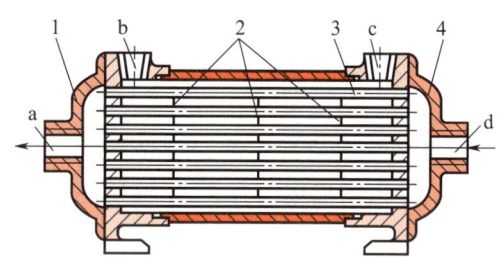

1—左端盖;2—隔板;3—铜管;4—右端盖。

图 H-1-22　多管式冷却器结构

翅片式冷却器结构如图 H-1-23 所示,这种冷却方式冷却效果好,结构紧凑,当翅片采用铝片时,造价低,不容易生锈。

冷却器在液压系统中安装的位置,应该串联在回油路中或在溢流阀的溢流管路上,这里的油温较高,冷却效果较好。油冷却器的连接方式如图 H-1-24 所示。

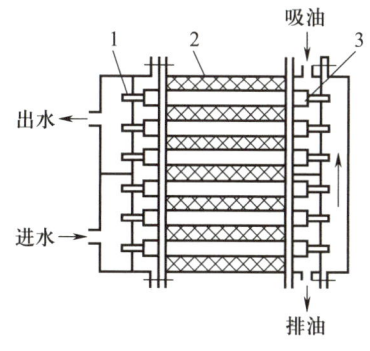

1—通水管;2—翅片;3—通油管。

图 H-1-23　翅片式冷却器结构

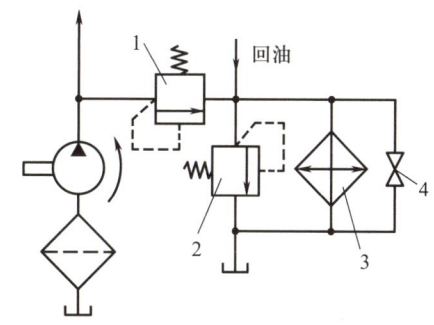

1—溢流阀;2—安全阀;3—冷却器;4—截止阀。

图 H-1-24　油冷却器的连接方式

（2）加热器

目前最常用的加热器是电加热器,可以通过控制电路对油液的加温进行自动调整。电加热器应该水平安装在油箱的侧壁上(图 H-1-25),加热部分应全部浸入油液之内,严防因油液的蒸发、油面的降低而使加热部分露出油面,安装位置应使油箱内的油液有良好的自然对流。加热器的功率不能过高,以免周围油温过高而使油质发生变化,为此可以在油箱的不同部位多安装几个加热器。

视频 •------

油温加热器讲解

291

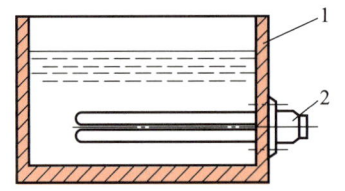

1—油箱；2—电加热器。

图 H-1-25　电加热器的安装位置

（六）压力表

压力表用于观测液压系统中某一工作点的油液压力，以便调整和控制系统的工作压力。在液压系统中最常用的是弹簧管式压力表（图 H-1-26）。压力表必须直立安装，为了防止压力冲击而损坏压力表，常在压力表的通道上设置阻尼小孔。

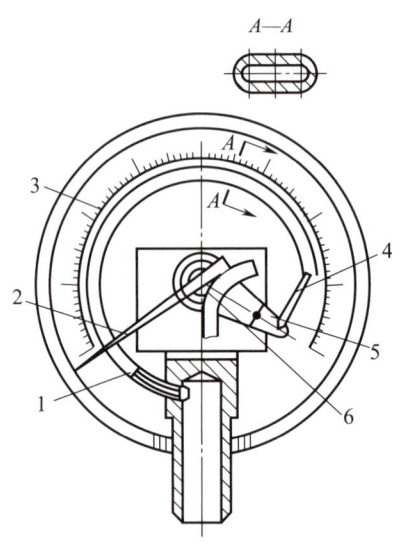

1—弹簧弯管；2—指针；3—表盘；4—杠杆；5—扇形齿轮；6—小齿轮。

图 H-1-26　弹簧管式压力表

四、课后作业

1. 观察实训室液压设备中的液压辅助件，确定它们的类型，并分析工作情况。

2. 到实际生产中找两三个实际液压设备中液压辅助元件，确定它们的类型，并分析工作情况。

互动练习 •

H-1-1

工作领域Ⅰ　典型液压系统分析、调试与维护

理解液压系统是用各个液压基本回路组合而成的,用以完成一定动作的液压整体。明白液压系统的组成、工作原理、特点及适用场所,能正确识读并绘制典型液压系统原理图,掌握液压系统中各液压元件的作用,正确分析典型液压系统的工作过程,进一步加深对各种基本回路和液压元件的综合应用的理解,明确液压系统工作的基本思路,提升解决工程问题的能力,为液压系统的调整、维护和使用打下坚实的基础。

工作任务　典型液压系统分析

核心能力　正确分析液压系统的工作原理

一、核心概念

液压系统:由若干动力元件、执行元件、控制调节元件、辅助元件、工作介质等液压元件组成,并由管路组合起来完成一定动作的整体,或能完成一定动作的各个液压基本回路的组合。

二、学习目标

1. 能正确识读并绘制典型液压系统原理图。
2. 能正确分析液压系统中各液压元件的作用。
3. 能正确分析典型液压系统的工作过程。
4. 能排除典型液压系统常见故障。
5. 能熟练掌握液压系统的分析步骤与方法。
6. 明确液压系统工作的基本思路,提升解决工程问题的能力。

三、基本知识

液压系统的分析步骤:
1. 了解主机的功用、对液压系统的要求,以及液压系统应实现的运动和工作循环。

2. 分析液压系统中各元件的功能与工作原理,弄清元件之间的相互连接关系,若有几个执行元件,应以执行元件为中心先分解为子系统并逐一分析,一般"先看两头,后看中间"。

3. 分析液压系统各工况工作原理及油液流动路线,一般"先看图示位置,后看其他位置""先看主油路,后看辅助油路"。

4. 对液压系统综合分析,找出液压系统中各类液压基本回路,归纳液压系统特点。

（一）YT4543 型组合机床动力滑台液压系统

YT4543 型组合机床动力滑台液压系统如图 I–1–1–1 所示。组合机床是一种高效率专用机床,由具有一定功能的通用部件和一部分专用部件组成,加工范围广,自动化程度高,组合机床的主运动由动力头或动力箱实现,进给运动由动力滑台的运动实现。动力滑台与动力头或动力箱配套使用,可以对工件完成钻、扩、铰、镗、铣、刮端面、攻螺纹等工序。由于动力滑台在驱动动力头进行机械加工的过程中有多种运动和负载变化要求,因此,控制动力滑台运动的机械或液压系统必须具备换向、速度换接、调速、压力控制和自动循环等多种功能。

该系统采用限压式变量叶片泵供油,电液换向阀为系统主换向阀,用于完成液压缸换向工作,采用限压式变量泵供油和电液换向阀换向使液压缸差动连接以实现快速运动;用行程阀实现快进和工进的速度换接,用二位二通电磁换向阀实现两种工进速度的换接。综上所述,该系统可以实现多种工作的循环。具体过程如图 I–1–1–2 所示。

下面以快速进给、第一次工进、第二次工进、挡铁停留、快速返回、原位停止的自动循环为例,说明该液压系统的工作原理。

一）液压系统的工作原理

1. 快速进给

按下启动按钮,电磁铁 1YA 通电(其余电磁铁均断电,行程阀 17 处于常态位置,即下位接入),限压式变量叶片泵供给的油液经控油油路—电磁换向阀左位到达液控换向阀左位,使得电液换向阀中的液控换向阀左位接入,此时限压式变量叶片泵供给的油液就会通过电液换向阀 5—油管 10—行程换向阀 17 到达液压缸无杆腔,由于活塞杆固定、缸体移动,故无杆腔进油时,缸体向左移动,控制油液通路情况如图 I–1–1–3 所示。由于动力滑台空载,系统压力低,故液控顺序阀 7 关闭,回油路油液经液压缸有杆腔—油管 20—电液换向阀 5—油管 8—单向阀 9—油管 11—行程换向阀 17—油管 18—到达液压缸无杆腔,此时液压缸形成差动连接,同时限压式变量泵 2 在低压下输出最大流量,故动力滑台快速进给。

2. 第一次工进

当液压缸缸体快进到达预定位置时,缸体上的挡铁压下行程阀 17,行程阀 17 此时关闭,故油液经调速阀 12—二位二通电磁换向阀 14—油管 18—进入液压缸无杆腔。调速阀 12 介入进油路控速后,使调速阀 12 前的系统压力升高。压力的升高,一方面使液控顺

右侧视频:

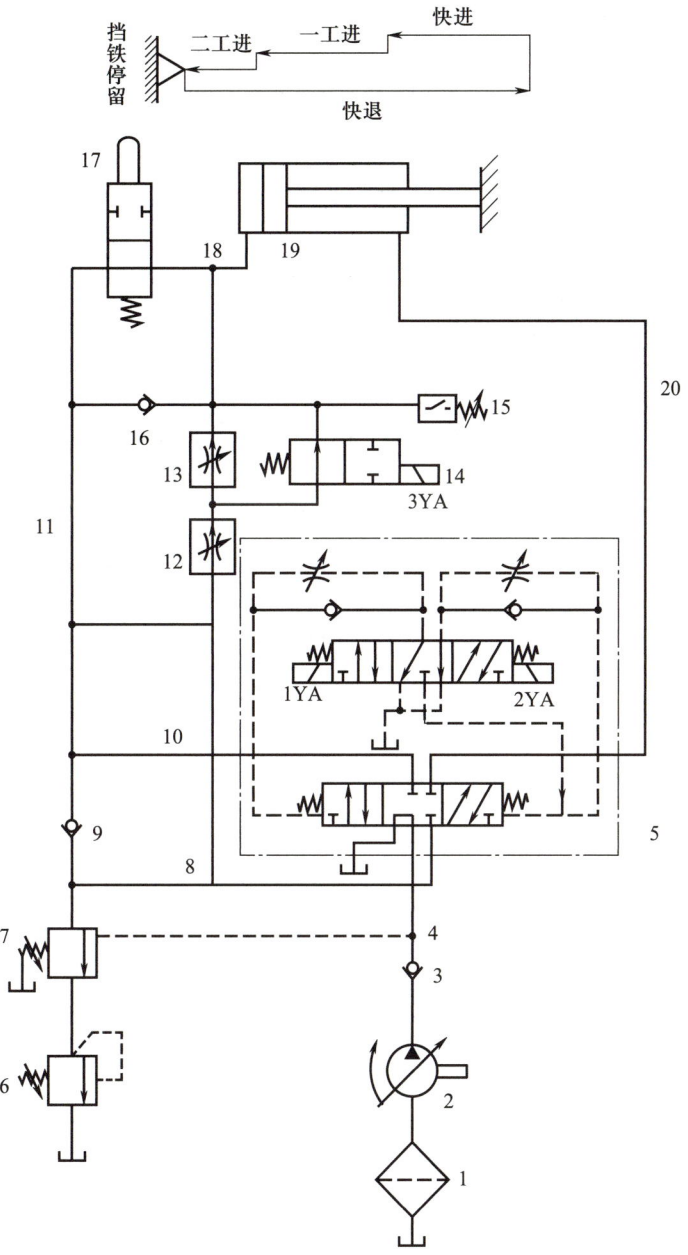

1—过滤器；2—限压式变量叶片泵；3、9、16—单向阀；4、8、10、11、18、20—油管；5—电液换向阀；
6—背压阀（直动式溢流阀）；7—液控顺序阀；12、13—调速阀；14—二位二通电磁换向阀；
15—压力继电器；17—行程换向阀（机动换向阀）；19—单杆活塞式液压缸（活塞杆固定）。

图 I-1-1-1　YT4543 型组合机床动力滑台液压系统

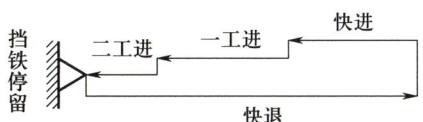

图 I-1-1-2　YT4543 型组合机床动力滑台液压系统典型工作循环图

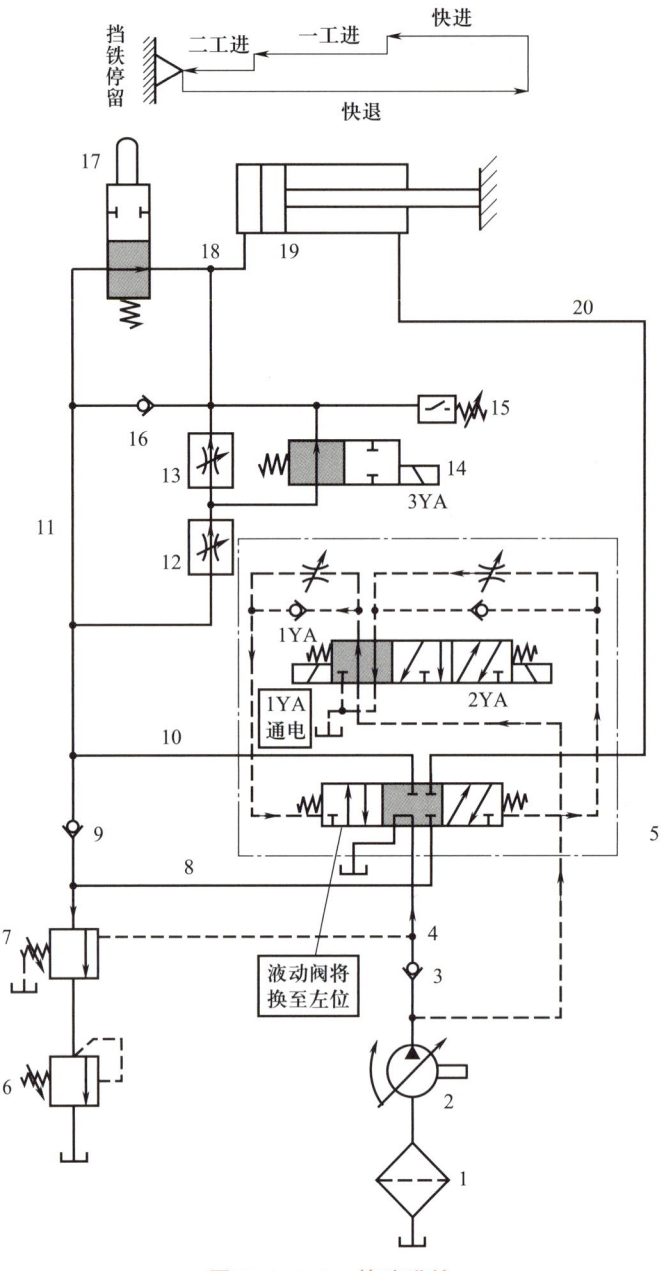

图 I-1-1-3　快速进给

序阀7打开,故单向阀9关闭,回油路油液经液压缸有杆腔—液控顺序阀7—背压阀6流回油箱;另一方面使限压式变量叶片泵的流量减小,直到与经过调速阀12后的流量相同为止。这时进入液压缸无杆腔的流量由调速阀12的开度决定,动力滑台实现第一次工进,如图 I-1-1-4 所示。

3. 第二次工进

第一次工进结束后,二位二通电磁换向阀电磁铁3YA通电,使原来通过二位二通电磁换向阀14的进油路切断,故进油路油液经串接的调速阀12和13进入液压缸的无杆腔。

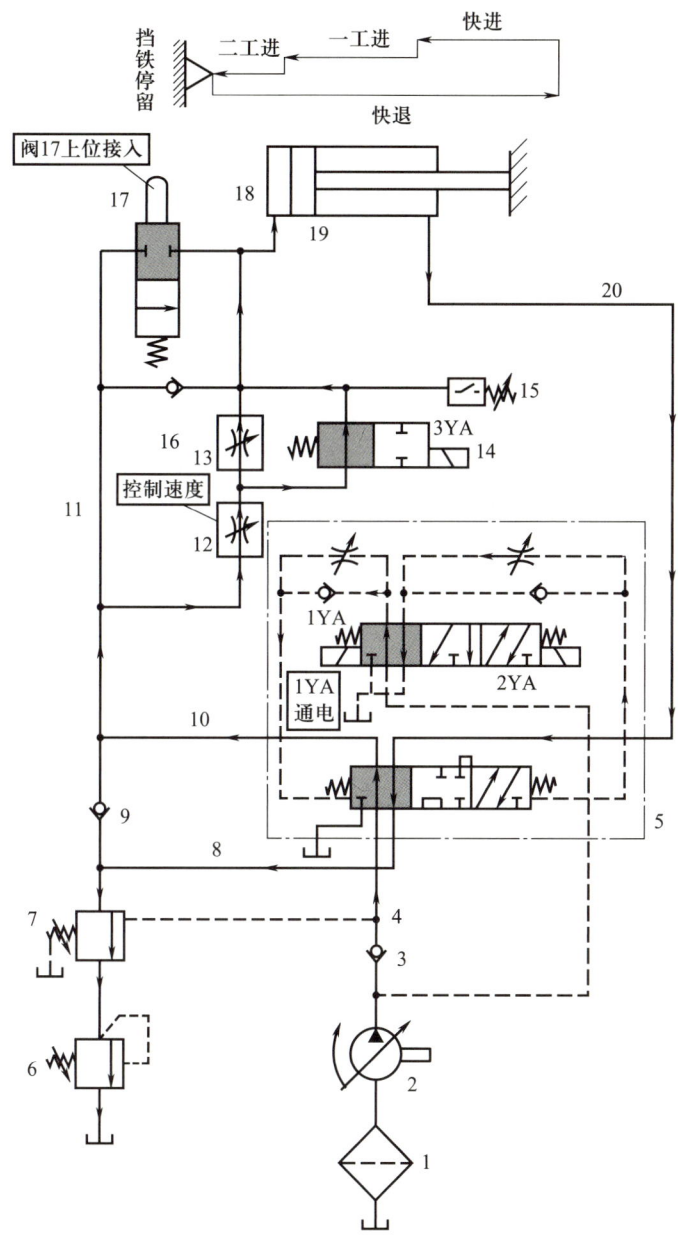

图 I–1–1–4　第一次工进

由于调速阀 12 的开度小于调速阀 13 的开度,故进给速度再次降低,第二次工进速度由调速阀 13 的开度决定,回油路油液的流向和第一次工进相同。油液通路情况如图 I–1–1–5 所示。

4．挡铁停留

在第二次工进完成后,液压缸继续向左运动。为了满足零件加工工艺的要求,当液压缸碰到挡铁后,液压缸停止不动。这时系统的进回油路和第二次工进时的油路相同。此外系统的压力进一步升高,达到压力继电器 15 的调定值时,压力继电器发出电信号给电液换向阀 5,使主换向阀换向。同时限压式变量叶片泵处于保压状态,其输出流量仅满足补偿泵和系统的泄漏。

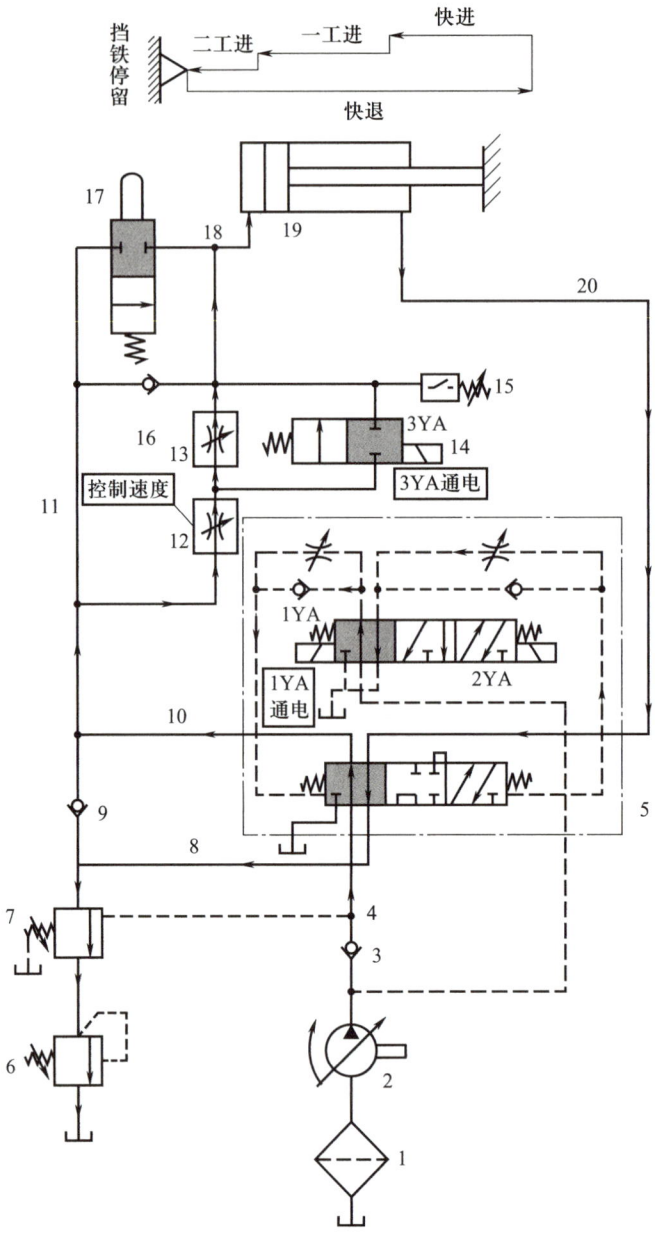

图 I-1-1-5 第二次工进

5. 快速返回

在达到预定时间后,压力继电器使电磁铁 1YA、3YA 断电、2YA 通电,此时电液换向阀右位接入系统,控制油路的液压油进入液动换向阀的右位,进油路油液经限压式变量叶片泵 2 →单向阀 3 →电液换向阀 5 右位→油路 20 →液压缸有杆腔;回油路油液经液压缸无杆腔→单向阀 16 →电液换向阀 5 右位→油箱。由于动力滑台返回的负载较小,此时系统的压力较低,变量泵输出流量增大,动力滑台实现快速退回。由于活塞杆的截面积大约为活塞的一半,故动力滑台快退和快进的速度大致相等。控制油液通路情况如图 I-1-1-6 所示。

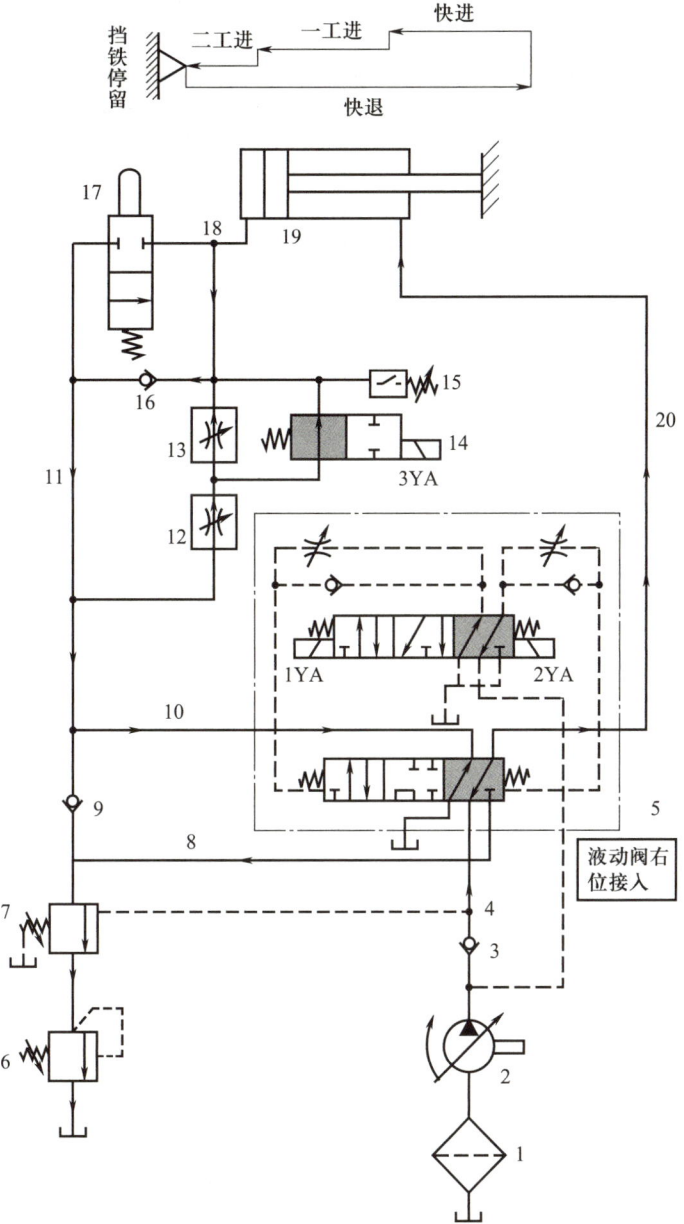

图 I–1–1–6　控制油路通路

6. 原位停止

当动力滑台退回到原始位置时,挡块压下行程开关,电液换向阀 5 处于中位,动力滑台停止运动,限压式变量叶片泵 2 输出的油液经过单向阀 3 和电液换向阀 5 的中位流回油箱,液压泵处于卸荷状态。

组合机床动力滑台系统电磁铁、压力继电器和行程阀的动作顺序表见表 I–1–1–1。

表Ⅰ-1-1-1　组合机床动力滑台系统电磁铁、压力继电器和行程阀的动作顺序表

("+"表示通电;"-"表示断电)

元件动作	1YA	2YA	3YA	压力继电器	行程阀
快进	+	−	−	−	导通
第一次工进	+	−	−	−	断开
第二次工进	+	−	+	−	断开
挡铁停留	+	−	+	+	断开
快退	−	+	+	−	导通
原位停止	−	−	+(−)	−	导通

注:"+"表示电磁铁通电或压力继电器发出电信号,"-"表示电磁铁断电或压力继电器原位。

二)液压系统的特点

动力滑台液压系统主要由以下基本回路组成。

(1)调速回路:采用了由限压式变量叶片泵→调速阀→背压阀组成的容积节流调速回路,能保证稳定的低速运动和较大的调速范围,并且系统无溢流损失,具有较高的效率。

(2)快速运动回路:采用限压式变量泵在系统压力较低时输出的流量大的特点及差动连接来实现快进,能量利用合理;停止时,泵卸荷,减少能量损耗。

(3)换向回路:采用三位五通 M 型中位机能的电液换向阀,提高了系统的平稳性,并由压力继电器发出的电信号控制电磁换向阀的换向工作。

(4)快速运动与工进的速度换接回路:采用行程阀和外控顺序阀,使快进转换为工进的速度换接回路动作平稳可靠,换接的位置精度较高。同时利用换向后系统中的压力升高使外控顺序阀接通,从而切断快进,转为工进。

(5)采用两个调速阀串联实现两种工作进给的速度换接回路。

(二)YA32-200 型万能液压机液压系统分析

液压机是一种利用静压力用来完成金属件冲压、弯曲、翻边、薄板拉伸以及塑料、橡胶、粉末冶金的压制等工艺,在机械制造业得到了广泛的应用。液压机可以通过改变施加的压力、行程和速度,来满足各种压力加工工艺的要求。液压机的种类有很多,其中柱式液压机最为典型,应用也最广泛。

柱式液压机的组成及动作循环如图Ⅰ-1-1-7 所示,该液压机由主机和控制机构两大部分组成,主缸最大工作压力为 2 000 kN,动力机构由油箱、泵以及各种阀组成。动力机构在电气装置控制下,实现能量传递、转换、调节,完成各种工作循环。液压机主要依靠上下滑块的运动完成各种压力加工和压制成形。为了满足大部分工艺要求,液压系统完成的主要基本动作如下:主缸活塞杆驱动上滑块实现快速下行→慢速加压→延时保压→卸压→快速回程→原位停止的工作循环。顶出缸活塞杆

大国工匠 ·

液压专家——
李洪人

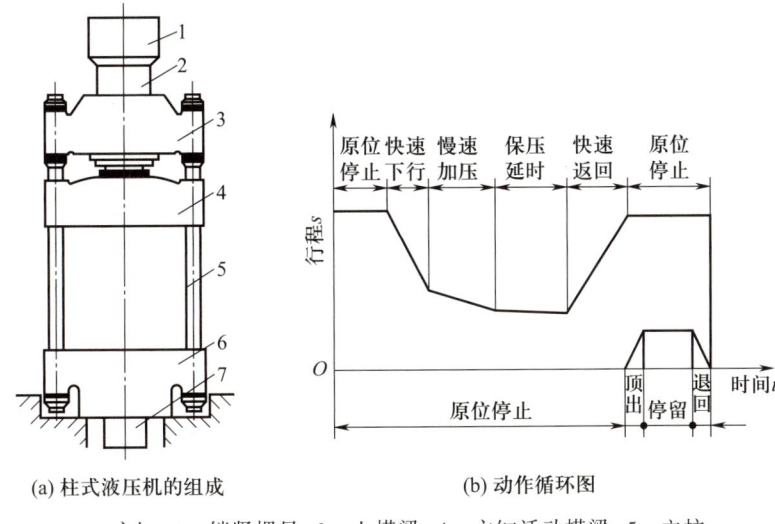

（a）柱式液压机的组成　　　　（b）动作循环图

1—主缸；2—锁紧螺母；3—上横梁；4—主缸活动横梁；5—立柱；

6—下横梁（工作台）；7—顶出缸。

图 I-1-1-7　柱式液压机的组成及动作循环图

驱动下滑块实现向上顶出→向下回程→向下退回的工作循环。

在进行薄板拉伸时，通过滑台带动液压缸往下运动，薄板在主缸活塞杆强大的压力下被冲压，最后利用顶出缸活塞杆顶出对材料进行压紧，实现浮动压边。由于加工工艺的要求，一方面液压系统中的压力、速度需要经常调节和转换；另一方面，因系统流量大，空载过程和压边过程的速度存在较大差距，因此要求系统功率合理利用，确保工作过程平稳。

一）YA32-200 型万能液压机液压系统工作原理

YA32-200 型万能液压机液压系统如图 I-1-1-8 所示。该系统有两个泵，主泵 1 为高压大流量恒功率（压力补偿）变量泵，最高工作压力为 32 MPa，由远程调压阀 5 设定，先导式溢流阀 4 以防止系统过载。辅助泵 2 为低压小流量定量泵，主要用于供给电液阀的控制油液，其压力可通过溢流阀 3 调整。

由图 I-1-1-8 可知，该系统有两个执行元件液压缸，因此，将该系统以液压缸为中心分解为两个子系统，并找出与各个子系统关联较紧密的元件，分别对两个子系统进行分析。

根据液压系统的分析步骤，对各个子系统进行详细分析，研究其如何完成各种工作循环过程。该系统工作原理如下：

1. 主缸活塞杆快速下行

按下启动按钮，泵启动，电磁换向阀 8 的 5YA 电磁铁通电，右位接入系统，液控单向阀 9 打开，同时辅助泵 2 供给的控制油液使电液换向阀 6 的 1YA 电磁铁通电，右位接入系统。

此时油液通路情况如图 I-1-1-9 所示。由图可知，进油路过程为：主泵 1 →电液换向阀 6 右位→单向阀 13 →液控单向阀 14 →液压缸（主缸）16 上腔→液压缸向下运动。由于液控单向阀 9 在辅助泵 2 的压力下打开，此时回油路过程为：液压缸 16 下腔→液控单向阀 9→油箱 15。一方面泵流出的油液全部进入液压缸；另一方面液压缸回油腔无任何背压作用，主缸活塞杆在重力的作用下向下加速运动，因此下行速度较快。此时，主泵 1 虽为大流量，但仍不足以补充主缸无杆腔空出的空间，因而油缸无杆腔的压力小于外界，在压力差的作用下，液控单向阀 14 打开，油液从油箱 15 进行补充。

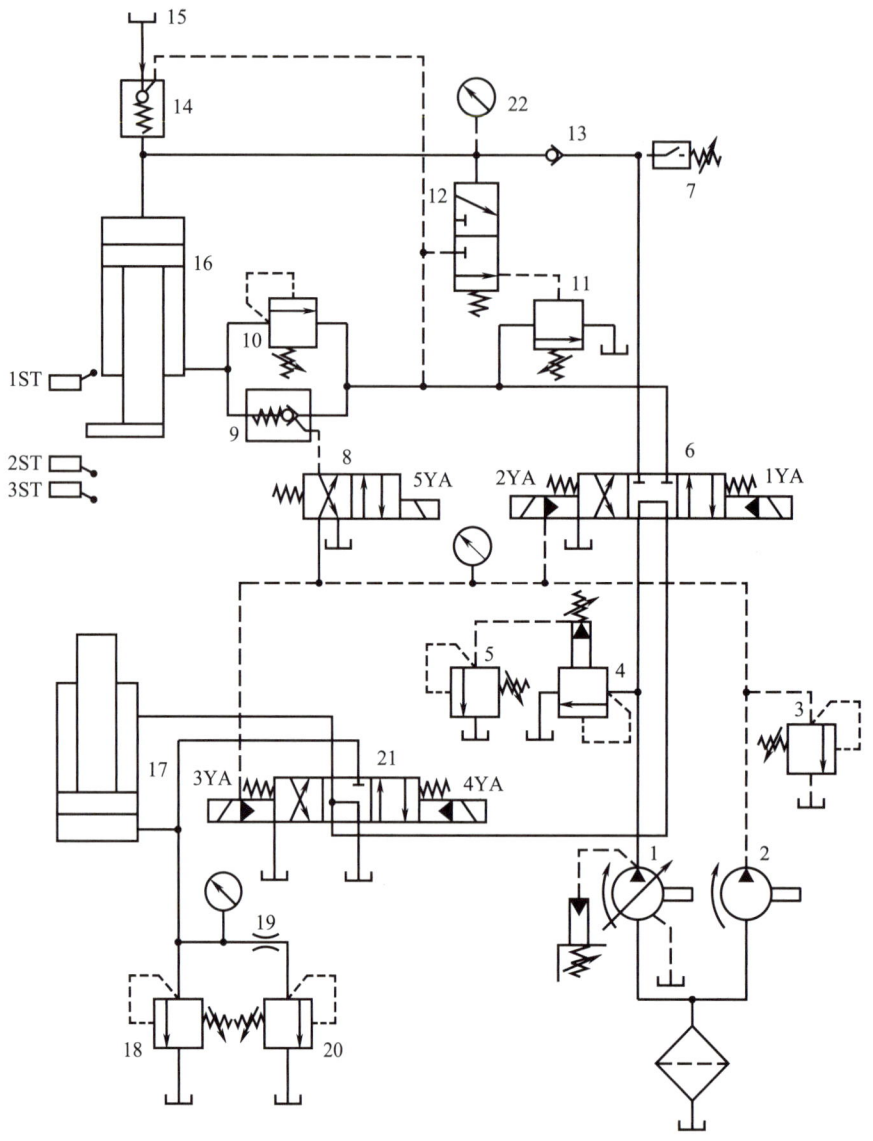

1—主泵；2—辅助泵；3、18—溢流阀；4—先导式溢流阀；5—远程调压阀；6、21—电液换向阀；7—压力继电器；8—电磁换向阀；9、14—液控单向阀；10、20—背压阀；11—顺序阀；12—液动换向阀；13—单向阀；15—油箱；16—液压缸（主缸）；17—顶出缸；19—节流阀；22—压力表。

图 I-1-1-8　YA312-200 型万能液压机液压系统

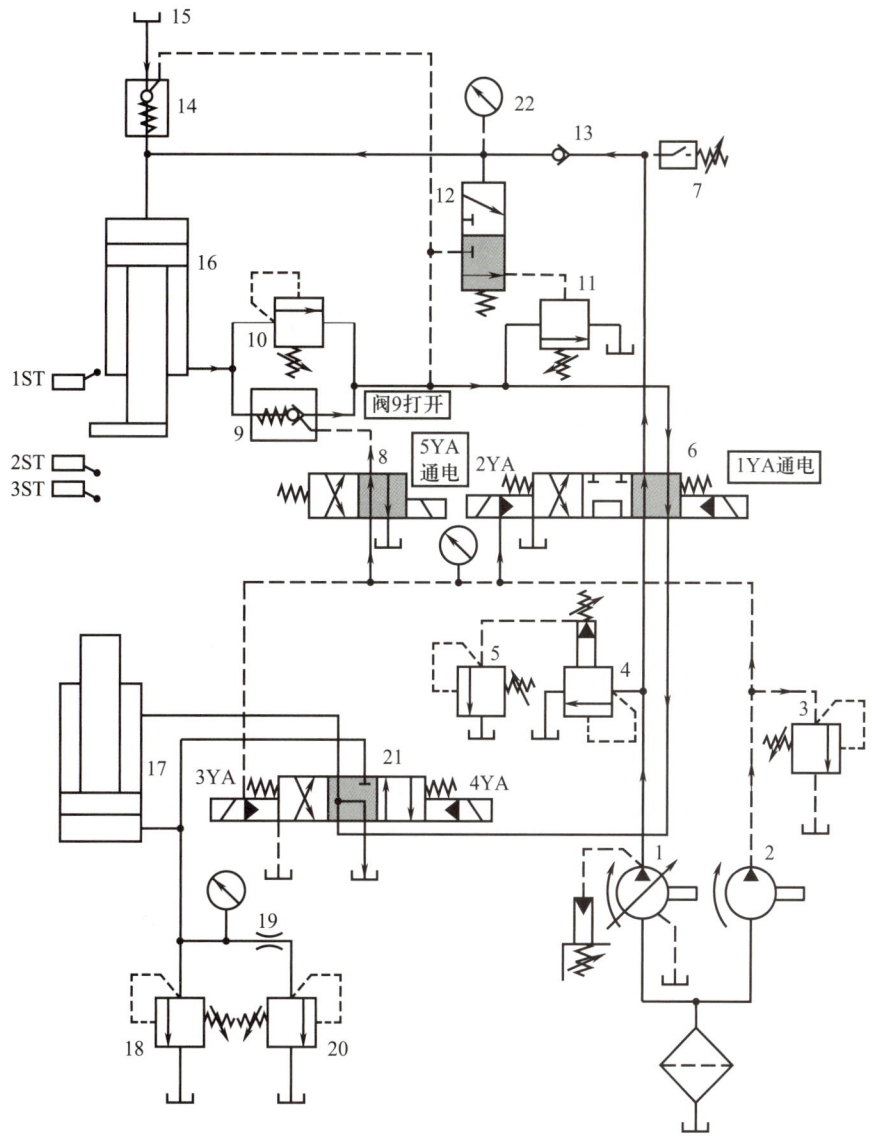

图 I-1-1-9　主缸活塞杆快速下行

2. 主缸慢速加压

主缸活塞杆快行结束后,当滑块上的活动挡块压下行程开关 2ST 时,发出电信号,电磁换向阀 8 的电磁铁 5YA 断电,使电磁换向阀 8 左位接入系统,液控单向阀 9 无压力作用关闭。主缸 16 排出的油液经过溢流阀 10 回到油箱,溢流阀 10 起背压作用,使油缸活塞杆减速,逐渐接触工件,这时主缸上腔压力升高,液控单向阀 14 关闭。当主缸 16 的滑块组件接触工件后,由于负载急剧增加,使上腔压力进一步升高,主泵输出流量自动减小,加压速度便由主泵的流量来决定。此时主油路进油路情况为:主泵 1 →电液换向阀 6 右位→单向阀 13 →主缸 16 上腔,使主缸活塞杆向下运动。回油路情况为:主缸 16 下腔→背压阀 10 →油箱。油液通路情况如图 I-1-1-10 所示。

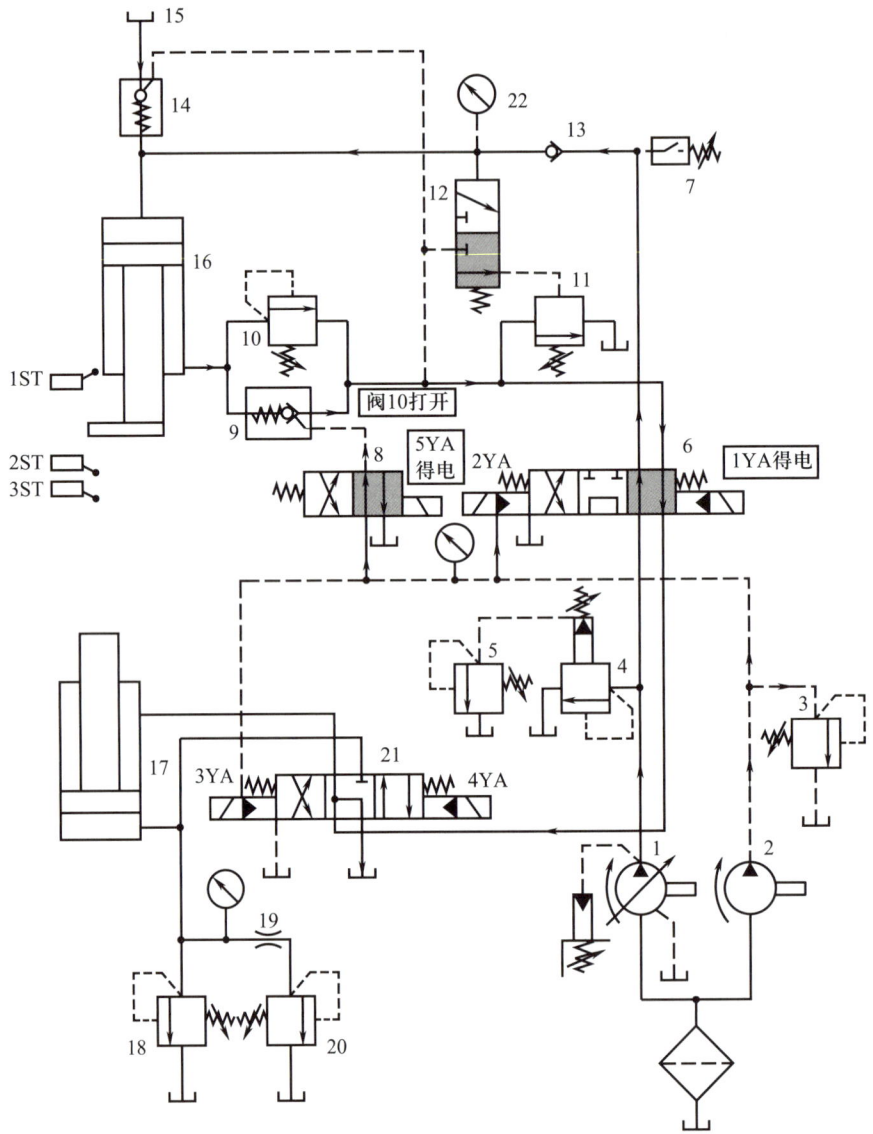

图 I-1-1-10　主缸慢速加压

3. 主缸保压

当主缸上腔的压力达到设定值时,压力继电器 7 发出信号,使电液换向阀 6 的电磁铁 1YA、2YA 断电,电液换向阀 6 回至中位。此时主泵 1 流出的油液经过电液换向阀 6 的中位直接回到油箱,其保压过程主要依靠单向阀 13 和液控单向阀 14、9 进行保压。由于单向阀的密封性能较好,液压缸 16 上腔的压力油不能通过单向阀 13 和液控单向阀 14 外泄,因此,系统压力可以保持稳定。通过保压可以使工件充分变形,满足加工工艺的要求。保压时间可通过压力继电器 7 控制的时间继电器进行调整。油液通路情况如图 I-1-1-11 所示。

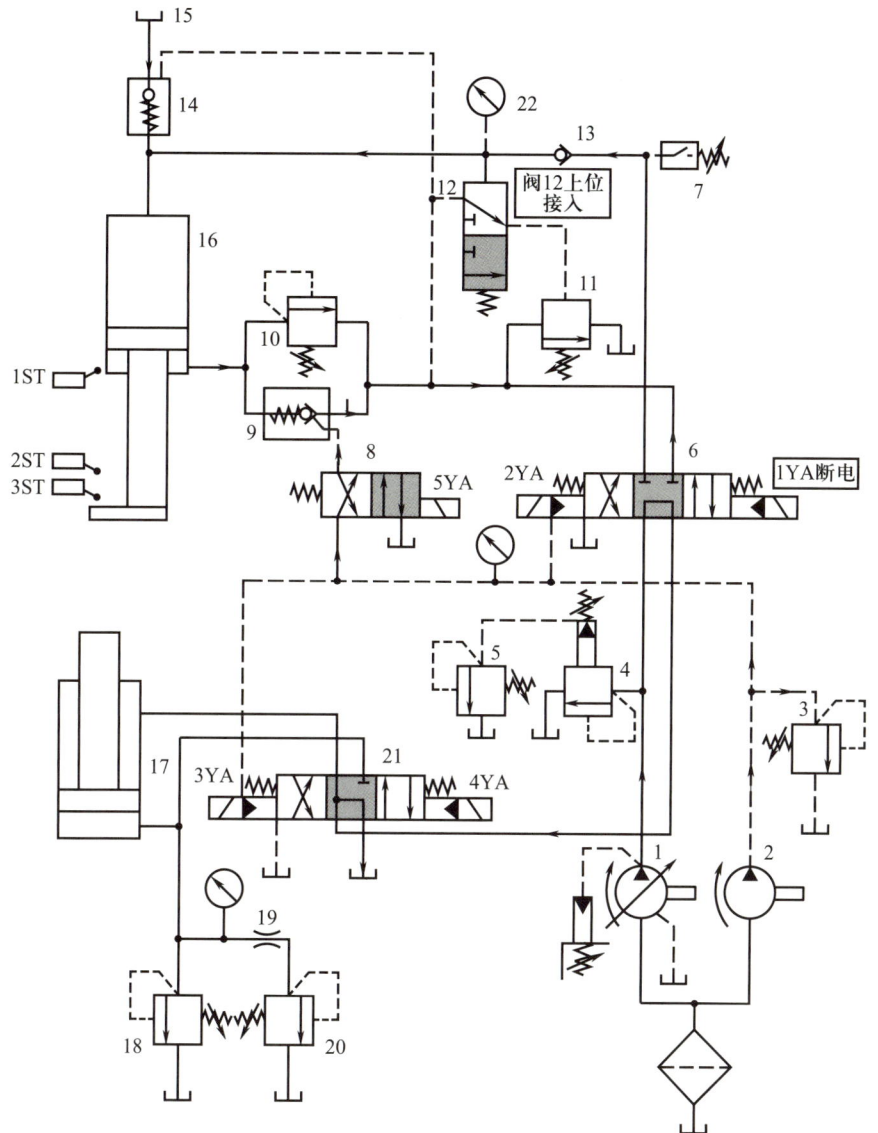

图 I-1-1-11　主缸保压

4. 主缸卸压并快速回程

保压结束时,主缸上腔具有很大的压力,直接换向会出现振动、冲击、噪声等一系列问题。为了避免这些问题,必须降低主缸上腔的压力。首先,压力继电器 7 控制的时间继电器发出信号,使电液换向阀 6 的电磁铁 2YA 通电,电液换向阀 6 切换至左位接入系统,主缸 16 上腔未卸压,此时系统压力较大。主泵 1 的油液将液控单向阀 14 打开,控制油路同时到达顺序阀 11,回到油箱,系统压力降低,这就是卸压。油液通路情况如图 I-1-1-12 所示。

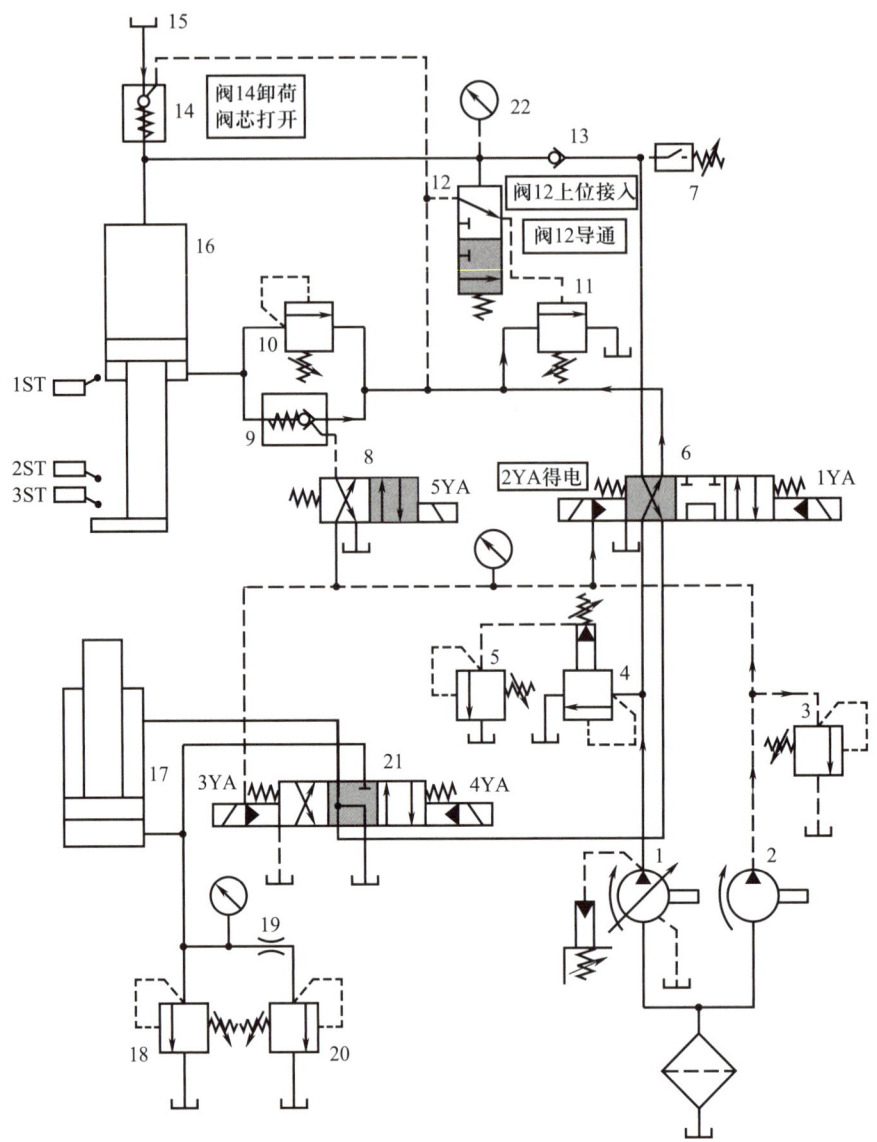

图 I-1-1-12 主缸卸压

卸压过程持续至上腔压力降到较低值时,液控换向阀 12 下位接入系统,顺序阀 11 关闭,主泵 1 的油液经过液控单向阀 9 进入主缸 16 的下腔,使主缸活塞杆往上运动,主缸活塞杆处于回程状态。此时进油路情况为:主泵 1 →电液换向阀 6 →液控单向阀 9 →主缸 16 下腔。回油路情况为:主缸 16 上腔→液控单向阀 14 →油箱 15。具体通路情况如图 I-1-1-13 所示。

5. 停止

原位停止是上滑块上升至预定高度,挡块压下行程开关 1ST 时,电液换向阀 6 的电磁铁 1YA 和 2YA 断电,电液换向阀 6 中位接入系统,主泵 1 的油液经电液换向阀 6、21 的中位回油箱,这时主缸活塞杆停止运动,液压泵在较低的压力下卸荷。

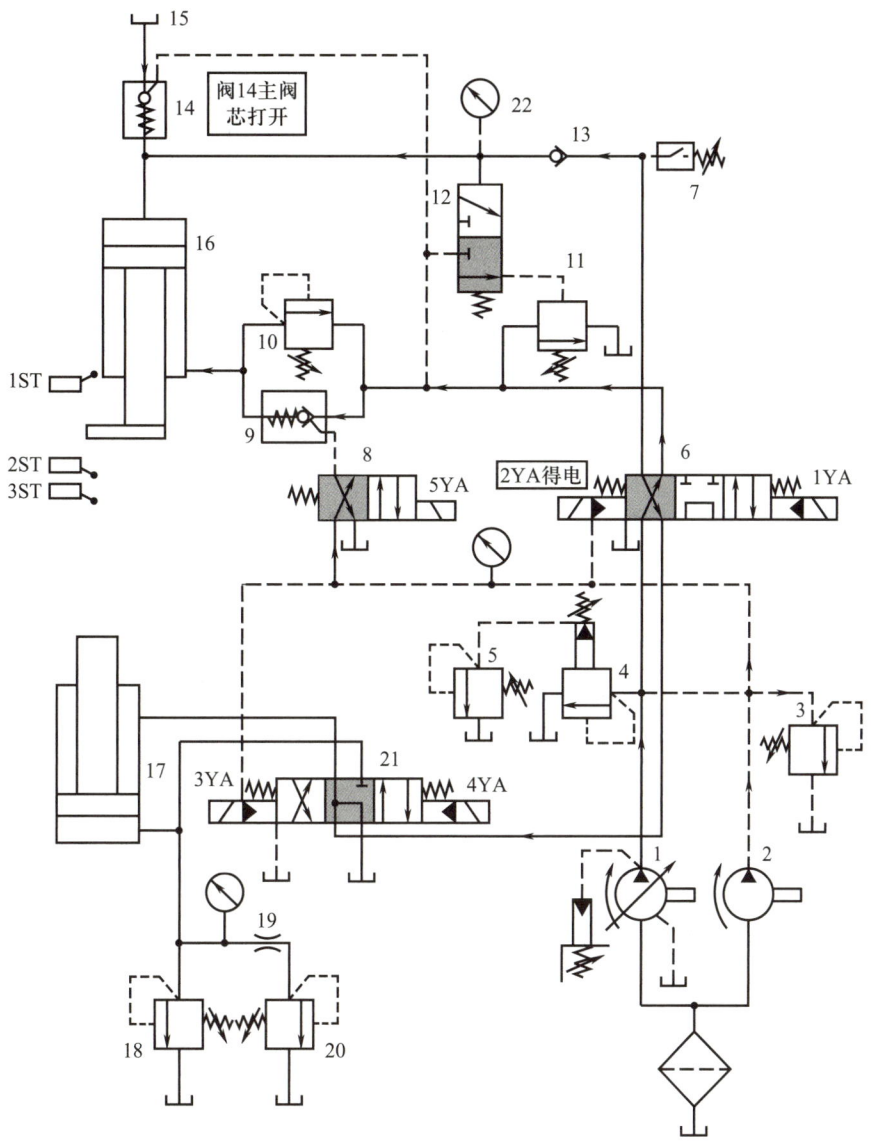

图 I-1-1-13　主缸活塞杆快速回程

6. 顶出缸活塞杆顶出及退回

按下顶出按钮,电液换向阀的电磁铁 1YA 和 2YA 断电,电液换向阀 6 中位接入系统,主泵 1 的液压油经电液换向阀的中位到达电液换向阀 21,电液换向阀 21 的 3YA 电磁铁通电,左位接入系统,油液经电液换向阀 21 的左位到达顶出缸 17 的下腔,顶出缸活塞杆向上移动,把工件顶出。顶出缸活塞杆顶出油液通路的情况如图 I-1-1-14 所示。由图可知,进油路过程为:主泵 1 →电液换向阀 6 中位→电液换向阀 21 左位→顶出缸 17 下腔;回油路过程为:顶出缸 17 上腔→电液换向阀 21 左位→油箱 15。

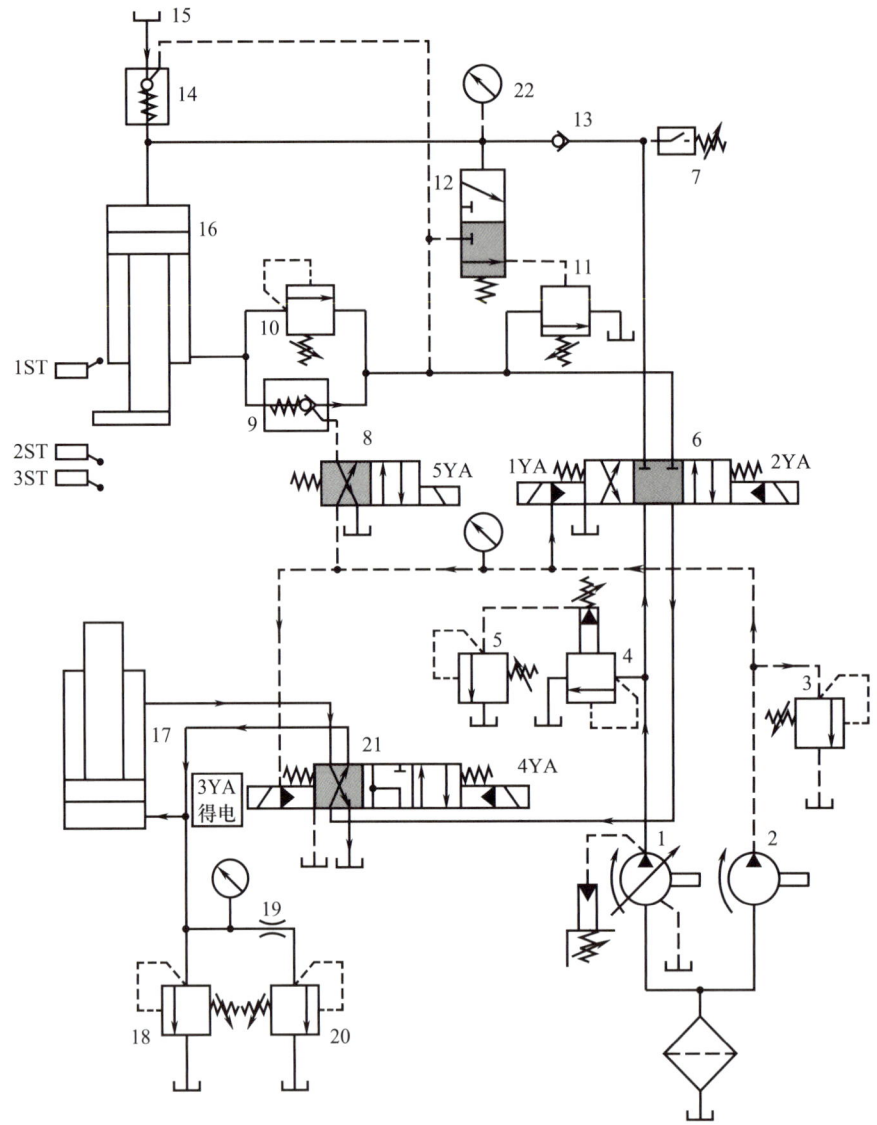

图 I-1-1-14 顶出缸活塞杆顶出

工件顶出以后,按下退回按钮,电磁铁 3YA 断电、4YA 通电,电液换向阀 21 切换至右位,油液进入顶出缸上腔往回运动,顶出缸活塞杆退回油液通路的情况如图 I-1-1-15 所示。

7. 浮动压边

为满足工件加工工艺的需求,需在主缸外侧设置压块,压住工件的边,当对薄板拉伸压边时,下滑块上升到一定位置实现上下压块的贴合,将工件夹紧,实现浮动压边。此时进回油路与主缸慢行都是活塞杆向下运动的慢速运动,油液通路情况如图 I-1-1-16 所示。这时,电液换向阀 21 处于中位,由于主缸活塞杆的压紧力远大于顶出缸活塞杆往上的上顶力,使主缸活塞杆向下运动,顶出缸下腔油液经节流阀 19 和背压阀 20 流回油箱,此时顶出缸处于浮动状态。通过调节背压阀 20 的开启压力即可改变浮动压边作用力的大小。溢流阀 18 为顶出缸下腔安全阀,只有在顶出缸下腔过载时才起作用。

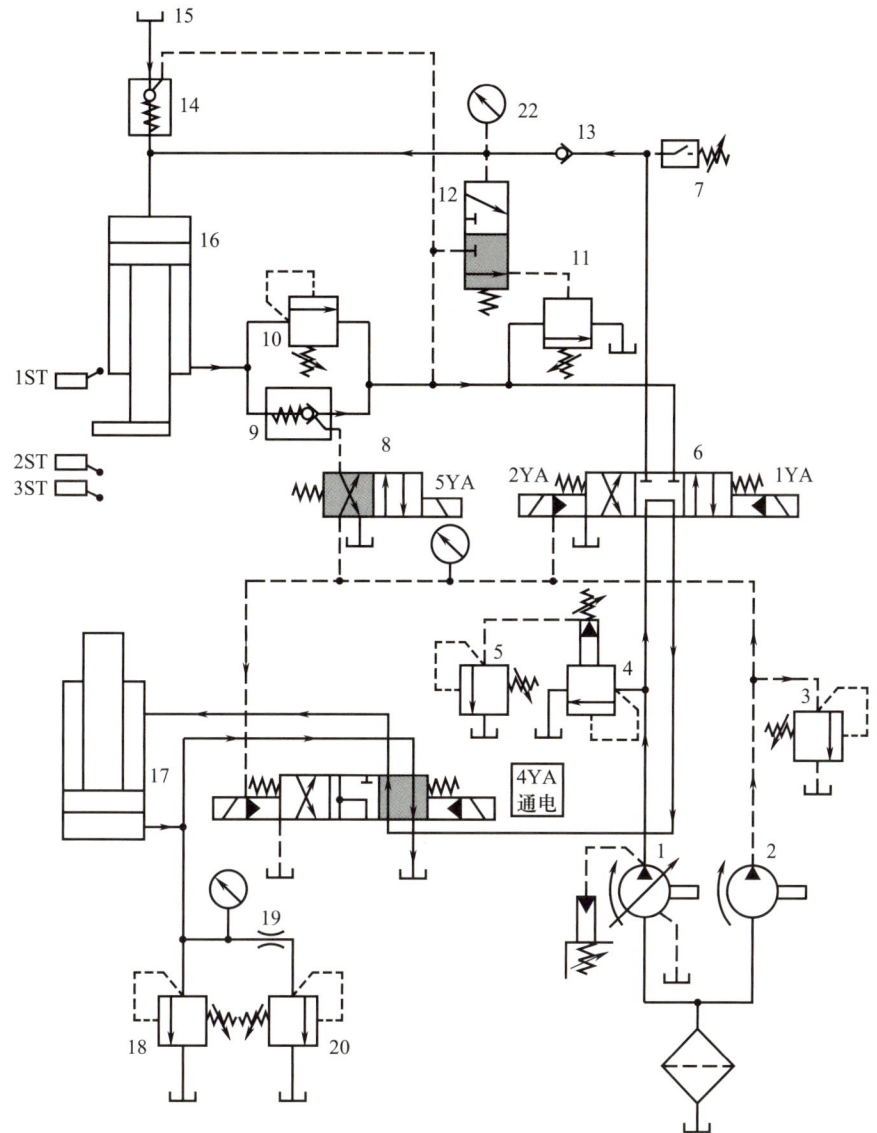

图 I-1-1-15 顶出缸活塞杆退回

二）液压机液压系统的特点

（1）采用高压变量泵供油,利用系统工作过程中工作压力的变化来自动调节主泵的输出流量与主缸的运动状态相适应,既满足了工作循环的要求,简化了回路,又使系统的功率使用合理。

（2）利用液控单向阀、单向阀的密封性和油液的弹性来保压,结构简单,相比于泵保压更加节能。

（3）系统中采用了换向阀卸压,使系统换向更加平稳,避免了系统中出现振动、冲击、噪声等一系列问题。

（4）采用顺序阀使泵在卸荷时还能有一定压力的控制油。

（5）调速方式:采用变量泵进行容积调速。

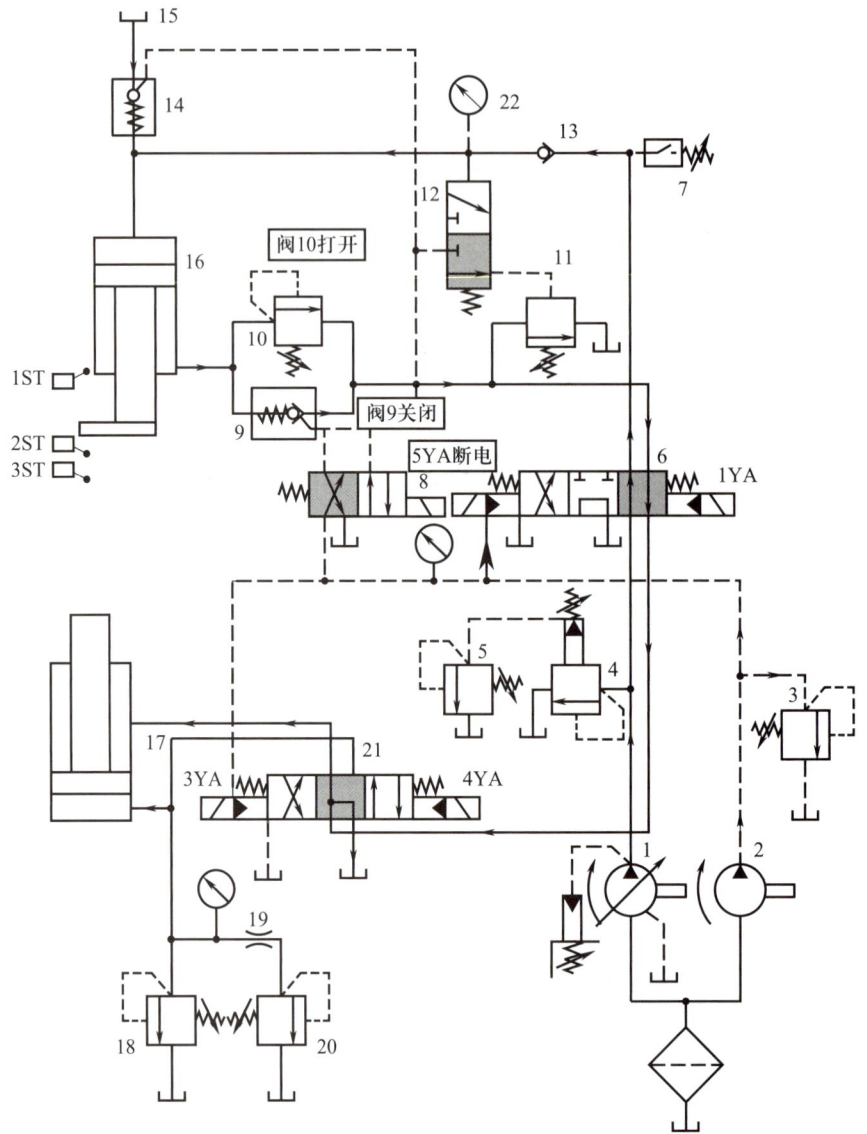

图 I-1-1-16　浮动压边

（6）采用电液换向阀中位卸荷,使系统更加节能。

（7）两个子系统串联,动作协调可靠。

表 I-1-1-2 为 YA312-200 型万能液压机液压系统电磁阀的动作顺序表。

表 I-1-1-2　YA312-200 型万能液压机液压系统电磁阀的动作顺序表

动作	1YA	2YA	3YA	4YA	5YA
主缸活塞杆快速下行	+	−	−	−	+
主缸慢速加压	+	−	−	−	+

动作	1YA	2YA	3YA	4YA	5YA
主缸保压	–	–	+	–	–
主缸卸压	–	+	–	–	–
快速返回	–	+	–	–	–
原位停止	–	–	–	–	–
顶出缸活塞杆顶出	–	–	+	–	–
顶出缸活塞杆退回	–	–	–	–	+

注:"+"表示通电,"–"表示断电。

四、学习结果评价

序号	评价内容	评价标准	评价结果
1	识读和绘制典型液压系统原理图	能根据工作需要,正确识读和绘制典型液压系统原理图。	
2	正确选择元件,搭建典型液压系统	能完成设备、液压元件及油箱内油液状况的检查工作。 能正确选用相应液压元件。 能按照系统搭建紧凑、油液流经顺序及管道损失最小的原则设计各液压元件安装位置。 能正确安装并调试各液压元件。 能正确连接各液压元件和导线。	
3	分析和操控典型液压系统	能正确操作设备各控制面板。 能正确操作典型液压系统中的各个液压元件。 能准确实现典型液压系统控制工作。 能正确拆卸液压元件并进行元件清点。 能按照设备清洁规程完成清场工作。 能及时并正确填写实训设备使用记录。	
4	正确分析及排除典型液压系统常见故障	能正确分析并排除典型液压系统的电气故障。 能正确分析并排除典型液压系统的机械故障。 能正确分析并排除典型液压系统的系统故障。	

五、课后作业

1. 试分析 YT4543 组合机床动力滑台液压系统,说明动力滑台空载时,完成快速进给的原因。

2. 试分析 YT4543 组合机床动力滑台液压系统主要由哪些基本回路组成,各基本回路的作用特点分别是什么。

3. 试分析 YT4543 组合机床动力滑台液压系统是利用哪个流量控制元件实现的调速,其调速特点是什么。

4. 图 Ⅰ-1-1-17 所示为车床液压系统工作原理图,试分析其工作循环情况,并填写工作阶段电磁铁动作顺序表。

互动练习 •

Ⅰ-1-1

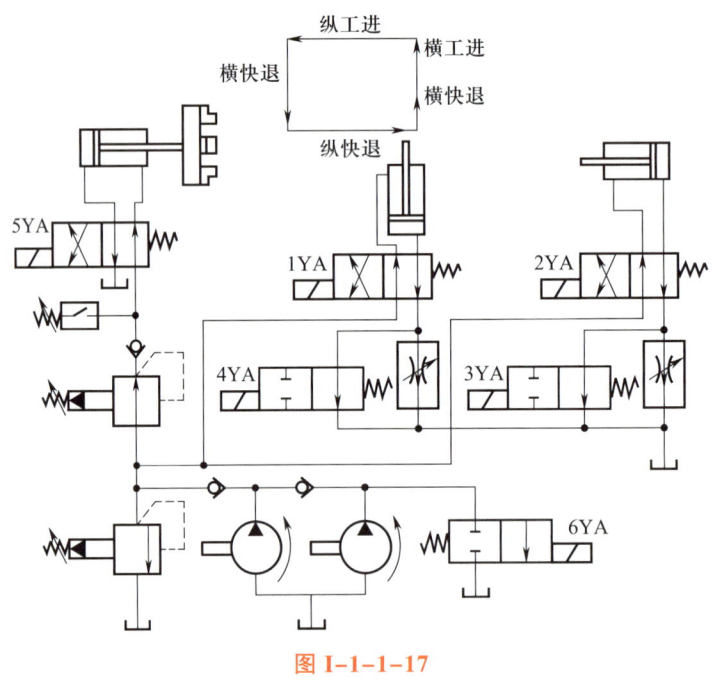

图 Ⅰ-1-1-17

电磁铁动作顺序	1YA	2YA	3YA	4YA	5YA	6YA
装件夹紧						
横向快进						
横向工进						
纵向工进						
横向快退						
纵向快退						
卸下工件						

工作领域 J　气动技术分析

在学习了液压传动技术的基础上,掌握气源装置的组成与作用,学会分析气动控制元件、气动逻辑元件在气动控制回路中的作用,学会搭建气动基本回路,学会分析气动系统工作原理,并掌握常见故障排除方法。在现场作业中,具有科学思辨、客观理性的判断能力,要勇于质疑、不盲目、不盲从。能在具体的操作中思考,把理论与实践结合起来,培养创新意识和解决实际问题的能力,具有工匠精神、团队合作精神与竞争意识。

工作任务 J-1　气源装置及辅助元件的选用和装调

核心能力　选用气源装置及辅助元件、排除常见故障

一、核心概念

1. 气源装置:为系统提供动力的部分。将原动机供给的机械能转变为气体的压力能,为气动系统提供具有一定压力和流量的压缩空气,且要求提供的气体清洁、干燥。

2. 气动辅助元件:是实现元件连接、提高系统可靠性以及改善工作环境等所必需的组成部分。

视频

气源装置的
结构原理及
工作特点

二、学习目标

1. 能独立分析并阐述气源装置的工作原理。
2. 能根据工作实际选择与使用气源装置。
3. 能根据工作实际选择与使用气动辅助元件。
4. 能正确分析气源装置、气动辅助元件选用过程中的结构问题并有效解决。
5. 培养创新意识和解决实际问题的能力,具有良好的团队合作精神与竞争意识。

三、基本知识

气源装置是气动系统的动力部分,这部分元件性能的好坏直接关系到气动系统能否正常工作;气压辅助元件是气动系统正常工作必不可少的组成部分。

（一）气源装置

气源装置一般由三部分组成:产生压缩空气的气压发生装置(如空气压缩机)、输送压缩空气的管道系统和压缩空气的净化处理装置,如图 J–1–1–1 所示。它为气动系统提供符合质量要求的压缩空气,是气动系统的一个重要组成部分。气动系统对压缩空气的主要要求:具有一定压力和流量,并具有一定的净化程度。图 J–1–1–1 中,1 为空气压缩机,用以产生压缩空气,一般由电动机带动。其吸气口装有空气过滤器,以减少进入空气压缩机内气体的杂质量。2 为后冷却器,用以降温冷却压缩空气,使汽化的水、油凝结起来。3 为油水分离器,用以分离并排除降温冷却凝结的水滴、油滴、杂质等。4 为储气罐,用以储存压缩空气,稳定压缩空气的压力,并除去部分油分和水分。5 为干燥器,用以进一步吸收或排除压缩空气中的水分及油分,使之变成干燥空气。6 为空气过滤器,用以进一步过滤压缩空气中的灰尘、杂质颗粒。7 为储气罐。储气罐 4 输出的压缩空气可用于一般要求的气动系统,储气罐 7 输出的压缩空气可用于要求较高的气动系统(如气动仪表及射流元件组成的控制回路等)。8 为加热器,可将空气加热,使热空气吹入闲置的干燥器中进行再生,以备干燥器Ⅰ、Ⅱ交替使用。9 为四通接头,用于转换两个干燥器的工作状态。

视频 ●

单个气源处理元件讲解

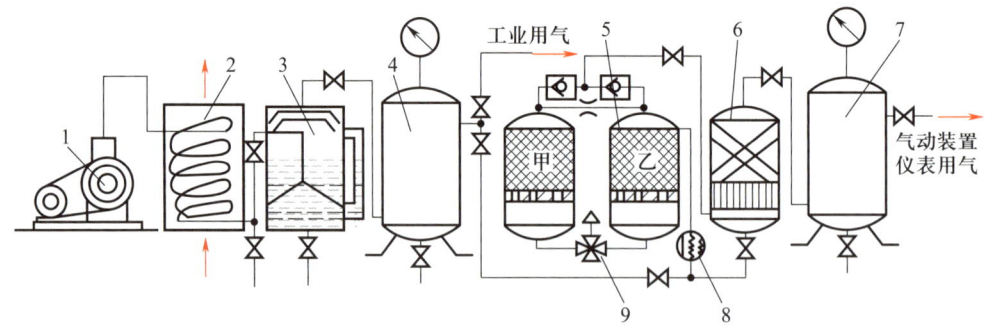

1—空气压缩机;2—后冷却器;3—油水分离器;4—储气罐;5—干燥器;

6—空气过滤器;7—储气罐;8—加热器;9—四通接头。

图 J–1–1–1　气源装置

1. 空气压缩机

（1）空气压缩机的分类

空气压缩机简称空压机,是气源装置的核心,用于将原动机输出的机械能转换为气体的压力能。空气压缩机的种类很多,按工作原理主要可分为容积式和速度式(叶片式)两类。

在容积式压缩机中,气体压力的提高是由于压缩机内部的工作容积被缩小,使单位体积内气体的分子密度增加而形成的;而在速度式压缩机中,气体压力的提高是由于气体分子在高速流动时突然受阻而停滞下来,使动能转化为压力能而达到的。容积式压缩机按结构不同又可分为活塞式、膜片式和螺杆式等,速度式空气压缩机按结构不同可分为离心式和轴流式等。

通过缩小气体的体积来提高气体压力的压缩机称为容积式压缩机。提高气体的速度，让动能转化成压力能，来提高气体压力的压缩机称为速度式压缩机。现在常用的以容积式居多。空气压缩机的分类见表 J-1-1-1。

表 J-1-1-1　空气压缩机的分类

按压力分类		按工作原理分类		
低压型	0.2 ~ 1 MPa	容积式	往复式	活塞式
				膜片式
中压型	1 ~ 10 MPa		旋转式	滑片式
				螺杆式
高压型	> 10 MPa	速度式	离心式	
			轴流式	

（2）空气压缩机的工作原理

目前，使用最广泛的是活塞式压缩机，活塞式压缩机通过曲柄连杆机构使活塞往复运动而实现吸气、压气，并达到提高气体压力的目的。如图 J-1-1-2 所示为活塞式压缩机的工作原理图。活塞 2 向右运动时，左腔容积增加，压力下降，当压力低于大气压力时，吸气阀 4 被打开，气体进入气缸 1 内，此为吸气过程。当活塞向左运动时，吸气阀 4 关闭，缸内气体被压缩，压力升高，此过程为压缩过程。当缸内气体压力高于排气管道内的压力时，顶开排气阀 5，压缩空气被排入排气管内，此过程为排气过程。至此完成一个工作循环，电动机带动曲柄 3 作回转运动，通过连杆、滑块、活塞杆，推动活塞作往复运动，空气压缩机就连续输出高压气体。

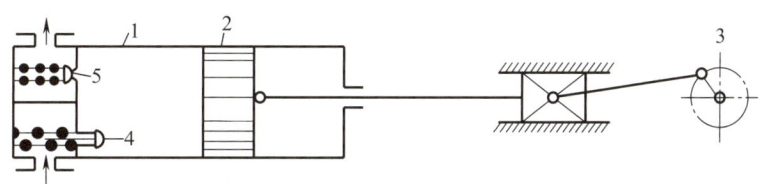

1—气缸；2—活塞；3—曲柄；4—吸气阀；5—排气阀。
图 J-1-1-2　活塞式压缩机的工作原理图

（3）空气压缩机的选择和使用

选用空气压缩机的依据是气动系统所需的工作压力、流量和一些特殊的工作要求。目前，气动系统常用的工作压力为 0.1 ~ 0.8 MPa，可直接选用额定压力为 1 MPa 的低压空气压缩机，特殊需要时也可选用中、高压的空气压缩机。空气压缩机在使用中要注意以下几个方面：

① 往复式空气压缩机所用的润滑油一定要定期更换，必须使用不易氧化和不易变质

的压缩机油,防止出现"油泥"。

② 空气压缩机的周围环境必须清洁,确保粉尘少、湿度低、通风好,以保证吸入空气的质量。

③ 空气压缩机在启动前后应将小气罐中的冷凝水排放掉,并定期检查过滤器的阻塞情况。

2. 压缩空气净化设备

直接由空气压缩机排出的压缩空气,如果不进行净化处理,不除去混在压缩空气中的水分、油分等杂质是不能为气动装置使用的。因此必须设置一些除油、除水、除尘、使压缩空气干燥的辅助设备,来提高压缩空气的质量,对气源进行净化处理。

压缩空气净化设备一般包括后冷却器、油水分离器、储气罐、干燥器和空气过滤器。

(1)后冷却器

后冷却器安装在空气压缩机出口管道上,空气压缩机排出压力为 140 ~ 170 bar 的压缩空气,经过后冷却器,温度降至 40 ~ 50 ℃。这样,就可使压缩空气中油雾和水汽达到饱和,使其大部分凝结成滴而析出。后冷却器的结构形式有蛇形管式、列管式、散热片式和套管式等,冷却方式有水冷式和风冷式两种。蛇形管式和列管式后冷却器的结构及图形符号如图 J-1-1-3 所示。

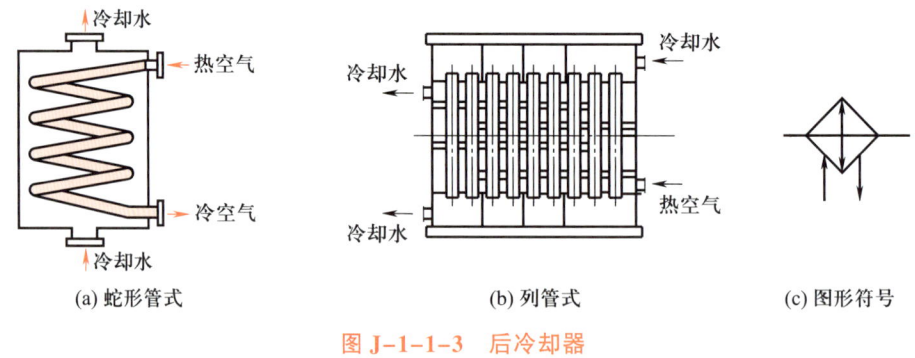

(a) 蛇形管式　　　　　(b) 列管式　　　　　(c) 图形符号

图 J-1-1-3　后冷却器

(2)油水分离器

油水分离器安装在后冷却器后面的管道上,作用是分离压缩空气中所含的水分、油分等杂质,使压缩空气得到初步净化。油水分离器的结构形式有环形回转式、撞击折回式、离心旋转式、水浴式以及以上形式的组合等。油水分离器主要利用回转离心、撞击、水浴等方法使水滴、油滴及其他杂质颗粒从压缩空气中分离出来。撞击折回式油水分离器的结构及图形符号如图 J-1-1-4 所示。

大国工匠●

气动专家——
李宝仁

(3)储气罐

储气罐的主要作用是储存一定数量的压缩空气,减少气源输出气流的脉动,增加气流连续性,减弱空气压缩机排出气流脉动引起的管道震动,进一步分离压缩空气中的水分和油分。储气罐的结构及图形符号如图 J-1-1-5 所示。

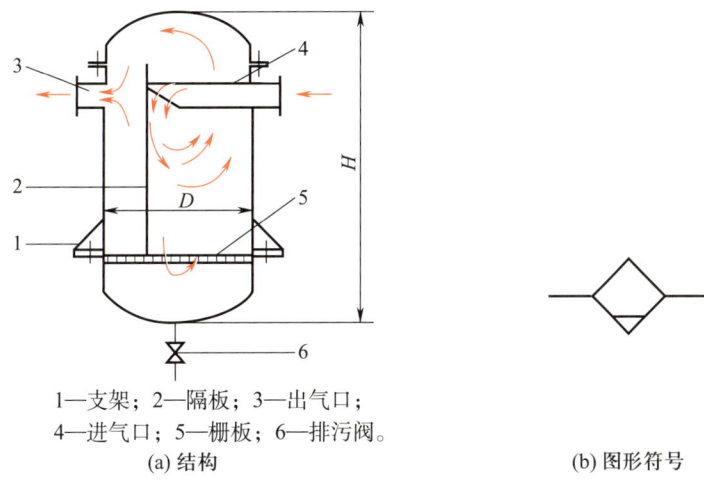

1—支架；2—隔板；3—出气口；
4—进气口；5—栅板；6—排污阀。

(a) 结构　　　　　　　　　　　(b) 图形符号

图 J-1-1-4　撞击折回式油水分离器

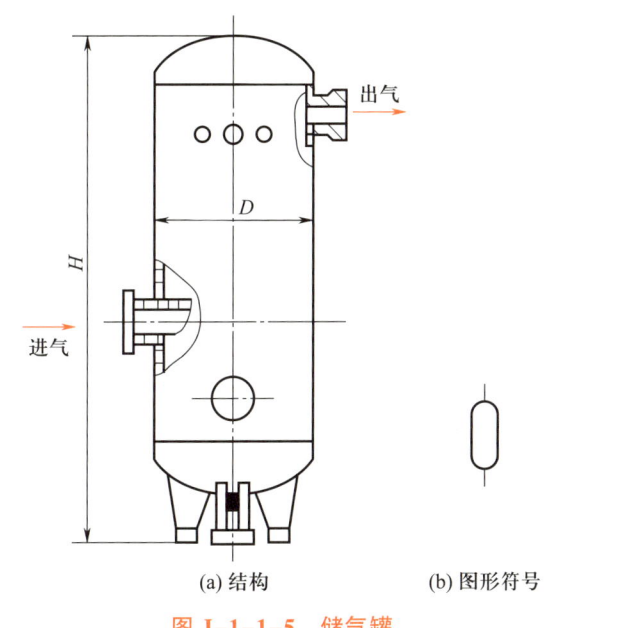

(a) 结构　　　　　　　　　　　(b) 图形符号

图 J-1-1-5　储气罐

（4）干燥器

干燥器的作用是进一步除去压缩空气中含有的水分、油分和颗粒杂质等，使压缩空气干燥。它提供的压缩空气，用于对气源质量要求较高的气动装置、气动仪表等。压缩空气的干燥方法主要采用吸附、离心、机械降水及冷冻等方法。干燥器的结构及图形符号如图 J-1-1-6 所示。

3. 管道系统

管道系统包括管道和管接头。

（1）管道

气动系统中常用的管道有硬管和软管。硬管以钢管和紫铜管为主，常用于高温高压和固定不动的部件之间连接。软管有各种塑料管、尼龙管和橡胶管等，其特点是经济、拆装方便、密封性好，但应避免在高温、高压和有辐射场合使用。

317

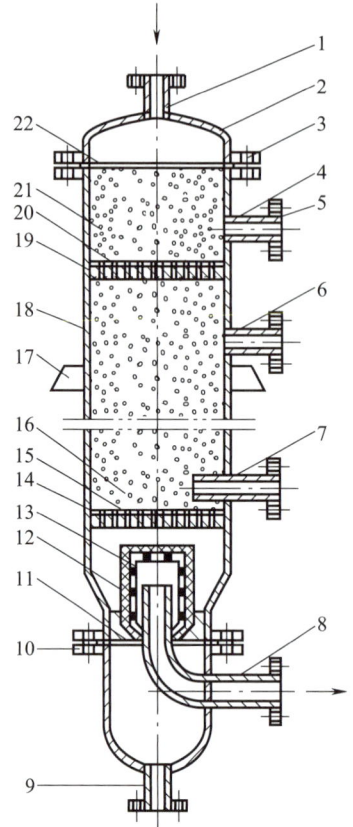

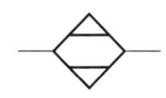

1—湿空气进气管；2—顶盖；3、5、10—法兰；4、6—再生空气排气管；
7—再生空气进气管；8—干燥空气输出管；9—排水管；11、22—密封垫；
12、15、20—钢丝过滤网；13—毛毡；14—下栅板；16、21—吸附剂层；
17—支撑板；18—筒体；19—上栅板。

(a) 结构　　　　　　　　　　　　　　　　　　　　(b) 图形符号

图 J-1-1-6　干燥器

（2）管接头

管接头是连接、固定管道所必需的辅件,分为硬管接头和软管接头两类。硬管接头有螺纹连接及薄壁管扩口式卡套连接,它与液压用管接头基本相同。对于通径较大的气动设备、元件、管道等,可采用法兰连接。

（3）管道系统的选择

气源管道的管径是根据压缩空气的最大流量和允许的最大压力损失决定的。为避免压缩空气在管道内流动时压力损失过大,空气主管道流速应在 6 ~ 10 ms（相应压力损失小于 0.03 MPa）,用气车间空气流速应不大于 1 015 m/s,并限定所有管道内空气流速不大于 25 m/s,最大不得超过 30 m/s。

管道的壁厚主要是考虑强度问题,可查相关的手册选用。

（二）气动三联件

空气过滤器、减压阀和油雾器并称气动三大件,三大件依次无管化连接而成的组件称为三联件,是多数气动设备必不可少的气源装置。在大多数情况下,三联件安装次序依进气方向为空气过滤器、减压阀和油

视频 •------

气动三联件
讲解

雾器。三联件应安装在用气设备的附近处。

　　压缩空气经过三联件的最后处理,将进入各气动元件及气动系统。因此,三联件是气动元件及气动系统使用压缩空气质量的最后保证。其组成及规格,须由气动系统具体的用气要求确定,可以少于三联件,只用一件或二件,也可多于三件。

视频
气动二联件
讲解

　　1. 空气过滤器

　　空气过滤器又名分水过滤器、空气滤清器,它的作用是滤除压缩空气中的水分、油滴及杂质,以达到气动系统所要求的净化程度。它属于二次过滤器,大多与减压阀、油雾器一起构成气动三联件,安装在气动系统的入口处。图 J-1-1-7 所示为普通空气过滤器(二次过滤器)的结构及图形符号。其工作原理是:压缩空气从输入口进入后,被引入旋风叶子,旋风叶子上有许多成一定角度的缺口,迫使空气沿切线方向产生强烈旋转。这样夹杂在空气中的较大水滴、油滴和灰尘便依靠自身的惯性与存水杯的内壁碰撞,并从空气中分离出来沉到杯底。而微粒灰尘和雾状水汽则由滤芯滤除。

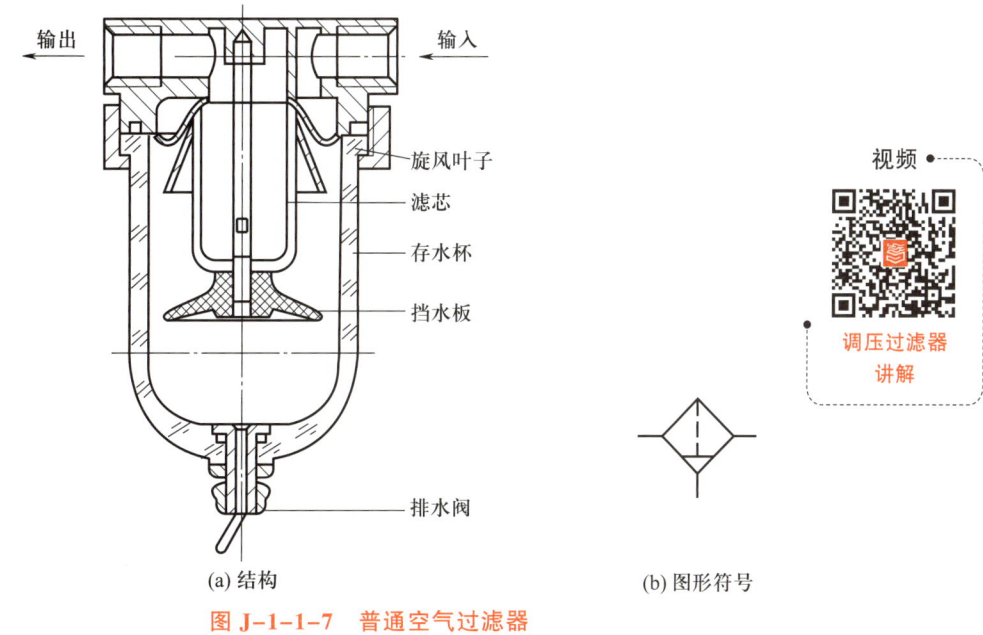

(a) 结构　　　　　　　　　　(b) 图形符号

图 J-1-1-7　普通空气过滤器

视频
调压过滤器
讲解

　　为防止气体旋转将存水杯中积存的污水卷起,在滤芯下部设挡水板。为保证其正常工作,必须及时将存水杯中的污水通过手动排水阀放掉。

　　空气过滤器要根据气动设备要求的过滤精度和自由空气流量来选用。空气过滤器一般装在减压阀之前,也可单独使用,要按壳体上的箭头方向正确连接其输入、输出口,不可将输入、输出口接反,也不可将存水杯朝上倒装。

　　2. 油雾器

　　油雾器是一种特殊的注油装置,它以压缩空气为动力,将润滑油喷射成雾状并混合于压缩空气中,使压缩空气具有润滑气动元件的能力。目前气动控制阀、气缸和气马达主要是依靠这种带有油雾的压缩空气来实现润滑的,其优点是方便、干净、润滑质量高。如图 J-1-1-8 所示为普通型油雾器的结构及图形符号,压缩空气由输入口进入,一小部分由

319

小孔进入单向阀的阀座内腔。此时单向阀 I 的钢球在压缩空气和弹簧力作用下处于中间位置,因此,气体经单向阀进入储油杯的上腔 A,油面受压油液经吸油管上升,顶开单向阀 II。因钢球上部的管口有一个边长小于钢球直径的四方孔,故钢球不能封死上部管口,油液能不断经可调节流阀流入视油器内,再滴入喷嘴小孔中,被主管道中的气流引射出来,雾化后随气流从输出口输出,送入气动系统。

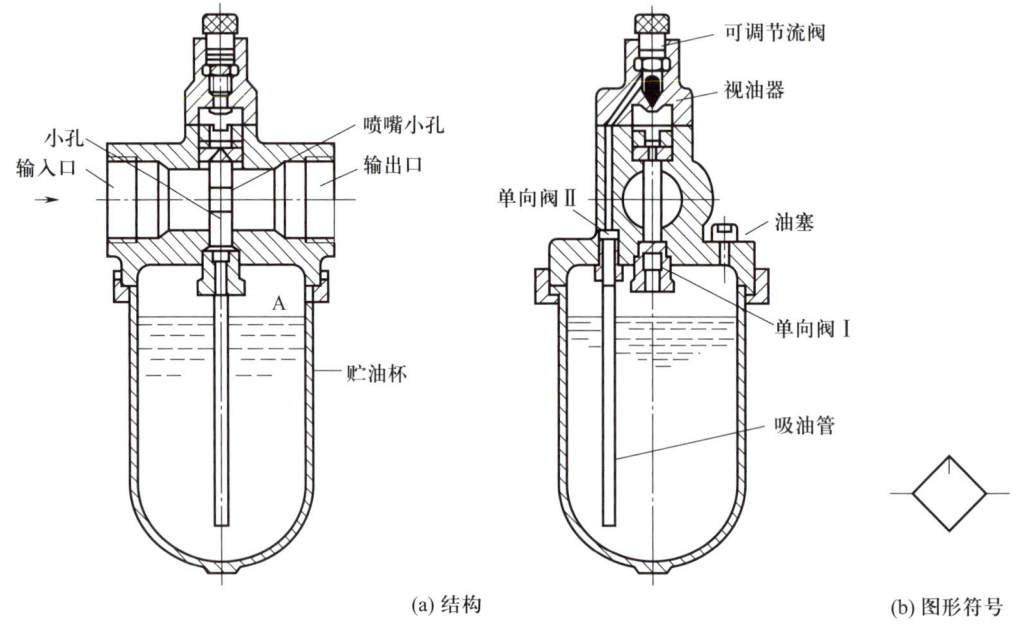

(a) 结构   (b) 图形符号

图 J-1-1-8 普通型油雾器结构及符号图

油雾器的选择主要根据气动系统所需的额定流量和油雾粒度来确定油雾器的类型和通径,所需油雾粒度在 50 μm 左右时选用普通型油雾器。油雾器一般安装在减压阀之后,尽量靠近换向阀;油雾器输入、输出口不能接反,使用中一定要垂直安装;储油杯不可倒置,它可以单独使用,也可以与空气过滤器、减压阀一起构成气动三联件联合使用。油雾器的给油量应根据需要调节,一般 $10\ m^3$ 的自由空气供给 $1\ mL$ 的油量。

3. 减压阀

气动三联件中所用的减压阀起减压和稳压作用,工作原理与液压系统减压阀相同。

4. 气动三联件的安装次序

气动系统中气动三联件的安装次序如图 J-1-1-9 所示。

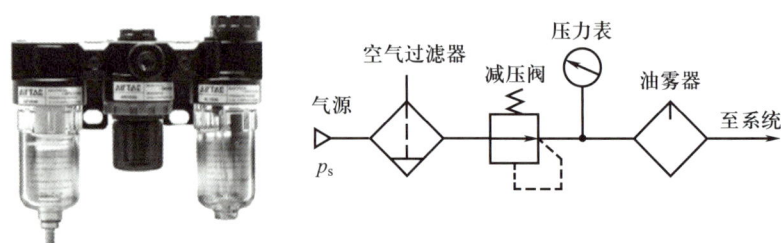

图 J-1-1-9 气动三联件的安装次序图

四、学习结果评价

序号	评价内容	评价标准	评价结果
1	气源装置结构	能认识气源装置结构组成,正确安装气源装置。	
2	气源装置选用	能根据工作需要,选用合适的气源装置及辅助元件。	

五、课后作业

1. 空气过滤器和滤清器有什么区别?
2. 气源装置与液压泵有什么区别?

互动练习

J-1-1

工作任务 J-2　气动执行元件的结构分析及选用

核心能力　分析气动执行元件的结构及选用气动执行元件

一、核心概念

1. 气动执行元件:把压缩空气的压力能转换为机械能的元件。
2. 气缸:把压缩空气的压力能转换为机械能的装置,其运动形式为直线运动或摆动。
3. 气动马达:把压缩空气的压力能转换为机械能的元件,其运动形式为回转运动,输出力矩。

二、学习目标

1. 能正确选择与使用气缸。
2. 能正确选择与使用气动马达。
3. 能分析气缸、气动马达选用过程中的结构问题并有效解决。
4. 具有科学思辨、客观理性的判断能力,要勇于质疑、不盲目、不盲从。

三、基本知识

气动执行元件有气缸和气动马达两种。

（一）气缸

1. 气缸的分类

气缸是气动系统中使用最多的一种执行元件,根据使用条件不同,其结构、形状也有多种形式,常用的分类方式、类型及特点见表 J-2-1-1。

视频

无杆气缸
讲解

321

表 J-2-1-1　气缸常见的分类方式、类型及特点

分类方式	类型		特点
按压缩空气对活塞端面作用力的方向分类	单作用气缸		气缸只有一个方向的运动是气压传动,活塞的复位靠弹簧力、自重或其他外力
	双作用气缸		双作用气缸的往返运动全靠压缩空气来完成
按气缸的安装形式分类	固定式气缸		气缸安装在机体上固定不动,有耳座式、凸缘式和法兰式
	轴销式气缸		缸体围绕一固定轴可作一定角度的摆动
	回转式气缸		缸体固定在机体主轴上,可随机床主轴作高速旋转运动,常用于机床上的气动卡盘中,以实现工件自动装夹
	嵌入式气缸		气缸嵌在夹具本体内
按气缸的功能分类	普通气缸		包括单作用和双作用气缸,常用于无特殊要求的场合
	特殊气缸	缓冲气缸	气缸的一端或两端带有缓冲装置,以防止或减轻活塞运动到端点时对气缸缸盖的撞击
		气液阻尼缸	气缸与液压缸串联,可控制气缸活塞的运动速度,并使其速度相对稳定
		摆动气缸	用于要求气缸叶片轴在一定角度内绕轴线回转的场合,如夹具转位、阀门的启闭等
		冲击气缸	要求以活塞杆高速运动形式形成冲击力的高能缸,可用于冲压、切断等
		气爪(手指气缸)	所有气爪都是双作用的,能实现各种抓取动作,可自动对中,重复精度高,是现代气动机械手的关键部件
		无杆气缸	没有活塞杆的气缸,它利用活塞直接或间接带动负载实现往复运动,有机械耦合、磁性耦合等形式
		步进气缸	根据不同控制信号,使活塞伸出至相应位置的气缸

视频 •

单作用气缸讲解

视频 •

回转气缸讲解

视频 •

气动手指讲解

2. 常用气缸的结构分析

图 J-2-1-1 所示为普通型单活塞杆双作用气缸的结构原理图,当有杆腔进气、无杆腔排气时,压缩空气作用在活塞左侧面积上的作用力大于作用在活塞右侧面积上的作用

力和摩擦力等反向作用力时,压缩空气推动活塞向右移动,使活塞杆伸出。反之,当无杆腔进气、有杆腔排气时,压缩空气推动活塞向左移动,使活塞和活塞杆缩回到初始位置。

气缸缸盖上未设置缓冲装置的气缸称为无缓冲气缸,缸盖上设置缓冲装置的气缸称为缓冲气缸。如图 J-2-1-1 所示的气缸为缓冲气缸,当气缸行程接近终端时,由于缓冲装置的作用,可以防止高速运动的活塞撞击缸盖。

视频 ●
双作用气缸讲解

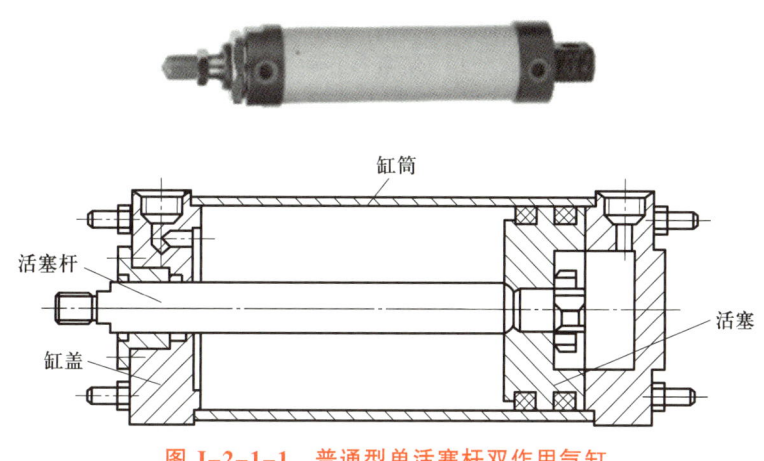

图 J-2-1-1　普通型单活塞杆双作用气缸

（二）气动马达

图 J-2-1-2 所示为双向旋转叶片式气动马达的结构及图形符号,当压缩空气从进气口 A 进入气室后立即喷向叶片,作用在叶片的外伸部分,产生转矩带动转子作逆时针转动,输出旋转的机械能,废气从排气口 C 排出,残余气体则经 B 排出（二次排气）;若进、排气口互换,则转子反转,输出相反方向的转矩。转子转动的离心力和叶片底部的气压力、弹簧力使得叶片紧密地抵在定子的内壁上,以保证密封,提高容积效率。

视频 ●
气动马达讲解

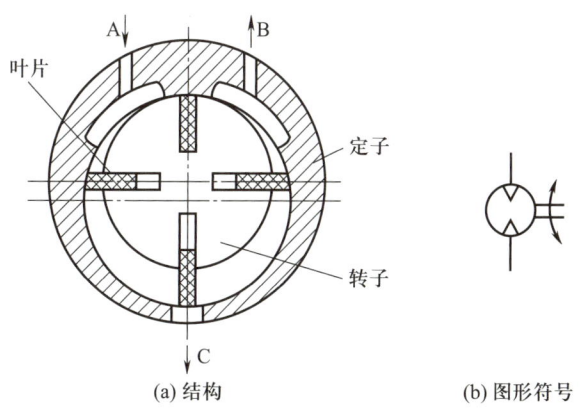

（a）结构　　　　　（b）图形符号

图 J-2-1-2　双向旋转叶片式气动马达

323

四、学习结果评价

序号	评价内容	评价标准	评价结果
1	气缸结构	能认识气缸结构组成,正确安装气缸	
2	气动马达选用	能认识气动马达的结构组成; 能根据工作需要,选用合适的气动马达	
3	气缸选用	能按照选用步骤规程完成气缸选用工作。 能诊断选用气缸是否正确	

五、课后作业

1. 气缸和液压缸有什么异同点?

2. 气动马达与液压马达有什么区别?

互动练习 •

J–2–1

工作任务 J–3 气动方向控制阀的选用 及方向控制回路的设计

核心能力 正确选用气动方向控制阀及设计、分析方向控制回路

一、核心概念

1. 气动控制元件:气动系统中的控制元件是控制和调节压缩空气的压力、流量、方向和发送信号的重要元件,利用它们可以组成各种气动控制回路,使气动执行元件按设计的程序正常地进行工作。

2. 气动方向控制阀:气动方向控制阀是利用阀芯和阀体的相对位置变化,实现气路与气路间的接通或断开,以满足气动系统对压缩空气流动方向的要求。

二、学习目标

1. 能根据工作需要选用不同类型的换向阀组建换向回路。

2. 能识读并绘制各类换向阀图形符号及换向回路原理图。

3. 能分析并操控换向回路。

4. 能排除换向回路常见故障。

5. 能在具体的操作中思考,把理论与实践结合起来,培养创新意识和解决实际问题的能力,具有良好的工匠精神、团队合作精神与竞争意识。

三、基本知识

气动控制元件按其功能和作用分为压力控制阀、流量控制阀和方向控制阀三大类。此外,还有通过控制气流方向和通断实现各种逻辑功能的气动逻辑元件等。

(一)方向控制阀

气动方向控制阀和液压方向控制阀相似,分类方法也大致相同。按其作用特点可分为单向型和换向型两种,其阀芯结构主要有截止式和滑阀式。

1. 单向型控制阀

单向型控制阀包括单向阀、或门型梭阀、与门型梭阀和快速排气阀。其中单向阀与液压单向阀类似。

1)或门型梭阀

在气动系统中,当两个通路 P_1 和 P_2 均与另一通路 A 相通,而不允许 P_1 与 P_2 相通时,就要用或门型梭阀,如图 J-3-1-1 所示。由于阀芯像织布梭子一样来回运动,因而称之为梭阀,该阀相当于两个单向阀的组合。在逻辑回路中,它起到或门的作用。如图 J-3-1-1a 所示,当 P_1 进气时,将阀芯推向右边,通路 P_2 被关闭,于是气流从 P_1 进入通路 A。反之,气流则从 P_2 进入 A,如图 J-3-1-1b 所示。当 P_1、P_2 同时进气时,哪端压力高,A 就与哪端相通,另二端就自动关闭。图 J-3-1-1c 为该阀的图形符号。

仿真 ●

或逻辑控制
功能的控制
回路

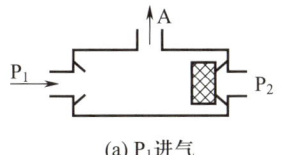 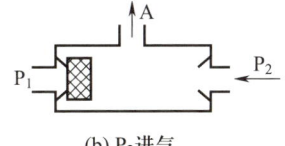 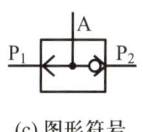

(a) P_1 进气　　　　　(b) P_2 进气　　　　　(c) 图形符号

图 J-3-1-1　或门型梭阀

2)与门型梭阀(双压阀与门)

与型梭阀又称双压阀,该阀只有当两个输入口 P_1、P_2 同时进气时,A 口才能输出,图 J-3-1-2 所示为与门型梭阀。P_1 或 P_2 单独输入时,如图 J-3-1-2a、b 所示,A 口无输出,只有当 P_1、P_2 同时有输入时,A 口才有输出,如图 J-3-1-2c 所示。当 P_1、P_2 气体压力不等时,则气压低的通过 A 口输出。图 J-3-1-2d 所示为该阀的图形符号。

3)快速排气阀

快速排气阀又称快排阀,它是为加快气缸运动作快速排气用的。快速排气阀的工作原如图 J-3-1-3 所示。当进气腔 P 进入压缩空气时,将密封活塞迅速上推,开启阀口,同时关闭排气口,使进气腔 P 与工作腔 A 相通,如图 J-3-1-3a 所示。当 P 腔没有压缩空气进入时,在 A 腔和 P 腔压差作用下,密封活塞迅速下降,关闭 P 腔,使 A 腔通过阀口经 O 腔快速排气,如图 J-3-1-3b 所示。图 J-3-1-3c 为该阀的图形符号。

仿真 ●

快速排气阀
应用回路

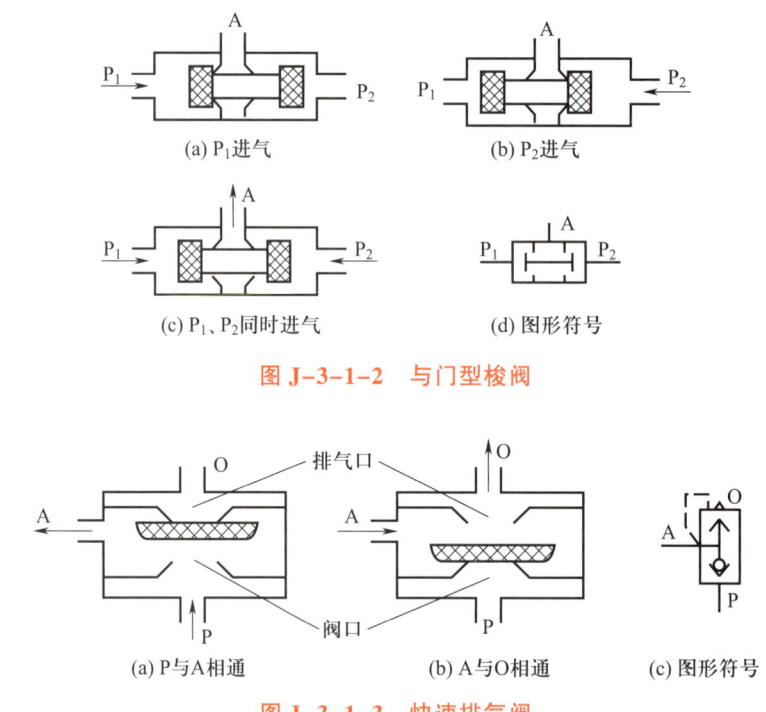

图 J-3-1-2　与门型梭阀

图 J-3-1-3　快速排气阀

2. 换向型控制阀

换向型控制阀（简称换向阀）的功能与液压的同类阀相似，操作方式、切换位置和图形符号也基本相同。图 J-3-1-4 为二位三通电磁换向阀的工作原理图及图形符号，通电时，上位参与工作，即 P 口与 A 口相通；断电时，下位参与工作，即 T 口与 A 口相通。

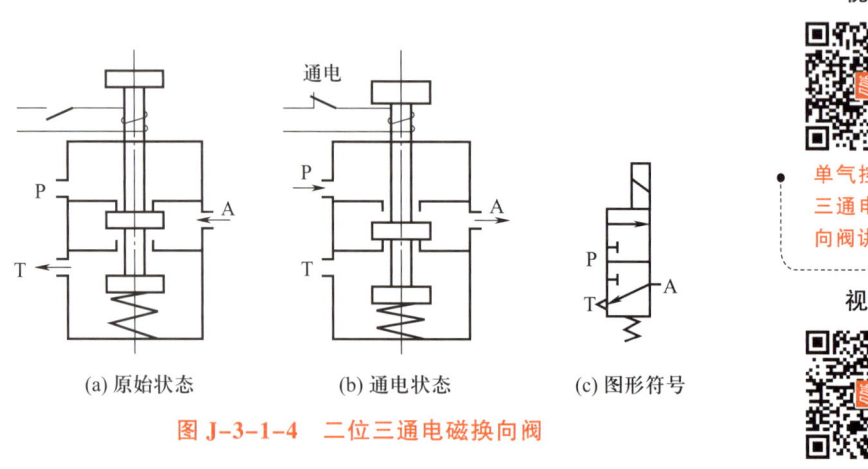

图 J-3-1-4　二位三通电磁换向阀

视频 ●

单气控二位三通电磁换向阀讲解

视频 ●

单电控二位三通电磁换向阀讲解

（二）换向回路

换向回路常用的有单作用气缸换向回路和双作用气缸换向回路。

1. 单作用气缸换向回路

单作用气缸换向回路有多种，图 J-3-1-5a 所示为由二位三通电磁阀控制的换向回路,通电时,活塞杆伸出,断电时,在弹簧力作用下活塞杆缩回。如图 J-3-1-5b 所示为由三位五通电磁阀控制的换向回路,该三位五通电磁换向阀可使气缸活塞杆停在任意位置,但定位精度不高,定位时间不长。

仿真

三态运动控制回路

单作用气缸换向回路

双作用气缸三态运动控制回路

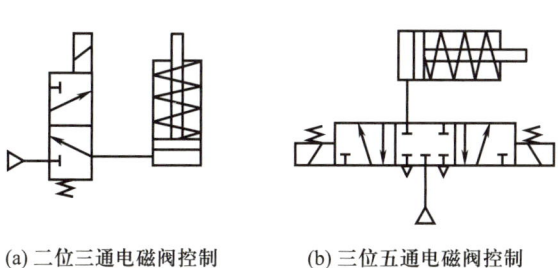

(a)二位三通电磁阀控制　　(b)三位五通电磁阀控制

图 J-3-1-5　单作用气缸换向回路

2. 双作用气缸换向回路

双作用气缸换向回路也有很多种,图 J-3-1-6a 所示为小通径的手动换向阀控制二位五通主阀操纵气缸活塞杆换向;图 J-3-1-6b 所示为二位五通双电磁阀控制气缸活塞杆换向;图 J-3-1-6c 所示为两个小通径的手动换向阀控制二位五通主阀操纵气缸活塞杆换向;图 J-3-1-6d 所示为三位五通电磁阀控制气缸活塞杆换向,该回路可使气缸活塞杆停在任意位置,但定位精度不高。

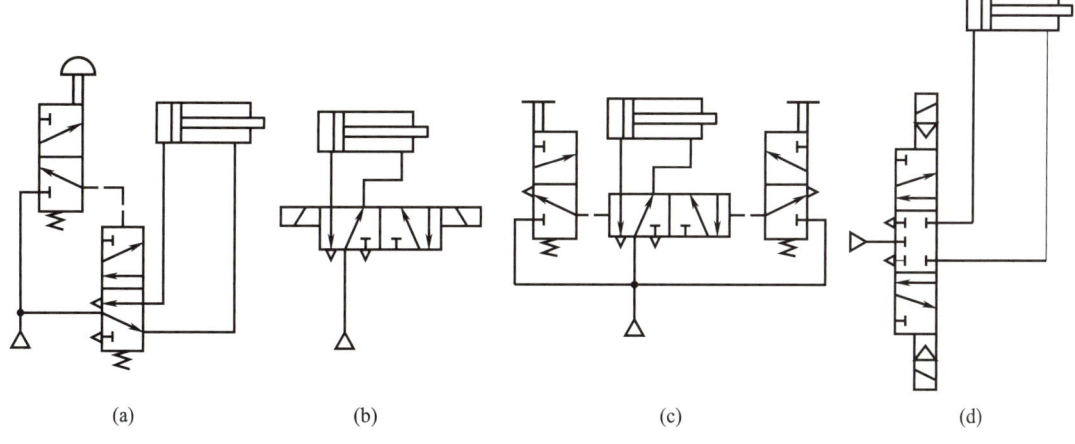

(a)　　　　　　(b)　　　　　　(c)　　　　　　(d)

图 J-3-1-6　双作用气缸换向回路

四、能力训练

(一)操作条件

准备好 PLC 控制的气动与液压实训台、电磁换向阀、气泵、气缸、胶管、实验导线等。

(二)安全及注意事项

1. 工作前须戴好全胶手套。

2. 熟悉 PLC 控制的气动与液压实训台的使用,掌握设备开机及关机步骤。

3. 应根据回路紧凑、压缩空气流经顺序、管道损失最小的原则提前设计各气动元件在实训台上的安装位置。

4. 在 PLC 控制的气动与液压实训台上安装气动元件时,须轻拿轻放,避免损坏气动元件。

5. 在 PLC 控制的气动与液压实训台上安装气动元件时,须首先将元件上螺钉摁入导轨中,然后上抬螺钉,卡住下面的螺钉即可。

6. 连接导线及具体操作回路时,确保用电安全。

仿真 •----

换向回路

（三）操作过程

工序	步骤	操作方法及说明	质量标准
双作用气缸的换向回路	准备工作	进入回路搭建及操作区,完成回路搭建及操作前实训台、气动元件的检查。 +24 V 1　SB1　1YA　0 V	按各院校及企业《人员进出实训室（或一般生产区）标准操作规程》进入操作区,检查设备、气动元件及气泵状况。
	回路搭建	1. 选取气动操作设备,并检查设备电源控制部分等与双作用气缸的换向回路控制要求是否匹配。	设备功能要能满足换向回路搭建及操作实现功能。

续表

工序	步骤	操作方法及说明	质量标准
		2. 选取换向回路所需的气动元件。	根据双作用气缸的换向回路所需,选择适宜型号的气泵(1个)、气缸(1个)、胶管(9根)、电磁换向阀(1个)、三通接头(1个)、单气控换向阀(1个)、气动三联件(1个)等气动元件。
		3. 在实训台上设计各气动元件的安装位置。 	按照回路紧凑、压缩空气流经顺序、管道损失最小的原则,设计各元件在实训台上的安装位置。
		4. 安装各气动元件。 （1）首先将电磁换向阀上螺钉放置在实训台 T 形导轨槽内,等上螺钉卡到 T 形导轨槽内后,再把下螺钉摁入导轨槽内,最后松开上螺钉,使换向阀整体牢固安装在实训台上。 （2）同方法（1）,依次安装单气控换向阀、气动三联件。 （3）将单杆活塞式气缸放置在实训台 T 形导轨上,再用内六角扳手将气缸固定。	（1）电磁换向阀、单气控换向阀、气动三联件安装牢固,没有松动和脱落。 （2）气缸固定完成,没有松动和脱落。 ＊树立标准意识,具备科学严谨、一丝不苟、精益求精、积极乐观的职业素养。

工序	步骤	操作方法及说明	质量标准
		5. 用胶管连接各气动元件。 （1）用一根胶管从气泵出口接出，再用胶管依次连接气动三联件、三通接头、单气控换向阀 1 口；用胶管从三通接头连接二位三通电磁换向阀 1 口；用胶管从单气控换向阀气控口接电磁换向阀 2 口。 （2）用胶管从气缸有杆腔接出连接单气控换向阀 2 口。 （3）用胶管从单气控换向阀 4 口接气缸无杆腔。 	◎元件各阀口布局 气动三联件 二位五通单气控换向阀 二位三通单控电磁换向阀

续表

工序	步骤	操作方法及说明	质量标准
		6. 连接控制电路。 根据控制要求,可以选用按钮控制,并连接电路。 	导线连接方法及质量标准参考"工作任务 D-1　核心能力　正确选用普通换向阀及组建、分析方向控制回路"中的"四、能力训练(三)操作过程"。
回路操作		1. 实训台控制面板操作方法及质量标准参考"工作任务 A-1　核心能力二　理解液压传动技术的组成及应用特点"中的"四、能力训练(三)操作过程"。	
		2. 闭合按钮 SB1,电磁线圈通电,执行元件气缸活塞杆伸出;断开按钮 SB1,电磁线圈断电,执行元件气缸活塞杆缩回。	正确操纵按钮,完成执行元件气缸换向工作。
结束工作		1. 按顺序关闭实训台主控面板按钮。 先按下停止按钮,再按下"急停"按键,再断开 24 V 电源开关,最后分断总电源开关。	设备正常关机。 *树立安全意识,形成标准化操作的职业素养精神。
		2. 拆除、清点实训元件。 (1)首先拆胶管;然后摁下二位四通电磁换向阀的上卡扣,将换向阀上半部分提起后再将换向阀下卡扣从 T 形导轨槽内拿出,整体取下二位四通电磁换向阀;最后用内六角扳手旋松单杆活塞式气缸缸体的固定螺栓,将单杆活塞式气缸从实训台上取下。 (2)将以上元件清点清楚后,轻拿轻放,放回实训箱。	气动元件全部从设备上完好无损地拆卸完毕,并放回各自的存放区。

续表

工序	步骤	操作方法及说明	质量标准

		3. 清洁实训区域。	按设备和实训室清洁规程清理工作现场、工具、设备,及时填写实训设备使用记录。

（四）学习结果评价

序号	评价内容	评价标准	评价结果
1	实训操作前准备	能完成实训操作前设备、气动元件及气泵状况的检查工作。	
2	换向回路搭建	能正确选用换向回路所需的气动元件,绘制换向回路原理图。 能按照回路搭建紧凑、气动流经顺序及管道损失最小的原则设计各气动元件安装位置。 能正确安装各气动元件。 能正确连接各气动元件和导线。	
3	换向回路操作	能安全正确地为实训设备通电。 能正确操作实训设备各控制面板。 能正确操作换向回路中的换向阀及其他气动元件。 能准确实现换向工作。	
4	实训结束后清理	能正确关闭实训设备。 能正确拆卸气动元件并进行元件清点。 能按照实训室设备清洁规程完成清场工作。 能及时并正确填写实训设备使用记录。	

五、课后作业

1. 请根据双作用气缸的换向回路搭建一个单作用气缸的换向回路。
2. 若气动换向回路中气缸不换向,原因是什么?

互动练习 ●

J-3-1

332

工作任务 J-4　气动压力控制阀的选用 及压力控制回路的设计

核心能力　正确选用气动压力控制阀及设计、分析压力控制回路

一、核心概念

1. 压力控制：主要指的是控制、调节气动系统中压缩空气的压力，以满足系统对压力的要求。

2. 气动压力控制阀：是在气动系统中调节和控制压力大小的控制元件。

二、学习目标

1. 能根据工作需要选用不同类型的压力控制阀组建压力控制回路。
2. 能正确识读并绘制各类压力控制阀图形符号及压力控制回路原理图。
3. 能正确分析并操控压力控制回路。
4. 能排除压力控制回路常见故障。
5. 具有科学思辨、客观理性的判断能力，要勇于质疑、不盲目、不盲从。

三、基本知识

（一）压力控制阀

气动压力控制阀主要有减压阀、溢流阀和顺序阀。图 J-4-1-1 所示为压力控制阀的图形符号。它们都是利用作用于阀芯上的流体（空气）压力和弹簧力相平衡的原理来进行工作的。而在气动系统中，一般都是由空气压缩机将空气压缩后储存于储气罐中，然后经管路输送给各传动装置使用，储气罐提供的空气压力高于每台装置所需的压力，且压力波动也较大。因此必须在每台装置入口处设置一个减压阀，以将入口处的空气降低到所需的压力，并保持该压力值的稳定。

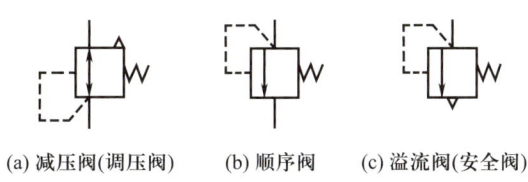

(a) 减压阀(调压阀)　　(b) 顺序阀　　(c) 溢流阀(安全阀)

图 J-4-1-1　压力控制阀的图形符号

QTA 型直动式调压阀（减压阀）的结构及图形符号如图 J-4-1-2 所示。其工作原理为：当阀处于工作状态时，将旋钮 1 向下旋动，则压缩弹簧 2、3 将推动膜片 5 和阀芯 8 下

移,进气阀口 10 被打开,气流从左端输入,经进气阀口 10 节流减压后从右端输出。输出气流的一部分由阻尼管 7 进入膜片气室 6,在膜片 5 的下面产生一个向上的推力,这个推力总是企图把阀口开度关小,使其输出压力下降。当作用在膜片上的推力与弹簧力互相平衡时,减压阀的输出压力便保持稳定。调节旋钮 1 以控制阀口开度的大小,即可控制输出压力的大小。

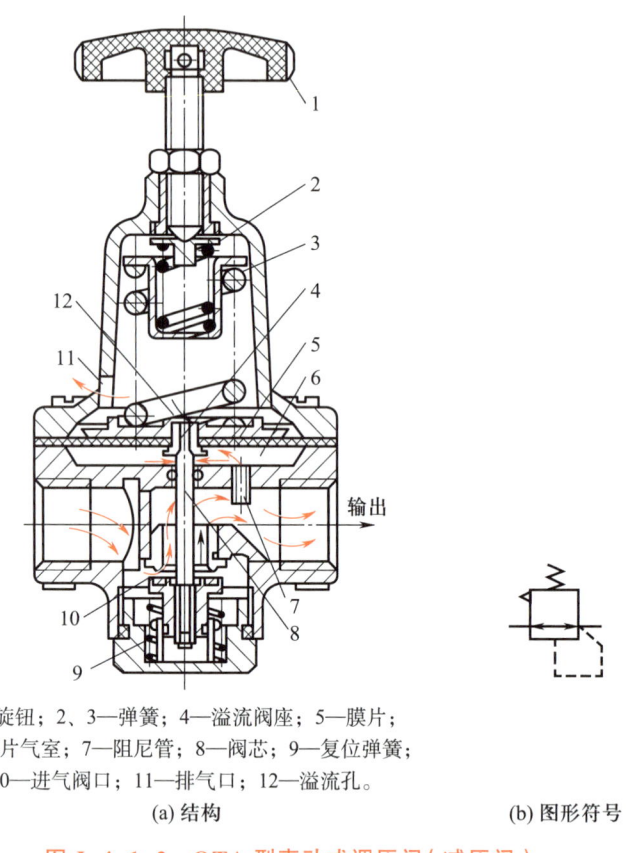

1—旋钮；2、3—弹簧；4—溢流阀座；5—膜片；
6—膜片气室；7—阻尼管；8—阀芯；9—复位弹簧；
10—进气阀口；11—排气口；12—溢流孔。

(a) 结构　　　　　　　　　　　(b) 图形符号

图 J-4-1-2　QTA 型直动式调压阀(减压阀)

(二)压力控制回路

压力控制回路的功能是使系统保持在某一规定的压力范围内。常用的有一次压力控制回路、二次压力控制回路和高低压转换回路。

1. 一次压力控制回路

一次压力控制回路用于控制储气罐的压力,使之不超过规定的压力值。常用外控溢流阀或用电接点压力表来控制空气压缩机的转、停,使储气罐内的压力保持在规定范围内。采用溢流阀,结构简单,工作可靠,但气量浪费大;采用电接点压力表对电动机及控制要求较高,常用于对小型空气压缩机的控制。一次压力控制回路如图 J-4-1-3 所示。

2. 二次压力控制回路

二次压力控制回路有很多种。图 J-4-1-4a 所示回路由气动三联件组成,主要由溢流减压阀来实现压力控制;图 J-4-1-4b 所示回路由减压阀和换向阀构成,对同一系统实现

输出高低压力 p_1、p_2 的控制；图 J-4-1-4c 所示回路由减压阀来实现对不同系统输出不同压力 p_1、p_2 的控制。为保证气动系统使用的气体压力为一稳定值，多用空气过滤器、减压阀、油雾器（气动三联件）组成二次压力控制回路，但要注意，供给逻辑元件的压缩空气不要加入润滑油。

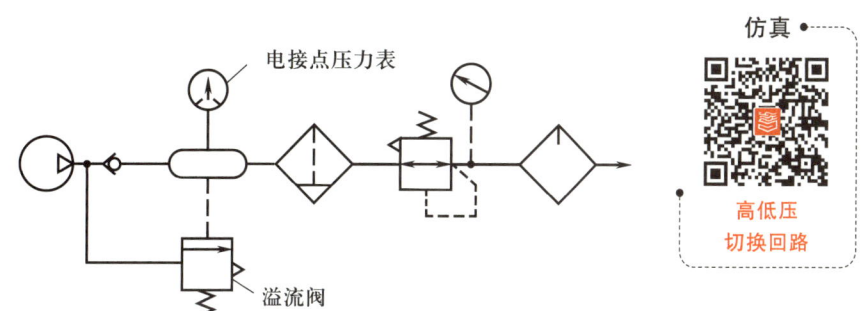

图 J-4-1-3　一次压力控制回路

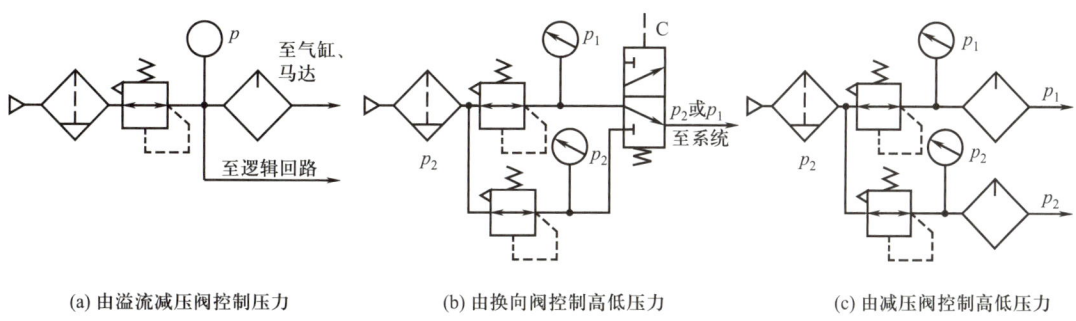

(a) 由溢流减压阀控制压力　　(b) 由换向阀控制高低压力　　(c) 由减压阀控制高低压力

图 J-4-1-4　二次压力控制回路

四、能力训练

（一）操作条件

准备好 PLC 控制的气动与液压实训台、电磁换向阀、溢流阀、气泵、气缸、胶管、实验导线等。

（二）安全及注意事项

1. 工作前须戴好全胶手套。

2. 熟悉 PLC 控制的气动与液压实训台的使用，掌握设备开机及关机步骤。

3. 应根据回路紧凑、压缩空气流经顺序、管道损失最小的原则提前设计各气动元件在实训台上的安装位置。

4. 在 PLC 控制的气动与液压实训台上安装各气动元件时，须轻拿轻放，避免损坏气动元件。

5. 在 PLC 控制的气动与液压实训台上安装气动元件时，须首先将元件上螺钉摁入导轨中，然后上抬螺钉，卡住下面的螺钉即可。

6. 连接导线及具体操作回路时，确保用电安全。

仿真 ●

二次压力
控制回路

（三）操作过程

工序	步骤	操作方法及说明	质量标准
二次压力控制回路	准备工作	操作方法及质量标准参考"工作任务 J-3　核心能力　正确选用气动方向控制阀及设计、分析方向控制回路"中的"四、能力训练（三）操作过程"。 	
	回路搭建	1. 选取气动综合操作设备，并检查设备电源控制部分等与二次压力控制回路控制要求是否匹配。	设备功能要能满足二次压力控制回路搭建及操作实现功能。
		2. 选取二次压力控制回路所需的气动元件。	根据二次压力控制回路所需，选择适宜型号的气泵（1个）、气缸（1个）、胶管（3根）、电磁换向阀（1个）、三联件（1个）等气动元件。
		3. 在实训台上设计各气动元件的安装位置。 	按照回路紧凑、压缩空气流经顺序、管道损失最小的原则，设计各元件在实训台的安装位置。
		4. 安装各气动元件。	操作方法及质量标准参考"工作任务 J-3　核心能力　正确选用气动方向控制阀及设计、分析方向控制回路"中的"四、能力训练（三）操作过程"。
		5. 用胶管从气泵出口接出，根据压缩空气流经顺序，依次连接气动三联件、电磁换向阀、气缸。	

工序	步骤	操作方法及说明	质量标准
			◎元件各阀口布局 气动三联件 二位三通单控电磁换向阀
		6. 连接控制电路。根据控制要求,可以选用按钮控制,并连接电路。 	导线连接方法及质量标准参考"工作任务 D-1　核心能力　正确选用普通换向阀及组建、分析方向控制回路"中的"四、能力训练(三)操作过程"。
回路操作		1. 实训台控制面板操作方法及质量标准参考"工作任务 A-1　核心能力二　理解液压传动技术的组成及应用特点"中的"四、能力训练(三)操作过程"。	
		2. 闭合按钮 SB1,电磁线圈通电,执行元件气缸活塞杆伸出;断开按钮 SB1,电磁线圈断电,气缸活塞杆在弹簧力的作用下收回。 　3. 调整减压阀调定压力,再次操纵按钮,控制气缸活塞杆伸出与缩回。	正确操纵按钮,完成压力控制工作。观察气缸活塞杆运动过程中、运动到终点位置时的压力情况并记录,观察压力表读数变化。
结束工作		结束工作操作方法及质量标准参考"工作任务 J-3　核心能力　正确选用气动方向控制阀及设计、分析方向控制回路"中的"四、能力训练(三)操作过程"。	

（四）学习结果评价

序号	评价内容	评价标准	评价结果
1	实训操作前准备	能完成实训操作前设备、气动元件及气泵状况的检查工作。	
2	压力控制回路搭建	能正确选用压力控制回路所需的气动元件，绘制压力控制回路原理图。 能按照回路搭建紧凑、气动流经顺序及管道损失最小的原则设计各气动元件的安装位置。 能正确安装各气动元件。 能正确连接各气动元件和导线。	
3	压力控制回路操作	能安全正确地为实训设备通电。 能正确操作实训设备各控制面板。 能正确操作回路中的换向阀、溢流阀及其他气动元件。 能准确实现压力控制工作。	
4	实训结束后清理	能正确关闭实训设备。 能正确拆卸气动元件并进行元件清点。 能按照实训室设备清洁规程完成清场工作。 能及时并正确填写实训设备使用记录。	

五、课后作业

互动练习

J-4-1

1. 调整溢流式减压阀旋钮，系统压力没有变化，为什么？
2. 气动压力控制阀与液压压力控制阀存在哪些异同点？

工作任务 J-5 气动流量控制阀的选用及压力速度控制回路的设计

核心能力 正确选用气动流量控制阀及设计、分析速度控制回路

一、核心概念

1. 气动流量控制阀：是通过改变阀的通流面积来实现气体流量控制的元件。
2. 速度控制回路：是控制气动执行元件运动速度的回路。

二、学习目标

1. 能根据工作需要选用不同类型的流量阀组建速度控制回路。
2. 能正确识读并绘制各类流量阀图形符号及速度控制回路原理图。

3. 能正确分析并操控速度控制回路。

4. 能排除速度控制回路常见故障。

5. 能在具体的操作中思考,把理论与实践结合起来,培养创新意识和解决实际问题的能力,具有工匠精神、团队合作精神与竞争意识。

三、基本知识

（一）流量控制阀

气动流量控制阀主要有节流阀、单向节流阀和排气节流阀等,都是通过改变控制阀的通流面积来实现流量控制的元件。下面以排气节流阀为例介绍流量阀的工作原理。图 J-5-1-1 所示为排气节流阀,气流从 A 口进入阀内,由节流口节流后经消声套排出。因而它不仅能调节执行元件的运动速度,还能起到降低排气噪声的作用。排气节流阀通常安装在换向阀的排气口处与换向阀联合使用,起单向节流阀的作用。

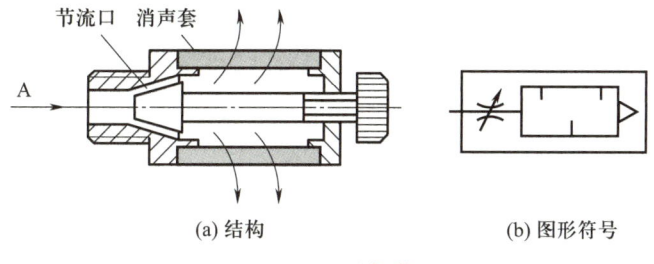

(a) 结构　　　　　　　　　　(b) 图形符号

图 J-5-1-1　排气节流阀

（二）速度控制回路

气动系统因使用的功率都不大,故主要的调速方法是节流调速。

1. 单作用气缸速度控制回路

单作用气缸速度控制回路有多种。在图 J-5-1-2a 所示的回路中,气缸活塞杆的伸出、缩回均通过节流阀调速,两个相反安装的单向节流阀,可分别控制活塞杆的伸出及缩回速度。在图 J-5-1-2b 所示的回路中,气缸活塞杆伸出时可调速,缩回时则通过快排气阀排气,使气缸活塞杆快速缩回。

仿真

单作用气缸的速度控制回路

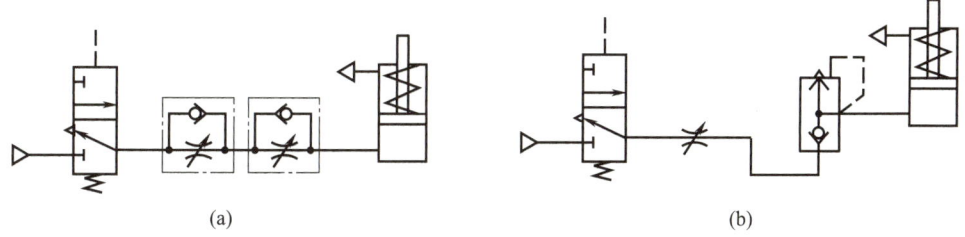

(a)　　　　　　　　　　　　　　　(b)

图 J-5-1-2　单作用气缸速度控制回路

2. 双作用气缸速度控制回路

（1）单向调速回路

双作用气缸有节流供气和节流排气两种调速方式。图 J-5-1-3a 所示为节流供气调速回路,在图示位置,当气控换向阀不换向时,气流经节流阀进入气缸 A 腔,B 腔排出的气体直接经换向阀快速排气。当节流阀开度较小时,由于进入 A 腔的流量较小,压力上升缓慢,当气压达到能克服负载时,气缸活塞杆伸出,此时 A 腔容积增大,结果使压缩空气膨胀,压力下降,使作用在活塞上的力小于负载,因而气缸活塞杆就停止伸出。待压力再次上升时,气缸活塞杆才再次伸出。这种由于负载及供气的原因使气缸活塞杆忽走忽停的现象,叫气缸的"爬行"。节流供气的不足之处主要表现为:当负载方向与气缸活塞杆运动方向相反时,气缸活塞杆运动易出现不平稳现象,即"爬行"现象;当负载方向与气缸活塞杆运动方向一致时,由于排气经换向阀快速排气,几乎没有阻尼,负载易产生"跑空"现象,使气缸活塞杆失去控制。故节流供气,多用于垂直安装的气缸供气回路中。

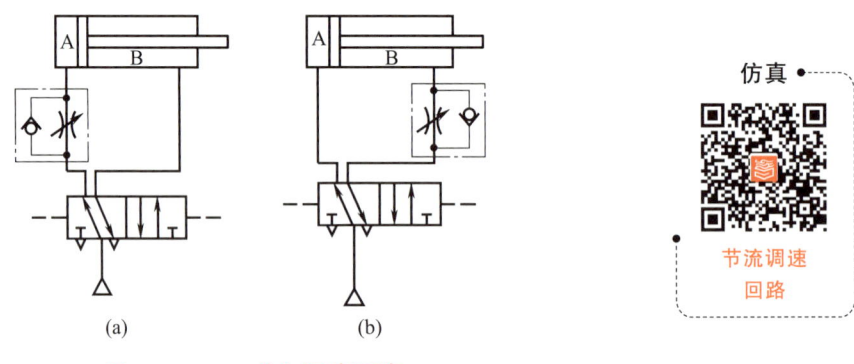

图 J-5-1-3　单向调速回路

在水平安装的气缸供气回路中一般采用图 J-5-1-3b 所示的节流排气回路,由图示位置可知,当气控换向阀不换位时,从气源来的压缩空气,经气控换向阀直接进入气缸的 A 腔,B 腔排出的气体必须经节流阀到气控换向阀而排入大气,因而 B 腔中的气体就具有一定的压力,此时气缸活塞杆在 A 腔与 B 腔的压力差作用下伸出,而减少了"爬行"发生的可能性。调节节流阀的开度,就可控制不同的排气速度,从而也就控制了气缸活塞杆的运动速度。排气节流调速回路具有下述特点:气缸活塞杆速度随负载变化较小,运动较平稳,能承受与气缸活塞杆运动方向相同的负载(反向负载)。

上述回路适用于负载变化不大的情况。当负载突然增大时,由于气体的可压缩性,将迫使气缸内的气体压缩,使气缸活塞杆运动速度减慢;反之,当负载突然减小时,气缸内被压缩的空气,必然膨胀,使气缸活塞杆运动加快,这称为气缸的"自走"现象。因此在要求气缸活塞杆具有准确而平稳的速度时(尤其在负载变化较大的场合),就要采用气液相结合的调速方式。

(2)双向调速回路

在气缸的进、排气口装设节流阀,就组成了双向调速回路。如图 J-5-1-4 所示的双向节流调速回路中,图 J-5-1-4a 所示为采用单向节流阀式的双向节流调速回路,图 J-5-1-4b 所示为采用排气节流阀的双向节流调速回路。

3. 快速往复运动回路

若将图 J-5-1-4a 中两只单向节流阀换成快速排气阀就构成了快速往复运动回路。欲实现气缸活塞杆单向快速运动,可仅采用一只快速排气阀。

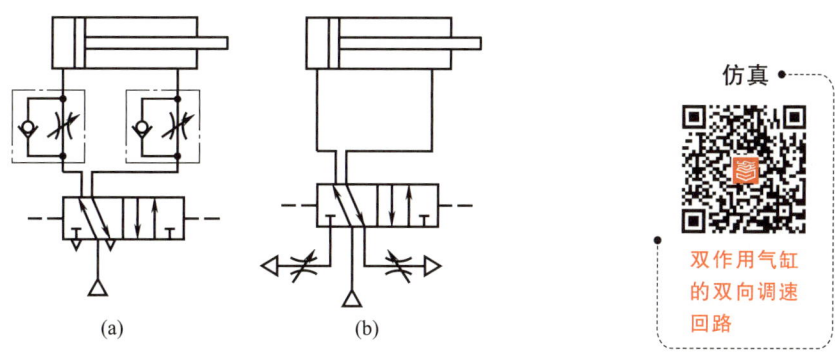

(a)　　　　(b)

图 J–5–1–4　双向调速回路

仿真 ●

双作用气缸的双向调速回路

4. 速度换接回路

利用两个二位二通阀与单向节流阀并联实现的速度换接回路如图 J–5–1–5 所示,当撞块压下行程开关时,发出电信号,使二位二通换向阀换位,改变排气通路,从而使气缸活塞杆速度改变。行程开关的位置可根据需要选定,图中二位二通换向阀也可改用行程阀。

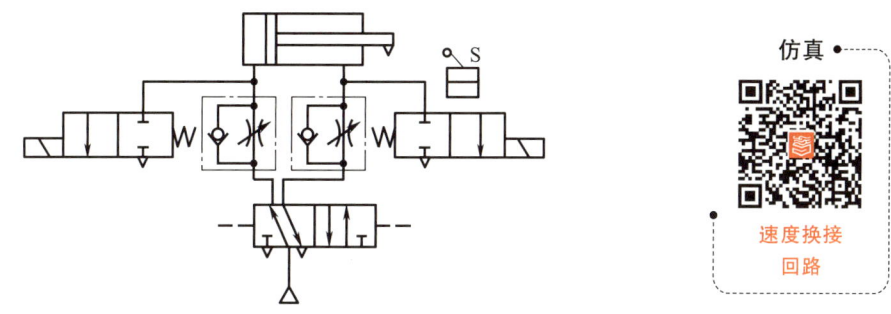

图 J–5–1–5　速度换接回路

仿真 ●

速度换接回路

5. 缓冲回路

要获得气缸行程末端的缓冲,除采用带缓冲的气缸外,特别在行程长、速度快、惯性大的情况下,往往需要采用缓冲回路来控制气缸活塞杆运动速度,常用的方法如图 J–5–1–6 所示。图 J–5–1–6a 所示回路能实现快进→慢进缓冲→停止快退的循环,行程阀可根据需要来调整缓冲开始位置,这种回路常用于惯性力大的场合。图 J–5–1–6b 所示回

仿真 ●

缓冲回路

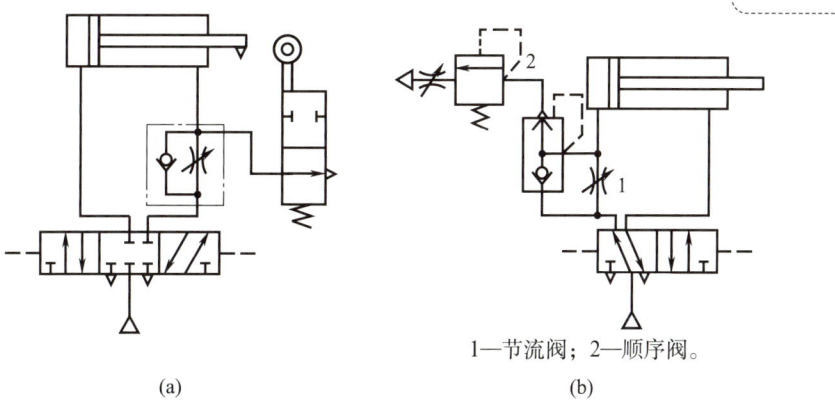

1—节流阀；2—顺序阀。

(a)　　　　　　　(b)

图 J–5–1–6　缓冲回路

341

路的特点是,当气缸活塞杆缩回到行程末端时,其左腔压力已降至打不开顺序阀 2 的程度,余气只能经节流阀 1 排出,因此气缸活塞得到缓冲,这种回路常用于行程长、速度快的场合。图 J-5-1-6 所示的回路都只能实现一个运动方向上的缓冲,若两侧均安装此回路,则可达到双向缓冲的目的。

四、能力训练

(一)操作条件

准备好 PLC 控制的气动与液压实训台、电磁换向阀、节流阀、气泵、气缸、胶管、实验导线等。

(二)安全及注意事项

1. 工作前须戴好全胶手套。

2. 熟悉 PLC 控制的气动与液压实训台的使用,掌握设备开机及关机步骤。

3. 应根据回路紧凑、压缩空气流经顺序、管道损失最小的原则提前设计各气动元件在实训台上的安装位置。

4. 在 PLC 控制的气动与液压实训台上安装气动元件时,须轻拿轻放,避免损坏气动元件。

5. 在 PLC 控制的气动与液压实训台上安装气动元件时,须首先将元件上螺钉摁入导轨中,然后上抬螺钉,卡住下面的螺钉即可。

6. 连接导线及具体操作回路时,确保用电安全。

仿真 •

节流进气调
速回路

(三)操作过程

工序	步骤	操作方法及说明	质量标准
节流进气调速回路	准备工作	操作方法及质量标准参考"工作任务 J-3　核心能力　正确选用气动方向控制阀及设计、分析方向控制回路"中的"四、能力训练(三)操作过程"。 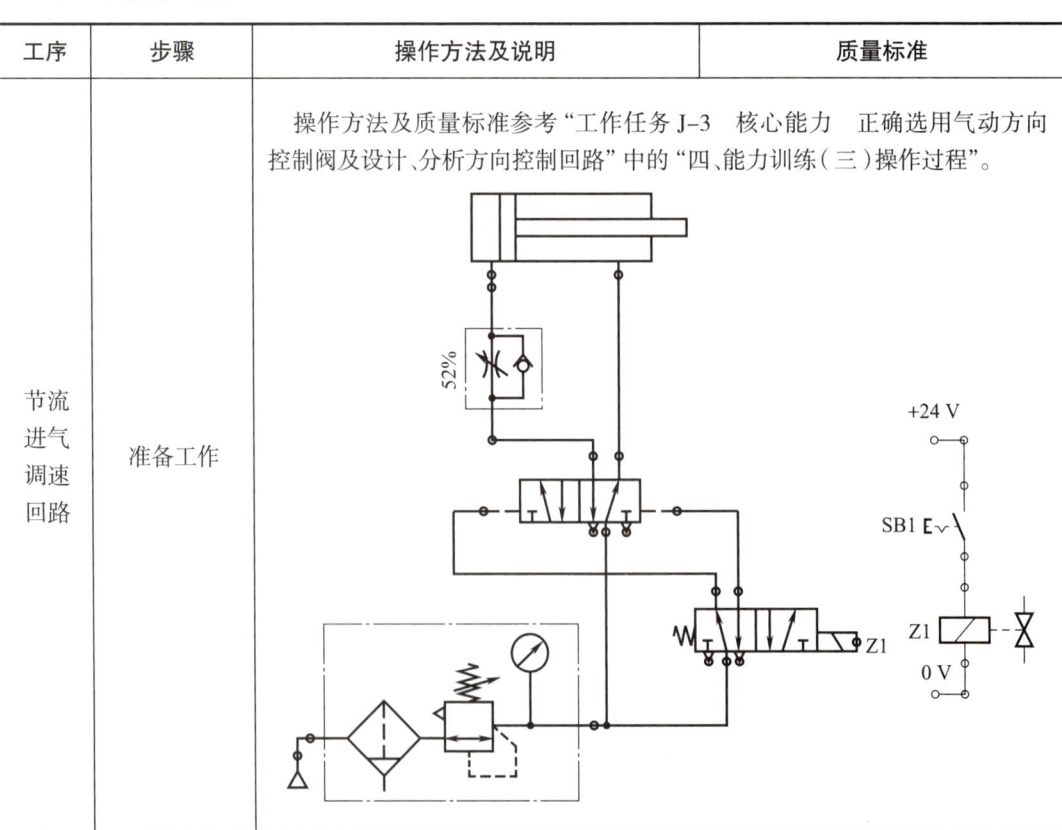	

续表

工序	步骤	操作方法及说明	质量标准
回路搭建		1. 选取气动综合操作设备,并检查设备电源控制部分等与节流进气调速回路控制要求是否匹配。	设备功能要能满足节流进气调速回路搭建及操作实现功能。
		2. 选取节流阀进气调速回路所需的气动元件。	根据节流进气调速回路所需,选择适宜型号的气泵(1个)、气缸(1个)、胶管(9根)、三通接头(1个)、电磁换向阀(1个)、气动换向阀(1个)、节流阀(1个)等气动元件。
		3. 在实训台上设计各气动元件的安装位置。 	按照回路紧凑、压缩空气流经顺序、管道损失最小的原则,设计各元件在实训台上的安装位置。
		4. 安装各气动元件。	操作方法及质量标准参考"工作任务 J-3　核心能力　正确选用气动方向控制阀及设计、分析方向控制回路"中的"四、能力训练(三)操作过程"。
		5. 用胶管从气泵出口接出,沿着压缩空气流经顺序,依次连接各气动元件。 	◎元件各阀口布局 气动三联件 二位五通单控电磁换向阀

续表

工序	步骤	操作方法及说明	质量标准
			二位五通双气控换向阀 单向节流阀
		6. 连接控制电路。根据控制要求，可以选用按钮控制，并连接电路。 	导线连接方法及质量标准参考"工作任务 D-1　核心能力　正确选用普通换向阀及组建、分析方向控制回路"中的"四、能力训练（三）操作过程"。
回路操作		1. 实训台控制面板操作方法及质量标准参考"工作任务 A-1　核心能力　二　理解液压传动技术的组成及应用特点"中的"四、能力训练（三）操作过程"。	
		2. 闭合按钮 SB1，电磁线圈通电，气缸活塞杆缩回；断开按钮 SB1，电磁线圈断电，气缸活塞杆伸出。观察运动过程中气缸活塞杆的运动速度变化情况。 3. 调整节流阀开度，再次控制按钮 SB1，观察气缸活塞杆运动速度变化情况。	正确操纵按钮，观察运动过程中气缸活塞杆的运动速度变化情况并记录；正确调整节流阀开度大小，观察气缸活塞杆运动速度变化情况。
结束工作		结束工作操作方法及质量标准参考"工作任务 J-3　核心能力　正确选用气动方向控制阀及设计、分析方向控制回路"中的"四、能力训练（三）操作过程"。	

（四）学习结果评价

序号	评价内容	评价标准	评价结果
1	实训操作前准备	能完成实训操作前设备、气动元件及气泵状况的检查工作。	
2	调速回路搭建	能正确选用调速回路所需的气动元件,绘制调速回路原理图。 　能按照回路搭建紧凑、气动流经顺序及管道损失最小的原则设计各气动元件的安装位置。 　能正确安装各气动元件。 　能正确连接各气动元件和导线。	
3	调速回路操作	能安全正确地为实训设备通电。 　能正确操作实训设备各控制面板。 　能正确操作调速回路中的换向阀及其他气动元件。 　能准确实现速度控制工作。	
4	实训结束后清理	能正确关闭实训设备。 　能正确拆卸气动元件并进行元件清点。 　能按照实训室设备清洁规程完成清场工作。 　能及时并正确填写实训设备使用记录。	

五、课后作业

1. 气动节流阀与液压节流阀的异同点是什么?
2. 假如在调节气动节流阀时,气缸活塞杆运动速度没有发生变化,原因是什么?

工作任务 J–6　其他气动元件的选用及其他基本回路的设计

核心能力　正确选用气动元件及设计分析气动回路

一、核心概念

1. 气液联动回路:气液联动是以气压为动力,利用气液转换器把气动变为液压传动,或采用气液阻尼缸更平稳和有效地控制运动速度的气动技术,或使用气液增压器来使传动力增大等。气液联动回路的装置简单,经济实用,可靠性高。

2. 顺序动作回路:顺序动作是指在气动回路中,各个气缸活塞杆按一定的程序完成各自的动作。例如,单缸有单往复动作、二次往复动作、连续往复动作等,双缸及多缸有单往复及多往复顺序动作等。

二、学习目标

1. 能根据工作需要选用不同类型的气动控制阀组建气动回路。
2. 能识读并绘制各类气动控制阀图形符号及气动回路原理图。
3. 能分析并操控各类气动控制回路。
4. 能排除各类气动控制回路常见故障。
5. 具有科学思辨、客观理性的判断能力，要勇于质疑、不盲目、不盲从。

三、基本知识

（一）气液联动回路

1. 气液转换速度控制回路

气液转换速度控制回路如图 J-6-1-1 所示。它利用气液转换器 Ⅰ、Ⅱ 将气压变成液压，利用液压油驱动液压缸，从而得到平稳易控制的气缸活塞杆运动速度，调节节流阀的开度，就可改变气缸活塞杆的运动速度。这种回路，充分发挥了气动供气方便和液压速度容易控制的特点。

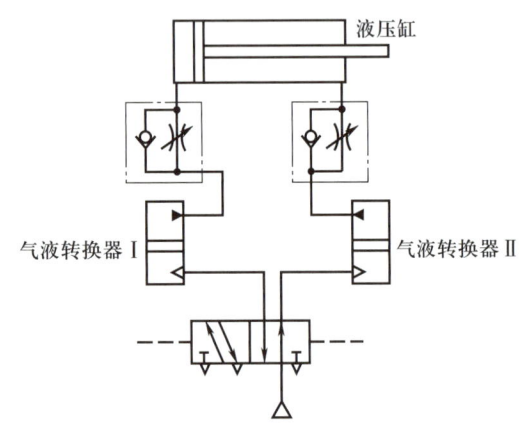
图 J-6-1-1　气液转换速度控制回路

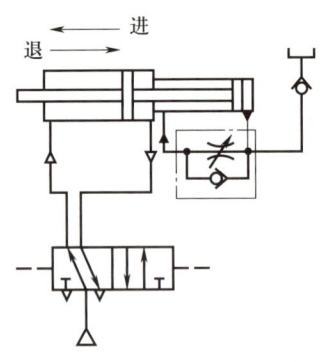
图 J-6-1-2　气液阻尼缸速度控制回路

2. 气液阻尼缸速度控制回路

气液阻尼缸速度控制回路如图 J-6-1-2 所示，可实现慢进快退，改变单向节流阀的开度，即可控制活塞的前进速度。活塞返回时，气液阻尼缸中液压缸的无杆腔的油液通过单向阀快速流入有杆腔，故返回速度较快，高位油箱起补充泄漏油液的作用。

3. 气液增压缸增力回路

气液增压缸增力回路如图 J-6-1-3 所示，它利用气液增压缸把较低的气压变为较高的液压力，以提高气液缸的输出力。

4. 气液缸同步动作回路

气液缸同步动作回路如图 J-6-1-4 所示。该回路的特点是将油液密封在回路之中，油路和气路串接，同时驱动 1、2 两个缸，使两者活塞杆的运动速度相同，但这种回路要求缸 1 无杆腔的有效作用面积必须和

仿真

双缸同步动作回路

缸 2 的有杆腔有效作用面积相等。在设计和制造中,要保证活塞与缸体之间的密封,回路中的截止阀 3 与放气口相接,用于放掉混入油液中的空气。

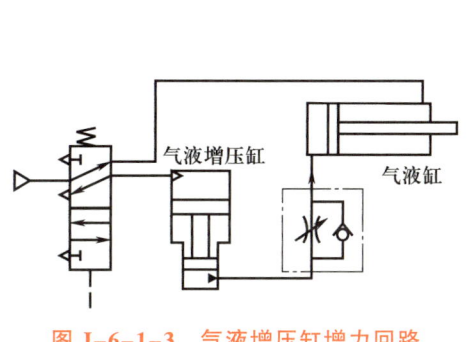

图 J-6-1-3　气液增压缸增力回路

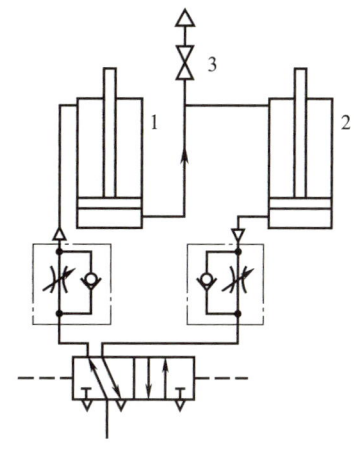

1、2—缸;3—截止阀。

图 J-6-1-4　气液缸同步动作回路

(二)计数回路

计数回路可以组成二进制计数器。在图 J-6-1-5a 所示回路中,按下换向阀 1 按钮,则气信号经换向阀 2 至换向阀 4 的左或右控制端使气缸活塞杆伸出或缩回。换向阀 4 换向取决于换向阀 2 的位置,而换向阀 2 的换位又取决于换向阀 3 和换向阀 5。设按下换向阀 1 时,气信号经换向阀 2 至换向阀 4 的左端使换向阀 4 换至左位,同时使换向阀 5 切断气路,此时气缸活塞杆向外伸出;当换向阀 1 复位后,原通入换向阀 4 左控制端的气信号经换向阀 1 排空,换向阀 5 复位,于是气缸无杆腔的气经换向阀 5 至换向阀 2 左端,使换向阀 2 换至左位等待换向阀 1 的下一次信号输入。

仿真

计数回路

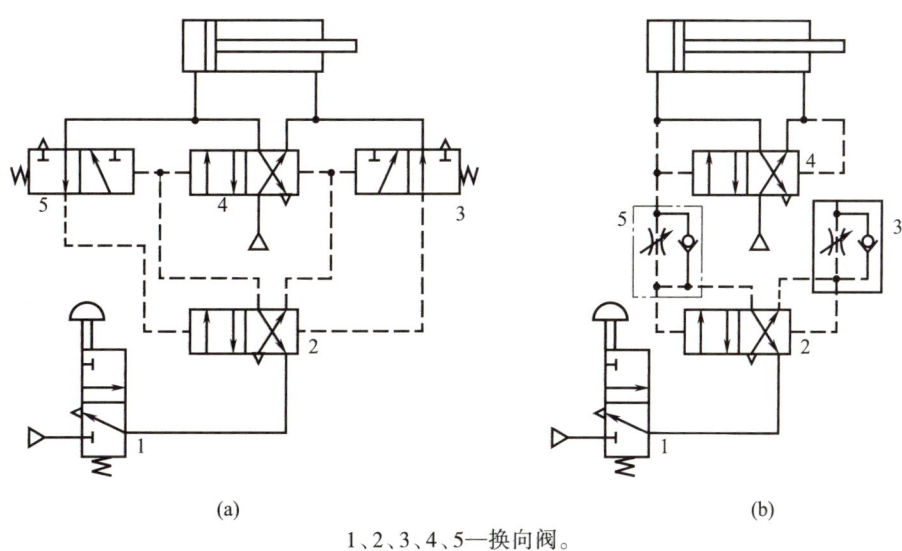

(a)　　　　　　　　　　　(b)

1、2、3、4、5—换向阀。

图 J-6-1-5　计数回路

347

图 J-6-1-5b 所示的计数原理同图 J-6-1-5a，不同的是按压换向阀 1 的时间不能过长，只要使换向阀 4 换位后就放开，否则气信号将经换向阀 5 或换向阀 3 通至换向阀 2 左或右控制端，使换向阀 2 换位，气缸活塞杆缩回，从而使气缸活塞杆来回振荡。

（三）安全保护回路

气动机构负荷的过载、气压的突然降低以及气动执行机构的快速动作等都可能危及操作人员或设备的安全，因此在气动回路中，常常要加入安全回路。需要指出的是，在设计任何气动回路时，特别是安全回路，都不可缺少过滤装置和油雾器。因污染空气中的杂质，可能堵塞阀中的小孔与通路，使气路发生故障，而缺乏润滑油，很可能使阀发生卡死或磨损，致使整个系统的安全都出现问题。下面介绍几种常用的安全保护回路。

1. 过载保护回路

仿真
过载保护回路

图 J-6-1-6 所示为一种常用的过载保护回路，用于防止系统过载而损坏元件。当气缸活塞杆在伸出途中，若遇到障碍 6，气缸无杆腔压力急剧升高，当气压升至顺序阀 3 的调定值时，顺序阀 3 开启，高压气体推动换向阀 2 切换至上位，使换向阀 4 控制口的气体经换向阀 2 排出，换向阀 2 复位，气缸活塞杆立即退回；若无障碍 6，气缸活塞杆向前运动时压下换向阀 5，气缸活塞杆即刻退回，从而实现了系统保护。

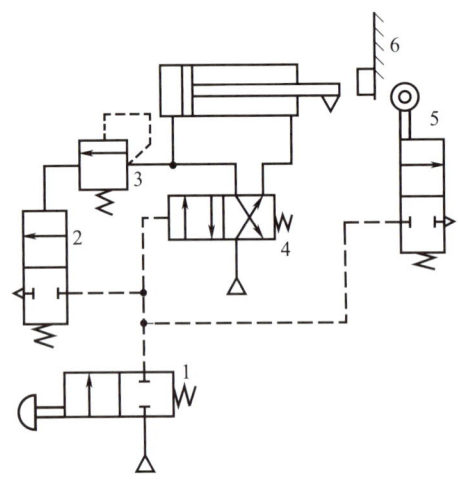

1、2、4、5—换向阀；3—顺序阀；6—障碍。

图 J-6-1-6　过载保护回路

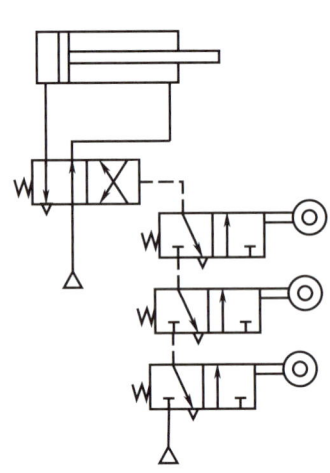

图 J-6-1-7　互锁回路

2. 互锁回路

仿真
互锁回路

互锁回路如图 J-6-1-7 所示。在该回路中，二位四通换向阀的换向受三个串联的二位三通机动换向阀控制，只有三个二位三通机动换向阀都接通，主控制换向阀（二位四通换向阀）才能换向。

（四）双手操作回路

双手操作回路就是使用两个启动用的手动换向阀，只有同时按动两个阀才动作的回路。这种回路主要是为了安全，这在锻造、冲压机械上常用来避免误动作，以保护操作者的安全。图 J-6-1-8a 所示为使用逻辑与回路的双手操作回路。为使主控换向阀换向,必须使压缩空气信号进入上方侧,为此必须使两只二位三通手动换向阀同时换向。另外这两个手动换向阀必须安装在单手不能同时操作的距离上,在操作时如有任何一只手离开时则控制信号消失,主控换向阀复位,则气缸活塞杆缩回。图 J-6-1-8b 所示为使用三位主控换向阀的双手操作回路。把此主控换向阀 1 的信号 A 作为手动换向阀 2 和 3 的逻辑**与**回路,即只有手动换向阀 2 和 3 同时动作时,主控换向阀 1 切换到上位,气缸活塞杆伸出;把信号 B 作为手动换向阀 2 和 3 的逻辑**或非**回路,即当手动换向阀 2 和 3 同时松开时(图示位置),主控换向阀 1 切换到下位,气缸活塞杆缩回;若手动换向阀 2 或 3 任何一个动作,都将使主控换向阀复位到中位,气缸活塞杆处于停止状态。

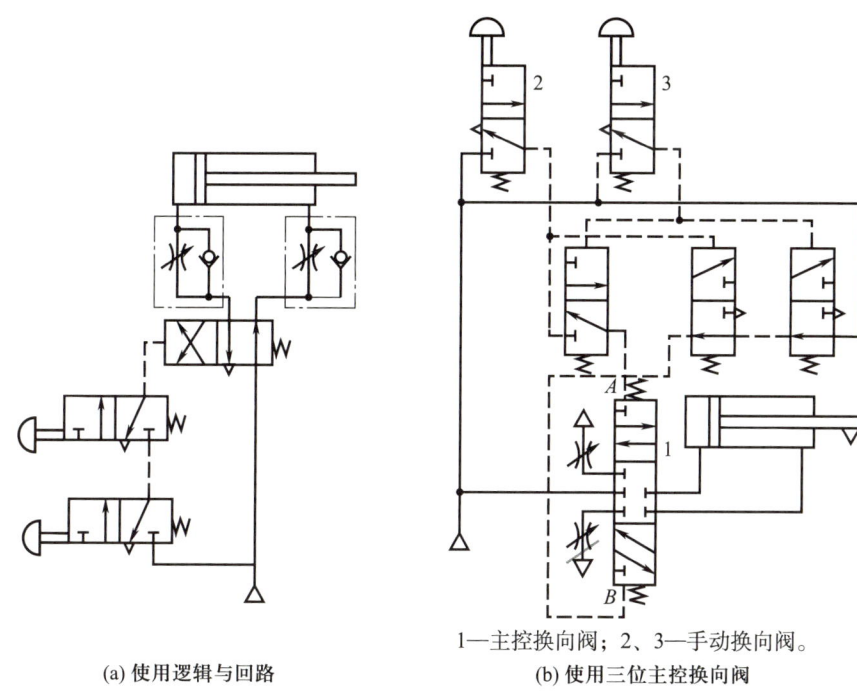

1—主控换向阀; 2、3—手动换向阀。

(a) 使用逻辑与回路　　　　(b) 使用三位主控换向阀

图 J-6-1-8　双手操作回路

(五) 顺序动作回路

1. 单缸往复动作回路

单缸往复动作回路可分为单缸单往复动作回路和单缸连续往复动作回路。前者指输入一个信号后,气缸活塞杆只完成 A_1A_0 一次往复动作(A 表示气缸,下标"1"表示 A 缸活塞伸出,下标"0"表示活塞缩回)。单缸连续往复动作回路指输入一个信号后,气缸活塞杆可连续进行 $A_1A_0A_1A_0\cdots\cdots$ 动作。

图 J-6-1-9 所示为三种单缸往复动作回路。图 J-6-1-9a 为行程阀控制的单往复动作回路,当按下换向阀 1 的手动按钮后,压缩空气使换向阀 3 切换至左位,气缸活塞杆伸出,当凸块压下行程阀 2 时,换向阀 3 复位,气缸活塞杆缩回,完成 A_1A_0 循环。图 J-6-1-9b 所示为压力控制的单往复动作回路,按下换向阀 1 的手动按钮后,换向阀 3 切换至

仿真

双手操作
(串联)回路

仿真

压力控制式单
往复回路

左位,气缸无杆腔进气,活塞杆伸出,当活塞杆行程到达终点时,气缸无杆腔气压升高,当气压升至顺序阀2的调定值时,打开顺序阀2,使换向阀3复位,气缸活塞杆缩回,完成A_1A_0的循环。图J-6-1-9c是利用阻容回路形成的时间控制单往复动作回路,当按下换向阀1的按钮后,换向阀3切换至左位,气缸活塞杆伸出,行至压下行程阀2后,需经过一

仿真 行程阀控制式 单往复回路

仿真 延时返回的单 往复回路

定的时间后,换向阀3才能复位,使气缸活塞杆缩回,完成动作A_1A_0的循环。由以上可知,在单缸往复回路中,每按动一次按钮,气缸活塞杆可完成一个A_1A_0的循环。

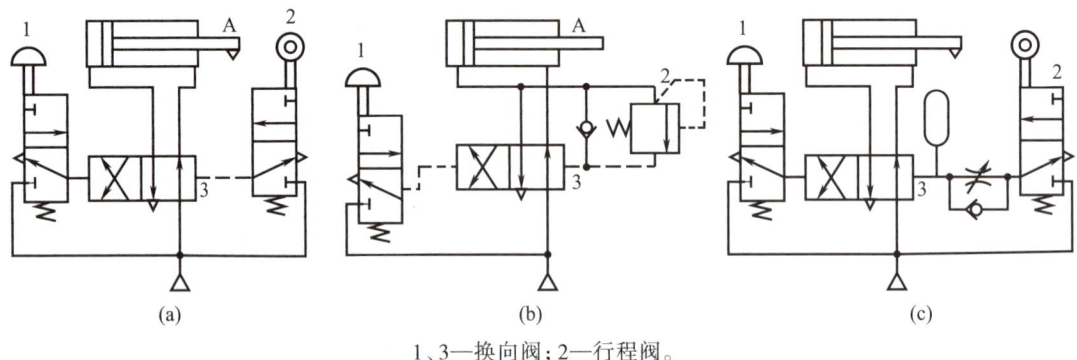

(a)　　　　　　(b)　　　　　　(c)

1、3—换向阀;2—行程阀。

图 J-6-1-9　单缸往复动作回路

图J-6-1-10所示为连续往复动作回路,能完成连续的动作循环。当按下换向阀1的按钮后,换向阀4切换到左位,气缸活塞杆向前运动(伸出),这时由于行程阀3复位将气路封闭,使换向阀4不能复位,气缸活塞杆继续向前运动,到行程终点时压下行程阀2,使换向阀4控制气路排气,在弹簧作用下换向阀4复位,气缸活塞杆返回,在终点压下行程阀3,换向阀4切换到左位,气缸活塞杆再次伸出,形成$A_1A_0A_1A_0$……的连续往复动作。当提起换向阀1的按钮后,换向阀4复位,气缸活塞杆返回而停止运动。

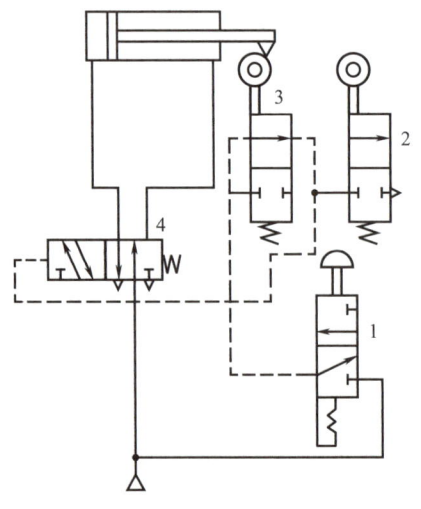

1、4—换向阀;2、3—行程阀。

图 J-6-1-10　连续往复动作回路

2. 多缸顺序动作回路

两只、三只或多只气缸活塞杆按一定顺序动作的回路,称为多缸顺序动作回路,其应用较广泛。在一个循环顺序里,若气缸活塞杆只作一次往复,称为单往复顺序;若某些气缸活塞杆作多次往复运动,就称为多往复顺序动作。

四、学习结果评价

序号	评价内容	评价标准	评价结果
1	实训操作前准备	能完成实训操作前设备、气动元件及气泵状况的检查工作。	
2	顺序动作回路搭建	能正确选用顺序动作回路所需的气动元件,绘制顺序动作回路原理图。 能按照回路搭建紧凑、气动流经顺序及管道损失最小的原则设计各气动元件安装位置。 能正确安装各气动元件。 能正确连接各气动元件和导线。	
3	顺序动作回路操作	能安全正确地为实训设备通电。 能正确操作实训设备各控制面板。 能正确操作顺序动作回路中的换向阀及其他气动元件。 能准确实现顺序动作控制工作。	
4	实训结束后清理	能正确关闭实训设备。 能正确拆卸气动元件并进行元件清点。 能按照实训室设备清洁规程完成清场工作。 能及时并正确填写实训设备使用记录。	

五、课后作业

1. 延时阀可以应用于什么场合?

2. 请搭建一个数控加工中心气动换刀系统回路,理解其工作原理,了解该系统调试需要的元件。

工作任务 J-7　典型气动系统分析、调试与维护

核心能力　正确分析气动系统的工作过程

一、核心概念

1. 气动符号:在实际工程中,气动系统回路图是用气动元件图形符号绘制而成的,故

应熟悉和了解前述所有气动元件的功能、符号与特性。用气动符号绘制的回路图可分为定位和不定位两种表示法。

2. 气动系统日常维护：主要内容是冷凝水的管理和系统润滑的管理。对冷凝水的管理方法在前面已讲述，这里仅介绍对系统润滑的管理。

3. 气动系统的故障诊断方法：主要有经验法和推理分析法。

二、学习目标

1. 能正确选择、使用气动元件。

2. 能根据工作需要分析与设计气动控制回路。

3. 能排除气动控制回路及系统常见故障。

4. 能在具体的操作中思考，把理论与实践结合起来，培养创新意识和解决实际问题的能力，具有工匠精神、团队合作精神与竞争意识。

三、基本知识

由于气动系统使用安全、可靠，可以在高温、震动、腐蚀、易燃、易爆、多尘埃、强磁和辐射等恶劣环境下工作，故气动技术是实现工业生产自动化和半自动化的方式之一。下面主要介绍气动系统的基本分析方法及气动系统在机械行业中的应用实例。

（一）气动回路基础

1. 气动回路的符号表示法

定位回路图以系统中元件实际的安装位置绘制，这种方法使工程技术人员容易看出阀的安装位置，便于维护，如图 J–7–1–1 所示。

视频 •

气动技术应用
实例——组合
机床工件夹紧
气动系统

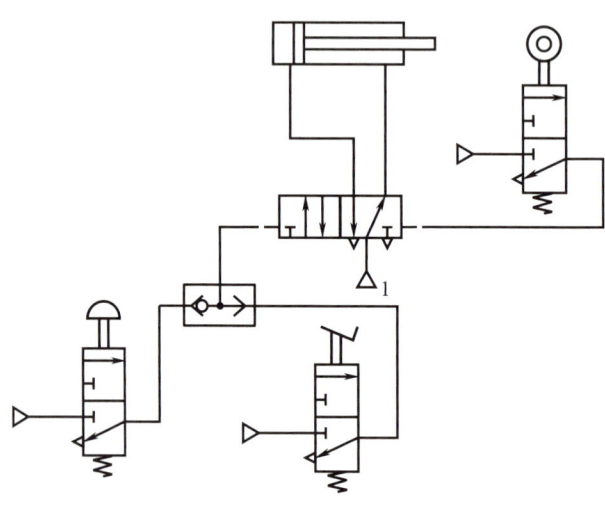

图 J–7–1–1　定位回路图

不定位回路图不按元件的实际位置绘制，而且根据回路信号的流动方向，从下向上绘制，各元件按其功能分类排列，依次顺序为气源系统、信号输入元件、信号处理元件、控制元件和执行元件,如图 J-7-1-2 所示。主要使用这种回路表示法。

为分清气动元件与气动回路的对应关系,给出全气动系统控制链中信号流和元件之间的对应关系,如图 J-7-1-3 所示,掌握这些关系对于分析和设计气动程序控制系统非常重要。

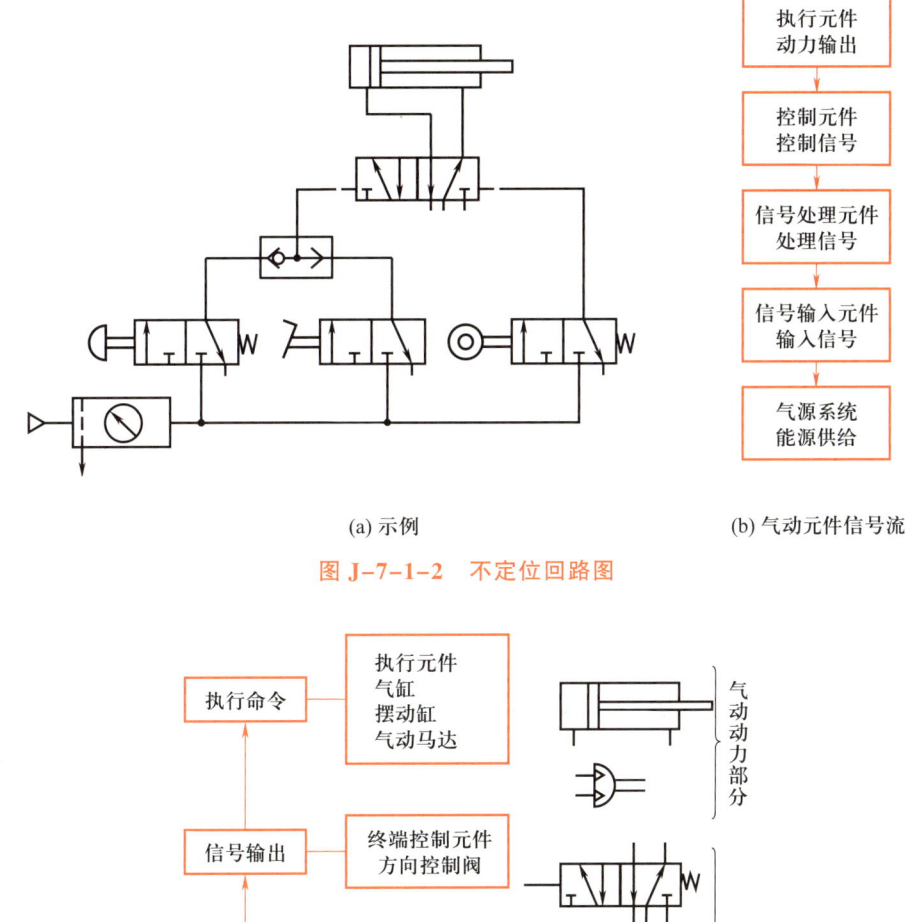

(a) 示例　　　　　　　　　　(b) 气动元件信号流

图 J-7-1-2　不定位回路图

(a) 信号流　　　　(b) 气动元件　　　(c) 图形符号

图 J-7-1-3　气动系统中信号流和气动元件的对应关系

2. 回路图内元件的命名和编号

（1）元件的数字标示。按控制链分成几组,每一个执行元件连同相关的阀称为一个控制链,0 组表示能源供给元件,1、2、…组代表独立的控制链。通常每个气缸分配一个编码,见表 J-7-1-1。

表 J-7-1-1 元件的标示名称举例

0Z1、0Z2 等	能源供给单元
1A、2A 等	执行元件
1V1、1V2 等	控制元件
1S1、1S2 等	输入元件(手动和机械驱动阀)

(2)元件字母标示。这种标示方法主要用于气动系统的设计图,在编号时不同类型的元件所用的代表字母也不同。

目前,在气动技术中对元件的命名或编号的方法很多,没有统一的标准。

3. 执行元件动作顺序的表示方法

对执行元件的动作顺序及发信开关的作用状况,必须清楚地把它表达出来,尤其对复杂顺序及状况,必须借助于运动图来表示,这样才能有助于对气动程序控制回路图的分析与设计。运动图是用来表示执行元件的动作顺序及状态的,按其坐标的表示不同可分为位移–步骤图和位移–时间图。

(1)位移–步骤图

位移–步骤图描述了控制系统中执行元件的状态随控制步骤的变化规律。图中的横坐标表示步骤,纵坐标表示位移(气缸的动作)。如 A、B 两个气缸的动作顺序为 A+B+B–A–(A+ 表示 A 气缸伸出,B– 表示 B 气缸退回),则其位移–步骤图如图 J-7-1-4 所示。

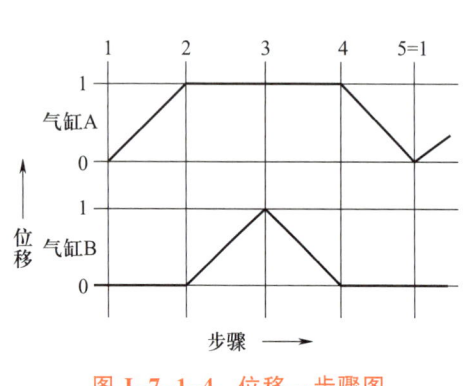

图 J-7-1-4 位移–步骤图　　　　　图 J-7-1-5 位移–时间图

(2)位移–时间图

位移–步骤图仅表示执行元件的动作顺序,而执行元件动作的快慢则无法表示出来。位移–时间图是描述控制系统中的执行元件的状态随时间延长变化规律的。如图 J-7-1-5 所示,图中的横坐标表示动作时间,纵坐标表示位移(气缸的动作),从该图中可以清楚地看出执行元件动作的快慢。

至于具体采用哪种形式,一般由控制系统本身所定。

（二）气动系统应用实例

1. 气液动力滑台气动系统

气液动力滑台采用气液阻尼缸作为执行元件,图 J-7-1-6 所示为气液动力滑台气动系统的工作原理图。该气液动力滑台能完成两种工作循环,下面对其作简单介绍。

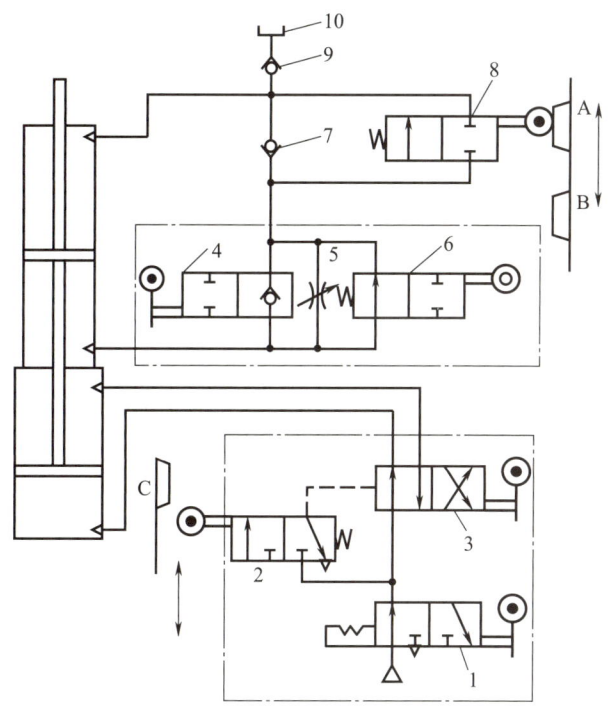

1—换向阀；2、8—行程阀；3、4—手动换向阀；5—节流阀；6—行程阀；7、9—单向阀；10—补油箱。

图 J-7-1-6　气液动力滑台气动系统工作原理图

（1）快进→慢进（工进）→快退→停止

当图 J-7-1-6 中手动换向阀 4 处于图示状态时,可实现快进——→慢进（工进）→快退→停止的动作循环,其动作原理为：当手动换向阀 3 切换到右位时,实际上就是给予进刀信号,在气压作用下气缸活塞杆开始向下运动,液压缸中活塞下腔的油液经行程阀 6 的左位和单向阀 7 进入液压缸活塞的上腔,实现了快进；当快进到活塞杆上的挡铁 B 切换行程阀 6（使它处于右位）后,油液只能经节流阀 5 进入活塞上腔,调节节流阀的开度,即可调节气液阻尼缸运动速度,故气缸活塞杆开始慢进（工作进给）；当慢进到挡铁 C 使行程阀 2 复位时,输出气信号使换向阀 3 切换到左位,这时气缸活塞杆开始向上运动,液压缸活塞上腔的油液经行程阀 8 的左位和手动换向阀 4 中的单向阀进入液压缸下腔,实现了快退；当快退到挡铁 A 切换行程阀 8 而使油液通道被切断时,活塞便停止运动。即改变挡铁 A 的位置,就能改变"停"的位置。

（2）快进→慢进→慢退→快退→停止

在把手动换向阀 4 关闭（处于左位）时,就可实现快进→慢进→慢退→快退→停止的双向进给程序,其动作循环中的快进→慢进的动作原理与上述相同。当慢进至挡铁 C 切换行程阀 2 至左位时,输出气信号使换向阀 3 切换到左位,气缸活塞杆开始向上运动,这时液压缸活塞上腔的油液经行程阀 8 的左位和节流阀 5 进入活塞下腔,即实现了慢退(反向进给);慢退到挡铁 B 离开行程阀 6 的顶杆而使其复位(处于左位)后,液压缸活塞上腔的油液就经行程阀 6 左位而进入活塞下腔,开始快退;快退到挡铁 A 切换行程阀 8 而使油液通路被切断时,活塞杆就停止运动。图中带定位机构的换向阀 1、行程阀 2 和手动换向阀 3 组合成一个组合阀块,手动换向阀阀 4、节流阀 5 和行程阀 6 为一个组合阀,补油箱 10 是为了补偿系统中的漏油而设置的,一般可用油杯来代替。

2. 铣床夹具夹紧机构气动系统

铣床夹具夹紧机构气动系统如图 J-7-1-7 所示。其工作原理是:当工件运行到指定位置后,气缸 A 的活塞杆伸出,将工件定位锁紧后,两侧的气缸 B 和 C 的活塞杆同时伸出,从两侧面压紧工件,实现夹紧,而后进行机械加工,其气压系统的动作过程如下:当用脚踏下脚踏换向阀 1(在自动线中往往采用其他形式的换向方式)后,压缩空气经单向节流阀进入气缸 A 的无杆腔,夹紧头下降至锁紧位置后使机动行程阀 2 换向,压缩空气经单向节流阀 5 进入换向阀 6 的右侧,使换向阀 6 换位,压缩空气经换向阀 6 通过主控阀 4 的左位进入气缸 B 和 C 的无杆腔,两气缸活塞杆同时伸出。与此同时,压缩空气的一部分经单向节流阀 3 调定延时后使主控阀换向到右侧,则两气缸 B 和 C 活塞杆缩回。在两气缸活塞杆缩回的过程中有杆腔的压缩空气使脚踏阀 1 复位,则气缸 A 活塞杆缩回。此时由于行程阀 2 复位(右位),故中继换向阀 6 也复位,由于换向阀 6 复位,气缸 B 和 C 的无杆腔通大气,主控阀 4 自动复位,由此完成一个缸 A 压下(A_1)→夹紧缸 B 和 C 活塞杆伸出夹紧(B_1、C_1)→夹紧缸 B 和 C 活塞杆缩回(B_0、C_0)→缸 A 活塞杆缩回(A_0)的动作循环。

仿真 •

组合机床夹紧
气动系统

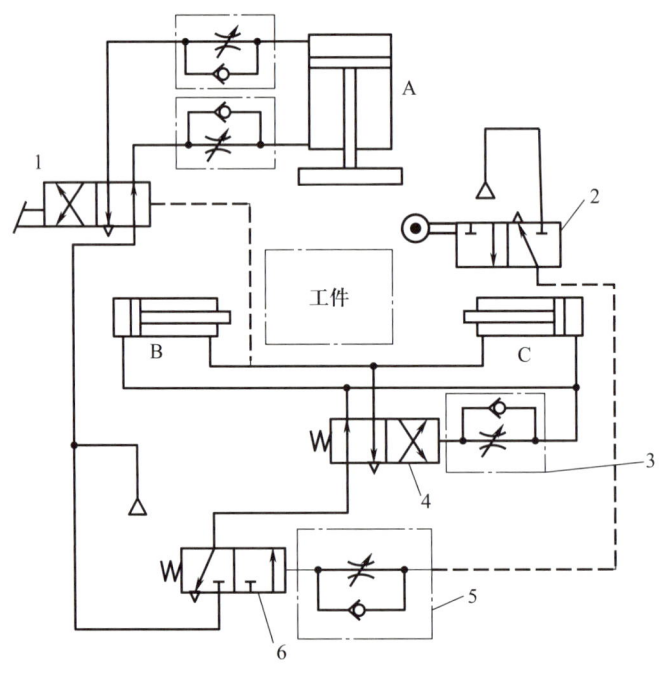

1—脚踏阀;2—行程阀;3—节流阀;4—主控阀;5—单向速度控制阀;6—换向阀。

图 J-7-1-7　铣床夹具夹紧机构气动系统

3. 客车车门气动系统

客车车门气动系统如图 J-7-1-8 所示。其工作原理是：司机和售票员可使用气动开关控制开关车门，并且当车门在关闭过程中遇到障碍物时，能使车门自动开启，起到安全保护作用。车门的开启与关闭靠气缸 7 来实现，气缸由双气控换向阀 4 来控制，而双气控换向阀 4 又由 A ~ D 的按钮阀来操纵，气缸活塞杆的运动速度由单向速度控制阀 5 或阀 6 来调节。通过阀 A 或阀 B 使车门开启，通过阀 C 或阀 D 使车门关闭。起安全作用的先导阀 8 安装在车门上。当操纵阀 A 或阀 B 按钮时，气源压缩空气经阀 A 或阀 B 到阀 1，把控制信号送到阀 4 的 a 侧，使阀 4 向车门开启方向切换。压缩空气经阀 4 和阀 5 到气缸 7 的有杆腔，使车门开启。当操纵阀 C 或阀 D 按钮时，压缩空气经阀 C 或阀 D 到阀 2，把控制信号送到阀 4 的 b 侧，使阀 4 向车门关闭方向切换。压缩空气经阀 4 和阀 6 到气缸 7 的无杆腔，使车门关闭。车门在关闭的过程中如碰到障碍物，便推动阀 8，此时压缩空气经阀 8 把控制信号通过阀 3 送到阀 4 的 a 侧，使阀 4 向车门开启方向切换。必须指出，如果阀 C 或阀 D 仍然保持在压下状态，则阀 8 起不到自动开启车门的安全作用。

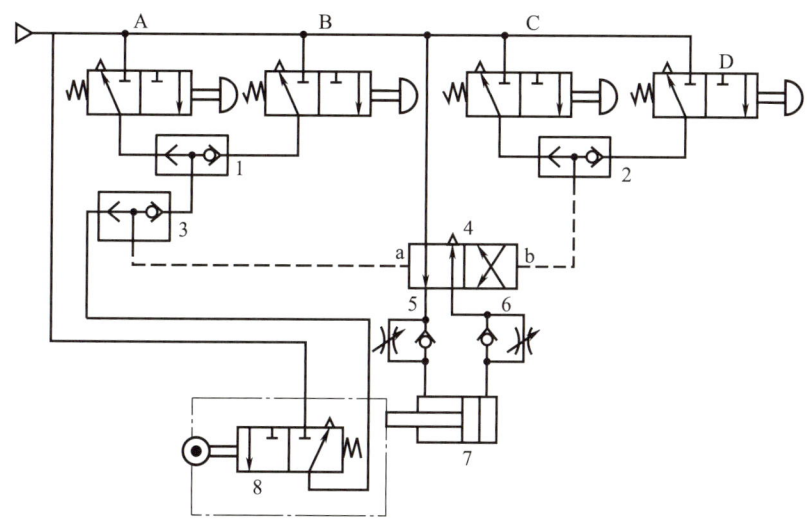

1、2、3—或门型梭阀；4—双气控换向阀；5、6—速度控制阀；7—气缸；8—先导阀。

图 J-7-1-8　客车车门气动系统

（三）气动系统的使用和维护

1. 气动系统使用的注意事项

（1）系统开启前后要放掉系统中的冷凝水。

（2）定期给油雾器注油。

（3）检查各调节手柄是否在正确位置。如机控阀、行程开关、挡块的位置是否正确、牢固，对导轨、活塞杆等外露部分的配合表面进行擦拭。

（4）随时注意压缩空气的清洁度，对空气过滤器的滤芯要定期清洗。

（5）在设备长期不用时，应将各手柄放松，防止弹簧永久变形而影响元件的调节性能。

2. 压缩空气的污染及防止方法

压缩空气的质量对气动系统性能的影响极大，它如果被污染将使管道和元件锈蚀、密封件变形、堵塞喷嘴，使系统不能正常工作。压缩空气的污染主要来自水分、油分和粉尘三个方面,其污染原因及防止方法如下。

（1）水分

空气压缩机吸入的是含水分的湿空气,经压缩后提高了压力,当再度冷却时就要析出冷凝水,冷凝水浸入压缩空气中致使管道和元件锈蚀,影响其性能。

防止冷凝水浸入压缩空气的方法是:及时排除系统各排水阀中积存的冷凝水,经常检查自动排水器、干燥器的工作是否正常,定期清洗空气过滤器、自动排水器的内部元件等。

（2）油分

这里是指使用过的、因受热而变质的润滑油。压缩机使用的一部分润滑油成雾状混入压缩空气中,受热后引起汽化随压缩空气一起进入系统,不但会使密封件变形,造成空气泄漏,摩擦阻力增大,阀和执行元件动作不良,而且还会污染环境。

清除压缩空气中油分的方法有:较大的油分颗粒,通过除油器和空气过滤器的分离作用同空气分开,再从设备底部排污阀排除;较小的油分颗粒,则可通过活性炭吸附作用清除。

（3）粉尘

如果大气中含有的粉尘、管道中的锈粉及密封材料的碎屑等侵入压缩空气中,将引起元件中的运行部件卡死、动作失灵、喷嘴堵塞等加速元件磨损,降低使用寿命,导致故障产生,严重影响系统性能。防止粉尘侵入压缩空气的主要方法有:经常清洗空气压缩机前的预过滤器,定期清洗空气过滤器的滤芯,及时更换滤清元件等。

3. 气动系统的日常维护

气动系统中从控制元件到执行元件,凡有相对运动的表面都需要润滑。如果润滑不当,会使摩擦阻力增大导致元件动作不良,因密封面磨损会引起系统泄漏等危害。

润滑油的性质直接影响润滑效果。通常,高温环境下用高黏度润滑油,低温环境下用低黏度润滑油。如果温度特别低,为克服起雾困难可在油杯内装加热器。供油量是随润滑部位的形状、运动状态及负载大小而变化的,供油量总是大于实际需要量,一般以每 10 m 自由空气供给 1 mL 的油量为基准。还要注意油雾器的工作是否正常,如果发现油量没有减少,需及时检修或更换油雾器。

4. 气动系统的定期检修

气动系统定期检修的时间间隔通常为三个月。其主要内容包括以下五个方面:

（1）查明系统各泄漏处,并设法予以解决。

（2）通过对方向控制阀排气口的检查,判断润滑油是否适度,空气中是否有冷凝水。如果润滑不良,考虑油雾器规格是否合适、安装位置是否恰当、滴油量是否正常等。如果有大量冷凝水排出,考虑过滤器的安装位置是否恰当、排除冷凝水的装置是否合适、冷凝水的排除是否彻底。如果方向控制阀排气口关闭时,仍有少量泄漏,往往是元件损伤的初期阶段,检查后,可更换受磨损元件以防止发生动作不良。

（3）检查安全阀、紧急安全开关的动作是否可靠。定期修检时,必须确认它们动作的可靠性,以确保设备和人身安全。

（4）观察换向阀的动作是否可靠。根据换向时声音是否异常,判定铁心和衔铁配合处是否有杂质。检查铁心是否磨损,密封件是否老化。

（5）反复开关换向阀并观察气缸动作，判断活塞的密封是否良好。检查活塞杆外露部分，判定前盖的配合处是否有泄漏。

上述各项检查和修复的结果应记录下来，以便设备出现故障查找原因和设备大修时参考。气动系统的大修时间间隔为一年或几年。其主要内容是检查系统各元件和部件，判定其性能和寿命，并对平时产生故障的部位进行检修或更换元件，排除修理间隔期内一切可能产生故障的因素。

（四）气动系统的故障诊断方法

常用的气动系统的故障诊断方法有经验法和推理分析法。

1. 经验法

经验法指依靠实际经验，并借助简单的仪表诊断故障发生的部位，找出故障原因的方法。经验法和液压系统故障的四觉诊断法类似，可按中医诊断病人的四字"望、闻、问、切"进行。

（1）望：看执行元件的运动速度有无异常变化；各测压点的压力表显示的压力是否符合要求，有无大的波动；润滑油的质量和滴油量是否符合要求；冷凝水能否正常排出；换向阀排气口排除空气是否干净；电磁阀的指示灯显示是否正常；紧固螺钉及管接头有无松动；管道有无扭曲和压扁；有无明显的震动存在；加工的产品质量有无变化等。

（2）闻：包括耳闻和鼻闻。例如，气缸及换向阀换向时有无异常声音；系统停止工作但尚未泄压时，各处有无漏气，漏气声音大小及其每天的变化情况；电磁线圈和密封圈有无因过热而发出的特殊气味等。

（3）问：查阅气动系统的技术档案，了解系统的工作程序、运行要求及主要技术参数；查阅产品样本，了解每个元件的作用、结构、功能和性能；查阅维护检查记录，了解日常维护工作情况；访问现场操作人员，了解设备运行情况，了解故障发生前的征兆及故障发生时的状况，了解曾经出现过的故障及其排除方法。

（4）切：触摸相对运动件外部的手感和温度、电磁线圈处的温升等。触摸两秒钟则感到烫手，应查明原因。另外，还要查明气缸、管道等处有无震动，气缸有无爬行，各接头处及元件处手感有无漏气等。

经验法简单易行，但由于每个人的感觉、实践经验和判断能力的差异，诊断故障会存在一定的局限性。

2. 推理分析法

推理分析法是利用逻辑推理，步步逼近，寻找出故障的真实原因的方法。

（1）推理步骤

从故障的症状推理出故障的真正原因，可按下面三步进行：

① 从故障的症状推理出故障的本质原因。

② 从故障的本质原因，推理出故障可能存在的原因。

③ 从各种可能的常见原因中，找出故障的真实原因。

（2）推理方法

推理的原则是：由简到繁、由易到难、由表及里逐一地进行分析，排除掉不可能的和非主要的故障原因；故障发生前曾调整或更换过的元件先查；优先考虑故障概率高的常见原因。

下面介绍几种常用的推理方法。

仪表分析法：利用检测仪器仪表，如压力表、压差计、电压表、温度计、电秒表及其他电仪器等，检查系统或元件的技术参数是否符合要求。

部分停止法：暂时停止气动系统某部分的工作，观察对故障征兆的影响。

试探反证法：试探性地改变气动系统中部分工作条件，观察对故障征兆的影响。

比较法：用标准的或合格的元件代替系统中相同的元件，通过工作状况的对比，来判断被更换的元件是否失效。

四、学习结果评价

序号	评价内容	评价标准	评价结果
1	实训操作前准备	能完成实训操作前设备、气动元件及气泵状况的检查工作。	
2	电车、汽车自动开门控制系统搭建	能正确选用调速回路所需的气动元件，绘制气液动力滑台气压传动系统原理图。 能按照回路搭建紧凑、气动流经顺序及管道损失最小的原则设计各气动元件的安装位置。 能正确安装各气动元件。 能正确连接各气动元件和导线。	
3	电车、汽车自动开门控制系统操作	能安全正确地为实训设备通电。 能正确操作实训设备各控制面板。 能正确操作电车、汽车自动开门控制系统中的换向阀及其他气动元件。 能准确实现控制工作。	
4	实训结束后清理	能正确关闭实训设备。 能正确拆卸气动元件并进行元件清点。 能按照实训室设备清洁规程完成清场工作。 能及时并正确填写实训设备使用记录。	

五、课后作业

1. 快速排气阀通常安装在什么位置？
2. 排气节流阀与快速排气阀有什么区别？

参 考 文 献

［1］徐钢涛,岳丽敏.液压与气压传动技术［M］.4版.北京:高等教育出版社,2024.

［2］姜继海,宋锦春,高常识.液压与气压传动［M］.3版.北京:高等教育出版社,2019.

［3］冯锦春.液压与气压传动技术［M］.3版.北京:人民邮电出版社,2020.

［4］朱立达.液压与气动技术［M］.2版.北京:高等教育出版社,2019.

［5］冯永保.液压传动与控制［M］.北京:高等教育出版社,2022.

［6］车君华,李莉.液压与气压传动技术项目化教程［M］.2版.北京:北京理工大学出版社,2022.

［7］毛好喜.液压与气动技术［M］.4版.北京:人民邮电出版社,2021.

［8］杨耀东,韩志引.液压与气动技术［M］.北京:北京理工大学出版社,2017.

［9］张国军.气动与液压控制技术项目训练教程［M］.北京:高等教育出版社,2019.

［10］陈丽芳,孟辉.液压与气压传动技术［M］.2版.北京:机械工业出版社,2023.

郑重声明

高等教育出版社依法对本书享有专有出版权。任何未经许可的复制、销售行为均违反《中华人民共和国著作权法》，其行为人将承担相应的民事责任和行政责任；构成犯罪的，将被依法追究刑事责任。为了维护市场秩序，保护读者的合法权益，避免读者误用盗版书造成不良后果，我社将配合行政执法部门和司法机关对违法犯罪的单位和个人进行严厉打击。社会各界人士如发现上述侵权行为，希望及时举报，我社将奖励举报有功人员。

反盗版举报电话　（010）58581999　58582371
反盗版举报邮箱　dd@hep.com.cn
通信地址　北京市西城区德外大街 4 号　高等教育出版社知识产权与法律事务部
邮政编码　100120